【與古為新系列】

《中庸》的管理智慧

羅天昇 著

BOOKOOLA
新天出版

此書獻給：

遙在天國的雙親

中庸之道

羅天昇著

方玉輝題

目錄

圖目錄

序一

　　中庸之道在於率性，也即是誠之道。認識羅天昇博士的朋友都知道他思考出色，皆因在他人生觀裡，率性之謂道，無論做研究或做管理也是以誠待之，用前人智慧創新今用。雖說智者多慮，但從過往羅博士的著作可見，思考並沒有為他帶來煩惱；反之他與古為新，先後把《大學》、《中庸》等著名古籍作為指導思想，並以淺白文字轉化成適用於現代觀念的管理之學。《〈中庸〉的管理智慧》所分享的儒家哲學、管理之道，為現今管理者帶來重要的啟發。

　　此書讓讀者從容地看到《中庸》所浸透的大道智慧。人經歷歲月就越感悟到凡事守在中線的可貴，適可而止，拿捏分寸，即使遇到管理上或個人的難題也不走極端；反而懂得從事物對立的兩面找到解決問題的答案，免傷和氣，不偏不倚。管理是一門很難掌握的學問，它要求智慧、經驗、判斷和尺度的掌握。讀畢此書，希望大家認真想一想，是否應該改變我們對周遭事物的看法？當中庸之道能好好運用於管理之中，企業更加和諧、效率更高，亦讓人在生活上享受一種舒服、快樂的生活狀態，相信那就是我們學習中庸的最終目的。拜讀羅博士的著作總是受用無窮。

麥美娟議員 , BBS, JP

香港特別行政區立法會議員（新界西）

i

序二

　　西方智慧有它的起源，中國哲學也有其根源。羅天昇博士撰寫的《〈中庸〉的管理智慧》闡述了中國作為世界四大文明古國之一的深邃智慧根源 ── 中庸思想，透過當中的意義探討其現代應用性，以及追求人與天地、宇宙相和諧的動力。正當全球化、數碼化、中國新興跨國企業面向世界之際，面對逆向思維，認識中國文化及理念的淵源對個人甚至企業的發展有不可言喻的啟示。

　　所謂殊途同歸，要瞭解中國提倡的「一帶一路」發展戰略，不得不認識中亞細亞的歷史、宗教和文化，更重要的是認識中國的智慧根源。《中庸》推崇「天人合一」的宇宙觀，指人能與天地、宇宙相和諧，透過「智、仁、勇」的能耐，可能就是達致可持續發展的關鍵。《〈中庸〉的管理智慧》是新舊世代尋思中國智慧根源的當代讀本。

吳偉昌博士

香港理工大學專業進修學院副院長、首席講師

序三

　　我們現正活於一個強調自由及個人主義等價值觀的世界。世人普遍認為人類擁有建基於自身信念及視野的生存、表達意見及行動等權利，這或許構成了現今許多突破性發展及創新的原動力。與此同時，這也或許促成了當今社會趨於極化的現象。

　　羅天昇博士撰寫的《〈中庸〉的管理智慧》探索中庸之道的智慧，為現代管理者提供了應對管理挑戰的契機。不論您是個人、家庭、企業或國家的管理者，此書將引領及啟發您成為「君子型管理者」 ── 一位「不賞而民勸，不怒而民威於鈇鉞」的君子。

嚴震銘博士

慧科資本董事總經理

自序

本書是「與古為新系列」的第二部，是筆者繼拙作《〈大學〉的管治智慧》及《大學‧中庸今註今譯》的第三本著作。筆者撰寫「與古為新系列」的目的是希望現代人能夠「明道」（弘揚智慧）、「利器」（以智慧作為有效的工具）、「與古」（汲取前人經驗），以及「為新」（加以創新）。「與古為新系列」旨在研究古籍的智慧，古為今用。如當代哲學家牟宗三所言，古人於德性及智慧方面的造詣比現代人強（《中國哲學十九講：中國哲學之簡述及其所涵蘊之問題》），借鑒古人的智慧未嘗不可。又如梁啓超所言，求學者不可以認為我國古書所謂「無用」或「難讀」而廢止不讀；只要刻苦用功，應用最新的方法去讀，將獲益良多（《梁啓超講國學》）。為配合讀者的學習需要，本系列的特色之一是以紮實的研究手法，先為有關古籍的全文今註今譯，繼而分析其核心思想，最後提煉適用於現代的智慧。

此書選《中庸》為題材，以現代手法研究傳統的儒家思想，並嘗試應用於現代社會。筆者是次在書本的結構、文獻回顧和分析等方面加倍用功，事隔一年多推出本系列的第二部，達成了既定的目標。《論語‧憲問》云：「古之學者為己，今之學者為人。」追求知識的目的是成就自己、學做人。本書的目標讀者是喜愛閱讀中國哲學（尤其儒家思想）的人士，尤其是有意探討中庸之道的管理者或管治者。

筆者現職大學講師，執教公共行政及管理科目，領略終身學習的重要性，也深感傳統智慧對現代人仍有啟發作用。現代組織 (organisations) 包括公共機構、私營機構及非政府組織等，其主管人員是經理或管理者 (managers)。管理者需要應對組織的內外環境，包括管治、戰略規劃、人力資源管理、市場、產品、競爭及持分者期望等課題，他們的知識、技巧及風格直接影響組織的效率及成效。

筆者認為管理者需要持續學習，理想是具備學者 (scholars) 的探究精神，以成為「學術型管理者」(scholarly managers) 為目標。若管理者能夠將學術理論應用於管理的實務之中，對個人、組織以至相關持分者皆有裨益。

中華民族擁有逾五千年文明的歷史，不少古籍歷久不衰。古籍的文字艱深，部分思想已不合時宜。但部分古籍也蘊藏精闢的人生、待人處世、管治或管理智慧，值得現代人以「與古為新」的態度借鑒創新。學者唐端正在其著作《解讀儒家現代價值》引述哲學家伯特蘭·威廉·羅素 (Bertrand A. W. Russell) 的看法，認為中國哲學之長正是西方之短；西方文化長於科學的方法與成就，中國文化則長於確立生命的目的。儒家思想作為中國文化的主流，與現代社會的發展並不相悖。因此，中西兼學、古為今用仍是現代人的學習方向之一。

筆者希望為讀者寫一本看得懂的《中庸》。《中庸》是「四

書」（《大學》、《中庸》、《論語》及《孟子》）之一，是儒家學說的重要典籍。《中庸》原是西漢《禮記》（或稱《小戴禮記》）四十九篇中的第三十一篇。根據歷代學者考證，不少意見認為《中庸》的作者是孔子之孫孔伋（「子思」），但此說難以確定。《中庸》於何時成書也難以確定，但早於西漢就有專門為《中庸》解說的著作。本書將深入探討《中庸》作者、成書時間、書名及篇數等方面的說法。

《中庸》的結構複雜，也涉及許多抽象甚至神秘的概念，確是一本難懂的書。《中庸》的思想體系以形而上學 (metaphysics) 方式表達，核心概念眾多，包括天命、性、道、教、三才之道（天道、地道、人道）、天人合一（贊天地之化育、與天地參）、中、和、中庸、誠、學習與實踐之道、「三達德」（智、仁、勇）、「五達道」（君臣、父子、夫婦、昆弟、朋友之交）、為政九經、慎獨及君子之道等，本書將逐一解說。

《中庸》提倡「天人合一」、「天命」、「性」、「道」、「教」、「中」及「和」等境界。《中庸》首章云：「天命之謂性，率性之謂道，脩道之謂教。」清晰地闡述了「天命」、「性」、「道」、「教」的順序關係，深化了儒家提倡的「天人合一」概念。該章續云：「喜怒哀樂之未發，謂之中；發而皆中節，謂之和。中也者，天下之大本也；和也者，天下之達道也。致中和，天地位焉，萬物育焉。」是研究《中庸》的學者的核心課題。「中」是不偏不倚、無「過」或「不及」，處事適切的適中狀態；「和」是調和、平和、

不乖戾的狀態;「致中和」是達致「中」、「和」的境界;「大本」是主要的根本;而「達道」是世人應該共同履行的道理。本書將詳細分析「中」、「和」的道理,並應用於情緒智能 (emotional intelligence) 及團隊管理 (team management) 等範疇之中。

「中庸」是不偏不倚、無「過」或「不及」,而平常的道理。「中庸」是「中庸之道」(或「中道」)的運用,是儒家思想的最高道德標準之一。「中庸」的概念可能源自《尚書》「執中」及孔子於《論語》「叩其兩端」的說法。《尚書·虞書·大禹謨》有「人心惟危,道心惟微,惟精惟一,允執厥中」的十六字心得(語譯:人心動盪不安,道心幽昧難明;人唯有精誠專一,摯誠地堅守中正之道),概括了先秦時代「執中」的思想。《論語·子罕》云:「吾有知乎哉?無知也。有鄙夫問于我,空空如也。我叩其兩端而竭焉。」指知識沿自掌握事物的兩個極端(「過」與「不及」),應用其中。本書將集中分析「中庸」的概念,並應用於領導者 (leaders) 及其領導功能 (leading roles) 之中。

《中庸》也是誠(真誠)的哲學。《中庸》第二十章云:「誠者,天之道也;誠之者,人之道也。誠者,不勉而中,不思而得,從容中道,聖人也。誠之者,擇善而固執之者也。」提出了「天道」及「人道」的定義,並宣揚為人的道理是「擇善而固執」的說法。第二十一章云:「自誠明,謂之性;自明誠,謂之教。誠則明矣,明則誠矣。」以真誠為中心,帶出真誠、明理、人的本性及教化之間的關係。《中庸》多章提倡聖人(道德修養達致最高境的人)、

賢人（賢能的人）、君子（品德高尚的人）及一般人憑著誠各行其道，有望達致「盡其性」、「盡人之性」、「盡物之性」、「贊天地之化育」而最終「與天地參（三）」。本書將從人、人性及倫理等角度，探討人於「三才」（天、地、人）之中能夠發揮的作用。

《中庸》第二十章提及「三達德」、「五達道」及「為政九經」（治理天下國家的九項原則）等實用概念。「三達德」（智、仁、勇）是世人應該共同擁有的三項美德，「五達道」（君臣、父子、夫婦、昆弟、朋友之交）是世人應該共同履行的五項道理，「為政九經」包括脩（修）身、尊賢、親親、敬大臣、體群臣、子庶民、來百工、柔遠人、懷諸侯，對現代人力資源管理 (human resource management) 也有參考作用。

《中庸》第二十章云：「博學之，審問之，慎思之，明辨之，篤行之。」提出一套可應用於現代社會的學習與實踐之道，再加上「人一能之，己百之；人十能之，己千之。果能此道矣，雖愚必明，雖柔必強。」的努力不懈方式，勉勵人人可以成為明智堅強的人。管理者可參考此學習與實踐之道進行個人的終身學習，也可以將有關元素融入組織或部門的培訓及發展 (training and development) 計劃之中。

正如其他儒家典籍一樣，《中庸》也提倡君子之道。《中庸》多章提及君子的特質及處世之道，包括「慎獨」的核心處世之道。儒家君子的形象和人格對現代社會仍有借鑒作用。若參考《中庸》

倡議的君子特質、待人處世之道及管治手法，符合相關條件的管理者可被稱為「君子型管理者」，是筆者向現代管理者提倡的模範。

誠然《中庸》成書時的體制及社會狀況跟現在相去甚遠，部分概念已不合時宜。但《中庸》的主旨包括構建理想的願景、反思人生意義、深化儒家的道德標準、推崇「天人合一」的宇宙觀等，部分概念仍可應用於現代社會。管理者品讀《中庸》可以培養個人修養，也可以選取合適的管理或待人處世概念古為今用，一舉兩得。

歷來對《中庸》的著述多不勝數，見解紛紜。筆者有幸站在前輩的肩膀上，閱覽相關的文獻，陳述一些主要說法，務求為讀者闡述《中庸》的完整面貌。本書以現代淺白文字為《中庸》全文重新註釋，結合古希臘哲學家亞里士多德 (Aristotle) 對善 (good)、德行 (virtue)、「黃金中道」(the golden mean) 的思想，以及二十世紀「中道」管理 (middle-of-the-road management) 的概念，中西合璧，為讀者提煉一些適用於現代的管理智慧。對管理者而言，管理的例子俯拾皆是。所以本書並沒有刻意搜羅個別組織或管理者的實例，而純粹從分析管理理論及概念的角度出發，期望讀者領略有關道理後自行應用於實務之中，各取所需。

回顧本書的寫作歷程，筆者認為「明道利器、與古為新」的目的已基本達到，「與古為新」的研究工作也更進一步。筆者期望於不久將來推出本系列的第三部，繼續以古人的智慧與讀者互勉。

對筆者而言，二零一五年是艱苦的一年。世事難料，有時更事與願違，印證了「世事洞明皆學問，人情練達即文章。」（取自《紅樓夢》第五回提及的一副對聯）的道理。自家父於多年前辭世後，家母一直不辭勞苦地獨力撫養一眾子女。可惜家母於前年猝然離世，為人子女者對「樹欲靜而風不息，子欲養而親不在。」的觀念有更深刻的體會。《論語‧為政》云：「十五而志於學，三十而立，四十而不惑，五十而知天命，六十而耳順，七十而從心所欲、不踰矩。」筆者隨著人生及工作閱歷的增長，認為活在當下、隨遇而安是立己、處世以至知天命的方法。筆者謹將此書獻給遙在天國的雙親，對他們的養育之恩聊表孝意。

　　筆者再次衷心感謝家人的全力支持，讓我專心寫作。最後感謝為我寫序的麥美娟議員, BBS, JP（香港特別行政區立法會議員（新界西））、吳偉昌博士（香港理工大學專業進修學院副院長、首席講師）及嚴震銘博士（慧科資本董事總經理）。筆者更承蒙方玉輝醫生（香港理工大學專業進修學院高級講師）贈送「中庸之道」四字墨寶，不勝感激。此書再次承蒙新天出版社黃畋貽先生襄助出版事宜，深表謝意。

　　因個人學識及能力所限，本書的錯漏、文責全由筆者肩負，敬希前輩專家賜教、指導。

羅天昇

2017 年 2 月　香港

導讀

此書分五章及兩個附錄。

第一章〈中庸概說〉探討歷來對《中庸》的作者、成書時間、書名及篇數的看法，它成為獨立文獻的歷程、主旨、結構，以及與其他古籍的關係，章末闡釋品讀《中庸》的現代意義。此章是讀者打開《中庸》這經典典籍以至儒家思想的鑰匙。

第二章〈中庸今註今譯〉以嚴謹的態度為《中庸》全文以現代淺白文字重新註釋，方便讀者理解原文的背景、喻意及主要解說。此章將《中庸》原文的三十三章分為三十三節，每節分主旨、原文、註釋及語譯四部分。主旨說明整章的目的，原文主要參考了南宋理學家朱熹《中庸章句》的結構及相關文獻，註釋是筆者參考文獻後對原文的理解，語譯則將古文翻譯成現代的淺白文字，方便讀者閱讀。由於歷來對《中庸》的著述多不勝數，見解紛紜，筆者嘗試旁徵博引、列舉多家，務求向讀者顯露《中庸》的完整面貌。筆者也希望身體力行，達到《中庸》第二十章所提倡的「博學之，審問之，慎思之，明辨之，篤行之」的學習及實踐精神。

第三章〈中庸的思想體系〉詳細分析《中庸》的思想體系，剖析天命、性、道、教、三才之道（天道、地道、人道）、天人合一（贊天地之化育、與天地參）、中、和、中庸、誠、學習與實踐之道、

「三達德」（智、仁、勇）、「五達道」（君臣、父子、夫婦、昆弟、朋友之交）、為政九經、慎獨及君子之道等核心概念，最後作綜合解說。此章以淺白易明的圖表解說《中庸》的思想體系及選取的核心概念，第十九節以一幅總圖為《中庸》的思想體系作總結。筆者希望以嶄新的表達方式，為《中庸》思想體系的研究工作稍獻綿力。

第四章〈西方的中道思想〉扼要介紹古希臘哲學家亞里士多德對善、德行及「黃金中道」的思想，以及現代「中道」管理的概念，配合不同讀者的閱讀需要，並為「與古為新」作最後準備。

第五章〈中庸的管理智慧〉採取「與古為新」的方法，先選取《中庸》的部分概念為基礎，結合西方的管理理論及概念，中西合璧，提煉《中庸》的管理智慧。至於如何利用《中庸》的管理智慧，則由讀者進一步探索。

兩個附錄是與《中庸》相關的延伸閱讀材料。附錄一是朱熹《中庸章句·序》的原文及語譯，而附錄二則是朱熹《中庸章句》的原文，供讀者參考。

第一章

《中庸》概說

　　本章探討歷來對《中庸》的作者、成書時間、書名及篇數的主要看法，它成為獨立文獻的歷程、主旨、結構，以及與其他古籍的關係，最後闡釋品讀《中庸》的現代意義。

　　《中庸》是「四書」（《大學》、《中庸》、《論語》及《孟子》）之一，原是西漢《禮記》（或稱《小戴禮記》）[1] 四十九篇中的第三十一篇。《中庸》全書三十三章，逾三千五百字，是儒家學說的重要著作之一。

---

1. 相傳《禮記》由西漢戴德、戴勝堂叔姪所著，內容涉及上古三代至秦漢的禮節、社會文化現象和規範，是古代文化的百科全書。根據《史記‧儒林列傳》及《漢書‧藝文志》記載，高堂生於漢初傳授《禮經》，至漢孝帝、宣帝時，儒者後倉繼承高堂生所學，收徒授禮，弟子包括戴德及戴勝二人。戴德傳授《禮記》八十五篇，稱為《大戴禮記》；戴勝傳授《禮記》四十九篇，稱為《小戴禮記》，即現今的《禮記》。

第一節　《中庸》的作者

　　根據歷代學者考證，不少意見認為《中庸》的作者是孔子之孫孔伋（「子思」）[2]，但也有意見根據《中庸》的思想、文體及內容等方面否定此說法。　筆者認同台灣學者傅佩榮的看法，現代人讀《中庸》應認真思考其義理，毋須拘泥作者是誰。[3]

　　關於《中庸》作者的主要說法如下（見**圖 1.1**）：

圖 1.1　《中庸》作者的主要說法

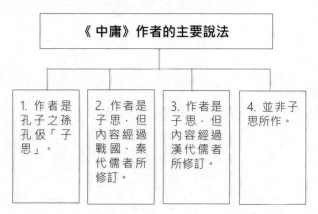

說法一

　　《中庸》的作者是子思。《孔叢子·居衛第七》[4]有類似的說法，云：「宋君聞之，不待駕而救子思。子思既免，曰：『文王困于羑里作《周易》。祖君困于陳、蔡作《春秋》。吾困于宋，可無作乎？』于是撰《中庸》之書四十九篇。」指子思仿效其祖父（「祖君」）

2.　孔伋（公元前 483 年 - 公元前 402 年），孔子之孫，字「子思」。元代文宗至順元年（1330 年），子思被追封為「述聖公」，後世尊稱為「述聖」。子思相傳是孔子弟子曾參（曾子）的弟子。根據《史記·孟子荀卿列傳》，孟子（孟軻）學於子思門下，是子思的再傳弟子。《韓非子·顯學》記載，孔子去世後儒家分為八派，領導人物包括子思及孟子。另《荀子·非十二子》云：「子思唱之，孟軻和之」，荀子視子思及孟子為一派（後世稱為「思孟學派」）而大肆批評。
3.　傅佩榮，《止於至善：傅佩榮談大學·中庸》，北京：東方出版社，2013 年第 1 版，第 92 頁。
4.　相傳《孔叢子》為孔子的八世孫孔鮒（約公元前 264 年 - 公元前 208 年）所作，孔鮒於秦、漢之際曾受陳勝聘為博士。學術界對《孔叢子》的內容存疑。

孔子，受困後深感著書立說的需要。黃忠天認為《孔叢子》的真偽雖有爭議，但隨著近年出土的部分文獻（如：湖南長沙馬王堆帛書[5]、郭店楚墓竹簡[6]）出自子思，而它們的風格與《子思子》相近，增強了子思作《中庸》的可信性。[7]當代哲學家勞思光則認為《孔叢子》是偽作，其內容不足以支持子思作《中庸》的說法。[8]

司馬遷於《史記·孔子世家》云：「伯魚生伋，字子思，年六十二。嘗困於宋。子思作《中庸》。」指孔伋是孔子兒子鯉（字伯魚）之子，字子思，於六十二歲時被圍困於宋國而作《中庸》。

《隋書·經籍志》有〈子思子〉七卷。《隋書·音樂志》引南朝史學家沈約云：「《禮記》〈中庸〉、〈表記〉、〈坊記〉及〈緇衣〉皆取《子思子》。」認為《禮記·中庸》篇取自《子思子》，是子思所作。

唐代哲學家李翱於《復性書·上》云：「子思，仲尼之孫，得其祖之道，述《中庸》四十七篇。」另唐代經學家孔穎達[9]於《禮記正義》的〈中庸〉篇題下，引漢儒鄭玄《禮記目錄》云：「名曰《中庸》，以記中和之為用也。庸，用也，孔子之孫子思伋所作之，以昭明聖祖之德也。」指子思作《中庸》。但勞思光認為孔穎達不辨真偽，未能察覺《中庸》的時代問題，所以不能用鄭玄的說法來證明子思作《中庸》。[10]

---

5. 1973 年，於中國湖南省長沙市馬王堆漢墓出土了一批帛書，內容包括《易經》、《老子》、《黃帝內經》、《戰國縱橫家書》、《養生方》、《五行》等，是秦末漢初的重要學術文獻。

6. 1993 年 10 月，於中國湖北省荊門市沙洋區四方鄉郭店村一座戰國時期楚國貴族之墓，出土了一批竹簡（稱為「郭店楚墓竹簡」）。經學者考證，竹簡書寫的時間上限（即公元前 415 年 - 公元前 402 年），可能與子思（公元前 483 年 - 公元前 402 年）及魯穆公（公元前 410 年至公元前 377 年在位）同年，內容包括道家著作四篇及儒家著作十四篇，其中與子思有關的著作包括〈緇衣〉、〈魯穆公問子思〉、〈五行〉、〈性自命出〉等。

7. 黃忠天：《中庸釋疑》，台北：萬卷樓，2015 年 1 月初版，第 4-6 頁。

8. 勞思光：《大學中庸譯註新編》，香港：中文大學出版社，2000 年，第 106 頁。

9. 孔穎達（574 年 - 648 年），孔子的三十二世孫，字「衝遠」，冀州衡水（今河北省衡水市）人。孔穎達是唐朝經學家，曾奉唐太宗之命編纂《五經正義》。

10. 勞思光：《大學中庸譯註新編》，香港：中文大學出版社，2000 年，第 106 頁。

北宋儒者程頤云：「《中庸》之書是孔門傳授，成於子思。」指子思作《中庸》（《河南程氏遺書》卷十五）。南宋理學家朱熹[11] 承其師程顥、程頤（「二程」）[12] 的看法，認為子思作《中庸》。《中庸章句·序》云：「《中庸》何為而作也？子思子憂道學之失其傳而作也。」指子思擔憂道學的失傳而作《中庸》。《中庸章句》云：「子程子（按：程頤）曰：『不偏之謂中，不易之謂庸。中者，天下之正道，庸者，天下之定理。』此篇乃孔門傳授心法，子思恐其久而差也，故筆之於書，以授孟子。」指子思為了準確地傳授孔子的學說而作《中庸》，傳授予孟子[13]。朱熹更在《中庸章句》表示《中庸》三十三章中僅十五章（首章、十二章、第二十一章至第三十三章）為子思所作，其餘引孔子之言解釋首章的意義。

明代名相張居正及哲學家劉宗周均認同子思作《中庸》的說法。張居正指「子思以天下的道理，本是中正而無所偏倚，平常而不可改易。但世教衰微，學述不明，往往流于偏僻，好為奇怪，而自失其中庸之理，故作為此書以發明之，就名為《中庸》。」指子思見世教衰微，世態偏激，所以著書提倡中庸的道理。[14] 劉宗周認為「《中庸》原是《大學》注疏，似出一人（按：子思）之手。」（《劉子全書》卷十八）

不少當代學者認同子思作《中庸》的說法。文學家林語堂認為子思是孟子的良師，《中庸》與《孟子》兩書於多處相似，哲學脈絡有密切的關聯。[15] 蔡元培認為《中庸》是子思所作，是以哲理將

11. 朱熹（1130 年 -1200 年），南宋江南東路徽州婺源人（今江西省上饒市婺源縣），生於福建路龍溪縣。朱熹是南宋理學家，尊稱「朱子」，是程顥、程頤兄弟（「二程」）的三傳弟子李侗的學生。
12. 程顥、程頤兄弟人稱「二程」，洛陽人，為北宋的大儒、理學家。兄程顥字伯淳，人稱「明道先生」；弟程頤字正叔，人稱「伊川先生」。
13. 孟子（約公元前 372 年 - 公元前 289 年），名軻，字子輿，是戰國時思想家、政治家、教育家，鄒（今山東省鄒城市東南）人。相傳孟子是孔子之孫子思門人的再傳弟子，曾遊歷多國，作《孟子》七篇，後世尊稱為「亞聖」。
14. 陳生璽等譯解：《張居正講評大學·中庸》（修訂本），上海：上海辭書出版社，2013 年 8 月，第 55 頁。
15. 林語堂：《孔子的智慧》，北京：群言出版社，2009 年 7 月第 1 版，第 83 頁。

《中庸》的管理智慧

孔子的道德之訓疏解。[16] 台灣著名學者南懷瑾認為《中庸》是傳承孔子一系儒家學問心法的大作。[17]

《中庸》可能是集體創作

不少學者認為《中庸》是集體創作，但其最後編者究竟是戰國時期、秦代儒者、漢儒還是更後期的儒者則眾說紛紜（詳見以下關於《中庸》作者的**說法二至說法四**）。

杜維明認為《中庸》是集體創造，文本是許多學者經歷長時間積累的結果。[18] 徐復觀認為先秦學派的門徒經常把自己所紀錄的思想，歸於該思想創辦人的姓名之下，例如《老子》、《墨子》及《莊子》等，《中庸》也不例外。[19] 台灣學者吳怡認為子思作《中庸》有史實根據，但該書的編定和流通可能較遲。古時出版需時，作者寫好書後，後人或會修改原本的內容，所以先秦典籍大多並非出於一人之手。[20] 黃忠天則認同先秦典籍的形成並非出於一時一人之手，定形需時，後人增補的部分一般置於原始部分之後。[21] 胡適認為《中庸》的內容駁雜，可能有後人加入的材料。[22]

國學大師錢穆認為《中庸》之義理以第十五章為止，從第十六章起「是他書脫簡；或是後人偏羼（粵音：燦 caan3；拼音：懺 chàn），而增首章，以足成今傳之《中庸》。」指《中庸》後半部是後人編撰。他以《中庸》第二章「仲尼曰」與其餘各章的「子曰」不同，認為《中庸》出現了文理駁雜不純，是晚出的證據。[23] 馮友

16. 蔡元培：《蔡元培講國學》，北京：華文出版社，2009 年 8 月，第 17 頁。
17. 南懷瑾：《話說中庸》，台北：南懷瑾文化事業，2015 年 3 月初版，第 15 頁。
18. 杜維明著、段德智譯、林同奇校：《中庸：論儒學的宗教性》，北京：生活·讀書·新知三聯書店，2013 年 6 月第 1 版，第 22 頁。
19. 徐復觀著、李維武編：《徐復觀文集（修訂本）》（第三卷〈中國人性論史·先秦篇〉），湖北：湖北人民出版社，2009 年第 2 版，第 66 頁。
20. 吳怡：《中庸誠的哲學》，台北：東大圖書，1993 年 10 月第五版，第 6-9 頁。
21. 黃忠天：《中庸釋疑》，台北：萬卷樓，2015 年 1 月初版，第 13 頁。
22. 胡適：《中國古代哲學史》，北京：中國華僑出版社，2013 年 4 月第 1 版，第 224 頁。
23. 錢穆：《四書釋義》，台北：素書樓文教基金會、蘭臺出版社，2005 年 6 月，第 322-323 頁。

蘭認為《中庸》部分是子思所作，但其餘是子思一派的儒家所作，內容也受道家所影響。例如《中庸》第十一章「君子依乎中庸，遯世不見知而不悔」與《易經‧乾‧文言》「不易乎世，不成乎名，遯世無悶，不見是而無悶」類似。[24]

說法二

作者是子思，但內容經過戰國時期、秦代儒者所修訂。[25] 此說法沿自《中庸》第二十八章「生乎今之世，反古之道」及「今天下車同軌，書同文，行同倫（輪）」兩段話，背景是天下已統一歸秦，車的軌道及書寫文字均已統一，顯示《中庸》摻入了秦代文字。此說法獲錢穆支持。[26]

宋代學者王柏（1197 年 -1274 年）於《古中庸‧跋》云：「愚滯之見，常舉其文勢時有斷續，語脈時有交互，思而不敢言也，疑而不敢問也。一日偶見西漢《藝文志》有曰：『〈中庸說〉二篇。』顏師古注曰：『今《禮記》有〈中庸〉一篇。』而不言其亡也。惕然有感，然後知班固時尚見其初為二也。合而亂，其出於小戴氏之手乎？」認為今本《中庸》可能是《禮記》的編者戴聖（「小戴」）將〈中庸說〉二篇（即〈中庸〉及〈誠明〉二篇）合二為一，作者不只子思一人。[27] 郭沂認為古本《禮記‧中庸》的文本已經錯亂，是把原屬子思的書其中兩篇合編而成。[28]

說法三

作者是子思，但內容經過漢代儒者所修訂。傅斯年認為《中庸》

---

24. 馮友蘭：《貞元六書》（三松堂全集第三版），北京：中華書局，2014 年 4 月北京第 1 版，第 831、845 頁。
25. 王國軒譯註：《大學‧中庸》，北京：中華書局，2006 年，第 4 頁。
26. 錢穆：《四書釋義》，台北：素書樓文教基金會、蘭臺出版社，2005 年 6 月，第 351 頁。
27. 黃鴻春：《四書五經史話》，北京：社會科學文獻出版社，2011 年 11 月，第 32 頁。
28. 郭沂：《郭店竹簡與先秦學術思想》，上海：上海教育出版社，2001 年 1 月，第 443 頁。

《中庸》的管理智慧

並非一時所作，它的首、尾是漢儒手筆。[29] 勞思光也認為《中庸》的不少學說與於西漢成書的《淮南子》相近，前者的思想應屬於漢初儒、道混合的階段。[30]

勞思光認為《漢書·藝文志·六藝略》中〈中庸說〉二篇及《漢書·藝文志·諸子略》中〈子思子〉二十三篇是否《禮記》中的〈中庸〉篇已無法斷定。[31] 徐復觀認為《漢書·藝文志》說有〈中庸說〉二篇，顏師古注云：「今《禮記》有〈中庸〉一篇，亦非本《禮經》，蓋此之流。」指〈中庸〉一篇本來並非源自《禮經》，其性質與〈中庸說〉相同，但〈中庸〉及〈中庸說〉兩篇並無合二為一。古人對傳記的稱謂並不嚴格，《孔子世家》稱《中庸》、《漢書·藝文志》稱《中庸說》，而《白虎通》稱《禮·中庸記》，三者可視為一書的名稱。[32]

說法四

《中庸》並非子思所作。宋代歐陽修於《歐陽修文集·問進士策》云：「禮樂之書散亡，而雜出于諸儒之說，獨《中庸》出于子思。子思，聖人之后也，其所傳宜得其真，而其說異乎聖人者，何也？……故予疑其傳之謬也。」以子思是孔子後裔為由，但《中庸》的學說異於孔子，質疑子思作《中庸》的說法。

清代崔述於《洙泗考信錄·餘錄》認為《中庸》採用了《孟子》的部分內容（「采（採）之《孟子》」），而子思出生早於孟子，所以《中庸》的作者並非子思。崔述從思想深度、文體及內容三方

29. 傅斯年：《性命古訓辨證三卷》，台北：五南圖書，2013 年 6 月初版，第 290 頁。
30. 勞思光：《新編中國哲學史（二）》，台北：三民書局，2010 年 10 月第三版，第 60 頁。
31. 勞思光：《大學中庸譯註新編》，香港：中文大學出版社，2000 年，第 105、108 頁。
32. 徐復觀著、李維武編：《徐復觀文集（修訂本）》（第三卷〈中國人性論史·先秦篇〉），湖北：湖北人民出版社，2009 年第 2 版，第 66-67 頁。

面否定子思作《中庸》的說法，論點包括：

一、「世傳《戴記》（按：《小戴禮記》或《禮記》）〈中庸〉篇為子思所作，余按孔子、孟子之言，皆平實切於日用，無高深廣遠之言，〈中庸〉獨探賾索隱，欲極微妙之致，與孔孟之言皆不類。」指《中庸》的內容深奧、微妙，與孔、孟的言詞不同。

二、「《論語》之文簡而明，《孟子》之文曲而盡。《論語》者，有子、曾子門人所記，正與子思同時，何以《中庸》之文，獨繁而晦，上去《論語》絕遠，下猶不逮《孟子》？」指《中庸》的文句繁複而隱瞞，與《論語》、《孟子》不同。

三、《中庸》第二十章「在下位不獲乎上，民不可得而治矣。獲乎上有道：不信乎朋友，不獲乎上矣。信乎朋友有道：不順乎親，不信乎朋友矣。順乎親有道：反諸身不誠，不順乎親矣。誠身有道：不明乎善，不誠乎身矣。」一段與《孟子·離婁上》中「居下位而不獲於上，民不可得而治也。獲於上有道：不信於友，弗獲於上矣。信於友有道：事親弗悅，弗信於友矣。悅親有道：反身不誠，不悅於親矣。誠身有道：不明乎善，不誠其身矣。」僅有幾個詞語不同。崔述認為「『在下位』以下十六句見於《孟子》，其文小異，說者謂子思傳之孟子者，然孔子、子思之名言多矣，孟子何以獨述此語？《孟子》述孔子之一言，皆稱『孔子曰』，又不當掠之為己語也。」指孟子引用孔子及別人的話，例必稱呼其人。《中庸》「在下位不獲乎上」一段並沒有標示「子曰」或「子思曰」，應是孟子自己所說，即是說《中庸》這段承襲於孟子。但子思是孟子的老師，所以《中庸》並非子思所作。[33]

---

33. 勞思光：《大學中庸譯註新編》，香港：中文大學出版社，2000 年，第 107 頁。

勞思光認為《中庸》第二十六章「今夫地，一撮土之多，及其廣厚，載華嶽而不重，振河海而不洩，萬物載焉。」以華山（華嶽）為最大的山而不是山東人（按：子思為魯國人）推崇的東嶽泰山，推論《中庸》並非子思所作。[34] 但徐復觀以《山海經·東山經》引證齊國原有「嶽山」，但其後為「五嶽」的名聲所掩蓋；《中庸》所謂「華嶽」原是齊國境內兩座地理位置相近的「華」、「嶽」二山的聯稱，所以《中庸》仍可能是子思所作。[35] 南懷瑾則不認同以《中庸》提及「華嶽」，並斷定子思未見過華山，而否定子思作《中庸》的說法。他認為孔子及子思遭逢亂世，周遊行蹤所及，應知道華山。[36]

　　勞思光指《中庸》第二十八章「今天下車同軌，書同文，行同倫」是描述秦國統一中國之後的境況，所以《中庸》並非子思所作。[37] 但陳槃認為「車同軌」一詞在孔子以前就有，而春秋時代儘管有多個國別，但文書使節交往，並沒有彼此不能通曉的文字，即大體上已「同文」了。[38] 譬如《管子·居臣上》云：「衡石一稱，斗斛一量，丈尺一綧制，戈兵一度，書同名，車同軌，此至正也。」指戰國時期已經有「書同名」（與「書同文」類同）及「車同軌」的說法。

　　錢穆引《老子》第四十二章「萬物負陰而抱陽，沖氣以為和」指道家以「中和」之氣言天命，而《中庸》首章「致中和，天地位焉，萬物育焉」是儒家以「中和」言德性。他認為《中庸》比《老子》晚出，所以子思作《中庸》是謬誤。錢穆認為儒家性善之說始於孟子，若子思率先倡議天命為性、率性為道，孟子受業於子思門

34. 勞思光：《大學中庸譯註新編》，香港：中文大學出版社，2000年，第108頁。
35. 徐復觀著、李維武編：《徐復觀文集（修訂本）》（第三卷〈中國人性論史·先秦篇〉），湖北：湖北人民出版社，2009年第2版，第88頁。
36. 南懷瑾：《話說中庸》，台北：南懷瑾文化事業，2015年3月初版，第20-21頁。
37. 勞思光：《大學中庸譯註新編》，香港：中文大學出版社，2000年，第108頁。
38. 陳槃：《大學中庸今譯》，台北：正中書局，1954年4月初版，第4-5頁。

下，理應加述天命、性等思想。

　　《孟子‧盡心上》提及盡心、知性、知天的概念，云：「盡其心者，知其性也；知其性，則知天矣。存其心，養其性，所以事天也。」指能夠盡自己本心的人，知悉自己天賦的本性；知悉自己本性的人，就能夠知悉天道；能夠保存本心，修養其天賦的本性，就是事天之道。當代哲學家牟宗三認為《中庸》提及「天命之謂性」、「慎獨」及「致中和」等觀念，是把客觀而超越的「天命」說下來；其義理決不在孟子建立性善說之前，所以《中庸》應晚於孟子而並非子思所作。牟宗三認為《中庸》是在孔子踐仁知天，孟子盡心、知性、知天之後，進而成之自「天命」說之貫通。[39]

39. 牟宗三：《牟宗三先生全集》第七集〈心體與性體〉（第三冊），台北：聯經出版，2003 年初版，第 54 頁。

第二節　《中庸》成書的時間

　　《中庸》成書的時間與它的作者或編者是誰相關。根據本章第
一節對《中庸》作者的主要說法，關於《中庸》成書時間的說法如
下：

　　一、《中庸》的作者是子思，他生於公元前 483 年，卒於公
元前 402 年，所以《中庸》成書於公元前四世紀。

　　二、《中庸》的部分內容由子思所作，但內容經過戰國時期、
秦代儒者所修訂，至於它成書於戰國的哪個階段還是秦代則難以定
案。

　　有學者認為《中庸》成書於戰國中期。張岱年認為《中庸》大
部分是子思所作，個別章節是後人所附益，其中「誠」的思想應在
孟子之前。[40] 學者徐復觀認為《中庸》分為兩篇：上篇推定出於
子思，也雜有其門人寫定；下篇是上篇的發展，出於子思的門人（即
是《中庸》的編者）。[41] 徐復觀認為《中庸》成書於戰國中期，介
於《論語》（估計成書於戰國初期）與《孟子》（估計成書於戰國
末期）之間，其論點如下：（一）《論語》多篇提及君臣、父子、
夫婦、兄弟、朋友等「五倫」關係，如〈顏淵〉篇提及孔子答齊景
公問政云：「君君，臣臣，父父，子子」及〈子罕〉篇云：「出則
事公卿，入則事父兄。」其後《中庸》及《孟子》先後將「五倫」

---

40. 張岱年：《中國哲學大綱 - 中國哲學問題史》（上、下冊），北京：昆侖出版社，2010 年 3 月，
　　第 196、369 頁。
41. 徐復觀著、李維武編：《徐復觀文集（修訂本）》（第三卷〈中國人性論史‧先秦篇〉），湖北：
　　湖北人民出版社，2009 年第 2 版，第 66 頁。

的概念完整地組合起來。（二）《論語》多篇提及仁、義、禮、知（智）、信等德目，《中庸》則將智、仁、勇並列為「三達德」，其後《孟子》把該等德目發展為仁、義、禮、知「四端」。（三）《論語》言仁主要涉及個人的自覺，《中庸》談及「脩道以仁」及「力行近乎仁」的涵義與《論語》較近，《孟子》言仁則多以愛人為主。（四）《論語》提及「五十而知天命」（〈為政〉篇）是道德的先天性質，與《中庸》的「天命之謂性」連結，並進一步發展；雖然《中庸》並未點出性善的概念，但性善論其後由《孟子》進一步表述。（五）《論語》言忠信、內省，發展成為《中庸》的誠，兩書均著重內在的主體性；而《孟子》則言「求其放心」（《孟子·告子上》）、「存心」、「養性」（《孟子·盡心上》）等，把《中庸》首章的「慎其獨」概念表現得更具體明白。[42]

　　有學者認為《中庸》成書於戰國末期。傅斯年認為《中庸》第二十章「誠者，天之道也，誠之者，人之道。」的內容兼具儒、道兩家之說，認為《中庸》成書遠在《孟子》之後。[43] 近代思想家梁啟超也認同《中庸》成書於孟子之後的說法。[44] 張岱年則根據《中庸》的內容，認為它成書於戰國末期；若該書的作者是子思，內容有戰國末期的人所增益。[45] 錢穆認為《中庸》是戰國末期或秦代產物。他認為《中庸》第十一章「素隱行怪」的意境對象似出於戰國後期，並非子思時所有。[46] 而《中庸》第二十八章「愚而好自用」五字，與秦朝丞相李斯上奏秦始皇文書的用語相同，錢穆據此認為《中庸》是秦代產物。[47]

---

42. 徐復觀：《中國學術的精神》，上海：華東師範大學出版社，2003 年 11 月，第 33-34 頁。
43. 傅斯年：《性命古訓辨證三卷》，台北：五南圖書，2013 年 6 月初版，第 27 頁。
44. 梁啟超：《梁啟超講國學》，北京：金城出版社，2008 年 5 月第 1 版，第 14 頁。
45. 張岱年：《人生課》，北京：北京大學出版社，2008 年 7 月，第 93 頁。
46. 錢穆：《四書釋義》，台北：素書樓文教基金會、蘭臺出版社，2005 年 6 月，第 321-327 頁。
47. 錢穆：《四書釋義》，台北：素書樓文教基金會、蘭臺出版社，2005 年 6 月，第 351 頁。

三、《中庸》的部分內容由子思所作，但內容經過漢代儒者的增益，成書於漢代。勞思光認為《中庸》提及「天」的意志化及「天人相應」等觀念，而第二十四章「至誠之道，可以前知」應是漢儒受戰國陰陽家的影響，假定一種宇宙之理作為人事之理的根據，《中庸》應成書於漢代。[48]

勞思光認為《中庸》全文用字造語並無一處可證其早於戰國末期，反而有不少晚出的詞句，如第二十八章云：「子曰：『愚而好自用，賤而好自專。生乎今之世，反古之道。如此者，烖及其身也。』」致力反對「復古」，與孔、孟尊古的主張相反。[49] 勞思光也根據一些對漢代的考證，指《中庸》「天命之謂性，率性之謂道，脩道之謂教。」一句是漢初的流行思想，並非先秦詞語。[50]

四、《中庸》並非子思所作，具體成書時間難以確定。

48. 勞思光：《大學中庸譯註新編》，香港：中文大學出版社，2000 年，第 83 頁。
49. 勞思光：《新編中國哲學史（二）》，台北：三民書局，2010 年 10 月第三版，第 57、59 頁。
50. 勞思光：《新編中國哲學史（二）》，台北：三民書局，2010 年 10 月第三版，第 58 頁。

第三節　《中庸》的書名及篇數

《中庸》的書名

　　大部分文獻採用《中庸》為書名，但東漢班固《漢書・藝文志》提及「《子思》二十三篇」，有意見認為《子思》就是《中庸》。郭沂認為西漢文學家劉向將書名由《中庸》改為《子思》，是視《中庸》與其他子書（如《孟子》、《荀子》）同例；而《中庸》的篇數有二十三篇而並非三十三篇，可能是《中庸》部分重覆的篇目以《子思》為書名納入《漢書・藝文志》時被刪去。[51]

《中庸》的篇數

　　歷來指《中庸》有七篇、二十三篇、三十三篇、四十七篇或四十九篇等說法，分述如下：

　　一、七篇。《隋書》及《唐書》指《子思子》有七卷，有意見認為《子思子》就是《中庸》。明初思想家宋濂《諸子辨》云：「《子思子》七卷，亦后人綴輯而成，非子思之所自著也。」

　　二、二十三篇。《漢書・藝文志》云：「《子思》二十三篇。名伋，孔子孫，為魯繆公師。」有意見認為《子思》就是《中庸》。黃忠天認為《漢書・藝文志》乃依據劉歆的《七略》裁剪而成，而《七略》則裁剪自劉向（劉歆之父）的《別錄》，所以《中庸》的祖本有四十九篇（根據《史記》）而《子思》二十三篇可視為新編本。[52]

　　三、三十三篇。朱熹《中庸章句》將《中庸》分為三十三章的做法流通至今，成為主流。

---

51. 郭沂：《郭店竹簡與先秦學術思想》，上海：上海教育出版社，2001 年 1 月，第 416-417 頁。
52. 黃忠天：《中庸釋疑》，台北：萬卷樓，2015 年 1 月初版，第 24-25 頁。

《中庸》的管理智慧

四、四十七篇。李翱於《復性書・上》云：「子思，仲尼之孫，得其祖之道，述《中庸》四十七篇。」晁說之於《中庸傳》云：「是書本四十七篇。」鄭樵《六經奧論》云：「《中庸》四十七篇。」

五、四十九篇。《孔叢子・居衛》云：「子思年十六，適宋。宋大夫樂朔與之言學焉。……樂朔不悅而退，曰：『孺子辱吾。』其徒曰：『此雖以宋為舊，然世有讎焉，請攻之。』遂圍子思。宋君聞之，駕而救子思。子思既免，曰：『文王厄於牖里，作《周易》；祖君屈於陳蔡，作《春秋》。吾困於宋，可無作乎？』於是撰《中庸》之書四十九篇。」詳述子思於十六歲（按：《史記・孔子世家》指子思於六十二歲而並非十六歲被圍於宋）時訪宋國時被圍堵，決心仿傚周文王及孔子於厄困時留有著作。[53] 勞思光認為《孔叢子》是偽作，提及《中庸》有四十九篇而非三十三篇，不足信。[54]

53. 王鈞林、周海生譯注：《孔叢子》，北京：中華書局，2009 年 10 月初版，第 102-103 頁。
54. 勞思光：《大學中庸譯註新編》，香港：中文大學出版社，2000 年，第 106 頁。

第四節　《中庸》成為獨立文獻的歷程

歷來對《中庸》何時成為獨立文獻的說法大體一致，認為早於西漢就有專門解說《中庸》的著作。[55] 如筆者於拙作《〈大學〉的管治智慧》所言，「四書」之一的《大學》何時成為獨立文獻尚無定論，較早的說法是《大學》單獨發行始於唐代韓愈[56]，而《中庸》單獨發行更在《大學》（唐代）之前。[57] 以下簡述自漢代以來就《中庸》進行解說的主要文獻：

東漢班固著《漢書·藝文志·六藝略》有〈中庸說〉二篇，是《中庸》最早的解詁。[58]

《隋書》卷三十二志第二十七經籍一中，有《禮記中庸傳》二卷（由宋散騎常侍戴顒撰）、《中庸講疏》一卷（由梁武帝撰）及《私記制旨中庸義》五卷（作者不詳、現已佚失）。此外，《隋書》卷一十四志第九曾引散騎常侍、尚書僕射沈約奏答，云：「竊以秦代滅學，〈樂經〉殘亡……〈月令〉取《呂氏春秋》、〈中庸〉、〈表記〉、〈防記〉、〈緇衣〉皆取《子思子》……」認為子思作《中庸》。

唐代李翱著《復性書》上、中、下三篇，文中藉《中庸》、《大學》等儒家經典作為「復性」（恢復人善良的本性）的證據。《復性書·中》云：「曰：我未明也，敢問何謂『天命之謂性』？曰：『人生而靜，天之性也。』性者，天之命也。『率性之謂道』，何謂也？

《中庸》的管理智慧

曰：『率，循也。循其源而反其性者，道也。』」

　　南宋教育家石𡒃（字子重）著《中庸輯略》二卷。南宋散騎常侍戴顒為《禮記‧中庸》作注二篇。宋代黎立武更推崇《中庸》為「群經之統合樞要也」。[59]朱熹從《禮記》抽出〈大學〉及〈中庸〉二篇，與《論語》及《孟子》合為「四子書」[60]（簡稱「四書」），並窮四十多年心血著《四書集注》[61]。《四書集注》成為各級學校的必讀書，也成為求取功名利祿者的階梯，影響深遠。[62]朱熹於宋孝宗淳熙十六年（1189年）寫成《中庸章句‧序》（全文及語譯見**附錄一**）及《中庸章句》（全文見**附錄二**）。宋光宗紹熙元年（1190年），朱熹往漳州任官，以公費刊刻《尚書》[63]、《詩經》[64]、《易經》、《春秋》四經，繼而刊刻「四書」。《中庸章句‧序》云：「歷選前聖之書，所以提挈綱維、開示蘊奧，未有若是之明且盡者也。」對《中庸》的評價極高，認為芸芸前聖典籍中，像《中庸》般綱目清晰、蘊藏深奧思想而詳盡的不多見。[65]

　　元代仁宗皇慶二年（1313年）以後，「四書」被選定為科舉考試的基本科目，成為各級學校的教材，《中庸》遂成為基本讀物。[66]

---

59. （宋）黎立武：《中庸指歸》，《文淵閣四庫全書》（經部‧四書類），香港：迪志文化出版，1999年，第86頁。
60. 「四子」指孔子、曾子、子思、孟子，四人是儒家思想較傑出、最具代表性的四人。曾子（曾參）是孔子的弟子，子思（孔子之孫孔伋）是曾子的弟子，孟子則相傳是子思的再傳弟子。
61. 朱熹著《四書集注》包括〈大學章句〉、〈中庸章句〉、〈論語集注〉及〈孟子集注〉四部分，分別為「四書」作序、注譯全文及闡述其見解。
62. 王國軒譯註：《大學‧中庸》，北京：中華書局，2006年，第4頁。
63. 《尚書》又名《書》、《書經》，是上古時代歷史文獻和追述古代事蹟的一些文章彙編，全書分〈虞書〉、〈夏書〉、〈商書〉、〈周書〉四部分。漢代以後，儒家學者將其列為「五經」（《詩經》、《尚書》、《禮記》、《周易》、《春秋》）之一。
64. 《詩經》是我國最早的詩歌總集，「五經」之一，包括〈國風〉、〈雅〉（又分〈小雅〉、〈大雅〉）、〈頌〉三部分，共三百零五篇。
65. 王國軒譯註：《大學‧中庸》，北京：中華書局，2006年，第146頁。
66. 張水金編撰：《大學‧中庸—人性的試煉》，台北：時報文化出版，2011年7月初版，第10頁。

第五節　《中庸》的主旨

劉述先從思想的脈絡探討，認為《中庸》是思孟學脈的作品，也是儒家典籍中最富哲學意味的一篇。[67]《中庸》涉及許多抽象的概念，結構複雜；[68] 再加上它帶有宗教及神秘因素，是一本難以看懂的書。[69] 勞思光則認為《中庸》的理論較其他漢儒的怪說精嚴。[70] 綜合而言，筆者認為《中庸》的主旨分四方面：構建理想的願景、深化儒家的道德標準、反思人生意義、推崇「天人合一」的宇宙觀，以下逐一說明。

構建理想的願景

筆者認為《中庸》的主旨之一是構建一個理想的願景：人能夠真誠、成己、成人、成物，最終達致萬物和諧。實踐此願景的具體步驟主要載於第二十二章：「唯天下之至誠，為能盡其性；能盡其性，則能盡人之性；能盡人之性，則能盡物之性；能盡物之性，則可以贊天地之化育；可以贊天地之化育，則可以與天地參（三）矣。」指人要真誠，盡自身、他人及萬物的本性，最終人可以與天、地並列為三，化育萬物。

傅佩榮認為《中庸》希望為人類構建一個遠景：人類社會安定、自然界祥和，是儒家思想中的崇高理想。[71] 唐君毅認為《中庸》能兼重心的虛靈明覺與心的志氣及性情，而明言性情是善的。[72] 林語堂認為中庸哲學在動作和靜止之間找到了完全的平衡，是中國人所

67. 劉述先：《論儒家哲學的三個大時代》（重排本），香港：中文大學出版社，2015年，第38頁。
68. 黃鴻春：《四書五經史話》，北京：社會科學文獻出版社，2011年11月，第23頁。
69. 陳榮捷編著：《中國哲學文獻選編》（上冊），台北：巨流圖書，2007年10月初版，第179頁。
70. 勞思光：《新編中國哲學史（二）》，台北：三民書局，2010年10月第三版，第62頁。
71. 傅佩榮：《止於至善：傅佩榮談大學‧中庸》，北京：東方出版社，2013年9月第1版，第90頁。
72. 唐君毅：《中國文化之精神價值》，桂林：廣西師範大學出版社，2005年10月第1版，第105頁。

發現最健全的理想生活。[73]

深化儒家的道德標準

《中庸》也希望透過致中和、誠、三達德及五達道等概念，進一步深化儒家的道德標準。

不少學者對《中庸》深化道德標準的作用有類似的看法。牟宗三認為中國人沒有「人格神」(personal god) 的觀念，儒家發展到《易傳》和《中庸》，是講宇宙創生之道，宇宙秩序是一種道德秩序。[74] 蔡元培認為《中庸》是以哲理疏解孔子道德之訓，進而尋求道德的起源。[75] 李澤厚認為《中庸》為儒學的出發點「修身」賦以世界觀的形而上基石，[76] 它以人的意識修養為中心，是對內在的人性心靈形而上的發掘。[77] 林語堂認為《中庸》代表著儒家道德哲學的最佳哲學方法，包含儒家的一些重要學說：衡量人的尺度是人；人性善的標準不在天而在人。[78] 徐復觀認為一般人受其生理欲望所掩蓋，行為並不合乎中庸之道，潛伏於生命深處的性並未發揮作用，所以《中庸》提出「慎獨」以「率性」的工夫。[79] 方世豪認為《中庸》旨在教人立志發心做君子、聖人。[80]

有學者強調《中庸》「中和」、「庸（平常）」等概念具有強大的作用。張居正云：「子思以天下的道理，本是中正而無所偏倚，平常而不可改易。但世教衰微，學述不明，往往流于偏僻，好為奇

73. 林語堂：《國學拾遺》，西安：陝西師範大學出版社，2008 年 8 月第 1 版，第 13 頁。
74. 牟宗三：《中國哲學十九講：中國哲學之簡述及其所涵蘊之問題》，台北：台灣學生書局，2002 年 8 月，第 82 頁。
75. 蔡元培著、楊佩昌整理：《中國倫理學史》，北京：中國畫報出版社，2010 年 5 月第 1 版，第 15 頁。
76. 李澤厚：《中國古代思想史論》，台北：三民書局，2012 年 3 月，第 132 頁。
77. 李澤厚：〈荀易庸記要〉（原載《文史哲》1985 年第 1 期），載於張頌之主編：《儒家哲學思想研究》（20 世紀儒學研究大系，總 12 卷），北京：中華書局，2003 年，第 444 頁。
78. 林語堂：《中國印度之智慧:中國的智慧》，長沙：湖南文藝出版社，2012 年 1 月第 1 版，第 191 頁。
79. 徐復觀著、李維武編：《徐復觀文集（修訂本）》（第三卷〈中國人性論史·先秦篇〉），湖北：湖北人民出版社，2009 年第 2 版，第 77 頁。
80. 劉桂標、方世豪導讀及譯注：《大學 中庸》，香港：中華書局，2014 年 7 月初版，第 75 頁。

怪，而自失其中庸之理，故作為此書以發明之，就名為《中庸》。」指《中庸》旨在發揚及彰明天下本有的中正、平常道理。[81] 法籍學者于蓮 (François Jullien) 指《中庸》是中國思想的核心，以「很少篇幅就讓讀者進入中國思想的核心」，它「思想『中』，即通過對世界和我們自己的不斷適應得到的平衡，即『調節』。」[82]

反思人生意義

《中庸》是一本表達儒家哲學思想的論文，促使人反思人生的意義。傅佩榮認為《中庸》旨在讓人了解人生應該如何。[83] 徐儒宗認為《中庸》是儒家論述人生修養境界的一部道德哲學專書。[84] 來可泓認為《中庸》進一步發揮孔子的「過猶不及」思想，闡發中和之為用，是一篇表達儒家哲學思想的論文。[85] 杜維明認為《中庸》整體而言是一個關於人性（「仁」）的陳述，有關個人、社會和形而上學的一系列反思。[86]

推崇天人合一的宇宙觀

《中庸》也旨在推崇「天人合一」的宇宙觀，指人能與天地、宇宙相和諧，人的作用不限於人的介面。

不少學者討論《中庸》與「天人合一」的關係。唐君毅認為宇宙、世界並稱為一名。《說文解字》云：「宇，舟車所極覆也。下覆為宇，上奠為宙。」中國先哲關於宇宙之說是：古往今來曰宙，上下四方曰宇。人居於今古上下四方之中和之地，不得不與萬物感

81. 陳生璽等譯解：《張居正講評大學·中庸》（修訂本），上海：上海辭書出版社，2013 年 8 月，第 55 頁。
82. ［法］于蓮《中庸》(Zhong Yong ou la Régulation à usage ordinaire [translation and commentary], Imprimerie Nationale, 1993)，見〈于蓮的主要著作介紹〉，轉引自杜小真：《遠去與歸來——希臘與中國的對話錄》之附錄，北京：中國人民大學出版社，2004 年。
83. 傅佩榮：《止於至善：傅佩榮談大學·中庸》，北京：東方出版社，2013 年 9 月第 1 版，第 84 頁。
84. 陳曉芬、徐儒宗譯注：《論語·大學·中庸》，北京：中華書局，2011 年 3 月第 1 版，第 285 頁。
85. 來可泓：《大學直解·中庸直解》，上海：復旦大學出版社，1998 年 2 月初版，第 134 頁。
86. 杜維明著、段德智譯、林同奇校：《中庸：論儒學的宗教性》，北京：生活•讀書•新知三聯書店，2013 年 6 月第 1 版，第 23 頁。

通；人與物之交會，將見「中和」。[87] 徐復觀認為《中庸》提出了
道德的最高境界與標準：人類可以透過其德性的成就，與其所居住
的宇宙相調和。[88] 牟宗三認為《中庸》是承孔子的仁教與孟子的本
心調適，繼而徹底完成其本體宇宙論的實體之創生。[89] 林語堂認為
《中庸》談及宇宙的靈性及控制它的道德規律：人要活得和《中庸》
的道德規律相符合，便能實現真我，以構建人（內在的真我）與宇
宙（外在）之間的和諧。[90] 高柏園認為《中庸》的目的是以人成為
聖人，繼而配天，以天賦予的稟性及誠為根據，以慎獨、誠作為其
功夫。[91] 晁樂紅認為《中庸》將中庸之道作為溝通天人關係的橋樑，
上可至天、下可落實於人倫的日常應用，並以「誠」作為「致中和」
的方法。[92] 杜維明認為《中庸》基本上符合儒家思想的孟學傳統，
可以作為人道和天道之不可分割性為基礎的一種倫理宗教構想的展
現。[93] 陳贇認為《中庸》為人確立了在天地之間的一個生活領域，
教導人如何在天地之間「頂天立地」地做人。[94]

87. 唐君毅：《中國文化之精神價值》，桂林：廣西師範大學出版社，2005 年 10 月第 1 版，第 73-75 頁。
88. 徐復觀：《中國學術的精神》，上海：華東師範大學出版社，2003 年 11 月，第 38 頁。
89. 牟宗三：《牟宗三先生全集》第七集〈心體與性體〉（第三冊），台北：聯經出版，2003 年初版，第 62 頁。
90. 林語堂：《國學拾遺》，西安：陝西師範大學出版社，2008 年 8 月第 1 版，第 8 頁。
91. 高柏園：《中庸形上思想》，台北：東大圖書，1988 年 3 月初版，第 103 頁。
92. 晁樂紅：《中庸與中道：先秦儒家與亞里士多德倫理思想比較研究》，北京：人民出版社，2010 年 7 月，第 28 頁。
93. 杜維明著、段德智譯、林同奇校：《中庸：論儒學的宗教性》，北京：生活•讀書•新知三聯書店，2013 年 6 月第 1 版，英版文初序第 5 頁。
94. 陳贇：《中庸的思想》，北京：生活·讀書·新知三聯書店，2007 年 12 月第 1 版，第 13 頁。

第六節　《中庸》的結構

　　《中庸》的結構相當複雜，也有意見認為它是一堆雜亂無章的孔子語錄或儒家論點。[95] 杜維明則認為《中庸》有一個深層次而完整的結構，只有透過對文本作出整體性的解讀，才能理解其內在意義。[96]

　　朱熹《中庸章句》云：「其書始言一理，中散為萬事，末復合為一理。」有意見認為「始言一理」指《中庸》的首章〈天命〉篇，「中散為萬事」指第二章〈時中〉篇至第二十章〈問政〉篇，「末復合為一理」則指第二十一章〈誠明〉篇至第三十三章〈尚絅〉篇。

　　徐復觀則認為今本《中庸》第二十章本為兩卷，第二十章共七百六十五字的前部分（由「哀公問政」至「道前定，則不窮」的五百五十九字）原屬於孔穎達《禮記正義》的第五十二卷，其餘二百零六字（即由「在下位，不獲乎上」至「雖愚必明，雖柔必強」）原屬於《禮記正義》第五十三卷。徐復觀認為朱熹將孔穎達原本分屬於兩卷的文字合為一章（即今本《中庸》第二十章），皆因他受《孔子家語》所欺騙，也不了解《中庸》原由兩篇而成。《中庸》上篇（即今本首章至第二十章「道前定，則不窮」止）是解決孔子實踐性的倫理之教，以及性與天道的關係。[97]

　　劉述先也認為《中庸》可分為兩部分：上半由第二章至第二十

95. 黃鴻春：《四書五經史話》，北京：社會科學文獻出版社，2011 年 11 月，第 23 頁。
96. 杜維明著、段德智譯、林同奇校：《中庸：論儒學的宗教性》，北京：生活•讀書•新知三聯書店，2013 年 6 月第 1 版，英版文初序第 3 頁。
97. 徐復觀著、李維武編：《徐復觀文集（修訂本）》（第三卷《中國人性論史•先秦篇》），湖北：湖北人民出版社，2009 年第 2 版，第 68 -69 頁。

章前半論述中庸；下半由第二十章後半至第三十三章則集中討論誠，充滿形而上的涵意。[98]

　　筆者認為「中散為萬事」的「萬事」包括宗教、政治及倫理德行等方面。簡述如下：

　　一、宗教方面，如《中庸》等十六章云：「鬼神之為德，其盛矣乎！視之而弗見，聽之而弗聞，體物而不可遺。使天下之人齊明盛服，以承祭祀，洋洋乎！如在其上，如在其左右。《詩》曰：『神之格思，不可度思！矧可射思！』夫微之顯，誠之不可掩如此夫！」及第十九章云：「春秋脩其祖廟……治國其如示諸掌乎！」

　　二、政治方面，如第二十章云：「故為政在人，取人以身，脩身以道，脩道以仁。仁者，人也，親親為大。義者，宜也，尊賢為大。親親之殺，尊賢之等，禮所生也。（在下位不獲乎上，民不可得而治矣。）故君子不可以不脩身。思脩身，不可以不事親；思事親，不可以不知人；思知人，不可以不知天。」及「凡為天下國家有九經，所以行之者，一也。凡事豫則立，不豫則廢。言前定則不跲，事前定則不困，行前定則不疚，道前定則不窮。」

　　三、倫理方面，如第二十章云：「子曰：『好學近乎知，力行近乎仁，知恥近乎勇』，知斯三者，則知所以脩身。」及「反諸身不誠，不順乎親。」等。

　　《中庸》的結構可分為以下四部分（見圖 **1.2**）：
　　一、綱領（第一章〈天命〉篇）：開宗明義闡述天命、性、道及教的主旨，道（中庸之道）不可偏離的核心道理。

---

98. 劉述先：《論儒家哲學的三個大時代》（重排本），香港：中文大學出版社，2015 年，第 39 頁。

二、闡述中庸之道（第二章〈時中〉篇至第十一章〈素隱〉篇、第十三章〈不遠〉篇至第二十章〈問政〉篇）：引述孔子的話闡述中庸之道的內涵。

三、闡述中庸之道的性質（第十二章〈費隱〉篇），包括它的廣闊效用、無處不在、易於明白，以及可於日常生活中實踐等。

四、提供論證確立天道、人道的意義（第二十一章〈誠明〉篇至第三十三章〈尚絅〉篇），最後一章（第三十三章）是全書的總結。

圖 1.2　《中庸》的基本結構

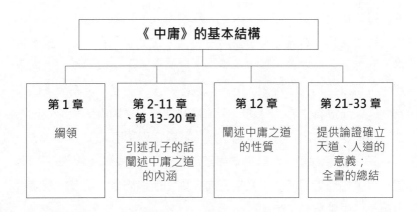

第七節　《中庸》核心概念與其他古籍的關係

　　《中庸》的核心概念如「天命」、「性」、「道」、「教」、「中和」（中、和）、「中庸」（用中、執中、時中）、「三才之道」（天道、地道、人道）、「天人合一」（贊天地之化育、與天地參（三））、「三達德」（智、仁、勇）、「五達道」（君臣、父子、夫婦、昆弟、朋友之交）等，也見於不少古籍。牟宗三認為《論語》、《孟子》、《中庸》及《易傳》的生命互相呼應，彼此息息相關。[99] 以下簡述《中庸》的核心概念與部分古籍的關係。

《中庸》與《尚書》：允執厥中的聯繫

　　《中庸》「中」、「執中」和「庸」的概念與《尚書》的一些句子相關。《中庸》首章為「中」及「和」下定義，云：「喜怒哀樂之未發，謂之中；發而皆中節，謂之和。中也者，天下之大本也；和也者，天下之達道也。致中和，天地位焉，萬物育焉。」

　　比對之下，《尚書》多章提及「中」，大部分解作「中正」、「公正」：如《尚書·商書·盤庚中》云：「各設中于乃心」（張居正解（下同）：各人將中正之道銘記於心）[100]、《尚書·周書·酒誥》云：「爾克永觀省，作稽中德。」（你們能夠長久反省自己，舉止行為符合中正美德。）[101]、《尚書·周書·呂刑》云：「咸庶中正」（使犯人得到公正的裁決）、「非天不中」（並非上天不以公正之道待人）。[102]

---

99. 牟宗三：《中國哲學十九講：中國哲學之簡述及其所涵蘊之問題》，台北：台灣學生書局，2002年8月，第77頁。
100. 陳生璽等譯解：《張居正講評尚書》（修訂本）（上冊），上海：上海辭書出版社，2013年8月，第157頁。
101. 陳生璽等譯解：《張居正講評尚書》（修訂本）（下冊），上海：上海辭書出版社，2013年8月，第273頁。
102. 陳生璽等譯解：《張居正講評尚書》（修訂本）（下冊），上海：上海辭書出版社，2013年8月，第423頁。

第六章提出「執中」的概念，云：「舜其大知也與！舜好問而好察邇言，隱惡而揚善，執其兩端，用其中於民，其斯以為舜乎！」強調舜有大智慧，喜歡向人請教，而又善於分析（平民）淺近說話的含意。他將缺點、短處隱藏起來，而將優點、長處加以表揚；他掌握事物的兩個極端（「過」與「不及」），而將中庸之道應用於民眾身上。

不少學者認為《中庸》「執中」的概念沿自《尚書·虞書·大禹謨》「人心惟危，道心惟微，惟精惟一，允執厥中」的十六字心得（語譯：人心動盪不安，道心幽昧難明；人唯有精誠專一，摯誠地堅守中正之道）。[103] 此心得與《論語·堯曰》「允執厥中」的涵義相同，兩者均凸顯「執中」的重要性。

此外，《中庸》於第二章首次提出「中庸」的概念，云：「仲尼曰：『君子中庸，小人反中庸。君子之中庸也，君子而時中；小人之中庸也，小人而無忌憚也。』」提及「中庸」。而《尚書·周書·康誥》云：「不敢侮鰥寡，庸庸，祗祗，威威，顯民。」中的「庸」字解作「用」。張居正將此句解作：不敢欺侮那些無依無靠的人（「鰥寡」），善於任用那些可以任用的人（「庸庸」），尊敬那些可以尊敬的人（「祗祗」），威罰那些應該威罰的人（「威威」），讓民眾了解（君主）治國之道（「顯民」）。[104]

《中庸》與《論語》：中庸、執中的聯繫

《中庸》與《論語》的部分句子有相似的語氣，可以看出前者

103. 陳生璽等譯解：《張居正講評尚書》（修訂本）（上冊），上海：上海辭書出版社，2013年8月，第36頁。
104. 陳生璽等譯解：《張居正講評尚書》（修訂本）（下冊），上海：上海辭書出版社，2013年8月，第258頁。

《中庸》的管理智慧

的思相與後者一脈相承。如：

一、《中庸》第三章云：「中庸其至矣乎，民鮮能久矣。」而《論語‧雍也》云：「中庸之為德也，其至矣乎，民鮮能久矣。」牟宗三認為此兩句顯示中庸之德行在孔子之前曾經盛行。[105]

二、《中庸》第二十章云：「或生而知之者，或學而知之，及其知之一也。」而《論語‧季氏》云：「生而知之者上也，學而知之者次也，困而學之，又其次也，困而不學，民斯為下矣。」

三、《中庸》第二十章云：：「非禮不動，所以脩身也。」而《論語‧顏淵》云：「非禮勿視，非禮勿聽，非禮勿言，非禮勿動。」

四、《中庸》第二十章云：「博學之，審問之，慎防思之，明辨之，篤行之。」而《論語‧子張》云：「子夏曰：『博學而篤志，切問而近思，仁在其中矣。』」

五、《中庸》第二十七章云：「溫故而知新，敦厚以崇禮。」而《論語‧為政》云：「溫故而知新，可以為師矣。」

六、《中庸》第二十七章云：「國有道其言足以興，國無道其默足以容。」而《論語‧憲問》云：「邦有道，危言危行。邦無道，危行言遜。」

七、《中庸》第二十八章云：「吾說夏禮，杞不足征也。吾學殷禮，有宋存焉。吾學周禮，今用之，吾從周。」而《論語‧八佾》云：「夏禮吾能言之，杞不足征也。殷禮吾能言之，宋不足征也。文獻不足故也。足，則吾能征之矣。」及「周監于二代，郁郁乎文哉，吾從周。」

八、《中庸》第三十三章云：「故君子內省不疚，無惡于志。」而《論語‧顏淵》云：「內省不疚，夫何憂何懼。」

105. 牟宗三：《中國哲學的特質》，台北：台灣學生書局，1994 年 8 月再版，第 90 頁。

此外，《論語·雍也》云：「中庸之為德也，其至矣乎！民鮮久矣。」《論語·子路》云：「不得中行而為之，必也狂狷乎！狂者進取，狷者有所不為也。」及《論語·堯曰》云：「堯曰：『咨爾舜！天之曆數在爾躬，允執其中。』」三篇的「中」字直接涉及人的修養，與《中庸》的中庸之道息息相關。

《中庸》與《孟子》：盡性、誠、天道的聯繫

《中庸》多章提及修身、率性、盡性、知天、贊天地化育、與天地參（三）等概念，包括首章「天命之謂性，率性之謂道，脩道之謂教」、第二十章「思脩身，不可以不事親；思事親，不可以不知人；思知人，不可以不知天」、第二十二章「唯天下之至誠，為能盡其性；能盡其性，則能盡人之性；能盡人之性，則能盡物之性；能盡物之性，則可以贊天地之化育；可以贊天地之化育，則可以與天地參（三）矣」及第三十二章「唯天下至誠，為能經綸天下之大經，立天下之大本，知天地之化育」等。

《孟子》提倡盡心、知性、知天的概念，如《孟子·盡心上》云：「盡其心者，知其性也；知其性，則知天矣」指充分實現道德的心（盡其心），才了解自己的本性，繼而了解天。梁啟超認為《中庸》的主張頗有趨於性善說的傾向，孟子的性善說造端於《中庸》。[106] 陳滿銘據此認為《中庸》與《孟子》的思想有默契。[107]

《中庸》及《孟子》對「誠」及「天道」的看法息息相關，《中

106. 梁啟超：〈儒家哲學的重要問題〉（選自《儒家哲學》一書），載於張頌之主編：《儒家哲學思想研究》（20世紀儒學研究大系，總12卷），北京：中華書局，2003年，第68頁。
107. 陳滿銘：《中庸思想研究》，台北：文津出版社，1980年3月初版，第5頁。

《中庸》的管理智慧

庸》第二十章「在下位不獲乎上，民不可得而治矣。獲乎上有道：不信乎朋友，不獲乎上矣。信乎朋友有道：不順乎親，不信乎朋友矣。順乎親有道：反諸身不誠，不順乎親矣。誠身有道：不明乎善，不誠乎身矣。」一段與《孟子·離婁上》「居下位而不獲於上，民不可得而治也。獲於上有道：不信於友，弗獲於上矣。信於友有道：事親弗悅，弗信於友矣。悅親有道：反身不誠，不悅於親矣。誠身有道：不明乎善，不誠其身矣。」一段幾乎相同，顯示兩者的思路相似，但難以確定孰先孰後。

林語堂認為《中庸》與《孟子》的風格與思想有明顯相似之處，若子思真是《中庸》的作者，他不愧為孟子的良師；《中庸》的雛形觀念變得成熟，其後透過孟子雄辯滔滔的口才表現出來。[108]

《中庸》與《大學》：慎獨、修身的聯繫

《中庸》首章云：「是故君子戒慎乎其所不睹，恐懼乎其所不聞。莫見乎隱，莫顯乎微，故君子慎其獨也。」強調君子在獨處時也要謹慎（慎其獨）：在別人看不見時仍保持警戒、謹慎，在別人聽不見時仍保持畏懼、把持；越是隱蔽的事情就越容易顯露，越是細微的事情就越容易顯現。

《大學》第七章云：「所謂誠其意者，毋自欺也，如惡惡臭，如好好色，此之謂自謙，故君子必慎其獨也！小人閒居為不善，無所不至，見君子而後厭然，掩其不善，而著其善。人之視己，如見其肺肝然，則何益矣！此謂誠於中，形於外，故君子必慎其獨也。」

108. 林語堂：《國學拾遺》，西安：陝西師範大學出版社，2008 年 8 月第 1 版，第 42 頁。

如拙作《〈大學〉的管治智慧》所言，君子不自欺、心安理得，在獨處時也務必謹慎；因內心的真實情況將表現於外，君子在獨處時也務必謹慎。[109]

《中庸》第二十章云：「故為政在人，取人以身，脩身以道，脩道以仁。仁者，人也，親親為大。義者，宜也，尊賢為大。親親之殺，尊賢之等，禮所生也。（在下位不獲乎上，民不可得而治矣。）故君子不可以不脩身。」及「凡為天下國家有九經，曰：脩身也，尊賢也，親親也，敬大臣也，體群臣也，子庶民也，來百工也，柔遠人也，懷諸侯也。」均提及修身的重要性。

如拙作所言，《大學》多章強調「修身」為本，「修身」更處於「八條目」的中心位置，是連繫內聖、外王的關鍵。[110]《大學》首章云：「古之欲明明德於天下者，先治其國；欲治其國者，先齊其家；欲齊其家者，先脩其身；欲脩其身者，先正其心；欲正其心者，先誠其意；欲誠其意者，先致其知。致知在格物。物格而后知至，知至而后意誠，意誠而后心正，心正而後身脩，身脩而后家齊，家齊而後國治，國治而後天下平。」及「自天子以至於庶人，壹是皆以脩身為本。其本亂而末治者，否矣。」強調人要以修身為本，由內而外，最終達致天下太平。由此可見，《中庸》與《大學》對修身的看法基本上一致，互相補足。

《中庸》與《易經》：天、地、人、中正的聯繫

《中庸》與《易經》的部分概念相近。首先，如張岱年所言《中

---

109. 羅天昇：《〈大學〉的管治智慧》，香港：新天出版，2015 年 7 月初版，第 51 頁。
110. 羅天昇：《〈大學〉的管治智慧》，香港：新天出版，2015 年 7 月初版，第 98-103 頁。

《中庸》的管理智慧

庸》主張與天地協調、贊化育的思想與《易經》相近。[111] 郭剛認為易學「太和」之境的宇宙整體思維模式，以天和、地和、人和與天人相和合，為「中庸之道」哲學提供了思想來源。[112]

《中庸》第二十二章云：「唯天下之至誠，為能盡其性；能盡其性，則能盡人之性；能盡人之性，則能盡物之性；能盡物之性，則可以贊天地之化育；可以贊天地之化育，則可以與天地參矣。」第三十二章云：「唯天下至誠，為能經綸天下之大經，立天下之大本，知天地之化育。」而《易經·乾·彖》云：「大哉乾元，萬物資始，乃統天」、《易經·坤·彖》云：「至哉坤元，萬物資生，乃順承天。坤厚載物，德合無疆」《中庸》及《易經》均提及天地資始、承載萬物。

其二，《中庸》主張「中」及「執中」，而《易經》逾二十多個「中」字部分解作不偏不倚或中正行事，與《中庸》類似。《易經》談及「中」(不偏不倚) 的章句包括《易經·損》九二爻：「利貞。征凶弗損。益之。《象》曰：『九二利貞。中以為志也。』」《易經·益·彖》：「益損上益下，民說無疆。自下上上，其道大光。利有攸往，中正有慶。」《易經·節》：「節，亨。苦節不可貞。《彖》曰：『節，亨。剛柔分而剛得中。苦節不可貞。其道窮也。說以行險，當位以節，中正以通。天地節而四時成。節以制度，不傷財，不害民。』」此外，《易經》談及「中行」(中正行事) 的章句包括《易經·復》六四爻：「中行獨復。《象》曰：『中行獨復，以從道也。』」六三爻：「益之用凶事，無咎。有孚。中行告公用圭。」六四爻：

111. 張岱年：《人生課》，北京：北京大學出版社，2008年7月，第98頁。
112. 郭剛：《先秦易儒道生態價值研究》，北京：中國社會科學出版社，2013年11月第1版，第27頁。

「中行告公從。利用為依，遷國。」《易經·夬》九五爻：「莧陸夬夬，中行無咎。象曰：『中行無咎。中未光也。』」《易經·未濟》九二爻：「曳其輪貞吉。《象》曰：『九二貞吉，中以行正也。』」

其三，《中庸》第十一章云：「君子依乎中庸，遯世不見知而不悔」與《易經·乾·文言》云：「不易乎世，不成乎名，遯世無悶，不見是而無悶」類似，兩者均提及遯（避）世的想法。

第八節 《中庸》的現代意義

　　筆者認同梁啓超對閱讀中國古書的看法，不可因古書所謂「無用」或「難讀」而廢止不讀；有用、無用的標準難以確定，只要刻苦用功，應用最新的方法去讀，將獲益良多。[113] 徐復觀認為今人讀古籍，方法之一是積字成句（由各字以通一句之義）、積句成章（由各句以通一章之義）及積章成書（由各章以通一書之義），是由局部積累至全體的訓詁考據學問。[114] 牟宗三認為現代人於德性及智慧方面的造詣不一定比古人強，而且常常遠不及古人。[115] 由此，古籍的智慧對現代人仍有啟發作用。他認為中國古代文獻缺乏系統性，學習它們不能孤立看一、兩句話，要兼顧上文下理，並與其他文獻相對照。[116]

　　錢穆認為中國傳統特別著重中庸之道，所以中國的傳統思想亦是一種中庸思想。[117] 劉述先也認為《中庸》的智慧對於現代人有重大的啟發。[118] 約翰斯頓及王表示《中庸》及《大學》成書至今逾二千年，中國雖然經歷了社會變遷及思潮風尚的興衰，兩本古籍仍具適用性。[119]

　　筆者認為《中庸》有以下四個現代意義：
　　一、《中庸》是研究儒家哲學的理想文獻。林語堂認為《中庸》

---

113. 梁啟超：《梁啓超講國學》，北京：金城出版社，2008 年 5 月第 1 版，第 4 頁。
114. 徐復觀著，李維武編：《徐復觀文集（修訂本）》（第二卷〈儒家思想與人文世界〉），湖北：湖北人民出版社，2009 年第 2 版，第 8 頁。
115. 牟宗三：《中國哲學十九講：中國哲學之簡述及其所涵蘊之問題》，台北：台灣學生書局，2002 年 8 月，第 46 頁。
116. 牟宗三：《中國哲學十九講：中國哲學之簡述及其所涵蘊之問題》，台北：台灣學生書局，2002 年 8 月，第 84-85 頁。
117. 錢穆：《中國思想通俗講話》，北京：九州出版社，2011 年 1 月，第 4 頁。
118. 劉述先：《論儒家哲學的三個大時代》（重排本），香港：中文大學出版社，2015 年，第 42 頁。
119. Johnson, I., & Wang, P. (translation and annotation) (2012). *Daxue and Zhongyong: Bilingual Edition*. Hong Kong: The Chinese University Press, p. 1.

為研究儒家哲學提供了一個適宜而完整的基礎，由它開始研究最為得法。[120]

二、《中庸》是人生哲理、修養心性的良好教材。張岱年認為《中庸》綜合了孟子、荀子兩家思想，成立了一套豐富博大的人生哲理系統。[121] 梁啟超認為《中庸》論心論性，精語頗多，在哲學史上極具價值；閱讀《中庸》有益於修養，也是國民常識的一部分。[122] 方東美認為《中庸》提供了一套人生修養、誠身成聖藍圖的基調。[123] 南懷瑾認為若能背誦純熟《中庸》的文字，將有助於為人處事。[124] 杜維明認為《中庸》在中國思想史上一直是創造性心靈靈感的源泉，是人性極為重要的陳述。[125] 他認為儒家思想主張為己之學，學本身並非達成目標的手段而是目的，學就是學做人。[126]

三、《中庸》是實際的學問，可以應用於現代社會的不同範疇。高栢園認為《中庸》的思想能夠落實於日常生活之中，也是生命的學問。[127] 張子維認為《中庸》是「實學」，對人生有實際明確的指導作用，終身受用。[128]

四、《中庸》是中國古籍中形而上學研究的代表作。李澤厚認為儒家傳統思想講求「天道」、「人道」合一為「道」，而《中庸》將這概念提升至形而上學的世界觀高度。[129]

120. 林語堂：《國學拾遺》，西安：陝西師範大學出版社，2008年8月第1版，第42頁。
121. 張岱年：《人生課》，北京：北京大學出版社，2008年7月，第93頁。
122. 梁啟超：《梁啟超講國學》，北京：金城出版社，2008年5月第1版，第14頁。
123. 方東美：《中國哲學精神及其發展》（下冊），台北：黎明文化，2005年11月初版，第39頁。
124. 南懷瑾：《話說中庸》，台北：南懷瑾文化事業，2015年3月初版，第68頁。
125. 杜維明著、段德智譯、林同奇校：《中庸：論儒學的宗教性》，北京：生活•讀書•新知三聯書店，2013年6月第1版，英版文初序第1頁。
126. 杜維明：《儒家思想：以創造轉化為自我認同》，台北：東大圖書，2014年9月三版，第55頁。
127. 高栢園：《中庸形上思想》，台北：東大圖書，1988年3月初版，第1、88-89頁。
128. 張子維：《我的第一本大學、中庸讀本》，台北：宇河文化出版，2013年3月第1版，第7頁。
129. 李澤厚：《中國古代思想史論》，台北：三民書局，2012年3月，第133頁。

《中庸》的管理智慧

第二章

《中庸》今註今譯

本章為《中庸》全文重新註釋，方便讀者理解原文的背景、喻意及主要解說。此章根據朱熹《中庸章句》的分章方法[1]，將《中庸》原文分為三十三節，每節分主旨、原文、註釋及語譯四部分：「主旨」說明整章的目的；「原文」為《中庸》的原文加上現代的標點；「註釋」是筆者參考不同文獻後對原文的理解；「語譯」將古文翻譯成現代的淺白文字，方便讀者閱讀。

---

1. 正如錢穆所言，朱熹「注說『四書』，既為其畢生精力所萃，而《中庸章句》用心尤精密。」及「古今諸家，求能超絕朱子《章句》之右者，尚無其書。」（錢穆：《四書釋義》，台北：素書樓文教基金會、蘭臺出版社，2005 年 6 月，第 361 頁）所以本書也採用朱熹《中庸章句》的分章方法，並採納部分合適的註釋。

第一節　天命

【主旨】

本章是《中庸》的首章，也是全書的綱領。朱熹於《中庸章句》云：「一篇之體要是也。其下十章，蓋子思引夫子之言，以終此章之義。」其後十章（第二章至第十一章）引用孔子的話總結《中庸》的義理。

程顥云：「此章先明性、道、教三者所以名，性與天道，一也。天道降而在人，故謂之性。性也，生生之所固有也。循是而之焉，莫非道也。道之在人，有時與位之不同，必欲為法于后，不可不修。」指《中庸》首章為性、道、教等下定義，認為人因時機及位置的不同，必須修道才能完成教化。[2]

本章開宗明義闡述幾個重要的概念，包括「天命」、「性」、「道」、「教」、「慎獨」及「中和」。「天命」是天的命令。孔子表明君子要敬畏天命，云：「君子有三畏：畏天命，畏大人，畏聖人之言。」（《論語·季氏》）錢穆認為「天命之謂性，率性之謂道，脩道之謂教。」一句把自然扣緊在人性上，也把道扣緊在人文教化上。[3] 胡適認為「誠」字是充分發揮個人的本性，「誠者，天之道也。誠之者，人之道也。」應該與「天命之謂性，率性之謂道，脩道之謂教。」合看；人的本性是誠的，若能充分發揮天性的「誠」便是「教」，是為「誠之」的功夫。[4] 牟宗三則認為《中庸》

2. 程顥、程頤著，王孝魚點校：《二程集》第四冊〈河南程氏經說〉卷第八（中庸解），北京：中華書局，1981 年，第 1152 頁。
3. 錢穆：《中國思想史》，台北：台灣學生書局，1992 年 2 月，第 87 頁。
4. 胡適：《中國古代哲學史》，北京：中國華僑出版社，2013 年 4 月第 1 版，第 227 頁。

《中庸》的管理智慧

首句說明了天道與性命相貫通。[5] 劉述先認為「天命之謂性，率性之謂道，脩道之謂教。」與《大學》的三綱領（明明德、親民、止於至善）有異曲同工之妙。[6] 徐復觀認為「率性之謂道」是順著人性向外發而為的行為，意味著道藏於人性之中，也即是「中庸」之道；「脩道之謂教」是儒家對政治的根本規定，實現中庸之道就是政治之教。[7] 傅佩榮認為天命是每個人都能領悟的使命感；人要知道自己在社會所扮演的角色，各盡所能。[8]

「性」是人的本性、稟賦。「道」是人藉著道德修養而體現的理想境界。傅佩榮認為「道」是人生的正路[9]，是應予遵循的規範或理想的生活方式。[10]「教」是教化、省察。「慎獨」是儒家思想中的核心處世之道。

「中」是不偏不依的心靈境界，是世間的根本；「和」是調和、無阻滯的心靈境界，是人世間普遍遵循的規律。達致「中」及「和」的境界（「致中和」），天地各安其位，萬物生育繁衍。勞思光認為「中」與「和」皆透過「喜怒哀樂」的「發」與「未發」，屬於心性觀念；《中庸》旨在透過「中」與「和」的概念肯定自我，建立一套價值理論。[11] 蔡仁厚認為天道、天命貫注於人的生命之中，成為人性，「性」即是人的本體。人自覺自主地依循道德心性的規律而活動，可以分別做到孔子、孟子、《中庸》教誨的「為仁」、「盡心」及「盡性」。[12]

5. 牟宗三：《牟宗三先生全集》第六集〈心體與性體〉（第二冊），台北：聯經出版，2003 年初版，第 28 頁。
6. 劉述先：《論儒家哲學的三個大時代》（重排本），香港：中文大學出版社，2015 年，第 39 頁。
7. 徐復觀著、李維武編：《徐復觀文集（修訂本）》（第三卷〈中國人性論史·先秦篇〉），湖北：湖北人民出版社，2009 年第 2 版，第 74-75 頁。
8. 傅佩榮：《止於至善：傅佩榮談大學·中庸》，北京：東方出版社，2013 年 9 月第 1 版，第 84 頁。
9. 傅佩榮：《大學·中庸解讀》，新北市：文緒文化，2012 年 2 月初版，第 80 頁。
10. 傅佩榮：《止於至善：傅佩榮談大學·中庸》，北京：東方出版社，2013 年 9 月第 1 版，第 86 頁。
11. 勞思光：《新編中國哲學史（二）》，台北：三民書局，2010 年 10 月第三版，第 63-64 頁。
12. 蔡仁厚：《儒家思想的現代意義》，台北：文津出版社，1987 年 5 月，第 337-338 頁。

【原文】

天命 (1) 之謂 (2) 性 (3) ，率性 (4) 之謂道 (5) ，脩道 (6) 之謂教 (7) 。

道也者，不可須臾 (8) 離 (9) 也；可離，非道也。是故 (10) 君子 (11) 戒慎乎 (12) 其所不睹 (13) ，恐懼 (14) 乎其所不聞 (15) 。莫 (16) 見乎隱 (17)，莫顯乎微 (18) ，故君子慎其獨 (19) 也。

喜怒哀樂 (20) 之未發 (21) ，謂之中 (22)；發而皆中節 (23) ，謂之和 (24)。中也者，天下 (25) 之大本 (26) 也；和也者，天下之達道 (27) 也。致中和 (28) ，天地位焉 (29) ，萬物育 (30) 焉。

【註釋】

(1) **天：**上天 (heaven[13])。古時「天」字解作凡人之頂，至高無上。東漢許慎《說文解字》云：「顛也。至高無上，從一、大。」清代段玉裁《說文解字注》云：「顛者、人之頂也。以為凡高之偁（按：同「稱」）。始者、女之初也。以為凡起之偁。然則天亦可為凡顛之偁。」及「至高無上。是其大無有二也。故從一大。於六書為會意。凡會意合二字以成語。如一大、人言、止戈皆是。」指「天」是一個會意字。歷來對「天」的見解紛紜：「天」分為「有形的天」及「無形的天」；「天」的本質是道德；「天」與「萬物」息息相關；人敬天、畏天，繼而產生了「天命」的觀念，打開了修道（「教」）之門。（詳見**第三章第一節〈天〉及第八節〈天人合一〉**）

13. 英譯參考：Johnson, I., & Wang, P. (translation and annotation) (2012). *Daxue and Zhongyong: Bilingual Edition*. Hong Kong: The Chinese University Press, p. 190.

《中庸》的管理智慧

命：賦予，猶如上天的命令。朱熹於《中庸章句》云：「命，猶令也。性，即理也。天以陰陽五行化生萬物，氣以成形，而理亦賦焉，猶命令也。」認為上天以陰陽、五行創造萬物，由氣生成形體並賦予相關的道理，有如命令。古籍也有不少「知命」、「時也」、「命也」的看法。孔子提倡「知命」，自稱五十歲才知「天命」，《論語·為政》云：「吾十有五而志於學，三十而立，四十而不惑，五十而知天命，六十而耳順，七十而從心所欲，不踰矩。」《論語·堯曰》云：「不知命，無以為君子也。」指「知命」是成為君子的條件。孟子更以「命」為基礎，提倡「存心」、「養性」、「事天」而「立命」的系統性說法。《孟子·盡心上》云：「存其心，養其性，所以事天也。夭壽不貳，修身以俟之，所以立命也。」指人的心性源於「天」，存心養性是「事天」；人夭折或長壽也由「命」所確定，不容置疑（「不貳」）；人唯有修身以等待壽終的降臨（「以俟之」），是為「立命」。（詳見**第三章第二節〈命〉**）

　　天命：天的命令（安排）、非人為的 (the decree of heaven[14])。朱熹於《四書集注·論語》云：「事物所以當然之故。」指「天命」是事物之所以成為該種事物的原理。程顥云：「言天之自然者，謂之天道；言天之付與萬物者，謂之天命。」指天交付萬物者稱為「天命」。[15] 牟宗三認為「天命」是超越的，人受冥冥中一套萬古不滅、不變的標準所制約，行為不應越軌。人在敬天的過程中進行自我肯定 (self affirmation)，天道、天命往下貫注，形成一個循環（人敬天，天道天命往下向人貫注，人自我肯定，人敬天……）。[16] 余英時指「天命」的觀念在周代之前已為王者所

---

14. 英譯參考：楊伯峻今譯、劉殿爵英譯：《論語：中英文對照》，北京：中華書局，2009 年 5 月再版，第 15 頁。
15. 程顥、程頤著，王孝魚點校：《二程集》第一冊〈河南程氏遺書〉卷第十一（師訓），北京：中華書局，1981 年，第 125 頁。
16. 牟宗三：《中國哲學的特質》，台北：台灣學生書局，1994 年 8 月再版，第 22-24 頁。

應用，於西周時加以發揚，「天命」涉及「天之所命」(heaven's command) 或「天所授命」(mandate of heaven) 的意義。[17] 古籍有不少關於「天命不常」，人需要「畏天命」的說法。古人也相信君主受命於「天」，朝代興衰也是「天命」使然。（詳見**第三章第三節〈天命〉**）

(2) **之**：助詞，用於強調或補充語氣，相當於「的」。[18] **之謂**：稱為、叫做。

(3) **性**：（上天給予人的）本性、禀賦 (nature[19])。《說文解字》云：「性，人之陽氣，性善者也，從心，生聲。」王充《論衡·初禀》云：「性，生而然者也。」指「性」是與生俱來。《中庸章句》云：「性，即理也。」及「於是人物之生，因各得其所賦之理，以為健順五常（按：仁、義、禮、智、信）之德，所謂性也。」指人及事物之所以存在，皆因各有應存在的理由，是其本性。勞思光認為每一事物所以成為如此的事物在於它的本性 (essence)，本有的叫做「性」。[20] 歷來對性善還是性惡的爭論不休，孟子主張性善而荀子主張性惡。《孟子·告子上》云：「惻隱之心，人皆有之；羞惡之心，人皆有之；恭敬之心，人皆有之；是非之心，人皆有之。惻隱之心，仁也；羞惡之心，義也；恭敬之心，禮也；是非之心，智也。」認為人有「四端」（仁、義、禮、智）。《荀子·性惡》云：「不可學，不可事，而在人者，謂之性；可學而能，可事而成之在人者，謂之偽。」指「性」是與生俱來，透過學習或事務而表現性善者是虛偽。《荀子·性惡》云：「人之性惡，其善者，偽也。」直指人性本惡。

《中庸》的管理智慧

---

17. 余英時：《論天人之際：中國古代思想起源試探》，台北：聯經出版，2014年1月初版，第78-79頁。
18. 勞思光：《大學中庸譯註新編》，香港：中文大學出版社，2000年，第43頁。
19. 英譯參考：Johnson, I., & Wang, P. (translation and annotation) (2012). *Daxue and Zhongyong: Bilingual Edition*. Hong Kong: The Chinese University Press, p. 190.
20. 勞思光：《大學中庸譯註新編》，香港：中文大學出版社，2000年，第41頁。

（詳見**第三章第四節〈性〉**）

(4)**率**（粵音：戌 seot1；拼音：帥 shuài）：依循、順著。《中庸章句》云：「率，循也。」指「率」解作依循。**率性：**依循本性發展。《淮南子·齊俗訓》云：「率性而行謂之道，得其天性謂之德。」錢穆認為天賦予人一個至善的性，至於如何率性、盡性而達致至善，需靠人類自身努力。[21] 勞思光認為「率性」涉及「順性」，界定「道」的意義，旨在解釋價值標準及規律。[22] 林語堂認為「率性」視人性為需要完成的東西，人完成天性及實現真我是儒家的教條。[23] 蔡元培認為《中庸》勉勵世人透過學習（博學、審問、慎思、明辨、篤行）去認識「誠」，並非以無意識的任性而行去「率性」。[24]

(5)**道：**路，引申為正道、正路或日常事物的道理(the way[25])。[26]《中庸章句》云：「道，猶路也。人物各循其性之自然，則其日用事物之間，莫不各有當行之路，是則所謂道也。」學者對「道」的理解紛紜：傅佩榮認為「道」是人生的正路[27]，是應予遵循的規範或理想的生活方式。[28] 勞思光認為「道」是人藉著道德修養而體現的理想（最後）境界；[29] 馮友蘭認為「道」是天然界的規律，亦是人各種行為的規律；人要照著「道」而行，但不一定了解它，有如《中庸》第四章所云：「人莫不飲食也，鮮能知味也。」[30]（詳見**第三章第五節〈道〉**）

(6)**脩：**同「修」，修養、培養。《中庸章句》云：「脩，品

21. 錢穆：《中國思想通俗講話》，北京：九州出版社，2011年1月，第34頁。
22. 勞思光：《新編中國哲學史（二）》，台北：三民書局，2010年10月第三版，第62頁。
23. 林語堂：《國學拾遺》，西安：陝西師範大學出版社，2008年8月第1版，第11頁。
24. 蔡元培著、楊佩昌整理：《中國倫理學史》，北京：中國畫報出版社，2010年5月第1版，第16頁。
25. 英 譯 參 考：Johnson, I., & Wang, P. (translation and annotation) (2012). *Daxue and Zhongyong: Bilingual Edition*. Hong Kong: The Chinese University Press, p. 190.
26. 王國軒譯註：《大學·中庸》，北京：中華書局，2006年，第46頁。
27. 傅佩榮：《大學·中庸解讀》，新北市：文緒文化，2012年2月初版，第80頁。
28. 傅佩榮：《止於至善：傅佩榮談大學·中庸》，北京：東方出版社，2013年9月第1版，第86頁。
29. 勞思光：《大學中庸譯註新編》，香港：中文大學出版社，2000年，第42-43頁。
30. 馮友蘭：《貞元六書》（三松堂全集第三版），北京：中華書局，2014年4月北京第1版，第617頁。

節之也。性道雖同，而氣稟或異，故不能無過不及之差，聖人因人物之所當行者而品節之，以為法於天下，則謂之教，若禮、樂、刑、政之屬是也。」指人的正路（「道」）雖然相同，但稟性有異，難免「過」或「不及」（「無過不及之差」），需要由聖人按人或事的等級層次加以調節（「品節之」）。張居正認為「脩」是「品節裁成」的意思。[31] 杜維明認為君子「修身」並非私事，而是一種對世界「大本」的體驗；一個人的基本感情能按照人類社群的準則而取得和諧，是為人之道的體現。[32] 唐君毅認為《中庸》談及聖賢修養的功夫比《大學》緊密，《中庸》之言修養功夫，以貫天道、人道而為一。[33]

脩道：修養個人的言行，以走上人生正路。[34] 錢穆認為「脩道之謂教」是教人如何率性，在於修明此道（前人已走的道）。[35]

(7) 教：教化、省察（teaching[36]）；若能修明本乎天性的「道」，合乎理，謂之「教」。[37]《中庸章句》云：「性道雖同，而氣稟或異，故不能無過不及之差，聖人因人物之所當行者而品節之，以為法於天下，則謂之教，若禮、樂、刑、政之屬是也。」認為聖人根據人或事的等級層次本著應依循的路，而加以調節，施行於天下，是「教化」的過程，具體內容包括禮儀、音樂、刑法及政治等「四教」。王陽明於《傳習錄‧薛侃錄》云：「聖人率性而行，即是道；聖人以下未能率性於道，未免有過不及，故須修道。修道則賢知者不得

---

31. 陳生璽等譯解：《張居正講評大學‧中庸》（修訂本），上海：上海辭書出版社，2013 年 8 月，第 55 頁。
32. 杜維明著、段德智譯、林同奇校：《中庸：論儒學的宗教性》，北京：生活‧讀書‧新知三聯書店，2013 年 6 月第 1 版，第 5 頁。
33. 唐君毅：《中國哲學原論‧導論篇》，北京：中國社會科學出版社，2005 年 10 月，第 84 頁。
34. 傅佩榮：《大學‧中庸解讀》，新北市：文緒文化，2012 年 2 月初版，第 80 頁。
35. 錢穆：《中國思想通俗講話》，北京：九州出版社，2011 年 1 月，第 30 頁。
36. 英譯參考：Johnson, I., & Wang, P. (translation and annotation) (2012). *Daxue and Zhongyong: Bilingual Edition*. Hong Kong: The Chinese University Press, p. 190.
37. 王雲五主編、宋天正註譯、楊亮功校訂：《中庸今註今譯》，台北：商務印書館，2009 年 11 月二版，第 52 頁。

《中庸》的管理智慧

而過，愚不肖者不得而不及，都要循著這個道，則道便是個教。」指「道」是率性而行，「教」是修道，修道可以避免「過」或「不及」。杜維明則認為「教」包含了自我實現 (self actualisation)，指人必須理解身邊的事務，才能彰顯天的真實意圖，以肯定「人能弘道」的信條。[38]（詳見**第三章第六節〈教〉**）

(8) **須臾**（粵音：余 jyu4；拼音：余 yú）：片刻、一瞬間。《中庸章句》云：「道者，日用事物當行之理，皆性之德而具於心，無物不有，無時不然，所以不可須臾離也。若其可離，則為外物而非道矣。」指「道」是萬物存在之理，萬物不能離「道」而生存；若能離「道」而生存，便不是真正的「道」。張居正認為「道」源於天、率於性，「道」與人合而為一，所以片刻不可分離。[39]錢穆認為人雖然生活在「道」之中，但患在不知「道」，有如日日飲食而不知味。[40]勞思光認為「道也者，不可須臾離也」是一種規範的陳述，即一切事物「應該」服從它內在的理。[41]徐復觀認為「道」在人的生命之中不可須臾離，因為「道」見於日常生活之中，而成為「中庸之道」。[42]杜維明認為依循「道」，並非拋棄人性，而是意味著人性臻於完善。[43]

(9) **離**：離開、偏離。

(10) **是故**：所以。

38. 杜維明著、段德智譯、林同奇校：《中庸：論儒學的宗教性》，北京：生活‧讀書‧新知三聯書店，2013 年 6 月第 1 版，第 6 頁。
39. 陳生璽等譯解：《張居正講評大學‧中庸》（修訂本），上海：上海辭書出版社，2013 年 8 月，第 56 頁。
40. 錢穆：《中國思想史》，台北：台灣學生書局，1992 年 2 月，第 96 頁。
41. 勞思光：《大學中庸譯註新編》，香港：中文大學出版社，2000 年，第 43 頁。
42. 徐復觀著、李維武編：《徐復觀文集（修訂本）》（第三卷〈中國人性論史‧先秦篇〉），湖北：湖北人民出版社，2009 年第 2 版，第 77 頁。
43. 杜維明著、胡軍、丁民雄譯：《仁與修身：儒家思想論集》，北京：生活‧讀書‧新知三聯書店，2013 年 6 月，第 43 頁。

(11) **君子**：泛指品德高尚、有教養的人 (the gentleman[44]、the noble man[45])。君子是儒家對人格品第五種典型之一，如《荀子·哀公》云：「人有五儀，有庸人、有士、有君子、有賢人、有聖人。」《禮記·曲禮》云：「博聞強識而讓，敦善行而不息，謂之君子。」認為君子博學、謙讓，不斷行善。（詳見**第三章第十八節〈君子之道〉**）

(12) **戒慎**：林語堂指「戒慎」為警戒、謹慎。[46] 張居正指「戒慎」、「恐懼」均是敬畏的意思。[47] 杜維明認為「戒慎」和「恐懼」與道和人的日常有密切關係。[48] **乎**：於。

(13) **其**：此處指君子。**睹**：看見。**其所不睹**：君子在別人看不見的時候。張居正認為「其所不睹」及「其所不聞」是君子「靜而存養」的功夫，心在至靜之中（目無所睹、耳無所聞）亦常存戒慎、恐懼。[49] 勞思光認為「其所不睹」及「其所不聞」並不涉及外在的視覺或聽覺，而是君子守護內心深處的意念。[50] 傅佩榮則認為「其所不睹」及「其所不聞」分別解作「他（君子）所沒見過的事」及「他所沒聽過的事」。[51] 唐君毅認為「不睹」、「不聞」隱微之處指三方面：一、外面不可見而為人內心所獨知的念慮；二、自己所不自覺而藏於內心深處的過惡；三、人不免陷於過惡的機會。[52]

44. 英譯參考：楊伯峻今譯、劉殿爵英譯：《論語：中英文對照》，北京：中華書局，2009 年 5 月再版，第 3 頁。
45. 英譯參考：Johnson, I., & Wang, P. (translation and annotation) (2012). *Daxue and Zhongyong: Bilingual Edition*. Hong Kong: The Chinese University Press, p. 522.
46. 林語堂：《國學拾遺》，西安：陝西師範大學出版社，2008 年 8 月第 1 版，第 42 頁。
47. 陳生璽等譯解：《張居正講評大學·中庸》（修訂本），上海：上海辭書出版社，2013 年 8 月，第 56 頁。
48. 杜維明著、段德智譯、林同奇校：《中庸：論儒學的宗教性》，北京：生活·讀書·新知三聯書店，2013 年 6 月第 1 版，第 3 頁。
49. 陳生璽等譯解：《張居正講評大學·中庸》（修訂本），上海：上海辭書出版社，2013 年 8 月，第 56 頁。
50. 勞思光：《大學中庸譯註新編》，香港：中文大學出版社，2000 年，第 43 頁。
51. 傅佩榮：《止於至善：傅佩榮談大學·中庸》，北京：東方出版社，2013 年 9 月第 1 版，第 85 頁。
52. 唐君毅：《中國哲學原論·導論篇》，北京：中國社會科學出版社，2005 年 10 月，第 84 頁。

(14) **恐懼**：畏懼、把持。

(15) **聞**：聽聞。**其所不聞**：君子在別人聽不見的時候。

(16) **莫**：沒有，此處是「沒有甚麼更……」的意思。[53]

(17) **見**（粵音：現 jin6；拼音：現 xiàn）：形容詞，同「現」，解顯現。**乎**：於。**隱**：暗處、隱蔽的。**莫見乎隱**：越是隱蔽的事情越容易顯露。勞思光則認為「隱」是平時隱藏於內心的意念，「微」是平時的細微意念，兩者在君子深刻反省時變得明顯（見、顯）。[54]

(18) **顯**：顯現。**微**：細微的事。**莫顯乎微**：越是細微的事情越容易顯現。

(19) **獨**：別人不知而只有自己知道的時候。《中庸章句》云：「獨者，人所不知而己所獨知之地也。」張居正持同見。[55] **慎其獨**：（君子）在獨處時也謹慎。《大學》第七章云：「所謂誠其意者，毋自欺也。如惡惡臭，如好好色。此之謂自謙。故君子必慎其獨也。」筆者認為《大學》此句指君子在獨處時也必須謹慎，意念真誠，不自欺。[56] 牟宗三認為道德既超越而又內在，是進德修業之更為內在化，《大學》及《中庸》的「慎獨」由此而生。[57] 勞思光認為「慎獨」是君子的重要功夫，《中庸》與《大學》於「慎獨」是一脈相承。[58] 杜維明認為人需要去做的一切是「慎獨」，「人道」所包含

53. 王國軒譯註：《大學・中庸》，北京：中華書局，2006 年，第 46 頁。
54. 勞思光：《大學中庸譯註新編》，香港：中文大學出版社，2000 年，第 44 頁。
55. 陳生璽等譯解：《張居正講評大學・中庸》（修訂本），上海：上海辭書出版社，2013 年 8 月，第 57 頁。
56. 羅天昇：《〈大學〉的管治智慧》，香港：新天出版，2015 年 7 月初版，第 50 頁。
57. 牟宗三：《牟宗三先生全集》第六集〈心體與性體〉（第二冊），台北：聯經出版，2003 年初版，第 26 頁。
58. 勞思光：《大學中庸譯註新編》，香港：中文大學出版社，2000 年，第 44 頁。

的是一種自我教育的過程。[59]（詳見**第三章第十七節〈慎獨〉**）

(20) **喜怒哀樂**：泛指情緒。《禮記·禮運》云：「何謂人情？喜怒哀懼愛惡欲七者，弗學而能。…… 故聖人所以治人七情，修十義，講信修睦，尚辭讓，去爭奪，舍禮何以治之？」指喜、怒、哀、懼、愛、惡、欲是人毋須學習便懂的「七情」。《論語·述而》云：「一朝之忿，忘了其身以及其親，非惑與？」強調領導者要管理好個人的情緒。勞思光認為「喜怒哀樂」沿自情緒活動，「中」與「和」均指人有情緒活動，並能超越情緒之「心」或「自我」。[60]

(21) **發**：發動、表露出來。《易經·繫辭上》云：「寂然不動，感而遂通。」馮友蘭認為聖人的心於「未發」時如明鏡止水，有如「寂然不動」；已發時，喜怒哀樂各得其當，是「感而遂通」。[61]

(22) **中**：不偏不倚 (moderation、mean、equilibrium[62])、無「過」(going beyond[63]) 或「不及」(not reaching[64])，處事適切的適中狀態。唐蘭透過對甲骨文的考證，認為「中」字最初是氏族社會中用來召集民眾的旗幟。[65]《說文解字》云：「中，內也。從口｜，上下通。」有「上下通達」的意思。其後「中」字演變出不同的解釋，包括：「內」（方位、位置）(inner [66])、不偏不倚（無「過」

59. 杜維明著、段德智譯、林同奇校：《中庸：論儒學的宗教性》，北京：生活•讀書•新知三聯書店，2013 年 6 月第 1 版，第 29 頁。
60. 勞思光：《新編中國哲學史（二）》，台北：三民書局，2010 年 10 月第三版，第 63 頁。
61. 馮友蘭：《中國哲學的精神：馮友蘭文選》（上、下冊），北京：國際文化出版 1998 年 2 月第 1 版，第 421 頁。
62. 英譯參考：Johnson, I., & Wang, P. (translation and annotation) (2012). *Daxue and Zhongyong: Bilingual Edition*. Hong Kong: The Chinese University Press, p. 182 及 Legge, J. (translation) (1963). *The Great Learning and The Doctrine of the Mean*. Hong Kong: Kwong Ming Book Store, p. 2 of *"The Doctrine of the Mean"*.
63. 英譯參考：Johnson, I., & Wang, P. (translation and annotation) (2012). *Daxue and Zhongyong: Bilingual Edition*. Hong Kong: The Chinese University Press, p. 181.
64. 英譯參考：Johnson, I., & Wang, P. (translation and annotation) (2012). *Daxue and Zhongyong: Bilingual Edition*. Hong Kong: The Chinese University Press, p. 181.
65. 唐蘭：《殷墟文字說》，轉引自劉桓：《殷契新釋》，河北：河北教育出版社，1989 年，第 161 頁。
66. 英譯參考：Johnson, I., & Wang, P. (translation and annotation) (2012). *Daxue and Zhongyong: Bilingual Edition*. Hong Kong: The Chinese University Press, p. 182.

或「不及」）、「中正」、「公正」、「恰到好處」及心靈境界等。《中庸章句》云：「中者，不偏不倚、無過不及之名」及「無所偏倚，故謂之中」。《中庸章句》提出程頤解釋《中庸》書題的定義：「子程子曰：『不偏之謂中，不易之謂庸。中者，天下之正道，庸者，天下之定理。』」朱熹《中庸或問》云：「中一名而有二義，程子固言之矣。今以其說推之。不偏不倚云者，程子所謂在中之義。未發之前，無所偏倚之名也。無過不及者，程子所謂中之道也。見諸行事，各得其中之名也。蓋不偏不倚，猶立而不近四旁，心之體、地之中也。無過不及，猶行而不先不后，理之當，事之中也。」指「中」包含了「無過不及」與「不偏」的兩種意義。馮友蘭指「中」和古希臘亞里士多德主張的「中道為貴」(the golden mean) 頗為相近，意指恰如其分、恰到好處，是調和各種心情所需。[67]（詳見**第三章第十節〈中、時中、和、致中和〉、第四章第一節〈亞里士多德的中道思想〉**）

(23) **中**（粵音：眾 zung3；拼音：眾 zhòng）：沒有「過」或「不及」，如傅佩榮所說指平衡、中間。[68] **節：**正當限度、分寸、節度。**中節：**符合正當限度，有分寸。張居正云：「中節，是合着當然的節度。」[69] 馮友蘭認為人在滿足其要求時達致恰好的程度，沒太過亦無不及，則其滿足是「得中」或「中節」。[70] 馮友蘭進一步認為若社會中各人的行為皆「中節」，社會即是一「大和」（通「太和」），是一個異而不同的社會、理想境界。[71] 牟宗三認為「發而皆中節謂之和」說明中節則通，不中節則不通，但不保證其每發必通。[72] 徐復觀認為「發而皆中節」的「中節」就是「中庸」，「和」

67. 馮友蘭著、趙復三譯：《中國哲學簡史》，香港：三聯書店，2005 年 1 月第 1 版，第 176-177 頁。
68. 傅佩榮：《止於至善：傅佩榮談大學·中庸》，北京：東方出版社，2013 年 9 月第 1 版，第 90 頁。
69. 陳生璽等譯解：《張居正講評大學·中庸》（修訂本），上海：上海辭書出版社，2013 年 8 月，第 57 頁。
70. 馮友蘭：《貞元六書》（三松堂全集第三版），北京：中華書局，2014 年 4 月北京第 1 版，第 515 頁。
71. 馮友蘭：《中國哲學的精神：馮友蘭文選》（上、下冊），北京：國際文化出版，1998 年 2 月第 1 版，第 428 頁。
72. 牟宗三：《牟宗三先生全集》第六集〈心體與性體〉（第二冊），台北：聯經出版，2003 年初版，第 515 頁。

就是由中庸所得的實效。[73] 勞思光認為情緒活動有好有壞，「發」而「中節」是一套有價值的規範觀念。[74] 曾春海認為喜怒哀樂是常態的情緒生活反應，如何使之合理適度就是「中節」。[75]

(24) **和**：調和、平和、不乖戾 (harmony[76])。《中庸章句》云：「無所乖戾，故謂之和。」《說文解字》云：「和，相應也，從口禾。」原指奏樂或歌唱時音與聲相和應。《禮記·樂記》云：「樂者，天地之和也。」《廣雅·釋詁》云：「和，順也，調也。」及《禮記·郊特牲》云：「和，合也。」等均指「和」有和諧、調和、融洽的意思。西周太史史伯於《國語·鄭語》云：「去和而取同。夫和實生物，同則不繼。以他平他謂之和，故能豐長而物歸之；若以同裨同，盡乃棄矣。」指「和」涉及不同事物（「他」與「他」）的相互配合，繼而豐盛增長，最終達致平衡。《論語·子路》云：「君子和而不同，小人同而不和。」指君子追求和諧（「和」），小人盲從附和（「同」）。勞思光認為表現情感時符合正當限度，是一種調和、無衝突、無阻滯的心靈境界。[77]（詳見**第三章第十節〈中、時中、和、致中和〉**）

(25) **天下**：古時中國統治範圍內的土地，此處泛指世間。傅佩榮認為「天下」與「天地」有別：「天下」指人間；「天地」指自然界，是萬物活動的場所。[78]

(26) **大本**：主要的根本。張居正云：「本，是根本。」[79]《中

---

73. 徐復觀著、李維武編：《徐復觀文集（修訂本）》（第三卷〈中國人性論史·先秦篇〉），湖北：湖北人民出版社，2009 年第 2 版，第 79 頁。
74. 勞思光：《新編中國哲學史（二）》，台北：三民書局，2010 年 10 月第三版，第 64 頁。
75. 曾春海：《先秦哲學史》，台北：五南圖書出版，2012 年 1 月初版，第 122 頁。
76. 英譯參考：Johnson, I., & Wang, P. (translation and annotation) (2012). *Daxue and Zhongyong: Bilingual Edition*. Hong Kong: The Chinese University Press, pp. 522 and 546.
77. 勞思光：《大學中庸譯註新編》，香港：中文大學出版社，2000 年，第 45 頁。
78. 傅佩榮：《止於至善：傅佩榮談大學·中庸》，北京：東方出版社，2013 年 9 月第 1 版，第 85 頁。
79. 陳生璽等講解：《張居正講評大學·中庸》（修訂本），上海：上海辭書出版社，2013 年 8 月，第 57 頁。

《中庸》的管理智慧

庸章句》云：「大本者，天命之性，天下之理皆由此出，道之體也。」指「天命」是天下道理的泉源，是「道」的實體。勞思光則認為「大本」是最高根源。[80] 方東美認為「中也者天下之大本也」指人能守中和美德，絕不偏倚，便能保持大本。[81]

(27) **達**：如張居正云：「達，是通行的意思」。[82] **達道**：共通的路，此處指世人應該共同履行的道理。《中庸章句》云：「達道者，循性之謂，天下古今之所共由，道之用也。」朱熹認為「大本」是「體」（實體、本質），「達道」是「用」（作用、功能、現象）。

(28) **致**：達到、成就。《中庸章句》云：「致，推而極之也。」

中和：「中」、「和」兩種境界(the states of equilibrium and harmony[83])。張居正認為「蓋天地萬物，本吾一體，而中和之理，相為流通，故其效驗至于如此，然則盡性之功夫，人可不勉哉？」[84] 錢穆認為「中和」二字重在「和」，「和」可以盡中庸之德。[85] 熊十力認為「中和」、「中庸」的意義相同，但名稱不同而已；中國人務求調節情感，以歸於「中和」，有別於西方人富於高度的堅持之情。[86] 程靜宇認為「中和」是中國傳統文化的核心，是不同事物相處、相磨而達致協調一致，最終趨於融合。[87]（詳見**第三章第十節〈中、時中、和、致中和〉**）

---

80. 勞思光：《大學中庸譯註新編》，香港：中文大學出版社，2000 年，第 90 頁。
81. 方東美：《中國人生哲學》，北京：中華書局，2012 年 6 月，第 20 頁。
82. 陳生璽等譯解：《張居正講評大學·中庸》（修訂本），上海：上海辭書出版社，2013 年 8 月，第 57 頁。
83. 英譯參考：Legge, J. (translation) (1963). *The Great Learning and The Doctrine of the Mean*. Hong Kong: Kwong Ming Book Store, p. 2 of *"The Doctrine of the Mean"*.
84. 陳生璽等譯解：《張居正講評大學·中庸》（修訂本），上海：上海辭書出版社，2013 年 8 月，第 58-59 頁。
85. 錢穆：《晚學盲言（上）》，台北：東大圖書，1987 年 8 月初版，第 130 頁。
86. 熊十力：《境由心生》，北京：北京聯合出版社，2011 年 12 月，第 3、63 頁。
87. 程靜宇：《中國傳統中和思想》，北京：社會科學文獻出版社，2010 年 5 月，第 343 頁。

致中和：達致「中」、「和」的境界。牟宗三認為《中庸》由「慎獨」談到「致中和」，只是形式上的具體說明。[88] 方東美認為中國人將宇宙與社會看作「中和」的意境，以完成仁親之美德。[89] 杜維明認為「致中和」是一個無休止的學習過程，旨在具體的人間事務中實現宇宙之「中」，使萬物之間達致「和」，其最高理想是天地之間的「同步性」以及不同存在方式之間的「共生性」。[90]（詳見**第三章第十節〈中、時中、和、致中和〉**）

(29) **位**：原指位置，此處作動詞用，解作安於其定位。《中庸章句》云：「位者，安其所也。」**焉**：語氣詞，「了」、「矣」的意思。

(30)**萬物**：世界上各式生物。北宋理學家周敦頤於《太極圖說》云：「萬物生生而變化無窮焉。惟人也，得其秀而最靈。」指萬物生生不息、變化無窮，人最靈秀。**育**：生育、繁衍。《中庸章句》云：「育者，遂其生也。」

【語譯】

上天所賦予人的自然稟賦稱作本性，依循本性發展稱作正道，按照正道的原則修養稱作教化。

正道是不應該片刻偏離的，可以偏離的就不是正道。所以君子（品德高尚的人）在別人看不見的時候是警戒、謹慎的，在別人聽不見的時候要畏懼、把持。越是隱蔽的事情就越容易顯露，越是細微的事情就越容易顯現。所以君子在獨處時也謹慎。

---

88. 牟宗三：《牟宗三先生全集》第七集〈心體與性體〉（第三冊），台北：聯經出版，2003年初版，第205頁。
89. 方東美：《中國人生哲學》，北京：中華書局，2012年6月，第64頁。
90. 杜維明著、段德智譯、林同奇校：《中庸：論儒學的宗教性》，北京：生活•讀書•新知三聯書店，2013年6月第1版，第28頁。

《中庸》的管理智慧

喜怒哀樂等情緒尚未表露時，稱作「中」（不偏不倚的心靈境界）；表露出來而符合正當限度，稱作「和」（調和、無衝突的心靈境界）。「中」，是世間的主要根本；「和」，是世人應該共同履行的道理。達致「中」、「和」的境界，天地便各在其位，萬物便生育繁衍。

第二節　時中

　　本章引述孔子的話闡釋君子與小人對中庸之道的相反取態，並提出「時中」（隨時處於「中」的境界）的概念。《論語・先進》描述了孔子解釋「過猶不及」的故事：「子貢問：『師與商也孰賢？』子曰：『師也過，商也不及。』曰：『然則師愈與？』子曰：『過猶不及。』」反映「中」（不偏不依、無「過」或「不及」）的重要性。

　　君子秉持「時中」的德行，能體現中庸之道；小人欠修養，肆無忌憚，違背中庸之道。

【原文】

　　仲尼曰 (1)：「君子中庸 (2)，小人 (3) 反中庸 (4)。君子之 (5) 中庸也，君子而 (6) 時中 (7)；小人之中庸也 (8)，小人而無忌憚 (9) 也。」

【註釋】

　　(1) **仲尼**：即孔子。孔子名丘，字仲尼。孔子是春秋末期魯國昌平鄉鄹邑（今山東省曲阜市東南）人，生於公元前 551 年夏曆 8 月 27 日（經推算為陽曆 9 月 28 日），卒於公元前 479 年夏曆 2 月 21 日，終年 73 歲。孔子的遠祖是殷貴族，父親叔梁紇是魯國「以勇力聞於諸侯」的強壯武士，母親顏徵在。據說顏徵在禱於尼丘山

《中庸》的管理智慧

而得孔子，且生而頭頂中低周高，史稱「圩頂」，故名丘。古時兄弟取名可以選擇伯、仲、叔、季的排列方式，孔子乃伯尼（孟皮）之弟，字仲尼。

仲尼曰：孔子說。儒家記孔子之言，一般稱「子曰」或「孔子曰」。《中庸》記孔子之言均用「子曰」，所以有意見認為此章另有來源，但無法考證。[91] 南懷瑾則認為根據先秦以前的禮儀，對父輩長輩稱其字而不直呼名諱是慎重的做法，並無不妥。[92]

(2)**中**：如本章第一節所述，「中」解作不偏不倚、無「過」或「不及」。

庸：筆者認為「庸」是平常之理 (ordinary、commonplace[93])。古時「庸」通「鏞」，是一種「大鐘」，如《詩經‧商頌‧那》云：「穆穆厥聲，庸鼓有斁（粵音：亦 jik6；拼音：亦 yì），萬舞有奕。」描述鐘鼓聲鏗鏘洪亮，萬人共舞的盛大場面。歷來對《中庸》「庸」字的解釋包括：「用」、「平常」、「不易（恆常）」(constant[94])、「教化」等。《說文解字》云：「庸，用也。從用從庚。庚，更事也。《易》（按：《易經》）曰：『先庚三日。』」指「庸」為「用」。孔穎達於《禮記正義》引用鄭玄《三禮目錄》云：「名曰《中庸》，以記中和之用也。庸，用也，孔子之孫子思伋所作之，以昭明聖祖之德也。」也指「庸」是「用」（作用）。《禮記‧中庸》鄭玄注云：「庸，常也；用中為常道。」指「庸」是「常」（平常）。《荀子‧禮論》云：「庸言必信之。」指越是平庸的言詞越

91. 勞思光：《大學中庸譯註新編》，香港：中文大學出版社，2000 年，第 47 頁。
92. 南懷瑾：《話說中庸》，台北：南懷瑾文化事業，2015 年 3 月初版，第 39 頁。
93. 英譯參考：Johnson, I., & Wang, P. (translation and annotation) (2012). *Daxue and Zhongyong: Bilingual Edition*. Hong Kong: The Chinese University Press, p. 182.
94. 英譯參考：Johnson, I., & Wang, P. (translation and annotation) (2012). *Daxue and Zhongyong: Bilingual Edition*. Hong Kong: The Chinese University Press, p. 182.

值得信任。《易經·乾·文言》的「庸言之信，庸行之謹」與《中庸》第十三章「庸德之行，庸言之謹」相近，當中「庸」字解作「常」。馮友蘭認為「庸」是「普通」和「尋常」，有如人日常需要吃飯喝水，不能離開的事物。[95] 徐復觀則認為「庸」是把「平常」和「用」連在一起，以形成新內容。[96]（詳見**第三章第十一節〈庸、中庸、中庸之道〉**）

中庸：「中庸」是中道（中庸之道）的運用，是儒家思想中最高的道德標準。根據《說文解字》對「中」及「庸」兩字的說法，「中庸」有「用中」(using the middle [way][97], on the practice of the mean[98]) 的意思。鄭玄於《三禮目錄》云：「中庸者，以其記中和之為用也；庸，用也。」指「中庸」是「中和之為用」（中用、用中）。熊十力認為「中」是無所偏倚，「庸」是「常」，不隨物遷，義理深遠。[99] 筆者認同《中庸章句》的說法，認為中庸之道是不偏不倚、無「過」或「不及」，而平常的道理。如《中庸章句》云：「中庸者，不偏不倚、無過不及，而平常之理，乃天命所當然，精微之極致也。惟君子為能體之，小人反是。」指君子能夠體驗天命所然的中庸之道，小人不能。（詳見**第三章第十一節〈庸、中庸、中庸之道〉**）

君子中庸：君子實行中庸之道，如《中庸章句》云：「君子之所以為中庸者，以其有君子之德，而又能隨時以處中也。」勞思光則認為「中庸」是「正」、「常」的意思，君子守正常之道，小人則相反。[100]

---

95. 馮友蘭著、趙復三譯：《中國哲學簡史》，香港：三聯書店，2005年1月第1版第一次，第178頁。
96. 徐復觀：《中國人性論史》，台北：商務印書館，1977年，第112頁。
97. 英譯參考：Johnson, I., & Wang, P. (translation and annotation) (2012). *Daxue and Zhongyong: Bilingual Edition*. Hong Kong: The Chinese University Press, p. 182.
98. 英譯參考：Plaks, A. (translation) (2003). *Ta Hsüeh and Chung Yung: the Highest Order of Cultivation and On the Practice of the Mean*. London: Penguin Classics, p. 24.
99. 熊十力：《境由心生》，北京：北京聯合出版，2012年2月第1版，第64頁。
100. 勞思光：《大學中庸譯註新編》，香港：中文大學出版社，2000年，第47頁。

(3) **小人**：泛指品德欠佳、沒有修養的人 (the small man[101])。

(4) **反中庸**：違背中庸之道。《中庸章句》云：「小人之所以反中庸者，以其有小人之心，而又無所忌憚也。」指小人有小人之心，肆無忌憚，違背中庸之道。

(5) **之**：之所以……。

(6) **而**：能夠。俞樾《群經評議》認為古書「而」與「能」相通，所以「而」解作「能」。

(7) **時中**：隨時處於「中」的境界。對「時中」的解說包括：一、隨時處於「中」的境界。張載《張子正蒙·神化》云：「順變化、達時中，仁之至、義之盡也。」指順應變化達致「時中」，是仁至義盡。張居正認為「時中」是隨時處中，「有君子之德，而應事接物之際，又能隨時處中，此其所以能中庸也。」[102] 張岱年認為「過」或「不及」均是反中庸，中庸是無「過」或「不及」，隨時處中（「時中」）。[103] 二、於適當時機行事。傅佩榮認為「時」表示對時機的判斷，「中」是「中庸」的簡稱，「時中」應解作於適當時機行正確的事。[104] 馮友蘭認為「時中」的含意是「適當其時」、「恰如其分」地行事。[105]（詳見**第三章第十節〈中、時中、和、致中和〉**）

(8) **小人之中庸也**：唐代陸德明《經典譯文》引魏王肅的版本，認為原文應為「小人之反中庸也」，相差一個「反」字。根據上文

101. 英譯參考：楊伯峻今譯、劉殿爵英譯：《論語：中英文對照》，北京：中華書局，2009 年 5 月再版，第 21 頁。
102. 陳生璽等譯解：《張居正講評大學·中庸》（修訂本），上海：上海辭書出版社，2013 年 8 月，第 60 頁。
103. 張岱年：《人生課》，北京：北京大學出版社，2008 年 7 月，第 96 頁。
104. 傅佩榮：《傅佩榮譯解大學中庸》，北京：東方出版社，2012 年 4 月第 1 版，第 41 頁。
105. 馮友蘭著、趙復三譯：《中國哲學簡史》，香港：三聯書店，2005 年 1 月第 1 版，第 177 頁。

下理，不少學者（包括程顥、程頤及朱熹）認同陸的推測，但也有文獻認為沒有「反」字也可通。[106]

(9) **忌憚：** 顧忌、害怕。

【語譯】

仲尼（孔子）說：「君子實行中庸之道，小人違背中庸之道。君子之所以能實行中庸之道，是因為君子能隨時處於「中」的境界（不偏不依、無「過」或「不及」）；小人之所以違背中庸之道，是因為小人無所顧忌而任意妄為。」

《中庸》的管理智慧

---

106. 來可泓：《大學直解・中庸直解》，上海：復旦大學出版社，1998 年 2 月初版，第 145 頁。

第三節　鮮能

【主旨】

本章引述孔子的話讚美中庸之道是最高的德行，但世人難以把持。本章「中庸之為德也，其至矣乎！民鮮久矣。」一句與《論語·雍也》的「中庸之為德也，其至矣乎！民鮮能久矣。」相似，徐復觀據此認為《中庸》的概念出自《論語》。[107] 程顥云：「人莫不中庸，鮮能久而已。久則為賢人，不息則為聖人。」指普通人有時能做到中庸但難以持久，能經常做到的是賢人（即《中庸》第二十三章說的「其次」），持續做到的是聖人（見於《中庸》多章）。[108]

【原文】

子曰[(1)]：「中庸其至[(2)] 矣乎[(3)]！民鮮[(4)] 能[(5)] 久[(6)] 矣！」

【註釋】

(1) **子**：古時對男子的尊稱，此處指孔子；一說指孔子學生對老師的尊稱。[109,110] **子曰**：孔子說。

(2) **其**：語氣詞，表示揣度、大概的意思。**至**：如張居正云：「至，是極至」指「至」是頂點。[111] **其至**：至高的德行；林語堂則認為「其至」是至善至美。[112]

(3) **矣、乎**：感嘆詞，相等於「吧」、「啊」。**矣乎**：語氣詞連用，

107. 徐復觀：《中國學術的精神》，上海：華東師範大學出版社，2003 年 11 月，第 31 頁。
108. 程顥、程頤著，王孝魚點校：《二程集》第四冊〈河南程氏經說〉卷第八（中庸解），北京：中華書局，1981 年，第 1153 頁。
109. 毛子水注譯：《論語》，重慶：重慶出版社，2009 年 1 月第 1 版，第 1 頁。
110. 李零：《喪家狗 - 我讀〈論語〉》，太原：山西人民出版社，2008 年 9 月，第 51 頁。
111. 陳生璽等譯解：《張居正講評大學·中庸》（修訂本），上海：上海辭書出版社，2013 年 8 月，第 60 頁。
112. 林語堂：《國學拾遺》，西安：陝西師範大學出版社，2008 年 8 月第 1 版，第 43 頁。

解作「了吧」。

(4)**民**：人民，泛指人們。**鮮**（粵音：冼 sin2；拼音：顯 xiǎn）：罕有、少。

(5)**能**：能夠做到。

(6)**久**：長久以來。「民鮮能久矣」有兩種解說：一、人們很少能夠做到，已經很久了；二、人們已經很少能夠長久做到。筆者取第一種說法。

【語譯】

孔子說：「中庸的道理應該是至高的德行吧！人們長久以來很少能夠做到了！」

《中庸》的管理智慧

第四節　行明

【主旨】

本章有承上啟下的作用，承上第三章〈鮮能〉篇解釋中庸「民鮮能久矣」的原因，繼而啟發第五章〈不行〉篇，表述孔子對「道其不行矣夫！」的嘆息。

本章解釋中庸之道未能在世上實行、彰顯的原因，皆因人於「行」（實踐、行為）及「明」（認知）兩方面未能持「中」。「過」（聰明的人對中庸之道的認知；賢良的人就中庸之道的行為）或「不及」（愚蠢的人對中庸之道的認知；不長進的人就中庸之道的行為）均未能持「中」，未能做到恰到好處。

【原文】

子曰：「道[(1)] 之不行[(2)] 也，我知[(3)] 之矣：知者過[(4)] 之，愚者不及[(5)] 也。道之不明[(6)] 也，我知之矣：賢者[(7)] 過之，不肖者[(8)] 不及也。人莫[(9)] 不飲食也，鮮[(10)] 能知味[(11)] 也。」

【註釋】

(1) 道：此處指中庸之道。《中庸章句》云：「道者，天理之當然，中而已矣。」指道是天理，即是中庸之道。

(2) 不行：不能實行、實踐。

(3)**知**：知道（原因）；一說解作明白（箇中道理）。

(4)**知**（粵音：智 zi3；拼音：智 zhì）：同「智」。**知者**：聰明的人。**過**：超過限度、想得太遠，未能在日常生活中實踐中庸之道。其他不同說法：作過多要求；超過中庸等。《中庸章句》云：「知者知之過，既以道為不足行；愚者不及知，又不知所以行，此道之所以常不行也。」指聰明的人對中庸之道的認識過了頭（「過」），認為它是平常的道理而不予推行（「不足行」）。如南懷瑾所說「聰明反被聰明誤」，智者妄用聰明，不安於本分，做出異乎平常的事。[113]（詳見**第三章第十四節〈三達德（智、仁、勇）〉**）

(5)**愚者**：愚蠢的人。**不及**：不明白（中庸之道），不知如何實行。勞思光及來可泓均認為「明」字在宋代多引用作「行」字解，「知者」、「愚者」涉及「明道」（「明」是智慧的事），而「賢者」、「不肖者」則涉及「行道」（「行」是行為操守的事）。《中庸》第四章的「行」字及「明」字應該互換，變成「道之不明也，我知之矣：知者過之，愚者不及也。道之不行也，我知之矣：賢者過之，不肖者不及也。」此寫法見於《司馬光與王安石書》，獲王安石《書李文公集后》及蘇軾《中庸論》引用，意思更明確。[114,115]

(6)**明**：彰顯。

(7)**賢者**：賢良的人。《中庸章句》云：「賢者行之過，既以道為不足知；不肖者不及行，又不求所以知，此道之所以常不明

---

113. 南懷瑾：《話說中庸》，台北：南懷瑾文化事業，2015 年 3 月初版，第 40 頁。
114. 勞思光：《大學中庸譯註新編》，香港：中文大學出版社，2000 年，第 48 頁。
115. 來可泓：《大學直解・中庸直解》，上海：復旦大學出版社，1998 年 2 月初版，第 150 頁。

也。」指賢良的人的行為超過了中庸，認為中庸不足以知道；不長進的人的行為達不到中庸，也不求甚解。但此說法跟《中庸》第二十三章「其次致曲」的說法不同，該章認為次聖人一等的賢人（「其次」）致力於發揮本性的某方面（「致曲」），繼而透過「誠」（真誠）而「化」（化育萬物）。

(8) **不肖者**：不長進的人。

(9) **莫**：沒有。

(10) **鮮**（粵音：冼 sin2；拼音：顯 xiǎn）：罕有、少。

(11) **味**：滋味。如張居正云：「若飲食而能察，則不出飲食之外而自得其味之正，由道者而能察，則亦不出乎日用之外，而自得乎道之中矣。」以察覺飲食的滋味來比喻在日常生活中察覺「道」。[116] 傅佩榮認為人「不知其味」皆因「道」於不知不覺之中，日用常行之中，需要懂得去品味它。[117]

【語譯】

孔子說：「中庸之道不能實行，我知道原因了：聰明的人對中庸之道的認識過了頭，認為它是平常的道理而不推行；愚蠢的人卻不明白中庸之道，不知如何實行。中庸之道不能彰顯，我知道原因了：賢良的人的行為超過了中庸之道；不長進的人的行為卻達不到。人們沒有不吃東西的，可是很少人能夠真正品嘗出滋味。」

116. 陳生璽等譯解：《張居正講評大學·中庸》（修訂本），上海：上海辭書出版社，2013 年 8 月，第 62 頁。
117. 傅佩榮：《止於至善：傅佩榮談大學·中庸》，北京：東方出版社，2013 年 9 月第 1 版，第 96 頁。

第五節　不行

【主旨】

本章表達孔子對中庸之道未獲實行的感嘆，反映儒家思想的憂患意識。

【原文】

子曰：「道其 (1) 不行 (2) 矣夫 (3)！」

【註釋】

(1) **其**：助詞，表達推測的語氣，大概、恐怕的意思。

(2) **行**：實行、實踐。

(3) **矣**：語氣助詞，一般用於句末。**夫**（粵音：扶 fu4；拼音：扶 fú），表示感嘆，相當於現代的「了」、「吧」等。「矣」、「夫」兩字連用是為了加強語氣。

【語譯】

孔子說：「中庸之道恐怕不能實行了吧！」

《中庸》的管理智慧

第六節　大知

【主旨】

本章以舜帝作為實例，闡釋中庸之道的智慧。舜的智慧有三：一、「好問而好察邇言」，他能不恥下問、集思廣益；二、「隱惡而揚善」，善者樂於向他傾訴，而不善者亦不會感到羞愧而對他隱瞞；三、「執其兩端，用其中於民」，不走極端。舜的智慧與《尚書》「允執厥中」及孔子「叩其兩端」的說法相似。《尚書·虞書·大禹謨》內「人心惟危，道心惟微，惟精惟一，允執厥中」指人心動盪不安，道心幽昧難明；人唯有精誠專一，摯誠地堅守中正之道。孔子有「叩其兩端」的做法，如《論語·子罕》云：「吾有知乎哉？無知也。有鄙夫問于我，空空如也。我叩其兩端而竭焉。」指知識沿自掌握事物的兩個極端（「過」與「不及」），應用其中。

【原文】

子曰：「舜⁽¹⁾其大知⁽²⁾也與⁽³⁾！舜好問⁽⁴⁾而好察邇言⁽⁵⁾，隱惡而揚善⁽⁶⁾，執其兩端⁽⁷⁾，用其中於民⁽⁸⁾，其斯⁽⁹⁾以為舜乎！」

【註釋】

(1) **舜**：姓姚，有虞氏，名重華，史稱「虞舜」，是中國古代傳說的「五帝」之一。相傳舜出身寒微，克盡孝道，其後受堯帝賞識而遜位給他，被儒家奉為典型的聖王之一。

(2) **其**：副詞，表示推測，解可以是。**知**（粵音：智 zi3；拼音：智 zhì）：同「智」。**大知**：大智慧。錢穆認為舜之所以為大智，是他不離於眾人之道而求道，能於眾人之道審察、選擇以為道。[118]

(3) **也**：句末語氣詞，表示肯定。**與**（粵音：如 jyu4；拼音：嶼 yú）：語末助詞，同「歟」，表示感嘆。「也」、「與」兩字連用是為了加強語氣。

(4) **好**：動詞，解作喜歡或善於。**問**：詢問、請教。

(5) **察**：留意、分析。**邇**：近。**邇言**：淺近的言語，指平民的話。《中庸章句》云：「邇言者，淺近之言，猶必察焉，其無遺善可知。」南懷謹認為「邇言」是一般通俗而最淺近的俗語。[119]

(6) **隱惡、揚善**：隱藏缺點、短處，表揚優點、長處。《中庸章句》云：「然於其言之未善者則隱而不宣，其善者則播而不匿，其廣大光明又如此，則人孰不樂告以善哉。」指隱惡、揚善是廣大光明的行為，人們喜歡相告善行。南懷謹則認為「隱惡」及「揚善」應指個人的內在心理，隱沒惡念及發揚善心，而不是指老百姓的行為。[120]

(7) **執**：把持、掌握。**兩端**：事物的兩個極端，此處指「過」與「不及」。《論語》有兩篇提及「叩其兩端」的處事方法，包括〈子罕〉篇云：「吾有知乎哉？無知也。有鄙夫問于我，空空如也，我叩其

118. 錢穆：《四書釋義》，台北：素書樓文教基金會、蘭臺出版社，2005 年 6 月，第 324 頁。
119. 南懷謹：《話說中庸》，台北：南懷謹文化事業，2015 年 3 月初版，第 43 頁。
120. 南懷謹：《話說中庸》，台北：南懷謹文化事業，2015 年 3 月初版，第 44 頁。

兩端而竭焉。」及〈為政〉篇云：「攻乎異端，斯害也已。」指行事極端是禍患。錢穆則認為「兩端」分別是「善」與「惡」，舜能夠掌握整體而隨時隨地隨宜地用其中，即用其善。[121]傅佩榮認為「執其兩端」是運用智慧的衡量方法。[122]黃秋韻認為「叩其兩端」是一種哲學原則，找出事物理想與現實的正反極限，以取得較佳的折衷方法。[123]

(8)**用**：應用。**其中**：兩個極端之間，此處指適當合宜的舉措。勞思光認為舜對一切事理的正反兩面都瞭如指掌，然後選取合理的舉措應用於國政。[124]傅佩榮則認為「用其中於民」中的「用」字是「用中」的意味，即是「擇善而行之」。[125]**民**：泛指「人」、民眾，張居正云：「民字解作人字，古民、人字通用，如先民、天民、逸民之類。」指古時「民」與「人」相通。[126]

(9)**其**：應該，表示期望。**斯**：這個、此。

【語譯】

孔子說：「舜可以說是具有大智慧啊！他喜歡向人請教，而又善於分析（平民）淺近說話的含意。他將缺點、短處隱藏起來，而將優點、長處加以表揚。他掌握事物的兩個極端（「過」與「不及」），而將中庸之道應用於民眾身上。這就是舜之所以成為舜的原因吧！」

121. 錢穆：《四書釋義》，台北：素書樓文教基金會、蘭臺出版社，2005年6月，第324頁。
122. 黃秋韻：《中庸哲學的方法性詮譯》，台北：文史哲出版社，2010年8月初版，第9頁。
123. 傅佩榮：《止於至善：傅佩榮談大學·中庸》，北京：東方出版社，2013年9月第1版，第99頁。
124. 勞思光：《大學中庸譯註新編》，香港：中文大學出版社，2000年，第49頁。
125. 傅佩榮：《傅佩榮譯解大學中庸》，北京：東方出版社，2012年4月第1版，第45頁。
126. 陳生璽等譯解：《張居正講評大學·中庸》（修訂本），上海：上海辭書出版社，2013年8月，第62頁。

第七節　予知

【主旨】

　　本章指人自以為明智卻身不由己，不懂躲避禍害、歧途是愚蠢；慨嘆人沒有定力、恒心，選擇了中庸之道卻不能堅持。《中庸章句》云：「言知禍而不知辟（按：避），以況能擇而不能守，皆不得為知也。」指這兩類人並不明智。錢穆則認為眾人的庸言、庸行均合於中庸之道，然而人不知它是道，所以不能久守。[127]

【原文】

　　子曰：「人皆曰予知 [(1)]，驅而納諸 [(2)] 罟擭陷阱 [(3)] 之中，而莫 [(4)] 之知辟 [(5)] 也。人皆曰予知，擇乎 [(6)] 中庸而不能期月 [(7)] 守 [(8)] 也。」

【註釋】

　　(1) **予**：我，泛指任何人；一說「予」指孔子。**知**（粵音：智 zi3；拼音：智 zhì）：同「智」。**人皆曰予知**：人人都說自己明智；林語堂則認為「予」指孔子，所以「人皆曰予知」解作「人人都說（孔子）你是明智的」。[128] 南懷瑾認同林語堂的說法，認為本章是生於亂世的孔子所作的自嘲自諷，表現其謙虛。[129]

　　(2) **驅**：被驅逐、驅趕。**納**：納入，引申為落入。**諸**：於。張居正云：「（人）卻乃見利而不見害，知安而不知危，被人驅逐在禍敗之地……尚自恬然不知避去，豈得為知（智）？」指人為了利

127. 錢穆：《四書釋義》，台北：素書樓文教基金會、蘭臺出版社，2005 年 6 月，第 325 頁。
128. 林語堂：《國學拾遺》，西安：陝西師範大學出版社，2008 年 8 月第 1 版，第 44 頁。
129. 南懷瑾：《話說中庸》，台北：南懷瑾文化事業，2015 年 3 月初版，第 45 頁。

《中庸》的管理智慧

益而不察危險或禍害是不智。[130] 傅佩榮認為「驅而納諸罟擭陷阱」的情況反映人受外物誘惑而陷入困境，身不由己。[131] 南懷瑾則認為是人知其可避，而不願逃避而已。[132]

(3)**罟**（粵音：古 gu2；拼音：古 gǔ）：捕魚、鳥之網。**擭**（粵音：獲 wok6；拼音：獲 huò）：裝有機關的捕獸木籠，或稱「機檻」。**陷阱**：捕捉野獸的地坑。**罟擭陷阱**：泛指禍害、歧途。

(4)**莫**：不。

(5)**辟**（粵音：避 bei6；拼音：避 bì）：躲避、逃避。

(6)**擇乎**：選擇了。《中庸章句》云：「擇乎中庸，辨別眾理，以求所謂中庸，即上章好問用中之事也。」認為「擇乎中庸」能辨別民眾的道理，中庸之道包括《中庸》第六章的「好問」（喜歡向人請教）及「用其中」（將中庸之道應用於民眾身上）等事宜。

(7)**期**（粵音：基 gei1；拼音：基 jī）：一。**期月**：滿一個月，指時間短暫而不長久。

(8)**守**：謹守、堅持。

【語譯】

孔子說：「人人都說自己明智（自以為聰明），但是被驅趕而

---

130. 陳生璽等譯解：《張居正講評大學·中庸》（修訂本），上海：上海辭書出版社，2013 年 8 月，第 64 頁。
131. 傅佩榮：《傅佩榮譯解大學中庸》，北京：東方出版社，2012 年 4 月第 1 版，第 46 頁。
132. 南懷瑾：《話說中庸》，台北：南懷瑾文化事業，2015 年 3 月初版，第 46 頁。

陷入羅網陷阱（禍害）之中，卻不懂得躲避。人人都說自己明智，
但選擇了中庸之道，卻不能謹守一個月。」

第八節　服膺

【主旨】

本章讚美孔子最賞識的弟子顏回的為人，他能堅守中庸之道。《中庸章句》云：「顏子蓋真知之，故能擇能守如此，此行之所以無過不及，而道之所以明也。」指顏回真的領悟中庸之道，能選擇（「擇」）它並予以堅持（「守」），行為無「過」或「不及」，中庸之道得以彰顯（「明」）。

【原文】

子曰：「回 [(1)] 之為人 [(2)] 也，擇乎 [(3)] 中庸，得一善 [(4)]，則拳拳 [(5)] 服膺 [(6)] 而弗 [(7)] 失之矣。」

【註釋】

(1) **回**：孔子的弟子顏回（公元前 521 年 - 公元前 481 年），春秋時魯人（今山東省曲阜市），字子淵，亦稱顏淵，少孔子 30 歲（根據《史記·仲尼弟子列傳》）。顏回是孔子最賞識的弟子，是一位德行好、克己復禮、好學、貧而樂的人。孔子多次稱贊顏回，如《論語·雍也》云：一、長時間秉持仁心（「其心三月不違仁」）；二、好學，不遷怒他人，不重複犯錯（「有顏回者好學，不遷怒，不貳過」）；三、貧亦樂（「賢哉回也！一簞食，一瓢飲，在陋巷。人不堪其憂，回也不改其樂。賢哉回也！」）

(2)**為人**：做人的態度。

(3)**擇乎**：選擇了。

(4)**善**：好，引申為好的道理。

(5)**拳拳**：牢牢握著而不捨放棄的樣子。《中庸章句》云：「拳拳，奉持之貌。」

(6)**服**：著、放在，引申為信服。**膺**：原指「胸」，引申為「心」。《中庸章句》云：「服，猶著也。膺，胸也。奉持而著之心胸之間，言能守也。」**服膺**：謹記於心。

(7)**弗**：副詞，不。

【語譯】
孔子說：「顏回的做人態度，是選擇了中庸之道，得到它好的道理便牢牢謹記於心，而不讓它失去。」

第九節　可均

【主旨】

本章以三項困難的事（「均天下國家」、「辭爵祿」、「蹈白刃」）為例，說明中庸之道似易實難，難以實踐。

【原文】

子曰：「天下國家 (1) 可均 (2) 也，爵祿 (3) 可辭 (4) 也，白刃 (5) 可蹈 (6) 也，中庸不可能 (7) 也。」

【註釋】

(1) **天下**：古有「積家成國，積國成天下」的說法，此處指古時天子管轄的地區。[133] **國家**：指古時諸侯的封地及卿大夫的采邑。古時實行分封制，天子將部分土地和奴隸分封給兄弟、親屬或功臣；被封者稱為諸侯，封地稱為「國」；諸侯再分封給卿大夫的封地稱為「采邑」、「家」。

(2) **均**：平定、治理。《中庸章句》云：「均，平治也。」學者對「均」字有不同的見解：林語堂認為「均」是使國家上軌道。[134] 勞思光則認為「爵祿可辭也，白刃可蹈也。」兩句均指「犧牲」，首句的「均」應解作「分」，所以「天下國家可均也」應解作「天下國家可以分給別人」。[135] 南懷謹則認為「天下國家可均」是平等均衡的政治成就。[136]

133. 羅天昇：《〈大學〉的管治智慧》，香港：新天出版，2015 年 7 月初版，第 29 頁。
134. 林語堂：《國學拾遺》，西安：陝西師範大學出版社，2008 年 8 月第 1 版，第 44 頁。
135. 勞思光：《大學中庸譯註新編》，香港：中文大學出版社，2000 年，第 51 頁。
136. 南懷謹：《話說中庸》，台北：南懷謹文化事業，2015 年 3 月初版，第 48 頁。

(3) **爵**：爵位。周代的爵位制度按功勞及地位分配，分公、侯、伯、子、男五等。《禮記‧王制》云：「王者之制：祿爵，公、侯、伯、子、男，凡五等。諸侯之上大夫卿、下大夫、上士、中士、下士，凡五等。」**祿**：官吏的薪俸。**爵祿**：泛指高官、厚祿，榮華富貴。[137]

(4) **辭**：推辭、放棄。

(5) **白刃**：閃亮鋒利的刀。

(6) **蹈**（粵音：導 dou6；拼音：導 dǎo）：踩、踏。

(7) **不可能**：不能夠做到。《中庸章句》云：「三者亦知仁勇之事，天下之至難也，然不必其合於中庸，則質之近似者皆能以力為之。若中庸，則雖不必皆如三者之難，然非義精仁熟，而無一毫人慾之私者，不能及也。三者難而易，中庸易而難，此民之所以鮮能也。」認為「均天下國家」、「辭爵祿」、「蹈白刃」分別是「知（智）」、「仁」、「勇」（統稱「三達德」）的表現，是天下極之困難的事（「至難」），但似難實易，或可實踐；實踐中庸則似易實難，所以很少人能夠做到。

【語譯】

孔子說：「天下國家是可以平定、治理的，爵位及俸祿是可以放棄的，鋒利的刀刃是可以踐踏而過的，中庸卻不能夠做到。」

---

137. 傅佩榮：《傅佩榮譯解大學中庸》，北京：東方出版社，2012 年 4 月第 1 版，第 48 頁。

《中庸》的管理智慧

第十節　問強

【主旨】

本章描述孔子以啟發的教學方式為弟子子路分析何謂「強」（剛強），勉勵子路遏抑其血氣方剛的強，而應以君子德義之勇的強為目標。《中庸章句》云：「夫子以是告子路者，所以抑其血氣之剛，而進之以德義之勇也。」

本章認為君子能秉持中庸之道，追求和諧但不隨波逐流，中立而不偏袒任何一方，是真正的剛強。

【原文】

子路 [(1)] 問強 [(2)]。子曰：「南方之強與 [(3)]？北方之強與？抑而強與 [(4)]？寬柔以教 [(5)]，不報無道 [(6)]，南方之強也，君子居之 [(7)]。衽金革 [(8)]，死而不厭 [(9)]，北方之強也，而強者 [(10)] 居之。

故君子和而不流 [(11)]，強哉矯 [(12)]！中立而不倚 [(13)]，強哉矯！國有道 [(14)]，不變塞焉 [(15)]，強哉矯！國無道 [(16)]，至死不變，強哉矯！」

【註釋】

(1) **子路：** 姓仲名由（公元前 541 年 - 公元前 480 年），字子路，又名季路，少孔子九歲（《史記·仲尼弟子列傳》），春秋時代魯國卞邑人（今山東省濟寧市泗水縣東卞橋鎮）。孔子弟子，性

急、粗魯，但行事果斷、具治國用兵之才能。子路曾任季子宰（公元前 498 年），其後隨孔子周遊列國。返魯國之前（公元前 488 年）任衛蒲邑宰。孔子回魯國後，子路與冉求（孔子的弟子，少孔子二十九歲）共事季康子（當時魯國的大夫）。子路於公元前 480 年死於衛國動亂。

(2) **強**：剛強、堅強。

(3) **南方**：泛指中國南部地區，長江流域以南。**與**（粵音：如 jyu4；拼音：嶼 yú）：語氣詞，表示疑問，相等於「呢」、「嗎」。張居正則云：「不及乎中庸者，非汝之所當強也」指「南方之強」是「不及」，「北方之強」是「過乎中庸者，亦非汝之所當強也」是「過」。[138]

(4) **抑**：語助詞，表示選擇，解抑或、還是。**而**：代詞，同爾、汝、你等，此處指子路。張居正云：「『而』字解作『汝』字。」[139] **抑而強與**：還是你自己的強。

(5) **寬柔**：寬大、柔和。**以教**：以......的方法教育人。《中庸章句》云：「寬柔以教，謂含容巽順以誨人之不及也。不報無道，謂橫逆之來，直受之而不報也。南方風氣柔弱，故以含忍之力勝人為強，君子之道也。」指「南方之強」是君子之道，以教誨服人，逆來順受，忍耐力強。《論語·陽貨》云：「寬則得眾。」指領導者採取寬容的態度，獲民眾擁護。

138. 陳生璽等譯解：《張居正講評大學·中庸》（修訂本），上海：上海辭書出版社，2013 年 8 月，第 66-67 頁。

139. 陳生璽等譯解：《張居正講評大學·中庸》（修訂本），上海：上海辭書出版社，2013 年 8 月，第 66 頁。

《中庸》的管理智慧

(6) **報**：報復。**無道**：無理、不行正道。

(7) **居**：處於。**居之**：以......自處（此處指以「南方之強」自處）。

(8) **袵**（粵音：任 jam6；拼音：任 rèn）：本指臥席，此處作動詞用，即「以......為臥席」。**金**：金屬製的兵器。**革**：皮革製的甲胄（頭盔、鎧甲等）。**袵金革**：以兵器甲胄為臥席，引申為隨時準備戰鬥。《中庸章句》云：「袵，席也。金，戈兵之屬。革，甲胄之屬。北方風氣剛勁，故以果敢之力勝人為強，強者之事也。」指「北方之強」的特色是剛勁果敢。

(9) **不厭**：不後悔、不可惜。

(10) **強者**：此處「強」指強悍，「強者」指強悍的人。

(11) **和**：和順、和諧。**流**：放縱，此處指隨波逐流。**和而不流**：和順而不隨波逐流。《論語·子路》有類似的說法，云：「君子和而不同，小人同而不和。」錢穆認為「君子和而不流」及「中立而不倚」顯示中庸並非不言強，只是君子以中和為貴，無過不及，不走極端。[140]

(12) **哉**：古代漢語的驚嘆語氣詞，常用於句末，此處則用於句中。**矯**：剛強出眾的樣子。《中庸章句》云：「矯，強貌。《詩》（按：《詩經》）曰『矯矯虎臣』是也。倚，偏著也。」以《詩經·魯頌·泮水》中「矯矯虎臣，在泮獻馘」（語譯：矯健的虎將，在泮水旁

---

140. 錢穆：《晚學盲言（上）》，台北：東大圖書，1987 年 8 月初版，第 131 頁。

請功）及鄭玄箋：「矯矯，武貌」為憑，指「矯」解作剛強勇武的樣子。**強哉矯**：讚嘆詞，解「這是真的強啊」。

(13) **倚**：偏袒任何一方。

(14) **國有道**：國家政務清明。

(15) **塞**：「通」的相反詞，此處解人未得志，陷於困厄的時候。張居正云：「塞，是未達。」[141] **不變塞**：不改變未得志時的操守。**焉**：語氣詞。

(16) **國無道**：國家政務不修。

【語譯】

子路問甚麼是強。孔子說：「你問的是南方所謂的強？北方所謂的強？還是你應該做到的強？以寬大、柔和的方法教育人，對無理的人不去報復，這是南方的強；君子以這種態度自處。以兵器甲冑為臥床（隨時準備戰鬥），死而不後悔，這是北方的強，而強悍的人以這種態度自處。

所以君子和順而不隨波逐流，這是真的強啊！中立而不偏袒任何一方，這是真的強啊！國家政務清明時，不改變自己尚未得志時的操守，這是真的強啊！國家政務不修時，至死不改變（志向），這是真的強啊！」

141. 陳生璽等譯解：《張居正講評大學‧中庸》（修訂本），上海：上海辭書出版社，2013 年 8 月，第 67 頁。

《中庸》的管理智慧

第十一節　素隱

【主旨】

本章引用孔子的話說明正道是選擇中庸並予以堅守，「素隱行怪」（尋求隱僻神秘的道理、做出怪異的行為）是「過」，半途而廢是「不及」。

如張居正云：「世間有一等好高的人，于日用所當知的道理，以為尋常不足知，卻別求一樣深僻之理，要知人之所不能知......以此欺哄世上沒見識的人，而竊取名譽。」指一些人好高騖遠，尋求艱深偏激的「道理」，是欺世盜名。[142]

【原文】

子曰：「素隱行怪 [(1)]，後世有述 [(2)] 焉，吾弗為之 [(3)] 矣。君子遵道而行 [(4)]，半塗（途）而廢 [(5)]，吾弗能已矣 [(6)]。君子依乎 [(7)] 中庸，遯世不見知 [(8)] 而不悔，唯聖者 [(9)] 能之。」

【註釋】

(1) **素**：筆者認為「素」是搜索、尋求。對「素」字的解說包括：一、解作搜索、尋求。朱熹根據《漢書・藝文志》認為「素」是「索」的誤字，解作搜索、尋求，指一些人尋求偏鋒的道理（「隱僻之理」），做出怪異的行為（「行怪」）。《中庸章句》云：「素，按《漢書》當作索，蓋字之誤也。索隱行怪，言深求隱僻之理，而

---

142. 陳生璽等譯解：《張居正講評大學・中庸》（修訂本），上海：上海辭書出版社，2013 年 8 月，第 68 頁。

過為詭異之行也。然以其足以欺世而盜名，故後世或有稱述之者。」二、宋代學者倪思認為「素」解作平素、素常，「素隱」解作以隱居為平常事；三、鄭玄認為「素」同「傃」，解作「嚮」、嚮往，「素隱」是嚮往避禍隱身的生活。**隱**：隱僻神秘的道理。**行怪**：做出怪異的行為；如南懷瑾所言一些修道的人喜愛標奇立異。[143] **素隱行怪**：尋求隱僻神秘的道理，做出怪異的行為。陳贇認為「素隱行怪」是一種方向性的根本偏離，遠離了天命所賦予的性情，不能抵達真正的成己與成物。[144]

(2) **述**：記述、稱述。

(3) **吾**：我。**弗**：不。**為**：做。**之**：此處指「素隱行怪」的行為。

(4) **遵**：依循。**道**：中庸之道。**行**：行事。

(5) **塗**：同「途」。**廢**：停止、荒廢。《中庸章句》云：「半塗（途）而廢，則力之不足也。此其知雖足以及之，而行有不逮，當強而不強者也。」指半途而廢的人本應有足夠智慧，但能力不足。張居正云：「至於君子，擇乎中庸之道，遵而行之，……其智雖足以及之，而仁有不逮，當強而不強者也。」[145] 聖人則不同，如《中庸章句》云：「聖人於此，非勉焉而不敢廢，蓋至誠無息，自有所不能止也。」指聖人的誠意不會歇息（「無息」），不能停止（「不能止也」）。

(6) **已**：停止。**弗能已矣**：不能停止。

---

143. 南懷瑾：《話說中庸》，台北：南懷瑾文化事業，2015 年 3 月初版，第 53 頁。
144. 陳贇：《中庸的思想》，北京：生活・讀書・新知三聯書店，2007 年 12 月第 1 版，第 129 頁。
145. 陳生璽等譯解：《張居正講評大學・中庸》（修訂本），上海：上海辭書出版社，2013 年 8 月，第 69 頁。

《中庸》的管理智慧

(7) **依乎**：依照、遵循。

(8) **遯**：同「遁」，迴避。**遯世**：迴避世界。《易經・乾・文言》云：「遯（遁）世无悶，不見是而无悶。」指君子隱居世外而不苦悶，看不見世俗也不煩悶。[146] **見知**：（被）人所知；一說受人賞識。**遯世不見知**：迴避世界而不為人所知。

(9) **聖者**：即「聖人」，指具備最高道德和智慧的人。儒家認為人格品第分五種典型，包括聖人、賢人、君子、士、庸人；如《荀子・哀公》云：「人有五儀，有庸人、有士、有君子、有賢人、有聖人。」《說文解字》云：「聖，通也。」及《大戴禮記》云：「所謂聖人者，知通乎大道，應變而不窮，能測萬物之情性者也。」指聖人能通曉大道而應變，能領悟萬物的性情。《禮記・禮運》云：「聖人作則。」及《孟子・離婁上》云：「聖人，人倫之至也。」指聖人是世人的理想榜樣。《中庸章句》云：「不為索隱行怪，則依乎中庸而已。不能半塗而廢，是以遯世不見知而不悔也。此中庸之成德，知之盡、仁之至、不賴勇而裕如者，正吾夫子之事，而猶不自居也。故曰唯聖者能之而已。」認為中庸成為一種良好的品德，是智、仁、勇（「三達德」）的極致，孔子也謙稱自己尚未達致中庸，只有聖人能夠做到。杜維明認為儒家的基本關切是「成聖」（成為聖人），包括了方法（如何）、過程（蛻化）和目標（成為聖人）。[147]（詳見**第三章第九節〈贊天地之化育、人與天地參〉**）

【語譯】

---

146. 郭彧譯注：《周易》，北京：中華書局，2007 年 1 月，第 343-344 頁。
147. 杜維明著；胡軍、丁民雄譯：《仁與修身：儒家思想論集》，北京：生活・讀書・新知三聯書店，2013 年 6 月，第 32 頁。

孔子說：「那些尋求隱僻神秘的道理、做出怪異行為的人，後世或有所稱述，我卻不會這樣做。君子遵循中庸之道而行事，或許半途而廢，但我是不會停止的。君子遵循中庸之道，迴避世界而不為人所知也不後悔，這只有聖人才能做到。」

第十二節　費隱

【主旨】

本章引用《詩經》說明君子之道有「費」和「隱」兩個層次。「費」是廣大，涉及道的普遍性，帶出「道」的用途廣泛；普通人（「夫婦」）也可以認識道和實踐道，但要透澈了解它而達致最高境界，則必須同時了解「隱」的層次。「隱」是精深，涉及道精深而隱秘的層次。

本章也闡述道的體（實體、本質）和用（作用、功能、現象）。

【原文】

君子之道 [(1)] 費 [(2)] 而隱 [(3)]。夫婦之愚 [(4)]，可以與知 [(5)] 焉，及其至 [(6)] 也，雖聖人 [(7)] 亦有所不知 [(8)] 焉。夫婦之不肖 [(9)]，可以能行 [(10)] 焉，及其至也，雖聖人亦有所不能 [(11)] 焉。

天地之大 [(12)] 也，人猶有所憾 [(13)]。故君子語大 [(14)]，天下莫能載焉 [(15)]；語小 [(16)]，天下莫能破焉 [(17)]。

《詩》[(18)] 云：「鳶飛戾天 [(19)]，魚躍於淵 [(20)]。」言其上下察 [(21)] 也。君子之道，造端乎 [(22)] 夫婦，及其至也，察 [(23)] 乎天地。

【註釋】

(1) **君子之道**：君子的正道（路）；一說「道」指中庸之道。（詳見**第三章第十八節〈君子之道〉**）

(2) **費**：原解作煩瑣，引申為廣大、廣泛的意思。《中庸章句》云：「費，用之廣也。」認為「費」形容道的用（作用、功能、現象）廣泛。張居正云：「君子之道，有體有用，其用廣大而無窮，其體則微密而不可見也。」[148] 南懷瑾認為「費」解作到處都散漫著，任何時間、任何空間都隨便彌漫著它（君子之道）的作用。[149]

(3) **隱**：精微、精深，隱秘而並非顯而易見。《中庸章句》云：「隱，體之微也。」指「隱」形容道的體（實體、本質）是精微的。南懷瑾認為「隱」解作摸不著、看不到。[150]

(4) **夫婦**：泛指普通男女（古時「匹夫匹婦」指普通男女）；一說應直解為夫妻，古時夫婦是「五倫」（夫婦、父子、兄弟、朋友、君臣）之首。杜維明認為「夫婦之愚」指智力平平的人，每個人都被賦予同樣的人性，人人可以成為君子。[151] 林語堂認為「夫婦之愚」指沒有知識的愚夫愚婦。[152] **愚**：愚笨。

(5) **與**（粵音：預 jyu6；拼音：預 yù）：作動詞用，參與。**知**：了解。

(6) **及**：談及。**其**：它的，此處指「君子之道」。**至**：極點、極致，

148. 陳生璽等譯解：《張居正講評大學·中庸》（修訂本），上海：上海辭書出版社，2013 年 8 月，第 70 頁。
149. 南懷瑾：《話說中庸》，台北：南懷瑾文化事業，2015 年 3 月初版，第 55 頁。
150. 南懷瑾：《話說中庸》，台北：南懷瑾文化事業，2015 年 3 月初版，第 55 頁。
151. 杜維明著、段德智譯、林同奇校：《中庸：論儒學的宗教性》，北京：生活·讀書·新知三聯書店，2013 年 6 月第 1 版，第 31 頁。
152. 林語堂：《國學拾遺》，西安：陝西師範大學出版社，2008 年 8 月第 1 版，第 43 頁。

《中庸》的管理智慧

最精深之處。**及其至：**談及它（君子之道）最精深之處。

(7)**聖人：**具有最高智慧及道德的人（the sage[153]）。牟宗三認為聖人能將本心真性充分體現，也是德行純亦不已的人；他們的仁心與天地萬物為一，所以能與天地合德。[154] 徐復觀認為儒家的基本用心，是性善的道德內在說，將人建立為圓滿無缺的聖人或仁人，對世界負責。[155]（詳見**第三章第八節〈天人合一〉、第九節〈贊天地之化育、人與天地參〉**）

(8)**所：**地方。**知：**了解。**有所不知：**有不了解的地方。

(9)**不肖：**不賢良，未達標準。

(10)**行：**實行、實踐。

(11)**不能：**做不到。**有所不能：**有做不到的地方。

(12)**天地：**天與地。古籍有不少關於「三才」（天、地、人）的說法。《易經·繫辭下》云：「有天道焉，有人道焉，有地道焉，兼三才而兩之。」認為宇宙有「三才」，各有其道。《易經·說卦》云：「立天之道曰陰與陽，立地之道曰柔與剛，立人之道曰仁與義，兼三才而兩之。」指「天道」、「地道」、「人道」的性質各異。程頤於《程頤語錄》云：「道未始有天人之別，但在天則為天道，在地則為地道，在人則為人道。」指道原本沒有天、人之別，但可

153. 英譯參考：Ames, R. T., & Hall, D. L. (2001). *Focusing the Familiar: A Translation and Philosophical Interpretation of the Zhongyong*. Honolulu, USA: University of Hawaii Press, p. 127.
154. 牟宗三：《圓善論》，台北：台灣學生，1985 年 7 月初版，第 139、262 頁。
155. 徐復觀：〈儒家精神的基本性格及其限定與新生〉，載於曾振宇主編：《儒家倫理思想研究》（20世紀儒學研究大系，總 7 卷），北京：中華書局，2003 年，第 80 頁。

分別體現於天、地、人而成為「天道」、「地道」、「人道」。南懷謹認為「天地」一詞在周、秦時代是「宇宙」的意思。[156] 陳贇則認為「天地」一詞隱含著是「天空之下、大地之上」的意思，是古代思想中的「天地之間」，是人的生命被放置之處。[157]（詳見**第三章第七節〈三才之道（天道、地道、人道）〉**）

大：廣大浩瀚。

(13) **猶：**仍然、尚且。**憾：**遺憾、不滿。**人猶有所憾：**人尚且有所遺憾；林語堂則認為「人猶有所憾」指人遭遇自然災害時還感到不滿。[158]

(14) **故：**所以。**語：**作動詞用，談及。**大：**廣大、巨大。

(15) **天下：**世間上。**莫：**不能。**載：**承載。**天下莫能載焉：**世間上沒有東西能承載它（指「道」）。換言之，「道」是「至大無外」而「莫能載」。

(16) **小：**微小，指「道」非常精細，細至無可再分割。

(17) **破：**分割、剖析。**天下莫能破焉：**世間上沒有東西能分割它（指「道」）。換言之，「道」也是「至小無內」、「莫能破」。

(18) **《詩》：**指《詩經・大雅・旱麓》篇，是一首祝願周王祭祀

156. 南懷謹：《話說中庸》，台北：南懷謹文化事業，2015 年 3 月初版，第 63 頁。
157. 陳贇：《中庸的思想》，北京：生活・讀書・新知三聯書店，2007 年 12 月第 1 版，第 55-56 頁。
158. 林語堂：《國學拾遺》，西安：陝西師範大學出版社，2008 年 8 月第 1 版，第 45 頁。

《中庸》的管理智慧

祖先而獲得福祿的詩歌。麓（粵音：鹿 luk1；拼音：鹿 lù）：山腳下。

(19) 鳶（粵音：鴛 jyun1；拼音：鴛 yuān）：鷂鷹，猛禽的一種。
戾（粵音：淚 leoi6；拼音：麗 lì）：至、到達。**戾天**：到達天的高
處。**鳶飛戾天**：鷂鷹飛到天的高處，引申為至上之處。

(20) **淵**：深水處。**魚躍於淵**：魚跳躍到水的深淵，引申為至下
之處。

(21) **上下**：上至高天、下至深淵。**察**：昭著、明顯。林語堂則
認為「上下」指鷂鷹與魚上及於天、下及於淵那自然而顯著的功能。
159

(22) **造端**：起始。**乎**：於。**造端乎**：從......開始。

(23) **察**：明察、明白貫通。

【語譯】

君子的正道廣大而精深。就算愚昧的普通男女，也可以對它略
為了解；談及它（君子之道）最精深之處，即使聖人也有不了解的
地方。就算不賢明的普通男女，也可以予以實行；談及它最精深之
處，即使聖人也有做不到的地方。

天與地廣大浩瀚，人尚且有所遺憾。所以君子談及大的層次，

159. 林語堂：《國學拾遺》，西安：陝西師範大學出版社，2008 年 8 月第 1 版，第 46 頁。

世間上沒有東西能承載它（君子之道）；君子談及小的層次，世間上沒有東西能分割它。

《詩經‧大雅‧旱麓》說：「鳶鷹飛到天的高處，魚跳躍到水的深淵。」說明道是顯明昭著，上達高天、下達深淵。君子的正道從普通男女開始，談及它最精深之處，能明察天地間的一切事物。

第十三節　不遠

【主旨】

本章闡述道不遠人、人不應離道的道理。道不遠人，皆因道是指導人日常生活言行的準則，不可片刻偏離。張居正云：「若君子之治人則不然，蓋為人的道理就在各人身上，是天賦他原有的，所以君子就用人身上原有的道理，去責成人。」[160] 離道的人認為道微不足道而不去實踐，反而好高騖遠去追求難以實行的事。

本章以比喻的方法論道。砍伐者拿著木斧頭去砍伐樹幹，以製造新斧頭；喻意是道德標準近在眼前，修道者毋須捨近求遠，只需「率性之謂道」（依循本性發展稱作正道）就能「脩道之謂教」（按照正道的原則修養稱作教化）。

章末提倡忠恕之道是正道，君子需要己所不欲、勿施於人。孔子也勉勵君子要謹言慎行、合乎中庸，不足者嘉勉，有餘者不過分，做一個踏實、忠誠的人。

【原文】

子曰：「道不遠人 (1)，人之為道 (2) 而遠人，不可以為道。《詩》(3) 云：『伐柯伐柯 (4)，其則不遠 (5)。』執柯以伐柯 (6)，睨而視之 (7)，猶以為遠 (8)。故君子以人治人 (9)，改而止 (10)。

---

160. 陳生璽等譯解：《張居正講評大學・中庸》（修訂本），上海：上海辭書出版社，2013 年 8 月，第 73 頁。

忠恕 ⁽¹¹⁾ 違道不遠 ⁽¹²⁾，施諸己而不願 ⁽¹³⁾，亦勿施於人 ⁽¹⁴⁾。

君子之道四 ⁽¹⁵⁾，丘 ⁽¹⁶⁾ 未能一焉 ⁽¹⁷⁾：所求乎 ⁽¹⁸⁾ 子以事 ⁽¹⁹⁾ 父，未能也；所求乎臣以事君，未能也；所求乎弟以事兄，未能也；所求乎朋友先施之 ⁽²⁰⁾，未能也。

庸德之行 ⁽²¹⁾，庸言之謹 ⁽²²⁾，有所不足，不敢不勉 ⁽²³⁾，有餘不敢盡 ⁽²⁴⁾。言顧 ⁽²⁵⁾ 行，行顧言，君子胡不慥慥爾 ⁽²⁶⁾？」

【註釋】

(1) **遠**：遠離、疏遠。**遠人**：遠離人們。《中庸章句》云：「道者，率性而已，固眾人之所能知能行者也，故常不遠於人。」認為道是《中庸》首章說的「率性」（依循本性發展），是人知道而能予以實行的事情。

(2) **為**：行、作。**為道**：行道、修道。《中庸章句》云：「若為道者，厭其卑近以為不足為，而反務為高遠難行之事，則非所以為道矣。」指若有些人實行道時認為道微不足道，反而好高騖遠去追求難以實行的事，並非行道的方法。

(3) **《詩》**：指《詩經·豳風·伐柯》篇，是一首描述婚姻應該符合禮儀的詩。古時娶妻必經媒妁，有如伐柯（砍伐樹幹）也需要以手中的斧柄作為參考的準則。「豳」（粵音：賓 ban1；拼音：賓 bīn）是古地名，在今陝西省咸陽市旬邑縣西南。

《中庸》的管理智慧

(4)**伐**：砍伐。**柯**：樹幹、樹枝。**伐柯**：砍伐樹幹。

(5)**則**：準則、標準，引申為斧頭的式樣。**不遠**：就在附近，引申為標準（斧柄的式樣）就在砍伐者手裡。

(6)**執**：拿著。**柯**：第一個「柯」字採用了「借代」的修辭方法，由樹幹、樹枝借代為斧頭的木柄；第二個「柯」字按《詩經·豳風·伐柯》原本的解釋，解樹幹、樹枝。**執柯以伐柯**：（砍伐者）拿著木斧頭去砍伐樹幹，以製造新斧頭。陳滿銘則認為孔子以「執柯以伐柯」所產生的偏差作為比喻，說明人由「恕」行道，結果卻適得其反，變得遠離正道。[161]

(7)**睨**（粵音：藝 ngai6；拼音：膩 nì）：斜視、偏視。**睨而視之**：斜眼看它（手中的斧頭），引申為往別處看。

(8)**猶以為遠**：還以為（標準）在遠方。**睨而視之，猶以為遠**：引申指砍伐者忘記了自己手握的斧頭（「柯」）就是製造新斧頭的標準，反而捨近求遠，以為標準在遠處而外求。

(9)**治**：治理、教化。**以人治人**：以人的本性（固有的道理）去教化人。徐復觀認為「以人治人」的終極意義是各人以中庸之道自治，是以民為主的民主政治。[162] 陳滿銘認為「知所以治人」中的「治人」相當於《大學》中的「齊家」，結合上句「知所以脩身」中的「脩身」及下句「知所以治天下國家」，相等於《大學》「八

第二章《中庸》今註今譯

---

161. 陳滿銘：《中庸思想研究》，台灣：文津出版社，1980 年 3 月初版，第 136 頁。
162. 徐復觀著、李維武編：《徐復觀文集（修訂本）》（第三卷〈中國人性論史·先秦篇〉），湖北：湖北人民出版社，2009 年第 2 版，第 75 頁。

「條目」中的「修身」、「齊家」及「平天下」。[163]

(10) **改而止**：（使人）改正而停止（教化的功夫）。勞思光則認為「改而止」應指以「改而得正」為歸宿（「止」），不作他求。[164]

(11) **忠**：盡心盡力地辦事。《中庸章句》云：「盡己之心為忠」。**恕**：恕道，是儒家思想中推己及人的道理，己所不欲、勿施於人。《中庸章句》云：「推己及人為恕」及《大學》第十章云：「所藏乎身不恕，而能喻諸人者，未之有也。」筆者認為若藏於自身的思想不是恕道，便不能推己及人。[165] 徐復觀認為盡心是「忠」，推己是「恕」，兩者均涉及精神；「中庸」涉及行為，「忠恕」與「中庸」本為一事，隨立教施時的重點所在。[166]

(12) **違道不遠**：離開正道不遠。

(13) **施**：施加。**諸**：於。**不願**：不願意接受。**施諸己而不願**：別人加之於己身而自己不願意接受的。

(14) **勿施於人**：不要施加於別人身上。「施諸己而不願，亦勿施於人」與《論語·顏淵》中「己所不欲、勿施於人」類同，後者也見於《論語·衛靈公》：「其恕乎！己所不欲，勿施於人。」陳贇認為「施諸己而不願，亦勿施於人」是「推己及人」，從自己出發，接納他人。[167]

163. 陳滿銘：《中庸思想研究》，台灣：文津出版社，1980 年 3 月初版，第 141-142 頁。
164. 勞思光：《大學中庸譯註新編》，香港：中文大學出版社，2000 年，第 57 頁。
165. 羅天昇：《〈大學〉的管治智慧》，香港：新天出版，2015 年 7 月初版，第 61 頁。
166. 徐復觀著、李維武編：《徐復觀文集（修訂本）》（第三卷〈中國人性論史·先秦篇〉），湖北：湖北人民出版社，2009 年第 2 版，第 72 頁。
167. 陳贇：《中庸的思想》，北京：生活·讀書·新知三聯書店，2007 年 12 月第 1 版，第 164 頁。

(15) **君子之道四**：君子之道（君子的正道）有四項，即其後提及的孝（子事父）、忠（臣事君）、悌（弟事兄）、信（朋友先施之）。南懷瑾認為這是孔子謙虛的表白。[168]

(16) **丘**：孔子名丘，字仲尼，「丘」是孔子的自稱。

(17) **未能一焉**：一項也未能做到。

(18) **求**：要求。**乎**：介詞，於。

(19) **事**：侍奉。

(20) **施**：給、付出。《爾雅‧釋詁》云：「施，予也。」及《廣韻》云：「施，與也。」**先施之**：先付出。

(21) **庸**：平常；修養言行是平常應該下的功夫。《中庸章句》云：「庸，平常也。」**德**：品德（virtue[169]）。**行**：實行、實踐。《中庸章句》云：「行者，踐其實。」**庸德之行**：平常品德要實踐。

(22) **言**：言語。**謹**：謹慎。**庸言之謹**：平常言語要謹慎。

(23) **勉**：勉勵。

(24) **有餘**：辦事留有餘地。**盡**：過分。

---

168. 南懷瑾：《話說中庸》，台北：南懷瑾文化事業，2015 年 3 月初版，第 69 頁。
169. 英譯參考：Johnson, I., & Wang, P. (translation and annotation) (2012). *Daxue and Zhongyong: Bilingual Edition*. Hong Kong: The Chinese University Press, p. 521.

(25) **顧：**顧及、配合。

(26) **胡不：**何不、豈可不（稱為）。**慥慥**（粵音：做 zou6；拼音：燥 zào）：踏實、忠誠的樣子。《中庸章句》云：「慥慥，篤實貌。言君子之言行如此，豈不慥慥乎，讚美之也。」**爾：**表示疑問的語氣，同「乎」、「呢」。

【語譯】

孔子說：「道不會遠離人。如果有人實行道而與人疏遠，那就不是實行道了。《詩經·豳風·伐柯》說：『（拿著斧頭）砍伐樹幹、砍伐樹幹，斧柄的式樣就在眼前。』（砍伐者）拿著斧頭去砍伐樹幹，以製造新斧頭，斜眼看它（手中的斧頭），還以為標準在遠處。所以君子根據人的本性去教化人，使人改正而停止。

能夠盡心盡力地辦事、推己及人，就離正道不遠；凡是別人加之於己身而自己不願意接受的，也不要施加於別人身上。

君子之道有四項，我孔丘一項也未能做到：所要求為人子女的侍奉父母（「孝」），未能做到；所要求為人臣僚的侍奉君主（「忠」），未能做到；所要求為人弟弟的侍奉兄長（「悌」），未能做到；所要求為人朋友的應該先付出（「信」），未能做到。

平常品德要實踐，平常言語要謹慎，有不足的地方，不敢不勉勵自己去做；辦事留有餘地、不過分。言語配合行為，行為配合言

《中庸》的管理智慧

語，豈可不稱為踏實、忠誠的君子呢？」

第十四節　素位

【主旨】

本章闡述儒家思想中「為己」的概念，君子要依靠自身的努力，致力提升道德標準。如南懷瑾所說，本章引用孔子的話說明人素位而行的平實原則。[170] 君子一方面要安於命運所安排的先天條件（如：富貴、貧賤、夷狄、患難等），按有關處境做該做的事；另一方面君子不怨天尤人，要反省自己。

杜維明認為儒學中的「學」是「為己」（學做人），是一種自發、自主的自我實現行為。[171]

【原文】

君子素其位而行 [(1)]，不願乎其外 [(2)]。素富貴 [(3)]，行乎 [(4)] 富貴；素貧賤，行乎貧賤；素夷狄 [(5)]，行乎夷狄；素患難，行乎患難。

君子無入 [(6)] 而不自得 [(7)] 焉。在上位 [(8)]，不陵下 [(9)]；在下位，不援上 [(10)]。正己 [(11)] 而不求於人，則無怨 [(12)]。上不怨天，下不尤人 [(13)]。

故君子居易以俟命 [(14)]，小人行險以徼幸 [(15)]。子曰：「射 [(16)] 有似乎君子，失諸正鵠 [(17)]，反求諸其身 [(18)]。」

【註釋】

170. 南懷瑾：《話說中庸》，台北：南懷瑾文化事業，2015 年 3 月初版，第 75 頁。
171. 杜維明：《儒家思想：以創造轉化為自我認同》，台北：東大圖書，2014 年 9 月三版，第 149 頁。

《中庸》的管理智慧

(1) **素**：作動詞用，解作「處於、現在」。**素其位**：根據他所處的位置。《中庸章句》云：「素，猶見在也。言君子但因見在所居之位而為其所當為，無慕乎其外之心也。」指君子因應所處的位置（「見（現）在所居之位」）而表現出適當的行為（「為其所當為」），不渴求位置以外的心。南懷瑾認為「素其位」指樸素踏實在自己的本位上做人。[172] 陳贇則認為「位」字從「人」從「立」，涉及個人的立身方式，既包含了個人身處的職位、身分、家庭、社會地位等，也是人在相關處境中所採取的立身方式。[173] **行**：行事。**素其位而行**：根據他所處的位置而表現適當的行為。

(2) **願**：要求、期盼。**乎**：介詞，於。**外**：本分以外的事。

(3) **富貴、貧賤、患難**：此三句涉及三種境況，與孟子談及「大丈夫」所面對的三種人生境況類似，《孟子·滕文公下》云：「居天下之廣居，立天下之正位，行天下之大道；得志與民由之，不得志獨行其道；富貴不能淫，貧賤不能移，威武不能屈：此之謂大丈夫。」

(4) **行乎**：按……行事。

(5) **夷狄**：泛指古時漢人以外的外族，後者乃未開化之民族。古時漢人自以為居於世界的中心，將外族統稱為「夷」，以東、南、西、北四個方位將外族稱為「四夷」，分別是東夷、南蠻、北狄、西戎。**素夷狄**：處於夷狄（外族）社會的環境。

172. 南懷瑾：《話說中庸》，台北：南懷瑾文化事業，2015 年 3 月初版，第 70 頁。
173. 陳贇：《中庸的思想》，北京：生活·讀書·新知三聯書店，2007 年 12 月第 1 版，第 173 頁。

(6) **入**：處於某種處境。**無入**：無論處於任何情況。

(7) **自得**：自覺安樂。張居正云：「身之所處雖有不同，而君子皆盡其當為之道，道在此，則樂亦在此，蓋隨在而皆寬平安舒之所也。所以說，無入而不自得焉。」指君子盡力為道、隨遇而安。[174]

(8) **上位**：高的地位、上級。

(9) **陵**：同「凌」，欺凌。**下**：下位、下級的人。

(10) **援上**：攀附在上位的人（上司）。

(11) **正己**：端正自己。杜維明認為君子的責任在於「正己」，並幫助他人「正己」，從以培養出一種探究內在自我所有層面的勇氣，以及「己所不欲，勿施於人」的敏感性。[175]

(12) **無怨**：沒有任何抱怨。

(13) **尤人**：抱怨、歸咎別人。《中庸章句》云：「在上位不陵下，在下位不援上，正己而不求於人則無怨。」正己而不求人，就沒有埋怨。

(14) **居**：處於。**易**：平實的地位。**俟**：等待。**命**：指天命、命運。

---

174. 陳生璽等譯解：《張居正講評大學‧中庸》（修訂本），上海：上海辭書出版社，2013 年 8 月，第 76 頁。
175. 杜維明著、段德智譯、林同奇校：《中庸：論儒學的宗教性》，北京：生活‧讀書‧新知三聯書店，2013 年 6 月第 1 版，第 45 頁。

《中庸》的管理智慧

(15) **行險**：做出不合正道的行為。**徼**（粵音：僥 hiu1；拼音：僥 jiǎo）：同「僥」，尋求，如《中庸章句》云：「徼，求也。」**幸**：幸運，本來不應該得到的卻偏得到，如《中庸章句》云：「幸，謂所不當得而得者。」**徼幸**：同「僥幸」，偶然的幸運。《廣韻》云：「徼，求也、抄也。」及《說文解字》對「幸」字的解釋是「吉而免凶也。」

(16) **射**：射箭的訓練，古時「六藝」之一。[176]

(17) **正鵠**（粵音：征胡 zing1 wu4；一說征古 zing1 gu2；拼音：征胡 zhènghú；一說征古 zhènggǔ）：古人射箭所用的箭靶以布或其他物料製造，稱為「侯」；「正」及「鵠」是古時兩種體型細小的鳥，一些箭靶於中心畫上「正」鳥、外圍畫上「鵠」鳥，「正鵠」借指箭靶。**失諸正鵠**：射不中箭靶。《中庸章句》云：「畫布曰正，棲皮曰鵠，皆侯之中，射之的也。」

(18) **反**：反過來。**求諸**：要求檢討。**反求諸其身**：反過來要求檢討自己。《論語·衛靈公》云：「君子求諸己，小人求諸人。」指自我反省是君子的行為。

【語譯】

　　君子根據他所處的位置而表現出適當的行為，不期盼本分以外的事。處於富貴中，就做富貴者該做的事；處於貧賤中，就做貧賤者該做的事；處於夷狄（外族）社會中，就做夷狄社會中該做的事；

---

176. 「射」是古時「六藝」（禮、樂、射、御、書、數）之一，指學習武功，以射箭為主。參見羅天昇：《〈大學〉的管治智慧》，香港：新天出版，2015 年 7 月初版，第 14 頁。

處於患難中，就做患難中該做的事。

君子無論處於任何情況都自覺安樂。處於高位，不欺凌下屬；處於下位，不攀援上司。端正自己而不求於別人，就沒有任何抱怨。對上不抱怨天，對下不歸咎別人。

所以君子處於平實的地位以等待命運來臨，小人卻挺而走險以求僥幸。孔子說：「射箭的態度就好像君子的作風；射不中箭靶，就要反過來檢討自己。」

第十五節 行遠

【主旨】

本章旨在說明君子實踐中庸之道要按部就班，有如遠行必須從近到遠，有如登山必須由低至高。本章也引用《詩經》說明家庭成員和睦融洽的好處，與《大學》「八條目」中的「齊家」（管理好自己的家庭或家族，維護家的和諧、團結）相和應。[177]

【原文】

君子之道，辟如 [(1)] 行遠 [(2)] 必自邇 [(3)]，辟如登高 [(4)] 必自卑 [(5)]。

《詩》[(6)] 曰：「妻子好合 [(7)]，如鼓瑟琴 [(8)]；兄弟既翕 [(9)]，和樂且耽 [(10)]；宜爾室家 [(11)]；樂爾妻帑 [(12)]。」子曰：「父母其順矣乎 [(13)]！」

【註釋】

(1) **辟如：**「辟」同「譬」，譬如、有如。

(2) **行遠：**遠行，走遠的路。

(3) **自：**從......開始。**邇：**近處，與「遠」相對。

(4) **登高：**往高處走。

177. 羅天昇：《〈大學〉的管治智慧》，香港：新天出版，2015 年 7 月初版，第 104 頁。

(5) **卑**：低處，與「高」相對。

(6) **《詩》**：指《詩經·小雅·常棣》篇，是一首描述手足之情的詩。

(7) **妻子**：妻子及兒女；一說直解為妻子。**好合**：「好」（粵音：耗 hou3；拼音：耗 hào）解喜愛，「合」指和睦、融洽。

(8) **鼓**：作動詞用，解彈奏。**瑟琴**：瑟與琴是兩種不同的樂器，此處比喻和諧。**如鼓瑟琴**：如同彈奏瑟與琴般和諧。

(9) **既**：既然。**翕**（粵音：邑 jap1；拼音：吸 xī）：解和睦、融洽。

(10) **和樂**：融洽、快樂。**耽**：《詩經·小雅·常棣》原作「湛」（粵音：擔 daam1；拼音：單 dān），解安樂。

(11) **宜**：作動詞用，使......美滿。**爾**：你的。**室家**：家庭。

(12) **樂**：作動詞用，令......快樂、幸福。**帑**（粵音：奴 nou4；拼音：奴 nú）：一作「孥」，解兒女。**妻帑**：妻子及兒女。

(13) **其**：應該。**順**：如林語堂所言，解「順心樂意」。[178]《中庸章句》則云：「人能和於妻子，宜於兄弟如此，則父母其安樂之

---

178. 林語堂：《國學拾遺》，西安：陝西師範大學出版社，2008 年 8 月第 1 版，第 47 頁。

《中庸》的管理智慧

矣。」認為「順」解作安樂。**矣乎：**「矣」及「乎」兩個語氣語連用，以加強語氣，解「了吧」。

【語譯】

君子的正道有如走遠路一樣，必定從近處開始；有如登高一樣，必定從低處出發。

《詩經·小雅·常棣》說：「與妻子兒女和睦，如同彈奏瑟與琴般和諧；兄弟關係融洽，和睦而安樂；使你的家庭美滿；使你的妻子兒女幸福。」孔子說：「父母應該順心樂意了吧！」

第十六節　鬼神

【主旨】

本章的內容帶有神秘色彩，以鬼神的作用及特徵比喻「道」的「費而隱」（廣大而精深），以及「誠」的不可掩藏。《論語‧述而》云：「子不語怪、力、亂、神。」指孔子較少談論神怪之事。唐君毅認為中國宗教思想的特色之一，是認為人精神不朽而成為鬼神；鬼神並非只居天上，而是時常顧念人間。[179] 南懷瑾認為孔子說「鬼神」，旨在教人自敬其心，自誠其意，做到合於天人之際的聖賢君子之行。[180]

【原文】

子曰：「鬼神 [(1)] 之為德 [(2)]，其盛矣乎 [(3)]！視之而弗見，聽之而弗聞 [(4)]，體物 [(5)] 而不可遺 [(6)]。

使天下之人齊明盛服 [(7)]，以承祭祀 [(8)]，洋洋 [(9)] 乎如在其上，如在其左右 [(10)]。

《詩》[(11)] 曰：『神之格思 [(12)]，不可度思 [(13)]，矧可射思 [(14)]！』夫微之顯 [(15)]，誠之不可揜 [(16)]，如此夫 [(17)]！」

【註釋】

(1) **鬼**：古人相信人死後仍有亡魂，稱為「鬼」。**神**：神靈、神仙，

---

179. 唐君毅：《中國文化之精神價值》，桂林：廣西師範大學出版社，2005 年 10 月第 1 版，第 339 頁。
180. 南懷瑾：《話說中庸》，台北：南懷瑾文化事業，2015 年 3 月初版，第 90 頁。

《中庸》的管理智慧

宗教及古代神話中幻想的主宰物質世界，超乎自然的精靈。《禮記‧表記》云：「殷人尊神，率民以事神，先鬼而後禮。周人尊禮尚施，事鬼敬神而遠之。」指古人對鬼神深信不疑。《易經‧繫辭上》云：「精氣為物，遊魂為變，是故知鬼神之情狀。」指人可以透過精氣及遊魂察覺鬼神的情況。《中庸章句》云：「程子曰：『鬼神，天地之功用，而造化之跡也。』張子（按：張載）曰：『鬼神者，二氣之良能也。』愚謂以二氣言，則鬼者陰之靈也，神者陽之靈也。以一氣言，則至而伸者為神，反而歸者為鬼，其實一物而已。」認為鬼神由陰陽二氣的變化造成：鬼是陰之靈，神是陽之靈。錢穆認為漢、宋多位儒者均以陰陽之氣解釋鬼神，被視為當時儒家的傳統正義。[181]

南懷謹指古人以象形及會意手法創造了「鬼」、「神」二字，兩者均與大地（「田」）有關。「鬼」字從「田」，分乂入土，是一種沉墜入土便消失的能量。「神」字從「示」開始，「示」代表上天垂示至地面的現象，是一種四通八達的能量；「示」旁畫上一個田地的圓圈，上可通天，下可溯地。[182]

孔子相信鬼神存在但較少談論，如《論語‧述而》云：「子不語怪、力、亂、神。」孔子定期以謹慎的態度進行祭祀，如《論語‧述而》云：「子之所慎：齊（即齋戒）、戰、疾。」及《論語‧雍也》云：「務民之義，敬鬼神而遠之，可謂知矣。」認為對鬼神敬而遠之是明智之舉。

181. 錢穆：《四書釋義》，台北：素書樓文教基金會、蘭臺出版社，2005 年 6 月，第 333 頁。
182. 南懷謹：《話說中庸》，台北：南懷謹文化事業，2015 年 3 月初版，第 79-80 頁。

唐端正認為鬼神是否存在，繫於人之誠敬：若人能致其誠敬，鬼神則洋洋乎如在其上，如在其左右。儒家的鬼神論側重於盡己、道德實踐方面，不著重論說鬼神之客觀存在，是採取存而不論的態度。[183]

(2) **為德**：作用、功德。《中庸章句》云：「為德，猶言性情功效。」

(3) **其**：可真。**盛**：盛大。**矣乎**：語氣詞連用，解「了吧」。

(4) **弗見**：見不到。**弗聞**：聽不到。**視之而弗見，聽之而弗聞**：看它卻看不見，聽它卻聽不到，引申指人的感官有限而不能忽視鬼神的存在。《老子》第十四章云：「視之不見，聽之不聞，搏之不得。」以類似的手法表達「道」的性質。

(5) **體**：體現於。**物**：萬物。

(6) **遺**：遺漏、遺棄。

(7) **齊**（粵音：齋 zaai1；拼音：齋 zhāi）：同「齋」，齋戒；古時祭祀前齋戒沐浴，以示尊敬的儀式。《說文解字》云：「齋，戒潔也。」及《廣韻》云：「齋，莊也、敬也。」**明**：明潔、清潔；《中庸章句》云：「明，猶潔也。」**盛服**：穿著整齊服裝；一說隆重而華麗的祭祀服裝。胡適認為中國儒家思想提出父母、祖先的觀

---

183. 唐端正：《先秦諸子論叢》，台北：東大圖書，1995 年 11 月四版，第 31、42 頁。

《中庸》的管理智慧

104

念作為人生行為的制裁力，「齊明盛服」便是一例，縱使這種手段已不適用於現代。[184] 南懷瑾認為「盛服」是儒家一貫注重禮儀外相的要求，人必須以嚴謹的衣冠來莊嚴外相，以別於其他動物。[185]

(8) **承**：奉上，呈上。**祭祀**：對神靈、祖先或亡者表示敬意的儀式。

(9) **洋洋**：洋溢充滿。《中庸章句》云：「洋洋，流動充滿之意。」

(10) **其**：指祭祀的人。**如在其上，如在其左右**：好像在你的上方或左右。

(11) **《詩》**：指《詩經‧大雅‧抑》篇，是一首衛武公以諷刺口脗勸告周王，並自我警惕的詩。《中庸》引用「神之格思，不可度思，矧可射思」三句是以鬼神的神秘，借喻中庸之道「費而隱」（廣大而精深）。

(12) **格**：至、降臨。《中庸章句》云：「格，來也。」**思**：語氣詞，無意義。**格思**：降臨。

(13) **度**（粵音：鐸 dok6；拼音：奪 duó）：揣度、猜測。**思**：同上，語氣詞。

(14) **矧**（粵音：縝 can2；拼音：審 shěn）：何況、況且。《中

184. 胡適：《說儒》，西安：陝西師範大學出版社，2005 年 7 月第 1 版月，第 21 頁。
185. 南懷瑾：《話說中庸》，台北：南懷瑾文化事業，2015 年 3 月初版，第 137-138 頁。

庸章句》云：「矧，況也。」**射**（粵音：亦 jik6；拼音：亦 yì）：《詩經·大雅·抑》作「斁」，解厭倦而不敬。《中庸章句》云：「射，厭也，言厭怠而不敬也。」**矧可射思：**何況對它（神）感到煩厭而不敬。南懷謹則認為「矧可射思」解作「況且妄用胡思亂想來猜猜點點，那是不可以的」。[186]

(15) **夫**（粵音：扶 fu4；拼音：扶 fú）：語氣詞。**微**：鬼神的存在隱微。**之**：作「而」解。**顯**：鬼神的作用顯著。**夫微之顯：**鬼神的存在隱微但具顯著作用，引申至下一句「誠之不可揜，如此夫！」指真誠的心不可能被掩藏。

(16) **誠**：真誠。《中庸章句》云：「誠者，真實無妄之謂。陰陽合散，無非實者。故其發見之不可揜如此。」南宋思想家真德秀云：「忠恕盡處，即是誠。」（《真西山集》卷三十一）指儒家思想的「忠恕」源於「誠」。牟宗三認為《中庸》的「誠」是孔子之仁、孟子之心性的擴大，內容完全一致。[187] **揜**（粵音：掩 jim2；拼音：掩 yǎn）：同「掩」，遮掩、掩藏。**夫**：音扶，語氣詞，此處解「啊」。**誠之不可揜：**真誠的心不可能被掩藏。（詳見**第三章第十二節〈誠的哲學〉**）

(17) **如此夫：**情況就是這樣啊。傅佩榮認為每個人只要真誠，就會發現「道」可以由內而發，道理就是如此。[188]

【語譯】

---

186. 南懷謹：《話說中庸》，台北：南懷謹文化事業，2015 年 3 月初版，第 92 頁。
187. 牟宗三：《牟宗三先生全集》第五集〈心體與性體〉（第一冊），台北：聯經出版，2003 年初版，第 387 頁。
188. 傅佩榮：《止於至善：傅佩榮談大學·中庸》，北京：東方出版社，2013 年第 1 版，第 87 頁。

孔子說：「鬼神的作用，可真盛大啊！要看它卻看不見，要聽它卻聽不到，但它卻體現於萬物之中而無所遺漏。

它使天下的人齋戒明潔，穿著整齊服裝來侍奉祭祀，好像洋溢充滿在你的上方，好像在你的左右。

《詩經·大雅·抑》說：『神的降臨，不可測度，何況對它感到煩厭而不敬！』鬼神的存在隱微但具顯著作用，真誠的心不可能被掩藏，情況就是這樣啊！」

第十七節　大孝

【主旨】

本章引用孔子的話讚揚舜憑大孝的德行，得到應得的地位、財富、名聲及長壽，說明道德至高無上。

【原文】

子曰：「舜其大孝也與 (1)！德為聖人 (2)，尊為天子 (3)，富有四海之內 (4)。宗廟饗之 (5)，子孫保之 (6)。

故大德 (7) 必得其位，必得其祿，必得其名，必得其壽 (8)。

故天之生物 (9)，必因其材而篤 (10) 焉。故栽者培之 (11)，傾者覆之 (12)。

《詩》(13) 曰：『嘉樂君子 (14)，憲憲令德 (15)！宜民宜人 (16)；受祿於天 (17)；保佑命之 (18)，自天申之 (19)！』故大德者必受命 (20)。」

【註釋】

(1) **其**：可算是、可以說是。**孝**：孝順。《說文解字》云：「孝，善事父母者，從老省、從子，子承老也。」指孝是侍奉父母。**與**（粵音：如 jyu4；拼音：嶼 yú）：語末助詞，同「歟」，此處解「吧」。**其大孝也與**：（舜）可以說是大孝的人了吧。

(2) **德**：德行、品德。**聖人**：具有最高智慧及道德的人。

(3) **尊**：地位尊貴，指舜被尊崇為天子。**天子**：古時認為皇朝的興衰與天命有關，帝王受命於天，乃上天之子。

(4) **富**：財富。**四海之內**：古人認為中國居中，四周為大海，所以「四海之內」泛指全國範圍之內。**富有四海之內**：古時認為天子擁有天下，所以天子的財富包括全國範圍。

(5) **宗廟**：古時天子諸侯祭祀祖先的廟宇，也是儒家拜祭祖先的場所。**饗**（粵音：享 hoeng2；拼音：享 xiǎng）：受人供奉。**之**：此處指舜。

(6) **保**：保守、保持。**保之**：保守他（舜）的功業。

(7) **大德**：具偉大德行的人。

(8) **必得其**：必定得到他應有的……。**位**：地位，此處指舜天子之位。**祿**：官吏的薪俸，引申為財富。**名**：名聲、名譽。**壽**：長壽。**必得其位、祿、名、壽**：指具偉大德行的人享有多方面的成果，包括地位、財富、名譽及長壽等。

(9) **故**：所以。**天之生物**：上天生養的萬物。古人相信萬物由上天所生，如董仲舒於《春秋繁露·觀德》指萬物（包括人類）的

祖先源於天地，云：「天地者，萬物之本，先祖之所出也。」

(10) **因**：按照、因應。**材**：本質。《中庸章句》云：「材，質也。」**篤**：（獲）厚待；一說增益（它）。《中庸章句》云：「篤，厚也。」

(11) **栽者**：可栽培者。**培之**：培養它。《中庸章句》云：「栽，植也。氣至而滋息為培。氣反而遊散則覆。」以氣來解釋培植及傾覆的過程，氣聚能培植事物，氣散則傾覆事物。

(12) **傾者**：要傾倒者、要被淘汰者。**覆之**：讓它傾覆，被淘汰。

(13) **《詩》**：指《詩經·大雅·假樂》篇，是一首歌頌周成王的詩，引申德行高尚的人（大德者）必承受天命。

(14) **嘉**：《詩經·大雅·假樂》原文作「假」字，「嘉」與「假」是同音的假借字，解美、善。**嘉樂**：善良快樂。《中庸章句》云：「《詩經·大雅·假樂》之篇。假，當依此作嘉。」**嘉樂君子**：善良快樂的君子。

(15) **憲憲**：《詩經·大雅·假樂》原文作「顯顯」，解彰顯。《中庸章句》云：「憲，當依《詩》（按：《詩經》）作顯。」**令德**：美德。**憲憲令德**：充分彰顯美德。

(16) **宜**：安頓。**民**：沒地位的庶民。**人**：有地位的人，如官僚、領導者。**宜民宜人**：安頓民眾及官僚。

(17) **受祿於天**：承受上天賜予的俸祿。

(18) **佑**：《詩經·大雅·假樂》原文作「右」，解保佑。**命之**：任命他。

(19) **申**：重申、重複。《中庸章句》云：「申，重也。」**自天申之**：來自上天不斷重申的任命。

(20) **受命**：承受天命。《中庸章句》云：「受命者，受天命為天子也。」指承受上天之命成為天子。南懷瑾認為《中庸》引用孔子所說「受命於天，自天佑之」的觀念，是為了闡述君子敬畏天命、大人（有身分地位的人）及聖人（道德修養達致最高境界的人）的話，小人則相反而肆無忌憚，《論語·季氏》云：「君子有三畏：畏天命，畏大人，畏聖人之言。小人不知天命而不畏也，狎大人，侮聖人之言。」[189]

【語譯】

　　孔子說：「舜可以說是大孝的人了吧！論德行他是聖人（具有最高智慧及道德的人），論地位他被尊崇為天子，論財富他擁有整個天下，宗廟祭祀他，子孫保守他的功業。

189. 南懷瑾：《話說中庸》，台北：南懷瑾文化事業，2015 年 3 月初版，第 109 頁。

第二章　《中庸》今註今譯

所以具偉大德行的人必定得到他應有的地位，必定得到他應有的財富，必定得到他應有的名聲，必定得到他應得的長壽。

　　所以上天生養的萬物，必定根據萬物的本質而厚待它們。可栽培的獲得栽培，要被淘汰的予以淘汰。

　　《詩經·大雅·假樂》說：『善良快樂的君子，充分彰顯美德，安頓民眾及官僚，他承受上天賜予的俸祿。上天保佑他、任命他，來自上天不斷重複的任命。』所以有偉大德行的人必定承受天命。」

第十八節　無憂

【主旨】

本章繼承上一章「大德必得其位」的說法，以周代數位賢者（周文王、周武王、周公等）的功德為例，說明有偉大德行的人將獲得地位、財富及名聲等。

【原文】

子曰：「無憂者 ⁽¹⁾ 其惟文王乎 ⁽²⁾！以王季 ⁽³⁾ 為父，以武王 ⁽⁴⁾ 為子；父作之 ⁽⁵⁾，子述 ⁽⁶⁾ 之。武王纘 ⁽⁷⁾ 大王、王季、文王之緒 ⁽⁸⁾，壹戎衣 ⁽⁹⁾ 而有天下 ⁽¹⁰⁾。

身不失天下之顯名 ⁽¹¹⁾，尊為天子，富有四海之內，宗廟饗之，子孫保之。

武王末受命 ⁽¹²⁾，周公 ⁽¹³⁾ 成文武之德 ⁽¹⁴⁾，追王 ⁽¹⁵⁾ 大王、王季，上祀先公 ⁽¹⁶⁾ 以天子之禮 ⁽¹⁷⁾。

斯禮也 ⁽¹⁸⁾，達乎諸侯大夫、及士庶人 ⁽¹⁹⁾。父為大夫，子為士，葬以大夫，祭以士 ⁽²⁰⁾。父為士，子為大夫，葬以士，祭以大夫。期之喪 ⁽²¹⁾，達乎大夫 ⁽²²⁾。三年之喪 ⁽²³⁾，達乎天子 ⁽²⁴⁾。父母之喪，無貴賤一也 ⁽²⁵⁾。」

【註釋】

(1) 慢：同「憂」，憂慮、憂愁。**者**：代詞，指人或事物。張居正云：「既有賢父以作之不前，又有聖子以述之于後，文王之心，更無有一些不足處，此其所以無慢也。」指周文王沒有不足，無憂無慮。[190] **無慢者**：沒有憂慮的人。

(2)**其**：大概，表示揣測的語氣。**惟**：只有。**文王**：姓姬，名昌，商代末期周氏族群首領（稱「西伯」、「西伯侯」），以仁政得當時天下三分之二，為其次子姬發（其後成為周武王）討伐商代的末代君主紂奠下基礎。周武王滅紂後追封父親姬昌為周文王。相傳姬昌曾被商紂囚於羑（粵音：友 jau5；拼音：友 yǒu）里（今河南省安陽市湯陰縣北）七年，期間著《周易》（今《易經》）。周文王是孔子眼中有偉大德行的人（聖人）之一。**乎**：了。

(3)**王季**：姓姬，名季歷，為姬亶父（古公亶父，被周武王追封為「周太王」）的三子，是姬昌之父、姬發的祖父。姬季歷又稱周公季，「西伯」君主。周武王滅紂後，追封祖父姬季歷為王，稱為「王季」。陳贇認為《中庸》通過周文王家族的「集體德行」——「孝」，解釋道有廣泛的用途。[191]

(4)**武王**：姬發，姬昌之次子，「武」為其諡號，是西周的創建者。姬發於商代末期繼承「西伯」之位，率諸侯討伐商紂，大敗紂於牧野。紂自焚於鹿臺，姬發即位，定都鎬（今陝西省西安市長安區澧河以東）。

---

190. 陳生璽等譯解：《張居正講評大學·中庸》（修訂本），上海：上海辭書出版社，2013 年 8 月，第 85 頁。
191. 陳贇：《中庸的思想》，北京：生活·讀書·新知三聯書店，2007 年 12 月第 1 版，第 204-205 頁。

(5) **作**：開創。**之**：基業。

(6) **述**：繼承。張岱年認為「子述之」指武王順著文王德業的
方向繼續發展。[192]

(7) **纘**（粵音：轉 zyun2；拼音：鑽 zuǎn）：繼承。《中庸章句》
云：「纘，繼也。」

(8) **大王**：「大」音太（粵音：太 taai3；拼音：太 tài），應讀作「太
王」，指姬亶父（被周武王追封為「周太王」），周武王的曾祖父。
《中庸章句》云：「大王，王季之父也。」**緒**：事業，此處指未完
成的事業。

(9) **壹**（粵音：衣 ji3；拼音：益 yì）：同「殪」，解消滅；一
說直解為「一」。**戎**：「大」的意思。**衣**：「衣」原讀「殷」，指
商殷。**壹戎衣**：即「消滅大國殷（商）」的意思。《尚書·周書·康誥》
云：「殪戎殷，誕受厥命」中「殪戎殷」指周武王滅殷，接受天命。
[193]《中庸章句》則云：「戎衣，甲冑之屬。壹戎衣，武成文，言一
著戎衣以伐紂也。」認為「壹戎衣」解作「一穿著戎衣（甲冑）」。

(10) **有天下**：獲得天下。

(11) **身**：自身；一說終身。**顯名**：顯赫的名聲。

192. 張岱年：《中國哲學大綱－中國哲學問題史》（上、下冊），北京：昆侖出版社，2010 年 3 月，
    第 11 頁。
193. 陳生璽等譯解：《張居正講評尚書》（修訂本）（上冊），上海：上海辭書出版社，2013 年 8 月，
    第 106 頁。

(12) **末**：晚年。**受命**：承受天命。

(13) **周公**：姓姬，名旦，周武王姬發之弟，因他的封邑在周（今陝西省寶雞市岐山縣北），爵為上公，故稱「周公」、「周公旦」或「旦叔」。周公輔助武王伐紂，於周成王（姬誦，武王之子）年幼即位後攝政，建立西周的禮法及樂制。周公也是孔子眼中有偉大德行的人（聖人）之一。

(14) **成**：成就。**文、武**：文王及武王。**之德**：的事業。

(15) **王**（粵音：旺 wang6；拼音：旺 wàng）：作動詞用，追封⋯⋯為王。**追王**：對死者追封王號。

(16) **上祀**：指周公以代理天子的身分進行祭祀。**先公**：周朝的歷代祖先（指姬亶父以前的祖先）在周武王滅商前僅是商代的諸侯，並非天子，所以被稱為「先公」而不是「先王」。

(17) **天子之禮**：周公輔助周成王，以代理天子的身分祭祀「先公」。

(18) **斯**：指示代辭，這。**斯禮也**：這種禮制。《說文解字》云：「禮，履也，所以祀神致福也。從示從豐，豐亦聲。」徐灝《說文解字注箋》云：「禮之名起于事神，引申為凡禮儀之禮。⋯⋯ 豐本古禮字。」

(19) **達乎**：通行於、應用於。**諸侯**：周朝實行分封制，天子將部分土地和奴隸分封給兄弟、親屬或功臣統治；被封者稱為「諸侯」，封地稱為「國」。**大夫**：周代君主之下有卿（稱「上大夫」）及大夫（稱「下大夫」）階級，負責管理國家政事。**士**：有一定社會地位的知識分子，春秋時多為卿或大夫的家臣。**庶人**：西周對農業生產者的通稱，秦漢以後泛指普通平民。

(20) **葬以**：以⋯⋯（的地位）安葬。**葬以大夫**：以大夫的地位安葬。**祭以士**：以士的地位祭祀。

(21) **期**（粵音：基 gei1；拼音：基 jī）：指期年、一周年。**喪**：喪禮、殯葬祭祀的禮儀。**期之喪**：旁系親屬需要守一年的喪期。

(22) **達乎**：至⋯⋯為止。**達乎大夫**：此處指「至大夫為止」。

(23) **三年之喪**：古時直系親屬守三年的喪期。

(24) **達乎天子**：通行至天子。

(25) **無貴賤**：身分無分貴賤。**一也**：也一樣。《中庸章句》云：「而父母之喪，上下同之，推己以及人也。」指人要守父母的喪期，一視同仁。

【語譯】

孔子說：「沒有憂慮的人，大概只有周文王了吧！他有王季這樣的父親，有武王這樣的兒子；父親開創基業，由兒子繼承基業。武王繼承了太王古公亶父、王季、周文王未完成的事業，消滅大殷而取得天下。

他自身沒有失掉顯赫天下的名聲，被尊為天子，財富則擁有整個天下，宗廟祭祀他，子孫保守他的功業。

周武王直至晚年才承受天命，周公成就了文王和武王的德業，追尊太王、王季為王，並以天子的禮節追祀歷代祖先。

這種禮制，通行至諸侯、大夫、士和普通平民。如果父親是大夫，兒子是士，父親死後要按大夫的禮制安葬、按士的禮制祭祀；如果父親是士，兒子是大夫，父親死後要按士的禮制安葬，按大夫的禮制祭祀。旁系親屬守一年的喪期，至大夫為止。直系親屬守三年的喪期，通行至天子。為父母守喪，身分無分貴賤也是一樣的。」

第十九節　達孝

【主旨】

本章先讚美周文王及周武王能夠各自繼承父親的遺志，是大孝的德行，正如《論語·學而》所倡議的孝順標準：「父在，觀其志；父沒，觀其行；三年無改於父之道，可謂孝矣。」指父親在世時，觀察子女的志向；父親去世後，則觀察子女的行為。

本章也提及祭祀禮樂的重要性，強調儒家思想中慎終追遠及以孝治天下的理念。《論語·學而》云：「慎終追遠，民德歸厚矣。」認為謹慎辦理親長的喪事，毋忘祭祀祖先，民風就會歸於敦厚。南懷謹認為《中庸》引用敬祖及祭祀禮儀的精神，旨在說明「誠」的重要性。[194]

章末強調維持祭祀制度對治國的益處，認為維持禮制是治國的基本條件之一。本章「禘嘗之義，治國其如示諸掌乎」一句與《論語·八佾》「或問禘之說。子曰：『不知也。知其說者之於天下也，其如示諸斯乎！』指其掌。」一句的看法類似。`

【原文】

子曰：「武王、周公，其達孝矣乎[(1)]！夫孝者[(2)]：善繼人之志[(3)]，善述人之事[(4)]者也。

---

194. 南懷謹：《話說中庸》，台北：南懷謹文化事業，2015 年 3 月初版，第 101 頁。

春秋 (5) 脩其祖廟 (6)，陳其宗器 (7)，設其裳衣 (8)，薦其時食 (9)。

宗廟之禮 (10)，所以序昭穆 (11) 也；序爵 (12)，所以辨 (13) 貴賤也；序事 (14)，所以辨賢 (15) 也；旅酬下為上 (16)，所以逮賤 (17) 也；燕毛 (18)，所以序齒 (19) 也。

踐其位，行其禮，奏其樂，敬其所尊，愛其所親 (20)，事死如事生，事亡如事存 (21)，孝之至 (22) 也。

郊社 (23) 之禮，所以事上帝 (24) 也。宗廟之禮，所以祀乎其先也 (25)。明乎 (26) 郊社之禮、禘嘗之義 (27)，治國其如示諸掌 (28) 乎！」

【註釋】

(1) **其**：可算是。**達**：達到、通達。《中庸章句》云：「達，通也。」**達孝**：行為被通稱為孝順；一說「孝行無所不通」。**矣乎**：語氣詞，相等於「了吧」。**其達孝矣乎**：可算是盡孝道的人了吧。

(2) **孝者**：此處指孝順的定義，並非指有孝心的人。

(3) **善**：善於、擅長於。**繼**：繼承。**人**：先人。**之志**：先人的志向、遺志。陳贇認為《中庸》展現了中國思想對孝的最經典解釋，「夫孝者，善繼人之志，善述人之事者也」是對前人心志精神的繼承及擴充。[195]

---

195. 陳贇：《中庸的思想》，北京：生活・讀書・新知三聯書店，2007 年 12 月第 1 版，第 205 頁。

《中庸》的管理智慧

(4)**述**：傳承、延續。**事**：事業。

(5)**春秋**：古時以春季及秋季為祭祀的時期（稱「春秋二祭」），此處泛指四季。

(6)**脩**：同「修」，修葺。**祖廟**：祖先的宗廟。

(7)**陳**：陳列。**宗器**：祖先生前收藏的重要器具，如《中庸章句》云：「宗器，先世所藏之重器；若周之赤刀、大訓、天球、河圖之屬也。」南懷瑾則認為「宗器」指祖宗留下有意義的代表性遺物。[196]

(8)**設**：陳設、擺設。**裳衣**：「裳」是下衣，「衣」是上衣；「裳衣」指祖先生前曾穿著的衣服。《中庸章句》云：「裳衣，先祖之遺衣服，祭則設之以授尸也。」指祭祀時會陳設祖先遺下的衣服。

(9)**薦**：獻上、供奉。**時食**：四季時令的食品。《中庸章句》云：「時食，四時之食，各有其物，如春行羔、豚、膳、膏、香之類是也。」

(10)**宗廟**：也見於《中庸》第十七章，古時天子諸侯祭祀祖先的廟宇，也是儒家拜祭祖先的場所。**禮**：禮節、禮儀。

(11)**序**：排列次序。**昭穆**：古時宗廟內排列祖先牌位的次序，

---

196. 南懷瑾：《話說中庸》，台北：南懷瑾文化事業，2015 年 3 月初版，第 98 頁。

分辨長幼、親疏的次序稱為「左昭右穆」。始祖的牌位居中，二世、四世、六世等為「昭」置於左，三世、五世、七世等為「穆」置於右。《中庸章句》云：「宗廟之次：左為昭，右為穆，而子孫亦以為序。」

(12) **序爵**：按祭祀者官職爵位的大小而排列，次序為公、侯、卿、大夫、士等。《中庸章句》云：「爵，公、侯、卿、大夫也。」

(13) **辨**：分辨。

(14) **序事**：按祭祀時的職務排列次序。南懷瑾則認為「事」指對國家、社會或家族有特別貢獻的事。[197]

(15) **賢**：才能。

(16) **旅**：眾人。**酬**：勸酒、敬酒，以表示尊敬。**旅酬**：古時祭祀完畢需要宴請賓客，互相敬酒答謝。**為**：敬酒。**下為上**：晚輩（「下」）向長輩（「上」）敬酒。《中庸章句》云：「旅，眾也。酬，導飲也。旅酬之禮，賓弟子、兄弟之子各舉觶於其長而眾相酬。」提及晚輩向長輩舉杯（「觶」）答謝的禮儀。

(17) **逮**：及也。**賤**：身分低微者，指晚輩。**逮賤**：及至身分低微的晚輩也能表達敬意。《中庸章句》云：「蓋宗廟之中以有事為榮，故逮及賤者，使亦得以申其敬也。」指宗廟有光榮之事，及至身分低微的晚輩藉此向長輩表達敬意。

---

197. 南懷瑾：《話說中庸》，台北：南懷瑾文化事業，2015 年 3 月初版，第 99 頁。

(18) **燕**：同「宴」，即祭祀完畢所舉行的飲宴。**毛**：原指頭髮的顏色，引申為不同的年齡；一般而言年幼者頭髮為黑色，年長者頭髮為白色。**燕毛**：按年齡編排坐位，是敬老的表現。《中庸章句》云：「燕毛，祭畢而燕，則以毛髮之色別長幼，為坐次也。」

(19) **齒**：同「齡」，年齡。**序齒**：按年齡決定入座的次序。《中庸章句》云：「齒，年數也。」

(20) **踐**：踐踏、站立。《中庸章句》云：「踐，猶履也。」**其**：此處指先人、祖先，同句其餘四個「其」字的意思相同。**位**：先人曾經站立的位置。**行**：舉行。**禮**：禮節、禮儀。**敬**：敬頌。**尊**：（先人所）尊敬的人。**愛**：親近。**親**：親愛的人。

(21) **事**：侍奉。**事死如事生**：侍奉死者有如侍奉在生者一樣。**事亡如事存**：侍奉亡故的先人有如侍奉尚存的人一樣。

(22) **至**：極致、最高標準。

(23) **郊社**：古時祭祀天、地的禮儀；「郊」指帝王到郊外祭祀上天的禮儀，「社」指祭祀土地神靈的禮儀。《中庸章句》云：「郊，祀天。社，祭地。」

(24) **上帝**：古人所信奉的最高的神；一說是上天。

(25) **祀**：祭祀、侍奉。**先**：先人、祖先。**祀乎其先也**：用來侍奉先人的。

(26) **明乎**：明白了。

(27) **禘嘗**：根據《禮記·王制》，古時天子於宗廟的祭禮，春、夏、秋、冬四季的祭禮分別稱為「禴」（粵音：若 joek6；拼音：月 yuè）、「禘」（粵音：帝 dai3；拼音：帝 dì）、「嘗」、「烝」（粵音：蒸 zing1；拼音：蒸 zhēng）。「禘」為夏祭、「嘗」為秋祭，「禘嘗」泛指天子於四季進行的祭禮。《中庸章句》云：「禘，天子宗廟之大祭，追祭太祖之所自出於太廟，而以太祖配之也。嘗，秋祭也。四時皆祭，舉其一耳。」**之義**：的意義。

(28) **治國**：治理國家事務。**其如**：有如、好像。**示**：看著；一說放置（於手掌上的東西）。**示諸掌**：看著手掌（那麼簡單）；林語堂則認為應解作有如將東西放置於手掌般容易。[198]《中庸章句》云：「示，與視同。視諸掌，言易見也。此與《論語》文意大同小異，記有詳略耳。」認為此句與《論語·八佾》中「或問禘之說。子曰：『不知也。知其說者之於天下也，其如示諸斯乎！』指其掌。」的文意類似，僅記述較簡單而已。

【語譯】

孔子說：「周武王和周公可算是盡孝道的人了吧！所謂孝，就是善於繼承先人的志向，善於傳承先人的事業。

---

198. 林語堂：《國學拾遺》，西安：陝西師範大學出版社，2008 年 8 月第 1 版，第 50 頁。

《中庸》的管理智慧

在春、秋兩季祭祀的時節，修葺祖先的廟宇，陳列祖先生前所收藏的重要器具，陳設祖先生前曾穿著的衣服，供奉時令的食品。

宗廟祭祀的禮節，以排列長幼、親疏的次序；按祭祀者的官職爵位排列次序，以分辨貴賤；按祭祀時的職務排列次序，以分辨才能；宴請賓客時由晚輩向長輩敬酒，及至身分低微的晚輩向長輩表達敬意；祭祀完畢舉行飲宴時，按年齡編排座位，以年齡決定入座的次序。

站在先人曾經站立的位置，舉行先人曾經舉行的禮儀，奏先人的樂曲，敬頌先人所尊敬的人，親近先人所親愛的人。侍奉死者有如侍奉在生者一樣，侍奉亡故的先人有如侍奉尚存的人一樣，這是孝的最高標準了。

祭祀天地的禮節，就是用來侍奉最高的神。宗廟的禮節，就是用來侍奉先人的。明白了祭祀天地的禮節及四季祭禮的意義，那麼治理國家事務就好像看著自己的手掌那麼簡單啊！」

第二十節　問政

【主旨】

本章是《中庸》篇幅最長的一章，詳述了誠的作用。

本章首先提出人在政舉、人亡政息的道理，以及施政之道取決於人，為政者自身的修養是重中之重。「脩身以道，脩道以仁，仁者人也。」說明「仁」是人的本質。[199] 杜維明認為本章強調道德與政治密不可分，統治者的道德修養並不是私事，亦與領導能力直接相關。[200]

本章也提及「五倫」關係（「五達道」）及「三達德」。「五達道」（君臣、父子、夫婦、昆弟、朋友之交）中「君臣」關係在現今社會不太適用，但可引申至政治關係或管理學的上、下級關係。「父子」、「夫婦」及「兄弟」關係可以歸納為家族關係，而「朋友之交」引申為現今的社會關係。「三達德」（智、仁、勇）則是實踐「五達道」的三項美德。

本章最後提出學習與實踐的五項技巧（即：博學、審問、慎思、明辨、篤行），正確的態度是不半途而廢，不畏艱辛，將勤補拙。

【原文】

哀公問政 [(1)]。子曰：「文武之政 [(2)]，布在方策 [(3)]。其人存，則

199. 曾春海：《先秦哲學史》，台北：，2012 年 1 月初版，第 125 頁。
200. 杜維明著、段德智譯、林同奇校：《中庸：論儒學的宗教性》，北京：生活•讀書•新知三聯書店，2013 年 6 月第 1 版，第 60 頁。

《中庸》的管理智慧

其政舉；其人亡，則其政息 (4)。人道敏政 (5)，地道敏樹 (6)。夫政也者，蒲盧 (7) 也。故為政在人，取人以身，脩身以道，脩道以仁 (8)。仁者，人也，親親為大 (9)。義者，宜也，尊賢 (10) 為大。親親之殺，尊賢之等，禮所生也 (11)。

（在下位不獲乎上，民不可得而治矣。）(12) 故君子不可以不脩身 (13)。思 (14) 脩身，不可以不事親 (15)；思事親，不可以不知人 (16)；思知人，不可以不知天 (17)。」

天下之達道五 (18)，所以行之者三 (19)。曰：君臣也，父子也，夫婦也，昆弟也，朋友之交 (20) 也。五者，天下之達道也。知、仁、勇 (21) 三者，天下之達德 (22) 也；所以行之者，一也 (23)。或生而知之，或學而知之，或困而知之 (24)；及其知之，一也 (25)。或安而行之，或利而行之，或勉強而行之 (26)；及其成功 (27)，一也。

子曰：「好學近乎知，力行近乎仁，知恥近乎勇 (28)。知斯三者 (29)，則知所以 (30) 脩身；知所以脩身，則知所以治人 (31)；知所以治人，則知所以治天下國家矣。」

凡為 (32) 天下國家有九經 (33)，曰：脩身也，尊賢也，親親也，敬大臣 (34) 也，體群臣 (35) 也，子庶民 (36) 也，來百工 (37) 也，柔遠人 (38) 也，懷諸侯 (39) 也。

脩身則道立 (40)，尊賢則不惑 (41)，親親則諸父昆弟不怨 (42)，敬

大臣則不眩⁽⁴³⁾，體群臣則士之報禮重⁽⁴⁴⁾，子庶民則百姓勸⁽⁴⁵⁾，來百工則財用足⁽⁴⁶⁾，柔遠人則四方歸之⁽⁴⁷⁾，懷諸侯則天下畏之⁽⁴⁸⁾。

齊明盛服⁽⁴⁹⁾，非禮不動⁽⁵⁰⁾，所以脩身也。去讒遠色⁽⁵¹⁾，賤貨而貴德⁽⁵²⁾，所以勸賢⁽⁵³⁾也。尊其位，重其祿，同其好惡，所以勸親親⁽⁵⁴⁾也。官盛任使⁽⁵⁵⁾，所以勸大臣也；忠信重祿，所以勸士⁽⁵⁶⁾也。時使薄斂⁽⁵⁷⁾，所以勸百姓也。日省月試⁽⁵⁸⁾，既稟稱事⁽⁵⁹⁾，所以勸百工也。送往迎來⁽⁶⁰⁾，嘉善而矜不能⁽⁶¹⁾，所以柔遠人也。繼絕世⁽⁶²⁾，舉廢國⁽⁶³⁾，治亂持危⁽⁶⁴⁾，朝聘以時⁽⁶⁵⁾，厚往而薄來⁽⁶⁶⁾，所以懷諸侯也。凡為天下國家有九經，所以行之者一也⁽⁶⁷⁾。凡事豫則立⁽⁶⁸⁾，不豫則廢⁽⁶⁹⁾。言前定則不跲⁽⁷⁰⁾，事前定則不困⁽⁷¹⁾，行前定則不疚⁽⁷²⁾，道前定則不窮⁽⁷³⁾。

在下位不獲乎上⁽⁷⁴⁾，民不可得而治矣⁽⁷⁵⁾。獲乎上有道⁽⁷⁶⁾：不信乎朋友⁽⁷⁷⁾，不獲乎上矣。信乎朋友有道：不順乎親⁽⁷⁸⁾，不信乎朋友矣。順乎親有道：反諸身不誠⁽⁷⁹⁾，不順乎親矣。誠身有道：不明乎善，不誠乎身矣⁽⁸⁰⁾。

誠者⁽⁸¹⁾，天之道也⁽⁸²⁾；誠之者，人之道也⁽⁸³⁾。誠者，不勉而中⁽⁸⁴⁾，不思而得⁽⁸⁵⁾，從容中道⁽⁸⁶⁾，聖人也。誠之者，擇善而固執⁽⁸⁷⁾之者也。

博學之，審問之，慎思之，明辨之，篤行之⁽⁸⁸⁾。有弗學⁽⁸⁹⁾，學之弗能弗措也⁽⁹⁰⁾；有弗問⁽⁹¹⁾，問之弗知弗措也；有弗思⁽⁹²⁾，思

之弗得弗措也；有弗辨 ⁽⁹³⁾，辨之弗明弗措也；有弗行 ⁽⁹⁴⁾，行之弗篤弗措也。人一能之，己百之 ⁽⁹⁵⁾；人十能之，己千之 ⁽⁹⁶⁾。果能此道矣 ⁽⁹⁷⁾，雖愚必明 ⁽⁹⁸⁾，雖柔必強 ⁽⁹⁹⁾。

【註釋】

(1) **哀公**：魯哀公，春秋時代魯國的第二十六任君主，姓姬名將（或「蔣」）。魯哀公曾任用孔子為大司寇（掌管法律法令的官職）。哀公其後流亡其他諸侯國，「哀」是諡號。**問政**：請教為政的道理。

(2) **文武之政**：周文王及周武王的施政。

(3) **布**：同「佈」，分布、記載。**方**：古時記事的木板。《中庸章句》云：「方，版也。」**策**：古時的「簡冊」，以竹簡編成的書籍。《中庸章句》云：「策，簡也。」**方策**：指文獻；南懷瑾指「方策」是由多片方形的竹簡串疊而成的文字記錄。[201] **布在方策**：記載於相關文獻之中。

(4) **人**：泛指君主、管治者；一說指周文王及周武王二人。**存**：在生、在位。**政**：政策、政令。胡適認為「政」字來自「正」字，有如孔子在《論語·顏淵》云：「政者，正也。子帥以正，孰敢不正？」指「政」是使人民行正路。[202] **舉**：得以實施，確立。**政舉**：政策就得以實施。**亡**：死亡、不在位。**息**：停止，引申為廢弛。**政息**：政策就廢弛。勞思光認為「人存政舉、人亡政息」是重視聖賢

---

201. 南懷瑾：《話說中庸》，台北：南懷瑾文化事業，2015 年 3 月初版，第 114 頁。
202. 胡適：《先秦名學史》，合肥：安徽教育出版社，2006 年 8 月第 2 版，第 37 頁。

人格之領導而輕視制度的中國傳統思想。[203]

(5) **人道**：為人的道理。「道」泛指相關道理、功用，此處「人道」指人施政之道。《中庸》第二十章也提及「人之道」，云：「誠者，天之道也；誠之者，人之道也。」當中「人之道」指為人之道（做人的道理）。古時有天、地、人「三才」的說法，各有其道，所以天有「天道」、地有「地道」、人有「人道」。杜維明認為「人道」作為君子之道，深深地植根於天所賦予的人性之中。[204] **敏**：迅速、敏捷。《中庸章句》云：「敏，速也。」**敏政**：施政迅速收效。張居正云：「上有明君，下有良臣，便是得人。這人的道理，最能敏政。」[205] 南懷瑾指人對於政治很敏感，只要施政有利於人群社會，人民樂於接受，良好的效果立見。[206]（詳見**第三章第七節〈三才之道（天道、地道、人道）〉、第八節〈天人合一〉**）

(6) **地道**：土地的道理、法則。因土地的功用之一是孕育植物，此處「地道」指土地種植之道。**敏樹**：樹木（引申為植物）迅速成長。《中庸》以樹木快速生長比喻為政者施政迅速收效。（詳見**第三章第七節〈三才之道（天道、地道、人道）〉、第八節〈天人合一〉**）

(7) **政**：施政。**蒲盧**：即「蒲葦」、蘆葦，生長迅速的植物，以蘆葦的生長速度比喻施政迅速收效。《中庸章句》云：「蒲盧，沈括以為蒲葦是也。以人立政，猶以地種樹，其成速矣，而蒲葦又易生之物，其成尤速也。」指管治者將政策的制定比喻為植樹，講求迅速收效。

203. 勞思光：《大學中庸譯註新編》，香港：中文大學出版社，2000 年，第 67-68 頁。
204. 杜維明著、段德智譯、林同奇校：《中庸：論儒學的宗教性》，北京：生活·讀書·新知三聯書店，2013 年 6 月第 1 版，第 26 頁。
205. 陳生璽等譯解：《張居正講評大學·中庸》（修訂本），上海：上海辭書出版社，2013 年 8 月，第 93 頁。
206. 南懷瑾：《話說中庸》，台北：南懷瑾文化事業，2015 年 3 月初版，第 114 頁。

《中庸》的管理智慧

(8) **為政**：施政。**為政在人**：施政的關鍵在於人。**取人**：選拔人才。**取人以身**：「身」指人自身的品德，「取人以身」指依品德而選拔人才。**脩身**：「脩」同「修」，修養個人品德。**脩身以道**：以正道修養個人品德。**脩道以仁**：以仁修成正道。李澤厚認為孔子是把「仁」作為思想系統中心的第一人，《中庸》也提倡以「仁」修道。[207] 徐復觀認為「脩身以道」即是「率性之謂道」的中庸之道，「脩道以仁」是說在政治上實現中庸之道，必須根據「仁」。[208] 傅佩榮認為「脩道以仁」應結合首章「脩道之謂教」來看，顯示「仁」是儒家思想教化的主要內容。[209] 林語堂認為「仁」（或真人性）在道德感的形式上，是以人的內心和外在宇宙的道德和諧為基礎：當「仁」能實現時，便「天地位焉，萬物育焉」，是儒家的哲學基礎。[210]（詳見**第三章第十四節〈三達德（智、仁、勇）〉**）

(9) **仁者**：所謂仁。**人**：此處指人的本性。**親親**：第一個「親」字是動詞，解親愛；第二個「親」字是名詞，指親人。《孟子·盡心上》云：「親親，仁也。」及《孟子·離婁上》云：「仁之實，事親是也。」牟宗三認為「親親」涉及家庭骨肉的關係，包括父母與子女的關係及兄弟姊妹的關係；「親親之殺」指「親親」之禮有親疏，從自己往上追溯是「五世」（或稱「五服」）── 自己、父親、祖父、曾祖、高祖。[211] 李澤厚指「親親」是以血緣父家長制為基礎的等級制度，涉及當時分封、世襲、井田及宗法等政治經濟體制。[212] 南懷瑾則認為「親親」包括互相尊重、愛護的意思。[213] **為大**：為最重要。**親親為大**：親近、愛護親人為最重要。杜維明認為

207. 李澤厚：《中國古代思想史論》，台北：三民書局，2012 年 3 月，第 12-13 頁。
208. 徐復觀著、李維武編：《徐復觀文集（修訂本）》（第三卷〈中國人性論史·先秦篇〉），湖北：湖北人民出版社，2009 年第 2 版，第 76 頁。
209. 傅佩榮：《傅佩榮譯解大學中庸》，北京：東方出版社，2012 年 4 月第 1 版，第 68 頁。
210. 林語堂：《國學拾遺》，西安：陝西師範大學出版社，2008 年 8 月第 1 版，第 10 頁。
211. 牟宗三：《中國哲學十九講：中國哲學之簡述及其所涵蘊之問題》，台北：台灣學生書局，2002 年 8 月，第 57 頁。
212. 李澤厚：《中國古代思想史論》，台北：三民書局，2012 年 3 月，第 6 頁。
213. 南懷瑾：《話說中庸》，台北：南懷瑾文化事業，2015 年 3 月初版，第 115 頁。

「親親」看似強調親屬而予人贊成裙帶關係的感覺，但倘若統治者連「親親」也做不到，遑論設想他能真正關心人民。[214]

(10) **義者**：所謂義 (righteousness[215])。**宜**：適宜、適當。《中庸章句》云：「宜者，分別事理，各有所宜也。」**尊賢**：尊敬有賢德的人。

(11) **殺**（粵音：曬 saai3；拼音：曬 shài）：親屬按血緣的遠近而親疏有別。**親親之殺**：親近、愛護親人有親疏之別。曾春海指古時的封建禮法制度，是由親及疏、由近及遠，依倫序而逐次遞減的差等之別。[216] **等**：第級、層次。**尊賢之等**：尊敬賢人有等級之分。**禮所生也**：禮儀因此而產生。陳贇則認為「親親」涵蓋父子、夫婦、昆弟三倫，「尊賢」包含君臣、朋友之交兩倫，「禮」貫通於「五倫」之中。[217]

(12) **（在下位不獲乎上，民不可得而治矣）**：下級得不到上級信賴，就無法治理好民眾了。此句於同章的稍後位置再出現，許多學者認為是錯簡，大部分今本已刪去。

(13) **脩身**：修養個人品德。「脩身」是《大學》中「八條目」（格物、致知、誠意、正心、修身、齊家、治國、平天下）之一，筆者於拙作認為「修身」是儒家思想所倡議「內聖外王」的核心。[218]

(14) **思**：想要。

214. 杜維明著、段德智譯、林同奇校：《中庸：論儒學的宗教性》，北京：生活・讀書・新知三聯書店，2013 年 6 月第 1 版，第 62 頁。
215. 英譯參考：Johnson, I., & Wang, P. (translation and annotation) (2012). *Daxue and Zhongyong: Bilingual Edition*. Hong Kong: The Chinese University Press, p. 191.
216. 曾春海：《先秦哲學史》，台北：五南圖書出版，2012 年 1 月初版，第 129 頁。
217. 陳贇：《中庸的思想》，北京：生活・讀書・新知三聯書店，2007 年 12 月第 1 版，第 214 頁。
218. 羅天昇：《〈大學〉的管治智慧》，香港：新天出版，2015 年 7 月初版，第 29-30 頁。

(15) **事親**：侍奉父母。

(16) **知人**：了解人性，此處「人」解人性。

(17) **知天**：了解天理。

(18) **達**：共通。張居正云：「達，是通行的意思。」[219] **達道**：世人應該共同履行的道理。「達道」一詞也見於《中庸》首章，云：「喜怒哀樂之未發，謂之中；發而皆中節，謂之和。中也者，天下之大本也；和也者，天下之達道也。致中和，天地位焉，萬物育焉。」指「中」是世間的主要根本，「和」是世人應該共同履行的道理（「達道」）《中庸章句》云：「達道者，循性之謂，天下古今之所共由，道之用也。」指「大本」是「體」（實體、本質），「達道」是「用」（作用、功能、現象）。《中庸章句》亦云：「達道者，天下古今所共由之路，即《書》（按：《尚書》）所謂『五典』，孟子所謂『父子有親、君臣有義、夫婦有別、長幼有序、朋友有信』是也。」**天下之達道五**：世人應該共同履行的道理有五項。「五達道」就是「五倫」關係（君臣、父子、夫婦、兄弟、朋友之交）。（詳見**第三章第十五節〈五達道（君臣、父子、夫婦、兄弟、朋友之交）〉**）

(19) **行**：實踐。**行之者三**：予以實踐（「五達道」）的方法有三項（即下文的「知（智）、仁、勇」）。

---

219. 陳生璽等譯解：《張居正講評大學·中庸》（修訂本），上海：上海辭書出版社，2013 年 8 月，第 57 頁。

(20) **君臣**：君臣關係。**父子**：父子關係。**夫婦**：夫婦關係。**昆弟**：兄弟關係。**朋友之交**：朋友交往的關係。

(21) **知、仁、勇**：智慧、仁愛、勇敢（wisdom、benevolence、courage [220]）。「知」是智慧，南懷謹認為「知」包括知識學問和天才。[221]「仁」是愛心、慈悲心，《說文解字》指「仁」是「親也，從人從二」。「勇」是毅力和決心。《論語·憲問》云：「仁者不憂，知者不惑，勇者不懼。」杜維明認為「仁」在「三達德」中具有優先性，是首要的德行；「勇」不僅是血氣之勇，也是一種道德上的勇氣。[222]（詳見**第三章第十四節〈三達德（智、仁、勇）〉**）

(22) **達德**：世人應該共同擁有的美德。古籍有不少關於「三達德」的論述。《中庸章句》云：「謂之達德者，天下古今所同得之理也。」宋代趙順孫《中庸纂疏》引蔡淵的說法：「達道本於達德，而達德又本於誠。誠者，達道、達德之本，而一貫乎達道、達德者也。」指「達德」引致「達道」，兩者均以「誠」為根本。《中庸章句》續云：「不為索隱行怪，則依乎中庸而已。不能半塗而廢，是以遯世不見知而不悔也。此中庸之成德，知之盡、仁之至、不賴勇而裕如者，正吾夫子之事，而猶不自居也。故曰唯聖者能之而已。」認為中庸是一種良好品德，也是智、仁、勇（「三達德」）的極致。孔子也謙稱自己尚未達致中庸，僅聖人才能做到。《論語》也有關於智、仁、勇的論述。〈子罕〉篇云：「知者不惑，仁者不憂，勇者不懼。」及〈顏淵〉篇云：「君子道者三，我無能焉：知者不惑，

《中庸》的管理智慧

220. 英譯參考：Johnson, I., & Wang, P. (translation and annotation) (2012). *Daxue and Zhongyong: Bilingual Edition*. Hong Kong: The Chinese University Press, p. 191.
221. 南懷謹：《話說中庸》，台北：南懷謹文化事業，2015 年 3 月初版，第 121 頁。
222. 杜維明著、段德智譯、林同奇校：《中庸：論儒學的宗教性》，北京：生活·讀書·新知三聯書店，2013 年 6 月第 1 版，第 69-70 頁。

仁者不憂，勇者不懼。」《論語》指智是「不惑」、仁是「不憂」、勇是「不懼」。綜合《論語》及《中庸》的論述，前者表達了智、仁、勇的態度（不惑、不憂、不懼），後者表達了達致智、仁、勇的方法（好學、力行、知恥），最終願景是儒家思想提倡的修身、治人、治國及平天下。（詳見**第三章第十四節〈三達德（智、仁、勇）〉**）

(23) **一也**：就是一個「誠」字。歷來對本章四句「一也」有不同的說法。朱熹認為「所以行之者，一也」中的「一也」指一個「誠」字，《中庸章句》云：「一則誠而已矣。達道雖人所共由，然無是三德，則無以行之；達德雖人所同得，然一有不誠，則人慾間之，而德非其德矣。」錢穆則認為此「一也」指「三達德」（智、仁、勇）的其中之一，「所以行之者，一也」、「及其知之，一也」和「及其成功，一也」中的「一」字，應指智、仁、勇（「三達德」）皆行「五達道」，或是由於「知」、「仁」或「勇」的其中之一；朱熹以「誠」字解釋四個「一」字，與原文及文理不符。[223] 另有說法認為「一也」是衍文而應刪去。

(24) **或**：或許，引申為「有些人」。**知之**：明白有關道理。**生而知之**：天生就明白。**學而知之**：透過學習而明白。**困而知之**：經歷困苦用功才明白。另一種說法是：「生而知之」、「安而行之」指聖人；「學而知之」、「利而行之」指賢人；「困而知之」、「勉強而行之」指凡人。綜合而言，不論是聖人、賢人或凡人均可達致「至誠」，最終達致「天人合一」的境界。

223. 錢穆：《四書釋義》，台北：素書樓文教基金會、蘭臺出版社，2005 年 6 月，第 338 頁。

(25) **知**：明白。**及其知之**：到他們明白（有關道理）之後。**一也**：都是一樣的。

(26) **行之**：實踐它（道理）。**安而行之**：安然地實踐這些（道理）。**利而行之**：為了利益去實踐這些（道理）。**勉強而行之**：受到勉強才實踐這些（道理）。

(27) **及其成功**：到他們成功之後。

(28) **近乎**：與 ...... 接近了。**好學近乎知，力行近乎仁，知恥近乎勇**：愛好學習就接近智了，努力實踐就接近仁了（一說致力行善就接近仁了），知道甚麼是羞恥就接近勇了。

(29) **知斯三者**：明白這三點（即好學、力行、知恥）。

(30) **知所以**：知道怎樣。

(31) **治人**：治理別人。

(32) **為**：治理。**凡為**：凡是要治理。

(33) **經**：常理。《中庸章句》云：「經，常也。」**九經**：九項原則、綱領。張居正云：「然而九者之中，又有自然之序，蓋天下國家之本在身，故修身為九經之首。」指九項原則中以修身為首，

是治理國家之本。[224] 徐復觀認為「為政九經」可能是《中庸》作者的後學順著「以人治人」、「脩道以仁」、「三達德」及「五達道」等意思，加以發揮的政治思想。[225] 杜維明認為「九經」是對人際關係的一種完整構想；統治者要將「九經」付諸實踐，需要承擔起道德義務，必須修養其「內聖」，也要通過「外王」把「內聖」表現出來。[226] 陳贇則認為「九經」是政治生活的基礎，必須以「誠」為根基。[227]（詳見**第三章第十六節〈為政九經〉**）

(34) **敬大臣**：敬重大臣。

(35) **體**：體恤。《中庸章句》云：「體，謂設以身處其地而察其心也。」**體群臣**：體恤群臣。

(36) **子**：作動詞用，愛......如子女。《中庸章句》云：「子，如父母之愛其子也。」**子庶民**：愛民如子。

(37) **來**：招徠、招集。**百工**：西周時對工奴的統稱，泛指各行各業的工匠。**來百工**：招徠各行各業的工匠。《論語‧子張》云：「百工居肆以成其事，君子學以致其道。」強調社會各行各業要分工，提高管理效益。

(38) **柔**：厚待；一說懷柔。**遠人**：遠客（來自遠方的客人）；一說周邊國家的人；一說來自四方歸順的人。《中庸章句》云：「柔遠人，所謂無忘賓旅者也。」**柔遠人**：厚待遠客。杜維明認為「柔

224. 陳生璽等譯解：《張居正講評大學‧中庸》（修訂本），上海：上海辭書出版社，2013 年 8 月，第 99 頁。
225. 徐復觀著、李維武編：《徐復觀文集（修訂本）》（第三卷〈中國人性論史‧先秦篇〉），湖北：湖北人民出版社，2009 年第 2 版，第 76 頁。
226. 杜維明著、段德智譯、林同奇校：《中庸：論儒學的宗教性》，北京：生活‧讀書‧新知三聯書店，2013 年 6 月第 1 版，第 73-74、80 頁。
227. 陳贇：《中庸的思想》，北京：生活‧讀書‧新知三聯書店，2007 年 12 月第 1 版，第 216-217 頁。

遠人」是安撫周邊諸國的人，體現了儒家思想「四海之內皆兄弟也」的概念。[228] 南懷瑾則認為於春秋時代招徠人才是首要政策，「柔遠人」是懷柔四方歸順的遠人，以鞏固邦國政權。[229]

(39) **懷**：關懷、安撫。南懷瑾認為「懷」是懷服、懷思的意思，胸懷博大，以包容各國諸侯、統領天下。[230] **懷諸侯**：安撫諸侯。

(40) **道**：此處指正道。**立**：確立。

(41) **惑**：疑惑；南懷瑾則認為「惑」指被權位所迷惑。[231]《中庸章句》云：「不惑，謂不疑於理。」指於道理方面毋容置疑。

(42) **諸父**：指伯父、叔父。**昆弟**：兄弟。**怨**：怨恨。

(43) **眩**（粵音：元 jyun4；拼音：旋 xuàn）：眼花，引申為忙亂、迷亂。《中庸章句》云：「不眩，謂不迷於事。敬大臣則信任專，而小臣不得以間之，故臨事而不眩也。」指敬重大臣使他們獲信任，專一行事而不忙亂。

(44) **士**：士人們；一說才智之士。**報**：回報。**禮**：禮遇、待遇。**報禮重**：竭力回報所受的禮遇。

(45) **勸**：勸勉；一說勉力向善。

228. 杜維明著、段德智譯、林同奇校：《中庸：論儒學的宗教性》，北京：生活•讀書•新知三聯書店，2013 年 6 月第 1 版，第 78 頁。
229. 南懷瑾：《話說中庸》，台北：南懷瑾文化事業，2015 年 3 月初版，第 133 頁。
230. 南懷瑾：《話說中庸》，台北：南懷瑾文化事業，2015 年 3 月初版，第 135 頁。
231. 南懷瑾：《話說中庸》，台北：南懷瑾文化事業，2015 年 3 月初版，第 129 頁。

《中庸》的管理智慧

(46) **財用**：財物供應。**財用足**：財物供應充裕。

(47) **歸**：歸順。**四方歸之**：四方民眾歸順。《中庸章句》云：「柔遠人，則天下之旅皆悅而願出於其塗（途），故四方歸。」指厚待遠客能使天下的賓旅心悅誠服。

(48) **畏**：敬畏。**天下畏之**：天下各國就有敬畏之意。《中庸章句》云：「懷諸侯，則德之所施者博，而威之所制者廣矣，故曰天下畏之。」指安撫諸侯，使德行施於眾人，威信便起廣泛的制衡作用。

(49) **齊明盛服**：也見於《中庸》第十六章，解「齋戒明潔，穿著整齊服裝」，虔誠的意思。

(50) **禮**：合禮節的事。**動**：行動，此處引申為輕舉妄動。**非禮不動**：不合禮節的事不會輕舉妄動。南懷瑾則認為「非禮不動」指凡是不合理或不合邏輯的政務、舉措，不可輕舉妄動，是管理者需要知道的內明外用修身學問。[232]

(51) **去讒**：摒棄讒言、壞話。如南懷瑾所言「來說是非者，便是是非人」及「是非終日有，不聽自然無」，摒棄讒言需配合個人閱歷與經驗。[233] **遠色**：遠離阿諛奉承；一說遠離女色。

(52) **貨**：財物商品。**德**：品德。**賤貨而貴德**：輕視財物商品而重視品德。

232.南懷瑾：《話說中庸》，台北：南懷瑾文化事業，2015 年 3 月初版，第 139 頁。
233.南懷瑾：《話說中庸》，台北：南懷瑾文化事業，2015 年 3 月初版，第 141 頁。

(53) **勸賢**：勉勵賢人。

(54) **尊**：提升。**尊其位**：提升他（指親屬）的官位。**重其祿**：加厚他的俸祿。**同其好惡**：認同他的愛好和厭惡。**勸**：勸勉。**勸親親**：勸勉親近、愛護親人。

(55) **官盛**：下屬眾多。**任使**：任由差遣。**官盛任使**：下屬眾多以便差遣，大臣毋須為小事親力親為，被視為君主的優待。《中庸章句》云：「官盛任使，謂官屬眾盛，足任使令也，蓋大臣不當親細事，故所以優之者如此。」

(56) **忠信**：（待之以）忠誠、信任。**祿**：待遇。**忠信重祿**：待之以忠誠信任，給予豐厚待遇。《中庸章句》云：「忠信重祿，謂待之誠而養之厚，蓋以身體之，而知其所賴乎上者如此也。」**勸士**：按前段「凡為天下國家有九經」中「九經」的順序，此處「忠信重祿」應涉及治理天下的第五項原則（即「體群臣」）。南懷謹認為「忠信」包含上對下及下對上兩重的內涵：公務人員恪守職務和上級的正確指令，盡忠盡信；上級也必須對下級有忠誠的信任感。[234]

(57) **時**：適時。**使**：差使、使用。**薄**：輕、少。**斂**：賦稅。**時使薄斂**：適時使用民力、輕徵賦稅。

(58) **省**（粵音：醒 sing2；拼音：醒 xǐng）：考察。**試**：考試。**日省月試**：每日考察工作，每月有一定的考試，泛指經常考察工作。

234.南懷謹：《話說中庸》，台北：南懷謹文化事業，2015 年 3 月初版，第 148 頁。

《中庸》的管理智慧

(59) **既稟**：「既」同「餼」（粵音：氣 hei3；拼音：系 xì），古時的禾米。南懷瑾認為「既」應讀作廄，指廠房、工作坊等；「稟」包含食祿和工資。[235]「稟」同「廩」（粵音：凜 lam5；拼音：凜 lǐn），指官方糧倉。**稱**（粵音：秤 cing3；拼音：秤 chèng）：相稱、適合。**事**：職務、官職。**既稟稱事**：給予的報酬與職務相稱。

(60) **送往迎來**：此句是對「遠人」而言，即歡送要走的，迎接要來的。

(61) **嘉**：獎勵。**善**：此處指有善行的人。**矜**：憐恤。**不能**：才能稍弱的人。**嘉善而矜不能**：獎勵有善行的人而憐恤才能稍弱的人。《論語·子張》有類似的說法：「子張曰：『異乎吾所聞：君子尊賢而容眾，嘉善而矜不能。我之大賢與，於人何所不容？我之不賢與，人將拒我，如之何其拒人也？』」指君子尊敬賢人，也接納普通人（「容眾」）；賢人（「大賢」）能接納任何人，壞人（「不賢」）則遭人拒絕，說不上去拒絕別人。

(62) **繼絕世**：使世系已絕的諸侯有所繼承。

(63) **舉廢國**：使已被廢滅的國家復興。南懷瑾認為「繼絕世」、「舉廢國」及「治亂持危」是中國傳統文化中，王道或霸道治國平天下的目標。[236]

(64) **治亂持危**：治平亂事，扶持遇上危難者。

235.南懷瑾：《話說中庸》，台北：南懷瑾文化事業，2015 年 3 月初版，第 149 頁。
236.南懷瑾：《話說中庸》，台北：南懷瑾文化事業，2015 年 3 月初版，第 151 頁。

(65) **朝**：諸侯覲見天子，古時有五年一朝的制度。**聘**：諸侯、大人等向天子獻上貢禮；古時有每年一小聘、三年一大聘的規定。**以時**：按時。**朝聘以時**：按時舉行諸侯覲見天子並奉上貢禮的禮儀。《中庸章句》云：「朝，謂諸侯見於天子。聘，謂諸侯使大夫來獻。〈王制〉（按：《禮記‧王制》）『比年一小聘，三年一大聘，五年一朝。』」

(66) **厚往而薄來**：賞賜豐厚而收納的貢禮少。

(67) **一也**：一個道理。**所以行之者一也**：能予以實踐的只有一個道理。「一」字有不少解釋，包括：一、解「誠」。朱熹認為此「一也」與本章第一句「一也」相同，應解作「誠」，《中庸章句》云：「一者，誠也。一有不誠，則是九者皆為虛文矣，此九經之實也。」及「此承上文，言凡事皆欲先立乎誠，如下文所推是也。」二、指「行事」。鄭玄云：「一，謂當豫也。」錢穆也認為「一」字應指行事（「行之者」）應有所準備（「豫」）；[237] 三、指「仁」。徐復觀根據《孟子‧告子下》云：「一者何也？曰：『仁也。』」認為《中庸》「所以行之者，一也」中的「一」是「仁」，符合孔、孟的整體精神，而並非朱熹所說的「誠」；[238] 四、指「為政在人」。南懷瑾認為朱熹把「所以行之者一也」的「一」字統統歸為「誠」，只是從該句的下文所啟發，有以偏概全之嫌。南懷瑾認為根據孔子答哀公問政開始，「為政在人」才是「一」的重點，與《大學》所提倡以「八條目」（格物、致知、誠意、正心、修身、齊家、治國、平天下）最終達致天下太平的宗旨一致。[239]

237. 錢穆：《四書釋義》，台北：素書樓文教基金會、蘭臺出版社，2005 年 6 月，第 341 頁。
238. 徐復觀著、李維武編：《徐復觀文集（修訂本）》（第三卷《中國人性論史‧先秦篇》），湖北：湖北人民出版社，2009 年第 2 版，第 76 頁。
239. 南懷瑾：《話說中庸》，台北：南懷瑾文化事業，2015 年 3 月初版，第 154-155 頁。

(68) **豫**：有所準備。《易經‧既濟‧象》云：「君子以思患而豫防之。」指君子預計可能會發生的禍害，及早作出防範。南懷謹認為「豫」包含從容優裕，事先有備無患的意義。[240] **立**：成功；南懷謹則認為「立」是處事立業。[241] **豫則立**：有所準備就成功。

(69) **廢**：廢棄、失敗。

(70) **定**：有決定、定向，引申為有所準備。**言前定**：說話先有準備。南懷謹認為「言前定」指人必須事先謹慎思考，做到言而有信，否則等於自己把右腳踩著左腳一樣（「跲」）變得寸步難行。[242] **跲**（粵音：夾 gaap3；拼音：夾 jiá）：跌倒，引申為失誤。《中庸章句》云：「跲，躓也。」**不跲**：不會失誤。

(71) **事前定**：做事先有準備。**不困**：不會陷入困境。南懷謹則認為「困」指遭遇太多困難。[243]

(72) **行前定**：行動先有準備。**不疚**：不會後悔。

(73) **道前定**：預先選定所走的路。南懷謹則認為「道前定」的「道」指為人處世的準則。[244] **窮**：窮盡，受阻。**不窮**：不會行不通。

(74) **在下位**：在下級的人。**獲**：獲......信賴。**不獲乎上**：未獲上級信賴。

---

240. 南懷謹：《話說中庸》，台北：南懷謹文化事業，2015 年 3 月初版，第 155 頁。
241. 南懷謹：《話說中庸》，台北：南懷謹文化事業，2015 年 3 月初版，第 156 頁。
242. 南懷謹：《話說中庸》，台北：南懷謹文化事業，2015 年 3 月初版，第 156 頁。
243. 南懷謹：《話說中庸》，台北：南懷謹文化事業，2015 年 3 月初版，第 156 頁。
244. 南懷謹：《話說中庸》，台北：南懷謹文化事業，2015 年 3 月初版，第 157 頁。

(75) **民不可得而治矣**：就無法治理好民眾了。

(76) **有道**：有方法。

(77) **不信乎**：未能獲得......信賴。**不信乎朋友**：未能獲得朋友的信賴。

(78) **順**：孝順、順從。**不順乎親**：不順從父母。

(79) **反諸身**：自我反省。**反諸身不誠**：未能真誠地自我反省。熊十力認為中國人「唯反求諸己，而透悟自家生命，與宇宙元來不二」務求反省自己，透徹感悟生命。[245]

(80) **誠身**：此處「誠」字作動詞用，「誠身」解作真誠地自我反省。**不明乎善**：不明白甚麼是善。張居正云：「然誠身工夫，又不是一時襲取得的，也有個道理，只在能明乎善，若不能格物致知，先明乎至善之所在，則好善未必是實好，惡惡未必是實惡，豈能使所存所發，皆真實而無妄乎？故欲誠身者，當明乎善也。」[246] **不誠乎身矣**：就不能夠真誠地自我反省。

(81) **誠者**：真誠（sincerity[247]、being true [to oneself] [248]）。誠（真誠）是《中庸》的核心概念，不少學者認為《中庸》是誠的哲學。《中庸章句》云：「誠者，真實無妄之謂。」唐代儒者李翱認為誠是聖人的本性；人性本善，但受情所昏迷，需要去情以復性

---

245. 熊十力：《境由心生》，北京：北京聯合出版社，2011 年 12 月，第 3 頁。
246. 陳生璽等譯解：《張居正講評大學·中庸》（修訂本），上海：上海辭書出版社，2013 年 8 月，第 104 頁。
247. 英譯參考：Johnson, I., & Wang, P. (translation and annotation) (2012). *Daxue and Zhongyong: Bilingual Edition*. Hong Kong: The Chinese University Press, p. 526.
248. 英譯參考：：Gardner, D. K. (2007). The Four Books: *The Basic Teachings of the Later Confucian Tradition*. Indianapolis, USA: Hackett Publishing Company, Inc., p. 123.

《中庸》的管理智慧

（回復善良的本性）。《復性書‧上》云：「誠者，聖人性之也，寂然不動，廣大清明，照乎天地，感而遂通天下之故，行止語默，無不處于極也。復其性者，賢人循之而不已者也；不已則能夠歸其源矣。」熊十力認為治中國學必須用修養的方法，如誠敬及思維等，凸顯誠於中國哲學的重要性。[249]《說文解字》云：「誠，信也。」指誠就是信。《左傳‧僖公二十五》云：「信，國之寶也。」指信（誠）是國家的寶藏。 蔡元培認為「誠」是「性」的實體，也是宇宙的主動力；《中庸》的「誠」即是孔子說的「仁」，《中庸》的作者想說明「誠」是「仁」的作用，所以取名為「誠」。[250]牟宗三認為《中庸》的「誠」是孔子之仁、孟子之心性的擴大，內容一致。[251]（詳見**第三章第十二節〈誠的哲學〉**）

(82) **天之道也**：就是天的道理、法則（天理）。《中庸章句》云：「誠者，真實無妄之謂，天理之本然也。」指真誠是真實無妄，是天理所然。牟宗三認為「天之道」是自然而本然如此之道。[252]林語堂則認為「天之道」指天生的真理。[253]古籍有不少關於「天道」的性質及功能的論述。荀子則認為天屬自然，天與人並無關係，《荀子‧天論》云：「天行有常，不為堯存，不為桀亡。」認為不論君主是聖王（堯）還是昏君（桀），「天道」仍永恆長存。漢代哲學家王充於《論衡》云：「寒暑有節，不為人變改也。」指「天道」自然、不為人所改變。牟宗三認為「天道」高高在上，有超越（transcendent）的意義。[254]學者認為「天道」與「誠」息息相關。《中庸》第二十章云：「誠者，天之道也；誠之者，人之道也。」

249.熊十力：《境由心生》，北京：北京聯合出版社，2011年12月，第9頁。
250.蔡元培著、楊佩昌整理：《中國倫理學史》，北京：中國畫報出版社，2010年5月第1版，第15頁。
251.牟宗三：《牟宗三先生全集》第五集〈心體與性體〉（第一冊），台北：聯經出版，2003年初版，第387頁。
252.牟宗三：《牟宗三先生全集》第五集〈心體與性體〉（第一冊），台北：聯經出版，2003年初版，第340頁。
253.林語堂：《國學拾遺》，西安：陝西師範大學出版社，2008年8月第1版，第53頁。
254.牟宗三：《中國哲學的特質》，台北：台灣學生書局，1994年8月再版，第29-30頁。

指真誠是「天道」，實踐真誠是做人的道理（「人道」）。朱熹更將「天道」與「誠」結合，於《中庸章句》云：「誠者，真實無妄之謂，天理之本然也。」指真誠是真實無妄，是天理的本質。（詳見**第三章第七節〈三才之道（天道、地道、人道）〉、第八節〈天人合一〉**）

(83) **誠之者**：實踐真誠；一說直解為「所謂誠」；一說指達到真誠境界的聖人。**人之道也**：就是做人的道理（the proper way of being human[255]）。《中庸章句》云：「誠之者，未能真實無妄，而欲其真實無妄之謂，人事之當然也。」指實踐真誠是做人的當然道理。林語堂則認為「人之道」指人為的真理。[256] 牟宗三認為《孟子》提及「誠者，天之道也。思誠者，人之道也。」其中「思誠」與《中庸》的「誠之」相同。[257] 他進一步認為「人之道」指若果人不能直接體現誠，而需要以修養的工夫回復它，則屬於「人之道」。[258]（詳見**第三章第七節〈三才之道（天道、地道、人道）〉**）

(84) **勉**：勉強。**中**（粵音：眾 zung3；拼音：眾 zhòng）：符合、做到。**不勉而中**：毋須勉強就能做到。

(85) **思**：思考。**得**：擁有。**不思而得**：毋須思考就能擁有。

(86) **從容中道**：從容自在、合乎正道；此處「中」字跟「不勉而中」的「中」（粵音：眾 zung3；拼音：眾 zhòng）字同，解作符合。

255. 英譯參考：Ames, R. T., & Hall, D. L. (2001). *Focusing the Familiar: A Translation and Philosophical Interpretation of the Zhongyong*. Honolulu, USA: University of Hawaii Press, p. 62.
256. 林語堂：《國學拾遺》，西安：陝西師範大學出版社，2008 年 8 月第 1 版，第 53 頁。
257. 牟宗三：《中國哲學的特質》，台北：台灣學生書局，1994 年 8 月再版，第 90 頁。
258. 牟宗三：《牟宗三先生全集》第五集〈心體與性體〉（第一冊），台北：聯經出版，2003 年初版，第 340 頁。

《中庸》的管理智慧

(87) **善**：正確的路。**固執**：堅持下去。**擇善而固執**：選擇正確的路而堅持下去。陳滿銘認為人要「明善」及「擇善」，對於人和物因無法發揮至誠之性所造成的「不善」現象，人有責任加以改善；人要以自身的「中和」促成萬物的「中和」，而與宇宙的「大中和」相感應。[259] 勞思光認為聖人是「天道」的具體表現，而「擇善」者則是「人道」的具體表現。[260]

(88) **博學之**：要廣博學習。《論語·憲問》云：「古之學者為己，今之學者為人。」指學習是為己、為人。《論語·學而》云：「學而時習之，不亦說乎？」指人要學習知識並定時溫習，是值得高興之事。如《論語·雍也》云：「君子博學於文，約之以禮，亦可以弗畔矣夫。」指君子廣泛地學習文化知識，並用禮來約束自己，就不致離經叛道。張居正也云：「然學而不博，則亦無法盡事物之理。」指博學是要窮盡事物的道理。[261] **審問之**：詳細地探問。《大學》第四章云：「如切如磋者，道學也；如琢如磨者，自脩也」筆者於拙作認為有文采的君子研究學問時，採取如切如磋的嚴謹態度；如琢如磨，是自行修養品德的細緻態度。[262] 林語堂則認為「審問之」是詳細的求教。[263] **慎思之**：要慎密思考。《論語·為政》云：「學而不思則罔，思而不學則殆。」指學習著重思考，只思考而不學習則會疲殆，指出慎思的重要性。南懷瑾則認為「慎思」是要將所學所聞加以理性的思考。[264] **明辨之**：要清晰分辨。**篤行之**：要切實實踐。《論語·子張》云：「子夏曰：『博學而篤志，切問而近思，仁在其中矣。』」指廣博學習而切實地向目標進發，認真地提問而結合思考，仁就在其中了。宋代楊時《二程粹言·論學》云：「學

259. 陳滿銘：《中庸思想研究》，台灣：文津出版社，1980 年 3 月初版，第 98 頁。
260. 勞思光：《新編中國哲學史（二）》，台北：三民書局，2010 年 10 月第三版，第 66 頁。
261. 陳生璽等譯解：《張居正講評大學·中庸》（修訂本），上海：上海辭書出版社，2013 年 8 月，第 106 頁。
262. 羅天昇：《〈大學〉的管治智慧》，香港：新天出版，2015 年 7 月初版，第 42 頁。
263. 林語堂：《國學拾遺》，西安：陝西師範大學出版社，2008 年 8 月第 1 版，第 53 頁。
264. 南懷瑾：《話說中庸》，台北：南懷瑾文化事業，2015 年 3 月初版，第 164 頁。

不博者不能守約，志不篤者不能力行。」指學識不廣博就不得要領，志向不篤誠就不能努力實踐。

「博學、審問、慎思、明辨、篤行」是人實踐真誠、為人的道理（即「人之道」），最終「與天地參（三）」（人與天、地並列，三者擁有相同地位）的道理。《中庸章句》云：「此誠之之目也。學、問、思、辨，所以擇善而為知，學而知也。篤行，所以固執而為仁，利而行也。」認為「博學、審問、慎思、明辨、篤行」是真誠的目的，前四項（博學、審問、慎思、明辨）是人選擇了正確的路（擇善），繼而透過學習而變得明智的過程；最後一項「篤行」是選擇了正確的路之後的堅持（固執），為了利己利人而實踐仁。（詳見**第三章第十三節〈學習與實踐之道（博學、審問、慎思、明辨、篤行）〉**）

(89) **弗**：副詞，不。**有弗**：不⋯⋯則已。**學**：學習。**有弗學**：不學習則已。

(90) **措**：放棄、罷休。**弗⋯⋯弗措也**：直至達到有關目的為止。**學之弗能弗措也**：不學習則已，學習了而未能學會就不會罷休；其餘「問之」、「思之」、「辨之」及「行之」等句同樣表達不會罷休的意思。

(91) **問**：求教。

(92) **思**：思考。

(93) **辨**：辨別、分辨。

(94) **行**：實行、實踐。

(95) **能**：學會、做得到。**人一能之，己百之**：別人做一次就會，自己努力做一百次，引申為勤奮而不畏艱辛的態度。《中庸章句》云：「夫以不美之質，求變而美，非百倍其功，不足以致之。今以鹵莽滅裂之學，或作或輟，以變其不美之質，及不能變，則曰天質不美，非學所能變。是果於自棄，其為不仁甚矣！」指某些質素欠佳的人，需要透過改變而提升質素，必須比別人花上百倍努力；若半途而廢或自暴自棄，就是不仁。

(96) **人十能之，己千之**：別人做十次就會，我努力做一千次。張居正云：「他人十遍就會了，自己必下千遍的工夫，務求其能而後已，這是困知勉行者之事也。」指這是「困而知之」（經歷困苦用功才明白）或「勉行」（受到勉強才實踐）的人的取態。[265]

(97) **果**：如果。**道**：方法。**果能此道矣**：如果能按照這方法去做。

(98) **愚**：愚笨。**明**：聰明。**雖愚必明**：即使愚笨也必定聰明起來。

(99) **柔**：柔弱。**強**：堅強。**雖柔必強**：即使柔弱也必定堅強起來。

【語譯】

265.陳生璽等譯解：《張居正講評大學·中庸》（修訂本），上海：上海辭書出版社，2013 年 8 月，第 107 頁。

魯哀公請教為政的道理。孔子說：「周文王、周武王的施政都記載於相關文獻中。管治者在位時，政策就得以實施；管治者不在位時，政策就廢弛。人施政之道，在於施政迅速收效；土地的道理，在於植物迅速生長。所謂施政，就像蘆葦般迅速生長。所以施政的關鍵在於人，依品德而選拔人才，以正道修養個人品德，以仁修成正道。所謂仁，就是人的本性，以親近、愛護親人為最重要。所謂義，就是要適當行事，以尊敬有賢德的人為最重要。親近、愛護親人有親疏之別，尊重有賢德的人有等級之分，禮儀因此而產生。

　　（下級未獲上級信賴，就無法治理好民眾。）所以君子不可以不修養個人品德；想要修養個人品德，不可以不侍奉父母；想要侍奉父母，不可以不了解人性；想要了解人性，不可以不了解天理。」

　　世人應該共同履行的道理有五項（「五達道」），予以實踐的方法有三項。即是：君臣、父子、夫婦、兄弟、朋友交往等關係。這五項就是世人應該共同履行的大道。智、仁、勇這三項，就是世人應該共同擁有的美德（「三達德」）；用來實踐這三項美德的，就是一個「誠」字。這些道理，有些人天生就明白，有些人透過學習而明白，有些人經歷困苦用功才明白；到他們明白之後，都是一樣的。有些人安然地實踐這些（道理），有些人為了利益去實踐這些，有些人受到勉強才實踐這些；到他們成功之後，都是一樣的。

　　孔子說：「愛好學習就接近智了，努力實踐就接近仁了，知道甚麼是羞恥就接近勇了。明白這三點（好學、力行、知恥），就知

《中庸》的管理智慧

道怎樣修養個人品德；知道怎樣修養個人品德，就知道怎樣治理別人；知道怎樣治理別人，就知道怎樣治理天下國家了。」

凡是要治理天下國家有九項原則。即是：修養個人品德，尊重有賢德的人，親近愛護親人，敬重大臣，體恤群臣，愛民如子，招徠各行各業的工匠，厚待遠客，以及安撫諸侯。

能修養個人品德，就能確立正道；能尊重有賢德的人，就不會疑惑；能親近愛護親人，就不會引起叔伯兄弟的怨恨；能敬重大臣，行事就不會忙亂；能體恤群臣，士人們就會竭力回報；愛民如子，老百姓就會得到勸勉；招徠各行各業的工匠，財物供應就會充裕；厚待遠客，四方民眾就會歸順；安撫諸侯，天下各國就有敬畏之意。

齋戒明潔，穿著整齊服裝那樣虔誠，不合禮節的事不會輕舉妄動，就是修養個人品德的方法；摒棄讒言，遠離阿諛奉承，輕視財物商品而重視品德，就是尊重有賢德的人的方法；提升他（指親人）的官位，加厚他的俸祿，認同他的愛好和厭惡，就是勸勉親近、愛護親人的方法；下屬眾多以便差遣，就是勸勉大臣的方法；待之以忠誠信任，給予豐厚待遇，就是勸勉士人們（即體恤群臣）的方法；適時使用民力、輕徵賦稅，就是勸勉百姓（即愛民如子）的方法；經常考察工作，給予的報酬與職務相稱，就是勸勉各行各業工匠的方法；歡送要走的，迎接要來的，獎勵有善行的人而憐恤才能稍弱的人，就是厚待遠客的方法；使世系已絕的諸侯有所繼承，使已被廢滅的國家復興，治平亂事，扶持遇上危難者，按時舉行諸侯覲見

天子並奉上貢禮的禮儀，賞賜豐厚而收納的貢禮少，就是安撫諸侯的方法。凡是要治理天下國家有九項原則，能予以實踐的只有一個道理。任何事情有所準備就成功，不準備就失敗。說話先有準備，就不會失誤；做事先有準備，就不會陷入困境；行動先有準備，就不會後悔；預先選定所走的路，就不會行不通。

下級的人未獲上級信賴，就無法治理好民眾。獲取上級信賴是有方法的，若不能取信於朋友，就得不到上級信賴；取信於朋友是有方法的，若不能順從父母，就不能取信於朋友；順從父母是有方法的，若未能真誠地自我反省，就不能順從父母；真誠地自我反省是有方法的，若不明白甚麼是善就不能夠真誠地自我反省。

真誠，就是天的道理（天理）；實踐真誠，就是做人的道理。所謂真誠，毋須勉強就能做到，毋須思考就能擁有，從容自在合乎正道，這就是聖人了。實踐真誠，就是選擇正確的路而堅持下去。

要廣博學習，詳細地探問，要慎密思考，要清晰分辨，要切實實踐。不學習則已，學習了而未能學會就不會罷休；不探問則已，探問了而未能明白就不會罷休；不思考則已，思考了而未能領悟就不會罷休；不分辨則已，分辨了而未能清晰明確就不會罷休；不實踐則已，實踐了而未能切實做到就不會罷休。別人做一次就會，自己努力做一百次；別人做十次就會，自己努力做一千次。如果能按照這方法去做，即使愚笨也必定聰明起來，即使柔弱也必定堅強起來。

第二十一節　誠明

【主旨】

　　本章闡述真誠（「誠」）與明白道理（「明」）的關係，人的目標是達致朱熹所說的「至於誠」（達致誠的最高境界）。本章提及先天的誠（「自誠明」）及後天的誠（「自明誠」）。先天的誠是聖人天賦的本性，使他們能切實實踐德行，明白所有道理；後天的誠需要透過教化（「教」），過程是先明白善的道理予以實踐，學習做有賢德的人。

【原文】

　　自誠明 [(1)]，謂之性 [(2)]；自明誠 [(3)]，謂之教 [(4)]。誠則 [(5)] 明矣，明則誠 [(6)] 矣。

【註釋】

　　(1) **自**：由、從。《中庸章句》云：「自，由也。」**誠**：真誠。**明**：明白道理；一說明白善的道理（明善）。**自誠明**：由真誠而自然明白道理。林語堂則認為此句應解作「由本性誠而自然明善」。[266] 李澤厚認為《中庸》將宇宙本體（「天」）品德化（「誠」），作為人性自覺的來源和本質（「自誠明謂性」），人必須努力修養。[267]

　　(2) **性**：如《中庸》首章「天命之謂性」中的「性」，指天賦

---

266. 林語堂：《國學拾遺》，西安：陝西師範大學出版社，2008 年 8 月第 1 版，第 53 頁。
267. 李澤厚：〈荀易庸記要〉（原載《文史哲》1985年第1期），載於張頌之主編：《儒家哲學思想研究》（20 世紀儒學研究大系‧總 12 卷），北京：中華書局，2003 年，第 446 頁。

的本性、稟賦，屬於先天擁有的因素。《中庸章句》云：「德無不實而明無不照者，聖人之德。所性而有者也，天道也。」指聖人根據其天賦的本性，切實實踐德行，明白所有道理，是天道。**謂之性：**是天賦的本性。

(3) **自明誠：**由明白道理而做到真誠；林語堂則認為應解作「由明善而歸於真誠」。[268]

(4) **教：**如《中庸》首章「脩道之謂教」中的「教」，解教化、省察，屬於後天因素。《中庸章句》云：「先明乎善，而後能實其善者，賢人之學。由教而入者也，人道也。」指學習做有賢德的人先要明白善，繼而予以實踐，經教化而達致誠（「入」）是人道。**謂之教：**是人為的教化。

(5) **則：**即、就。

(6) **誠：**按朱熹的說法，此「誠」字指「至於誠」（達致誠的最高境界）。**明則誠：**明白道理後就可以達致「至誠」（誠的最高境界）。《中庸章句》云：「誠則無不明矣，明則可以至於誠矣。」指真誠就能明白所有道理，明白所有道理後就可以達致誠的最高境界。

【語譯】

由真誠而自然明白道理，是天賦的本性；由明白道理而做到真

268. 林語堂：《國學拾遺》，西安：陝西師範大學出版社，2008 年 8 月第 1 版，第 53 頁。

《中庸》的管理智慧

誠，是人為的教化。真誠就能明白道理，明白道理後就可以達致誠
的最高境界。

第二十二節　盡性

【主旨】

本章推崇聖人（至誠的人）具有巨大作用，以及聖人的作用始於充分發揮其本性（「盡其性」），回應首章「天命之謂性」的說法。聖人能使眾人發揮「三才」（天、地、人）之一的作用，透過聖人、眾人及萬物各自充分發揮本性，人能協助天地造化及養育萬物，最終能與天、地並列（「與天地參（三）」）。如錢穆所言，人生過程只是要做人，盡人事，做成一自己（為我），做人做到盡頭。[269] 牟宗三也認為人能夠「盡其心」，是充分實現個人的本心，有如王陽明所說的「合內外之德」。[270]

【原文】

唯天下之至誠 [(1)]，為能盡其性 [(2)]；能盡其性，則能盡人之性 [(3)]；能盡人之性，則能盡物之性 [(4)]；能盡物之性，則可以贊天地之化育 [(5)]；可以贊天地之化育，則可以與天地參 [(6)] 矣。

【註釋】

(1) **唯**：唯有。**至誠**：古時說的聖人，是道德修養達致最高境界的人；此處根據本章後段關於天、地、人「三才」並列的說法，認為「至誠」指聖人。儒家認為人格品第分五種典型，包括聖人、賢人、君子、士、庸人；如《荀子·哀公》云：「人有五儀，有庸人、有士、有君子、有賢人、有聖人。」及《論語·述而》云：「聖

269. 錢穆：《中國思想通俗講話》，北京：九州出版社，2011年1月，第62-63頁。
270. 牟宗三：《智的直覺與中國哲學》，北京：中國社會科學出版社，2008年10月第1版，第162頁。

《中庸》的管理智慧

人吾不得而見之矣！得見君子者斯可矣。」可見聖人比賢人高，賢人比君子高。張岱年則認為「至誠」是至極真實不妄者。[271] 另一說法認為「至誠」指誠的最高境界（極致真誠）。如李翺於《復性書·上》云：「道者至誠也，誠而不息則虛，虛而不息則明，明而不息則照天地而無遺。非他也，此盡性命之道也。」指正道是誠的最高境界，是盡力發揮天賦的本性。（詳見**第三章第九節〈贊天地之化育、人與天地參〉**）**天下之至誠**：指世上道德修養達致最高境界的人（聖人）。《中庸章句》云：「天下至誠，謂聖人之德之實，天下莫能加也。盡其性者德無不實，故無人慾之私，而天命之在我者，察之由之，鉅細精粗，無毫髮之不盡也。」指聖人能切實實踐德行，沒有私慾，秉持並依循天命。

(2)**盡**：窮盡、充分發揮。**性**：天賦的本性。**盡其性**：充分發揮其天賦的本性。錢穆認為「盡性」的說法於《孟子》已有發揮，第二十三章「致曲」的說法則是《中庸》所創，以擴展《孟子》未提及的思想。[272] 唐端正認為「盡性」是盡最大的努力去實現尚未實現的價值。[273] 勞思光認為「盡其性」為「誠」的說法，表示《中庸》的價值是以「本性之實現」為根本意義。[274]

(3)**人**：眾人、別人。《中庸章句》云：「人物之性，亦我之性，但以所賦形氣不同而有異耳。能盡之者，謂知之無不明而處之無不當也。」指眾人的本性也是自身的本性，能充分發揮本性，是充分的認知及妥善的處理方法。**盡人之性**：充分發揮眾人的本性。張居正云：「聖人既能盡己之性，由是推之于人，便能設立政教，以整

271. 張岱年：《人生課》，北京：北京大學出版社，2008年7月，第98頁。
272. 錢穆：《四書釋義》，台北：素書樓文教基金會、蘭臺出版社，2005年6月，第345頁。
273. 唐端正：《先秦諸子論叢》，台北：東大圖書，1995年11月四版，第43頁。
274. 勞思光：《新編中國哲學史（二）》，台北：三民書局，2010年10月第三版，第67頁。

齊化導之，使人人能復其性之本然，而能盡人之性矣。」指聖人能充分發揮其天賦的本性，便可推展至他人，確立政教，起疏導作用。[275]

(4) **物**：萬物。**盡物之性**：充分發揮萬物的本性。

(5) **贊**：贊助、協助。《中庸章句》云：「贊，猶助也。」**化育**：造化及養育萬物。**贊天地之化育**：協助天地的造化及養育萬物。

(6) **參**：通「叄」、三，引申為並列為三。**與天地參**：（人）與天、地並列，三者擁有相同地位，成為「三才」。《中庸章句》云：「與天地參，謂與天地並立為三也。此自誠而明者之事也。」《中庸》第二十六章云：「博厚配地，高明配天」指「至誠」的人（聖人）能夠配合地與天的功能。《荀子・天論》云：「天有其時，地有其財，人有其治，夫是之謂能參。舍其所以參，而願其所參，則惑矣。」認為「參」是人民得以治理。陸九淵於《陸象山全集》卷十一〈與朱濟道〉云：「人與天地並立而為三極」。根據《象山先生行狀》記載，陸九淵「年十三......讀古書至宇宙二字，解者曰：『四方上下曰宇』，忽然大省曰：『宇宙內事，乃己分內事；己分內事，乃宇宙內事。』」其後創立了「宇宙便是吾心，吾心便是宇宙」的學說，指人和宇宙同心，人能參天地。牟宗三認為儒家著重人，講「三才」之道，《中庸》「參天地，贊化育」的說法是積極的。[276] 他認為至誠的人可以盡己、盡人、盡物的本性，可以參贊（參與、贊助）天地的化育。人生於地之上、天之下，天、地、人形成了一個「三極」的結構，三者「三位一體」。[277]（詳見**第三章第九節〈贊**

275. 陳生璽等譯解：《張居正講評大學・中庸》（修訂本），上海：上海辭書出版社，2013 年 8 月，第 109 頁。
276. 牟宗三：《中國哲學十九講：中國哲學之簡述及其所涵蘊之問題》，台北：台灣學生書局，2002 年 8 月，第 6 頁。
277. 牟宗三：《中國哲學的特質》，台北：台灣學生書局，1994 年 8 月再版，第 51 頁。

《中庸》的管理智慧

天地之化育、人與天地參〉)

【語譯】

　　唯有世上道德修養達致最高境界的人（即聖人），能夠充分發揮其天賦的本性；能夠充分發揮其天賦的本性，就能夠充分發揮眾人的本性；能夠充分發揮眾人的本性，就能夠充分發揮萬物的本性；能夠充分發揮萬物的本性，就可以協助天地的造化及養育萬物；可以協助天地的造化及養育萬物，（人）就可以與天、地並列，三者擁有相同地位了。

第二十三節　致曲

【主旨】

本章承接第二十二章聖人(「至誠」)的作用，闡述賢人(「其次」、次聖人一等)致力於發揮本性的某方面(「致曲」)，繼而透過「誠」(真誠)、「形」(表現出來)、「著」(變得顯著)、「明」(發揚光大)、「動」(感動別人)、「變」(引發轉變)的過程，最終達致「化」(化育萬物)的境界。賢人在中國傳統文化中也舉足輕重，如錢穆所言中國人自古以來重視賢人，重德甚於重位，孔子便是一例。[278]

【原文】

其次 [(1)] 致曲 [(2)]，曲能有誠 [(3)]，誠則形 [(4)]，形則著 [(5)]，著則明 [(6)]，明則動 [(7)]，動則變 [(8)]，變則化 [(9)]。唯天下至誠 [(10)] 為能化。

【註釋】

(1) **其次**：次於聖人一等的賢人，牟宗三、林語堂、劉述先等持此見。[279,280] 劉述先認為「其次致曲」是現代人值得重視的層面。[281] 其他說法包括：凡是未達致真誠的人，如《中庸章句》云：「其次，通大賢以下凡誠有未至者而言也」；普通人；直解為「另一方面」。《中庸》認為賢人透過「有誠」而化育萬物。(詳見**第三章第九節〈贊天地之化育、人與天地參〉**)

278. 錢穆：《晚學盲言(上)》，台北：東大圖書，1987年8月初版，第126-127頁。
279. 牟宗三：《中國哲學的特質》，台北：台灣學生書局，1994年8月再版，第52頁。
280. 林語堂：《國學拾遺》，西安：陝西師範大學出版社，2008年8月第1版，第54頁。
281. 劉述先：《論儒家哲學的三個大時代》(重排本)，香港：中文大學出版社，2015年，第41-42頁。

《中庸》的管理智慧

(2) **致**：致力於，用心去追求，如《中庸章句》云：「致，推致也。」**曲**：一說解作偏、某一方面，如《中庸章句》云：「曲，一偏也。」漢鄭玄於《十三經注疏·中庸》亦云：「曲，猶小小之事也」；一說解「內心曲折隱蔽的地方」。徐復觀根據第二十一章「明」、「性」、「誠」、「教」的說法，認為「曲」是局部的善、局部的明。[282] **致曲**：致力於發揮本性的某方面，但未能如聖人般充分發揮其本性（「盡其性」）。北宋理學家張載《張子正蒙·中正》云：「故致曲于誠者，必變而后化。」認為透過發揮本性的某方面而達致真誠的人，其後或有變化。張居正云：「誠有未至者，卻當何如用功，蓋必由那善端發見之一偏處，悉推致之以各造其極，如一念惻隱之發，則推之以至于無不仁，一念羞惡之發，則推之以至于無所不義，而曰禮且智，莫不皆然，這便是能致曲了。」認為「致曲」始於某一善端，盡力達致極點，最終達致仁、義、禮、智的境界。[283] 牟宗三認為賢人的生命未臻精純，因此需要自其一偏（「曲」）而推極（「致」），以達致「誠」的境界。賢人由「誠」至「化」是透過七個步驟（誠、形、著、明、動、變、化），體現誠者的生命健行不息。[284]

(3) **曲能有誠**：（致力於）發揮本性的某方面，也能夠做到真誠。

(4) **形**：表現出來，見於外表。《中庸章句》云：「形者，積中而發外。著，則又加顯矣。明，則又有光輝發越之盛也。動者，誠能動物。變者，物從而變。化，則有不知其所以然者。」《大學》第七章云：「此謂誠於中，形於外。故君子必慎其獨也。」筆者於

282.徐復觀著、李維武編：《徐復觀文集（修訂本）》（第三卷〈中國人性論史·先秦篇〉），湖北：湖北人民出版社，2009年第2版，第94頁。
283.陳生璽等譯解：《張居正講評大學·中庸》（修訂本），上海：上海辭書出版社，2013年8月，第110-111頁。
284.牟宗三：《中國哲學的特質》，台北：台灣學生書局，1994年8月再版，第52頁。

拙作認為此句指內心的真實情況會表現於外表上，君子在獨處時也必須謹慎。[285]

(5) 著：顯著。

(6) 明：光明，如朱熹所說光輝發揚光大（「光輝發越之盛」）。

(7) 動：感動別人；一說影響別人。

(8) 變：引發轉變；一說轉移習俗。

(9) 化：化育萬物；一說內化。

(10) 至誠：承接第二十二章的文意，解作世上道德修養達致最高境界的人（聖人）。《中庸章句》云：「蓋人之性無不同，而氣則有異，故惟聖人能舉其性之全體而盡之。其次則必自其善端發見之偏，而悉推致之，以各造其極也。曲無不致，則德無不實，而形、著、明、動、變之功自不能已。積而至於能化，則其至誠之妙，亦不異於聖人矣。」認為人的本性沒有差別，但氣不同；只有聖人能夠充分發揮其天賦的本性，而其他人則必須先發掘自身的某些善端，予以發揮，透過「誠」、「形」、「著」、「明」、「動」、「變」而「化」的過程，達致接近聖人的真誠。

【語譯】

285. 羅天昇：《〈大學〉的管治智慧》，香港：新天出版，2015 年 7 月初版，第 51 頁。

次於聖人一等的賢人致力於發揮本性的某方面；發揮本性的某方面也能夠做到真誠，真誠就會表現出來，表現出來就會變得顯著，變得顯著就會發揚光大，發揚光大就會感動別人，感動別人就會引發轉變，引發轉變就能化育萬物。只有世上道德修養達致最高境界的人（聖人）能化育萬物。

第二十四節　前知

【主旨】

本章描述道德修養達致最高境界的人（聖人）如神明一樣，有預知未來的能力，心無雜念，能夠洞悉國家興衰，預測禍福。勞思光認為此章「前知」、「至誠如神」等內容帶有漢代的神秘主義思想。[286]

【原文】

至誠之道 [(1)]，可以前知 [(2)]。國家將興 [(3)]，必有禎祥 [(4)]；國家將亡 [(5)]，必有妖孽 [(6)]；見乎蓍龜 [(7)]，動乎四體 [(8)]。禍福將至：善 [(9)]，必先知之；不善 [(10)]，必先知之。故至誠如神 [(11)]。

【註釋】

(1) **道**：原則、法則。**至誠之道**：道德修養達致最高境界的人（聖人）的法則。《中庸章句》云：「然惟誠之至極，而無一毫私偽留於心目之間者，乃能有以察其幾焉。」認為聖人實踐真誠的最高境界時，心無雜念（「無一毫私偽」），能體察天理、預知未來（「以察其幾」）。

(2) **前知**：預知未來。

(3) **興**：興盛。

---

286. 勞思光：《新編中國哲學史（二）》，台北：三民書局，2010 年 10 月第三版，第 61 頁。

《中庸》的管理智慧

(4) **禎祥：**吉祥的預兆，如《中庸章句》云：「禎祥者，福之兆。」

(5) **亡：**衰亡。

(6) **妖：**原指草木之類的怪物。**孽：**原指蟲豸（粵音：治 zi6；拼音：治 zhì）之類的怪物。**妖孽：**泛指凶禍的預兆，《中庸章句》云：「妖孽者，禍之萌」指妖孽是禍害的根源；一說怪物或反常的事物。

(7) **見**（粵音：現 jin6；拼音：現 xiàn）：同「現」，顯現於。《中庸章句》云：「見，音現。」**蓍**（粵音：師 si1；拼音：師 shī）：古時占卜（筮）用的蓍草。**龜：**古時占卜用的龜殼（甲）。《中庸章句》云：「蓍，所以筮。龜，所以蔔。」《尚書·周書·洪範》有「稽疑......汝則有大疑，謀及乃心，謀及卿士，謀及庶人，謀及卜筮。汝則從，龜從，筮從，卿士從，庶民從，是之謂大同。」的說法，提及古人以占卜考察疑惑（「稽疑」），其中「卜」用龜殼、「筮」用蓍草。[287] **見乎蓍龜：**顯現於蓍草或龜殼的占卜之中。

(8) **四體：**人的四肢，引申為人的動作、舉止。**動乎四體：**表現於人的動作、舉止。《中庸章句》云：「四體，謂動作威儀之間，如執玉高卑，其容俯仰之類。」指「動」是人的動作儀表。

(9) **善：**吉、幸福。

(10) **不善：**凶、禍害。

---

287. 陳生璽等譯解：《張居正講評尚書》（修訂本）（上冊），上海：上海辭書出版社，2013年8月，第 223-226 頁。

(11) **如神：**好像神明一樣。

【語譯】

　　道德修養達致最高境界的人（聖人）的法則，可以預知未來。國家將要興盛，必定出現吉祥的預兆；國家將要衰亡，必定出現凶禍的預兆。它顯現於蓍草或龜殼的占卜之中，表現於人的動作、舉止。禍、福將要來臨時：是福，必定可以預知；是禍，必定可以預知。所以道德修養達致最高境界的人好像神明一樣。

《中庸》的管理智慧

第二十五節　自成

【主旨】

本章強調真誠是自我實現，是萬物的開端及歸宿。君子以真誠為貴，先成就自己是仁（內），繼而成就萬物是智（外）。真誠是人本性的德行，隨時施行也合宜。曾春海認為人與天地萬物共存，在成己的過程中與「他者」（包括他人及萬物）進行互動，彰顯人生命的意義。[288]

【原文】

誠者 [(1)]，自成 [(2)] 也；而道，自道 [(3)] 也。誠者，物之終始 [(4)]，不誠無物 [(5)]。是故君子誠之為貴 [(6)]。誠者，非自成己 [(7)] 而已 [(8)] 也，所以成物 [(9)] 也。成己，仁也；成物，知也。性之德 [(10)] 也，合外內之道 [(11)] 也，故時措之宜也 [(12)]。

【註釋】

(1) **誠者**：真誠，與第二十章「誠者，天之道也」中的「誠者」相同。

(2) **自成**：自我成就、實現。

(3) **道**：此處指道路、正道。**自道**：「道」同「導」，自我引導（至當行的道路）。《中庸章句》云：「道也之道，音導。言誠者物之

288. 曾春海：《先秦哲學史》，台北：五南圖書出版，2012 年 1 月初版，第 124 頁。

所以自成，而道者人之所當自行也。」

(4) **物**：天下萬物。**終始**：開端及歸宿。

(5) **不誠無物**：沒有真誠，就沒有萬物；一說沒有真誠，就一無所有。《中庸章句》云：「天下之物，皆實理之所為，故必得是理，然後有是物。所得之理既盡，則是物亦盡而無有矣。」以理學的觀點解釋理與物的關係，指天下萬物源於理，理盡則物亡。方世豪則認為《中庸》以「誠」立說，是預計了人心有各種考量和私慾，使德行無以為繼，最終變成一無所有（「無物」）。[289]

(6) **為貴**：以......為寶貴、重要。

(7) **自**：自我。**成己**：成就自己。蔡仁厚認為人生努力的方向包括「成己」和「成物」：「成己」是成就德性人格，要求與天道、天德合而為一，以達致「天人合一」的境地 —— 一種「通上下」縱向的實踐；「成物」則是成就國家天下，要求與天下民物通而為一，以達致萬物一體的境界 —— 一種「合內外」橫向的實踐。[290]

(8) **而已**：而中止。

(9) **所以**：用以、用來。**成物**：成就萬物。《中庸章句》云：「誠雖所以成己，然既有以自成，則自然及物，而道亦行於彼矣。」指真誠雖然是成就自己，但自然會旁及萬物，道因而在萬物（「彼」）

289. 劉桂標、方世豪導讀及譯注：《大學 中庸》，香港：中華書局，2014 年 7 月初版，第 76-77 頁。
290. 蔡仁厚：《儒家思想的現代意義》，台北：文津出版社，1987 年 5 月，第 364 頁。

《中庸》的管理智慧

得以實行。

(10) **性之德**：人本性的德行。

(11) **合外內之道**：融合外在（成就萬物）及內在（成就自己）的法則。

(12) **時**：隨時、經常。**措**：舉措、施行。**宜**：適宜、恰當。**故時措之宜也**：所以隨時施行（仁、智）也是恰當的。《中庸章句》云：「仁者體之存，知者用之發，是皆吾性之固有，而無內外之殊。既得於己，則見於事者，以時措之，而皆得其宜也。」認為仁是主體，智是功用的發揮，兩者都是人性的固有屬性，無分內外。

【語譯】

真誠，是成就自己；而道，是自我引導（至當行的道路）。真誠，是萬物的開端及歸宿；沒有真誠，就沒有萬物。所以君子以真誠為寶貴。真誠，並非成就了自己而中止，而是用以成就萬物。成就自己，是仁；成就萬物，是智。人本性的德行，是融合外在（成就萬物）及內在（成就自己）的準則，所以隨時施行（仁、智）也是恰當的。

第二十六節　無息

【主旨】

本章分別描述聖人、天、地、山、水的精微。聖人是道德修養達致最高境界的人，他們的真誠永不竭息、永久保存、產生作用、影響深遠、廣博深厚及崇高光明。天與地對萬物的態度一致，天、地、人「三才」同德。山與水生育萬物，支持人的生活。本章最後以儒家聖人的代表周文王的至純品德，歌頌聖人的至誠能夠大顯。

【原文】

故至誠 (1) 無息 (2)。不息則 (3) 久 (4)，久則徵 (5)，徵則悠遠 (6)，悠遠則博厚 (7)，博厚則高明 (8)。博厚，所以載物 (9) 也；高明，所以覆物 (10) 也；悠久 (11)，所以成物 (12) 也。博厚配地 (13)，高明配天，悠久無疆 (14)。如此者，不見而章 (15)，不動而變 (16)，無為而成 (17)。

天地之道 (18)，可一言而盡 (19) 也：其為物不貳 (20)，則其生物不測 (21)。天地之道：博也，厚也，高也，明也，悠也，久也。今夫天 (22)，斯昭昭之多 (23)，及其無窮 (24) 也，日月星辰繫 (25) 焉，萬物覆焉 (26)。今夫地，一撮土之多 (27)，及其廣厚 (28)，載華嶽而不重 (29)，振河海而不洩 (30)，萬物載焉 (31)。今夫山，一卷石之多 (32)，及其廣大 (33)，草木生之 (34)，禽獸居之 (35)，寶藏興焉 (36)。今夫水，一勺之多 (37)，及其不測 (38)，黿鼉、蛟龍、魚鱉 (39) 生焉，貨財殖焉 (40)。

《詩》[41]云：「維天之命[42]，於穆不已[43]！」蓋曰[44]天之所以為天也。「於乎不顯[45]，文王之德之純[46]！」蓋曰文王之所以為文[47]也，純亦不已[48]。

【註釋】

　　(1) **至誠**：與第二十二章至第二十四章的「至誠」相同，指道德修養達致最高境界的人（聖人）。

　　(2) **無息**：無所間斷，永不竭息。《中庸章句》云：「既無虛假，自無間斷。」指道德修養達致最高境界的人（聖人）並無虛假，無所間斷。杜維明則認為「誠」是天地化育過程的原動力，於時空中連續而無止境。[291]

　　(3) **則**：連詞，相當於「就」、「便」。傅佩榮則認為連用五個「則」字應理解為「做到某一程度」之後所產生的質變。[292]

　　(4) **久**：長久，引申為永久保存。朱熹則認為「久」指經常處於「中」的狀態，於《中庸章句》云：「久，常於中也。」

　　(5) **徵**：產生效用。朱熹則認為「徵」指用外在人事來驗證，於《中庸章句》云：「征（徵），驗於外也。」

　　(6) **悠遠**：影響深遠。

291. 杜維明著、段德智譯、林同奇校：《中庸：論儒學的宗教性》，北京：生活•讀書•新知三聯書店，2013 年 6 月第 1 版，第 100 頁。
292. 傅佩榮：《傅佩榮譯解大學中庸》，北京：東方出版社，2012 年 4 月第 1 版，第 86 頁。

(7) **博厚**：廣博而深厚。

(8) **高明**：崇高而光明。

(9) **所以**：用以。**載物**：承載萬物。

(10) **覆物**：覆蓋萬物。

(11) **悠久**：悠遠長久。

(12) **成物**：與《中庸》第二十五章的說法相同，成就萬物。

(13) **配**：匹配、媲美。**配地、配天**：匹配地、匹配天。《中庸章句》云：「此言聖人與天地同體。」指聖人（作為人）可匹配天、地，與《中庸》第二十二章「可以贊天地之化育，則可以與天地參矣。」的喻意相同。

(14) **無疆**：沒有疆界、止境。

(15) **見**（粵音：現 jin6；拼音：現 xiàn）：同「現」，顯露。**章**：彰顯。《中庸章句》云：「見，音現。見，猶示也。不見而章，以配地而言也。不動而變，以配天而言也。無為而成，以無疆而言也。」指「不見而章」是匹配地，「不動而變」是匹配天。**不見而章**：毋須顯露而自然彰顯。

《中庸》的管理智慧

(16) **動**：動作、行動。**變**：引發轉變。**不動而變**：毋須行動而引發轉變。

(17) **無為**：沒有特別作為。**成**：成就。**無為而成**：沒有特別作為而有所成就。

(18) **天地之道**：天與地的法則；一說是相對於「人道」的「天道」與「地道」。錢穆認為「天地之道」這一段點出了天地自然是一至健至誠、不息不已之動，人道也應該至健至誠、不息不已。[293]唐君毅認為「天地之道」可被視為形而上的生物者，是儒家形而上學思想的進一步發展。[294]

(19) **一言而盡**：用一句話來概括。朱熹則認為「一言」是指一個「誠」字，如《中庸章句》云：「天地之道，可一言而盡，不過曰誠而已。不貳，所以誠也。誠故不息，而生物之多，有莫知其所以然者。」指天與地的法則「一言而盡」是「誠」，不二（貳）之心也是「誠」。

(20) **其**：它，指「天與地的法則」。**為物**：對待萬物。**不貳**：一致、沒有差異。牟宗三則認為「不貳」解作專精純一，即是「誠」。[295]

(21) **生物**：生育萬物。《易經·說卦傳》云：「天地定位，山澤通氣，雷風相薄，水火不相射」說明了八種自然現象（天、地、山、澤、雷、風、水、火）生育萬物的功能。《禮記·樂記》云：「地

293.錢穆：《中國思想史》，台北：台灣學生書局，1992年2月，第93頁。
294.唐君毅：《中國哲學原論·導論篇》，北京：中國社會科學出版社，2005年10月，第227頁。
295.牟宗三：《牟宗三先生全集》第五集〈心體與性體〉（第一冊），台北：聯經出版，2003年初版，第340頁。

氣上升，天氣下降，陰陽相摩，天地相蕩，鼓之以雷霆，潤之以風雨，動之以四時，暖之以日月，而百化興焉。」描述了自然界萬物欣欣向榮的過程。《荀子‧天論》云：「天地合而萬物生，陰陽接而變化起」及「萬物各得其和以生，各得其養以成」描述天地生萬物的過程。**不測**：無窮無盡（如錢穆所言）[296]，《中庸章句》云：「誠故不息，而生物之多，有莫知其所以然者。」指所生育萬物的數量不可計算。

(22) **今夫**：以現今的……來說。**今夫天**：以現今的天來說。

(23) **斯**：這，引申為「是」。**昭昭**：明亮、亮點。《中庸章句》云：「昭昭，猶耿耿，小明也。此指其一處而言之。」指「昭」是小的亮點。**之多**：積聚。

(24) **及**：談及。**及其無窮**：談及它（天）無窮無盡之處。

(25) **日月星辰**：太陽、月亮和眾星體。**繫**：懸掛。

(26) **覆**：被……覆蓋、庇護。**萬物覆焉**：萬物被（天）覆蓋、庇護。

(27) **土**：泥土。**一撮土之多**：由一小撮、一小撮的泥土積聚而成。

(28) **廣厚**：廣博而深厚。**及其廣厚**：談及它（地）廣博而深厚

296. 錢穆：《四書釋義》，台北：素書樓文教基金會、蘭臺出版社，2005 年 6 月，第 348 頁。

《中庸》的管理智慧

之處。

(29) **載**：承載。**華**（粵音：話 waa6；拼音：話 huà）**嶽**：指華山（今陝西省境內），五嶽中之西嶽。**不重**：不覺得重。

(30) **振**：收納、收容，如《中庸章句》云：「振，收也。」**河海**：河流及海洋。**不洩**：不洩漏。

(31) **載**：由……承載。**萬物載焉**：萬物由它（地）承載。

(32) **卷**（粵音：拳 kyun4；拼音：拳 quán）：通「拳」。**石**：石頭。**一卷石之多**：由一塊、一塊拳頭大小的石頭所積聚而成。

(33) **廣大**：廣濶、龐大。**及其廣大**：談及它（地）廣濶、龐大之處。

(34) **草木**：草及樹木，泛指各式植物。**生之**：從它（山）生長出來。

(35) **禽獸**：禽鳥及走獸，泛指各式動物。**居之**：以它（山）為居所。

(36) **興**：產生。**寶藏興焉**：產生有價值的藏物（如礦物）。徐復觀認為「寶藏興焉」及「貨財殖焉」是齊魯儒者的口脗；因為秦

地沒有山、海之利，該兩句並非秦地儒者的口脗。[297]

(37) **勺**（粵音：杓 soek3；拼音：杓 sháo）：舀水的器具。
一勺之多：一小勺、一小勺水所積聚而成。

(38) **不測**：與同段「則其生物不測」中的「不測」相同，解無
窮無盡。**及其不測**：談及它浩瀚至無窮無盡之處。

(39) **黿**（粵音：元 jyun4；拼音：元 yuán）：大鱉（軟殼水
生龜的統稱），又名甲魚、水魚。**鼉**（粵音：陀 to4；拼音：陀
tuó）：現稱揚子鱷，俗稱「豬婆龍」。**蛟龍**：古時傳說中能引發
洪水的龍。**魚鱉**（粵音：別 bit3；拼音：別 bié）：泛指各式魚類。
黿鼉、蛟龍、魚鱉：泛指各式水中生物。

(40) **貨財**：原指貨物財富，此處指水產。**殖**：孳生，其後由人
養殖。**貨財殖焉**：孳生各式水產。

(41) **《詩》**：指《詩經・周頌・維天之命》篇，是一首祭祀周
文王的樂歌。

(42) **維**：語氣詞，「啊」的意思。**天之命**：天命。**維天之命**：
天命啊。

(43) **於**（粵音：嗚 wu1；拼音：嗚 wū）：嘆詞，表示贊嘆。**穆**：

《中庸》的管理智慧

297.徐復觀著、李維武編：《徐復觀文集（修訂本）》（第三卷〈中國人性論史・先秦篇〉），湖北：
　　湖北人民出版社，2009 年第 2 版，第 87 頁。

深遠。**不已**：不休止。《中庸章句》云：「於，歎辭。穆，深遠也。」
於穆不已：真是永遠深遠、不休止。

(44) **蓋**：疑問詞，大概。**蓋曰**：大概是說。

(45) **於乎**：贊嘆詞，即「嗚呼」。**不**（粵音：丕 pei1；拼音：
丕 pī）：通「丕」，解「大」。**顯**：顯揚。**不顯**：大顯；「不顯」
也見於《中庸》第三十三章「不顯惟德，百辟其刑之。」《中庸章
句》云：「不顯，猶言豈不顯也。」則認為應解作「豈會不顯明」。

(46) **文王**：周文王姬昌，是儒家思想所推崇的聖人之一。**德之
純**：品德的純正。

(47) **為文**：以「文」為諡號。根據《周公制諡》，死後以「文」
為諡號的準則包括：「經緯天地曰文。成其道」、「道德博聞曰文。
無不知」、「學勤好問曰文。不恥下問」、「慈惠愛民曰文。惠以
成政」、「湣民惠禮曰文。惠而有禮」及「賜民爵位曰文。與同升」
等。

(48) **純亦不已**：純正（的品德）亦不會止息。《中庸章句》云：
「純，純一不雜也。引此以明至誠無息之意。程子曰：『天道不已，
文王純於天道，亦不已。純則無二無雜，不已則無間斷先後。』」
指純正的品德並無雜念，明白極致真誠、不止息的道理。牟宗三認
為孔子論仁及孟子論性，均是講道德的創造性，即是德行之「純亦

不已」，建基於一個超越的根據（transcendental ground）——「性善」的「性」。[298]

【語譯】

所以道德修養達致最高境界的人（聖人）永不竭息。永不竭息就會永久保存，永久保存就會產生效用，產生效用就會影響深遠，影響深遠就會廣博而深厚，廣博而深厚就會崇高而光明。廣博而深厚，用以承載萬物；崇高而光明，用以覆蓋萬物；悠遠長久，用以成就萬物。廣博而深厚可以與地匹配，崇高而光明可以與天匹配，悠遠長久而沒有疆界。如是者，毋須顯露而自然彰顯，毋須行動而引發轉變，沒有特別作為而有所成就。

天與地的法則，可以用一句話來概括：它以一致的態度對待萬物，所以生育萬物而無窮無盡。天與地的法則是：廣博、深厚、崇高、光明、悠遠、長久。以現今的天來說，是由多個亮點積聚而成；談及它無窮無盡之處，太陽、月亮和眾星體藉著它懸掛，萬物被它覆蓋。以現今的地來說，是由一小撮、一小撮的泥土積聚而成，談及它廣博而深厚之處，承載華山而不覺得重，收納河流及海洋而不洩漏，萬物由它承載。以現今的山來說，是由一塊、一塊拳頭大小的石頭所積聚而成，談及它廣潤、龐大之處，生長出草及樹木，禽鳥及走獸以它為居所，產生有價值的藏物（如礦物）。以現今的水來說，是一小勺、一小勺水所積聚而成，談及它浩瀚至無窮無盡之處，大鱉（軟殼水生龜）、鱷魚、蛟龍及各式魚類等均在它裡面生長，孳生各式水產。

---

298. 牟宗三：《中國哲學十九講：中國哲學之簡述及其所涵蘊之問題》，台北：台灣學生書局，2002年8月，第431頁。

《中庸》的管理智慧

《詩經‧周頌‧維天之命》說：「天命啊，真是永遠深遠、不休止！」大概是說天之所以是天的原因吧。「嗚呼！大顯光明，周文王的品德真純正！」大概是說周文王的謚號是「文」的原因吧。純正（的品德）亦不會止息。

第二十七節　大哉

【主旨】

本章先闡述聖人的作用是發育萬物及制訂禮儀，繼而描述君子的特質及處世態度。

【原文】

大哉聖人之道[1]！洋洋乎[2]！發育[3]萬物，峻極於天[4]。優優[5]大哉！禮儀三百[6]，威儀三千[7]，待其人而後行[8]。故曰：苟不至德[9]，至道不凝焉[10]。

故君子尊德性而道問學[11]，致廣大而盡精微[12]，極高明而道中庸[13]。溫故而知新[14]，敦厚以崇禮[15]。是故居上不驕[16]，為下不倍[17]。國有道其言足以興[18]，國無道其默足以容[19]。

《詩》[20]曰：「既明且哲[21]，以保其身[22]。」其此之謂與[23]！

【註釋】

(1) **大哉**：真是偉大。**道**：道理。**聖人之道**：聖人的道理。

(2) **洋洋乎**：也見於《中庸》第十六章，解好像洋溢充滿。

(3) **發育**：作動詞用，使……發育。

(4)**峻**：高大，引申為高尚。《中庸章句》云：「峻，高大也。此言道之極於至大而無外也。」指道極偉大而無疆界。**極**：非常。**峻極於天**：有如天般高尚。

(5)**優優**：充裕。《中庸章句》云：「優優，充足有餘之意。」

(6)**禮**：是綱領原則。**儀**：表現於儀容舉止的程度。**禮儀**：「禮儀」疑為「禮經」之誤；「禮經三百」經常出現於古籍，泛指大的禮制規則。**三百**：並非實數，形容項目眾多。《中庸章句》云：「禮儀，經禮也。威儀，曲禮也。此言道之入於至小而無閒也。」

(7)**威儀**：儀容、舉止，泛指小的禮節。**三千**：並非實數，形容項目眾多。

(8)**待**：等待。**其人**：指聖賢。**行**：實行。**待其人而後行**：等待聖賢來臨之後實行。

(9)**故曰**：所以說。**苟**：如果。**至德**：具備至高品德的人。《中庸章句》云：「至德，謂其人。」**苟不至德**：如果不是具備至高品德的人。

(10)**至道**：理想的道理。**凝**：凝聚、形成。《中庸章句》云：「至道，指上兩節而言也。凝，聚也，成也。」**至道不凝焉**：最理想的道便不能形成了。勞思光認為「苟不至德，至道不凝焉。」中

「至德」的人即是聖人，「道」必須通過聖人的自覺而顯現或落實（「凝」）。[299]

(11) **尊**：尊崇。**德性**：天賦的本性。《中庸章句》云：「德性者，吾所受於天之正理。」**道**：作動詞用，解「從、透過」，《中庸章句》云：「道，由也。」**問學**：請教及學習（而獲取知識），《中庸章句》云：「尊德性，所以存心而極乎道體之大也。道問學，所以致知而盡乎道體之細也。二者修德凝道之大端也。」認為「尊德性」是恭敬奉持本性，以達致道博大之處，而「道問學」則是「致知」的進程，以達致道細微之處。錢穆尤其喜歡「故君子尊德性而道問學，致廣大而盡精微，極高明而道中庸。溫故而知新，敦厚以崇禮。」一句，指人人皆有德性，以它為學問，學者應該如此。[300]

(12) **致**：力求達致、力臻。**廣大**：廣泛而博大。**盡**：達致極限。**精微**：精深透徹。

(13) **極**：極至，此處可解作「領悟」。**高明**：德行最崇高而明智的境界。**道**：作動詞用，落實於。**中庸**：中庸之道的平常道理。錢穆認為「極高明而道中庸」一句指中庸之道人人能知，人人能行，是人內在德性所在，得其誠是高明之處。[301]

(14) **溫故、知新**：溫習舊有的學問、領略新的知識，出於《論語‧為政》篇（子曰：「溫故而知新，可以為師矣」）。

《中庸》的管理智慧

---

299. 勞思光：《新編中國哲學史（二）》，台北：三民書局，2010 年 10 月第三版，第 70 頁。
300. 錢穆：《中國思想通俗講話》，北京：九州出版社，2011 年 1 月，第 2 頁。
301. 錢穆：《中國思想通俗講話》，北京：九州出版社，2011 年 1 月，第 2 頁。

(15) **敦厚**：誠實、厚道。**崇禮**：崇尚禮儀。

(16) **是故**：所以。**居上**：身居高位時。**驕**：驕傲、驕縱。

(17) **為下**：身居低位時。**倍**（粵音：背 bui3；拼音：背 bèi）：同「背」，背叛。

(18) **國有道**：也見於《中庸》第十章，解「國家政務清明」。**其**：指君子。**言**：言論。**興**：振奮人心。**其言足以興**：他（君子）的言論足以振奮人心。

(19) **國無道**：也見於《中庸》第十章，解「國家政務不修」。**默**：沈默。**容**：容身，保全自己。**其默足以容**：他（君子）的沈默足以容身於亂世。

(20) **《詩》**：指《詩經‧大雅‧烝民》（「烝」音蒸，粵音 zing1‧拼音 zhēng）篇，是一首送行的詩。周宣王七年，周王命樊侯仲山甫築城於齊，大臣尹吉甫送別仲山甫，為讚美後者所作的詩。

(21) **明**：明理。**哲**：有智慧，通達事理。

(22) **以保其身**：以保存自己。

(23) **其此**：就是這個意思。**之謂**：所說的。**與**（粵音：如 jyu4；拼音：嶼 yú）：語末助詞，同「歟」，此處表示感嘆。**其此之謂與**：所說的就是這個意思吧。

【語譯】

聖人的道理真是偉大啊！好像洋溢充滿，使萬物發育，有如天般高尚。充裕而偉大啊！大的禮制規則有三百多種，小的禮節有三千多種，等待聖賢來臨之後實行。所以說：如果不是具備至高品德的人，最理想的道便不能形成了。

因此君子尊崇天賦的本性，並透過請教及學習而獲取知識，力臻廣泛而博大，達致精深透徹，領悟德行最崇高而明智的境界，並落實於中庸之道的平常道理之中。溫習舊有的學問而領略新的知識，誠實厚道以崇尚禮儀。所以身居高位時不驕傲，身居低位時不會背叛。國家政務清明時，他（君子）的言論足以振奮人心；國家政務不修時，他的沈默足以容身於亂世。

《詩經·大雅·烝民》說：「既明理又有智慧，可以保全自己。」所說的就是這個意思吧！

《中庸》的管理智慧

第二十八節　自用

【主旨】

本章描述一些身居低位的人（「居下者」）自以為是、獨斷專行的問題。本章認為「位」（地位）及「德」（德行）需要互相配合。

【原文】

子曰：「愚而好自用 [(1)]，賤而好自專 [(2)]；生乎今之世 [(3)]，反古之道 [(4)]。如此者 [(5)]，裁及其身 [(6)] 者也。」

非天子 [(7)]，不議禮 [(8)]，不制度 [(9)]，不考文 [(10)]。今天下車同軌 [(11)]，書同文 [(12)]，行同倫 [(13)]。雖有其位 [(14)]，苟無其德 [(15)]，不敢作禮樂 [(16)] 焉；雖有其德，苟無其位，亦不敢作禮樂焉。

子曰：「吾說夏禮 [(17)]，杞不足徵 [(18)] 也；吾學殷禮 [(19)]，有宋存焉 [(20)]；吾學周禮 [(21)]，今用之 [(22)]，吾從周 [(23)]。」

【註釋】

(1) **愚**：愚昧。**而**：卻。**好**：作動詞用，解喜歡。**自用**：自以為是，剛愎自用。

(2) **賤**：地位卑微。**自專**：獨斷專行，堅持按自己的意願行事。

(3)**生乎**：生活於。**生乎今之世**：生活於現今的世界。

(4)**反**：同「返」，引申為強求恢復；一說解作「違反」。《中庸章句》云：「反，復也。」**古之道**：古代的做法。

(5)**如此者**：這樣的人。

(6)**烖**（粵音：災 zoi1；拼音：災 zāi）：古時的「災」字，災禍。**及其身**：將降臨他身上。勞思光認為「生乎今之世，反古之道。如此者，烖及其身者也。」一句力斥復古，與孔子生平倡議的思想不符，或許是偽作。[302]《論語‧述而》首句亦云：「子曰：『述而不作，信而好古，竊比於我老彭。』」指孔子喜歡古時的禮樂制度，與《中庸》此句的取態明顯不同。

(7)**非天子**：不是天子。

(8)**議**：作動詞用，解議定、擬議。**議禮**：議定禮制。《中庸章句》云：「禮，親疏貴賤相接之體也。」指禮是親疏、身分地位不同的人之間的體制。

(9)**制**：作動詞用，解制定。**度**：度量衡制度。《中庸章句》云：「度，品制。」**制度**：制定度量衡制度。《論語‧堯曰》提及「謹權量，審法度」解作設計及審定度量衡的標準。

---

302. 勞思光：《大學中庸譯註新編》，香港：中文大學出版社，2000 年，第 90 頁。

(10) **考**：作動詞用，解考訂。**考文**：考訂文字。

(11) **軌**：古時指車輪之間的距離，《中庸章句》云：「軌，轍跡之度。」**車同軌**：車輛行走相同的路軌。勞思光認為「今天下車同軌，書同文，行同倫。」是描述秦國統一中國之後的境況，所以《中庸》並非子思所作。[303]

(12) **書同文**：書寫相同的文字。勞思光認為秦統一天下之後強迫統一文字體制，此句應是秦儒生所說，引證《中庸》並非子思所作。[304]

(13) **行**（粵音：幸 hang6；拼音：幸 xìng）：讀去聲，解行為。**行同倫**：行為遵從相同的倫理規範。

(14) **雖有**：即使有。**其位**：承接上文「非天子」一句，「其位」指天子的地位。《中庸章句》云：「鄭氏曰：『言作禮樂者，必聖人在天子之位。』」引用鄭玄的註解，認為只有聖人於天子之位才能議定禮、樂制度。

(15) **其德**：聖人的德性；一說直解為「相稱的德性」。

(16) **作禮樂**：制定禮樂制度。陳滿銘認為禮關乎個人、家國以至整個天下的福禍安危，影響深遠，制禮必須格外慎重。[305] 勞思光認為此句表述必須是聖君才能制定禮樂制度，有位無德的人不敢

303. 勞思光：《大學中庸譯註新編》，香港：中文大學出版社，2000 年，第 108 頁。
304. 勞思光：《大學中庸譯註新編》，香港：中文大學出版社，2000 年，第 91 頁。
305. 陳滿銘：《中庸思想研究》，台灣：文津出版社，1980 年 3 月初版，第 143 頁。

擅自作禮樂。[306]

(17) **吾**：我。**說**：講說、談論。**夏禮**：夏朝的禮制。

(18) **杞**：周朝諸侯國之一 —— 杞國，傳說周武王封夏朝夏禹的後代於杞（故城在今河南省開封市杞縣），此處引申為杞國的文獻。**徵**：印證。**不足徵**：不足以印證。《中庸章句》云：「征，證也。」《論語‧八佾》有類似的說法，云：「夏禮，吾能言之，杞不足徵也；殷禮，吾能言之，宋不足徵也。文獻不足故也，足，則吾能徵之矣。」提及杞、宋兩國的文獻均不足以印證夏朝、商朝的禮制。**杞不足徵**：杞國的文獻不足以用來印證。

(19) **學**：學習。**殷禮**：殷（商）朝的禮制。

(20) **宋**：周朝諸侯國之一 —— 宋國（今河南省商丘市南），是商朝明君商湯（成湯）後代的居住地。戰國時為齊、魏、楚三國所共滅。**存**：存在。**有宋存焉**：宋國尚存一些文獻可供參考。

(21) **周禮**：周朝的禮制。李澤厚指「周禮」是周朝初期所確定的一整套典章、制度、規矩及儀節，有上下等級、尊卑長幼等明確而嚴格的秩序規定，保存了原始的民主性及人民性。「周禮」是以祭神（祖先）為核心的原始禮儀，加以改造、系統化，成為一套習慣統治法規（「儀制」）。[307]

《中庸》的管理智慧

---

306. 勞思光：《大學中庸譯註新編》，香港：中文大學出版社，2000 年，第 91 頁。
307. 李澤厚：《中國古代思想史論》，台北：三民書局，2012 年 3 月，第 3-6 頁。

(22) **今用之**：現在仍在實行它（周禮）。

(23) **吾從周**：我遵從周朝的禮制。《中庸章句》云：「宋，殷之後。三代之禮，孔子皆嘗學之而能言其意；但夏禮既不可考證，殷禮雖存，又非當世之法，惟周禮乃時王之制，今日所用。孔子既不得位，則從周而已。」指孔子曾學習夏、商、周三代之禮，並能講說其內容；孔子的年代採用周禮，他不得其位（天子之位），仍循從周禮（「從周」）。

【語譯】

孔子說：「愚昧卻喜歡自以為是，地位卑微卻喜歡獨斷專行；生活於現今的世界，卻強求恢復古代的做法。這樣的人，災禍將降臨他身上。」

不是天子，就不要議定禮制，不要制訂度量衡制度，不要考訂文字。現在天下的車輛行走相同的路軌，書寫相同的文字，行為遵從相同的倫理規範。即使擁有天子的地位，但如果沒有聖人的德性，亦不敢制定禮樂制度；即使有聖人的德性，但沒有天子的地位，亦不敢制定禮樂制度。

孔子說：「我講說夏朝的禮制，夏朝後裔杞國的文獻不足以用來印證；我學習商（殷）朝的禮制，商朝後裔宋國尚存的文獻可供參考；我學習周朝的禮制，現在仍在實行，所以我遵從周朝的禮制。」

第二十九節　三重

【主旨】

本章首先強調管治的三項重要事情，包括議定禮制、制訂度量衡制度、考訂文字。本章其後提倡取信於民需要效用及位置並行，處於高位的人（「上焉者」）的善行需要產生作用（「徵」），處於低位的人（「下焉者」）雖然有善行卻苦無尊貴之位（「不尊」），未能取信於民（「不信」）。本章最後表揚君子的舉動及言論是世人的榜樣（「天下道」、「天下法」、「天下則」），享有美好聲譽（「有譽」）。

【原文】

王天下 [(1)] 有三重 [(2)] 焉，其寡過矣乎 [(3)]！上焉者 [(4)]，雖善無徵 [(5)]，無徵不信 [(6)]，不信民弗從 [(7)]。下焉者 [(8)]，雖善不尊 [(9)]，不尊不信，不信民弗從。故君子之道 [(10)]：本諸身 [(11)]，徵諸庶民 [(12)]，考諸三王而不繆 [(13)]，建諸天地而不悖 [(14)]，質諸鬼神而無疑 [(15)]，百世以俟聖人而不惑 [(16)]。質諸鬼神而無疑，知天也 [(17)]；百世以俟聖人而不惑，知人也 [(18)]。

是故君子動而世為天下道 [(19)]，行而世為天下法 [(20)]，言而世為天下則 [(21)]。遠之則有望 [(22)]，近之則不厭 [(23)]。

《詩》 [(24)] 曰：「在彼無惡 [(25)]，在此無射 [(26)]。庶幾夙夜 [(27)]，以

《中庸》的管理智慧

永終譽 [(28)] ！」君子未有不如此 [(29)]，而蚤有譽於天下者也 [(30)]。

【註釋】

(1) **王**（粵音：旺 wong6；拼音：旺 wàng）：作動詞用，稱王，以王者的身分行事。**王天下：**君臨天下，以君主的身分治理天下。

(2) **三重**（粵音：仲 zung6；拼音：仲 zhòng）：三件重要的事情，即《中庸》第二十八章提及只有天子才可以進行的三件事（議禮、制度、考文）。《中庸章句》云：「呂氏曰：『三重，謂議禮、制度、考文。惟天子得以行之，則國不異政，家不殊俗，而人得寡過矣。』」認為天子做好這三件事，國家政事便沒有分歧，家庭習俗便沒有差異，人也少犯過錯。

(3) **其：**大概、或許。**寡：**少。**過：**過錯。**矣乎：**了吧。**其寡過矣乎：**或許就能減少過錯了吧。

(4) **上焉者：**在上位的人，譬如君主、諸侯等。勞思光認為「上焉者」及「下焉者」分別指「在上位的人」及「在下位的人」，這兩個詞有三種解法，包括「以位言」、「以時言」、「以德言」的解法。根據「以位言」的解法，「上焉者」指「在上位者」而「下焉者」指「在下位者」；根據「以時言」的解法，「上焉者」指「上古的人」而「下焉者」指「目前的人」（朱熹持此見，認為「上焉者」指夏、商之禮）；根據「以德言」的解法，「上焉者」指「德性高者」而「下焉者」指「德性低者」。[308]

308.勞思光：《大學中庸譯註新編》，香港：中文大學出版社，2000年，第93-94頁。

(5) **善：**（言行）良善；一說指「禮儀妥當」。**徵：**考證其作用。《中庸章句》云：「上焉者，謂時王以前，如夏、商之禮雖善，而皆不可考。」指夏、商兩代的禮制雖然良善，但不能考證。**無徵：**無法考證其作用；錢穆則認為「無徵」指不可與普通百姓共同驗證而變得明白，故不可信。[309]

(6) **不信：**不能取信於人。

(7) **弗：**不。**民弗從：**民眾就不會遵從。

(8) **下焉者：**在下位的人。

(9) **雖善：**（言行）雖然良善。**不尊：**沒有尊貴的地位。《中庸章句》云：「下焉者，謂聖人在下，如孔子雖善於禮，而不在尊位也。」指在下位的聖人（如孔子）言行良善，但沒有尊貴的地位。

(10) **君子之道：**君子的正道；一說君主治理天下的道理。《中庸章句》云：「此君子，指王天下者而言。其道，即議禮、制度、考文之事也。」中的「君子」指「天子」。

(11) **諸：**之於。**本諸身：**以自身的德性為根本。《中庸章句》云：「本諸身，有其德也。」

(12) **徵諸：**在……考證其作用。**庶民：**普通平民百姓。《中庸

---

309. 錢穆：《四書釋義》，台北：素書樓文教基金會、蘭臺出版社，2005 年 6 月，第 353 頁。

章句》云：「徵諸庶民，驗其所信從也。」

(13) **考諸**：以……來考察、比對。**三王**：指夏、商、周三朝的君王。**繆**：同「謬」，謬誤、錯誤。

(14) **建諸**：建基於。《中庸章句》云：「建，立也，立於此而參於彼也。」**建諸天地**：建基於天地的道理。**悖**（粵音：背 bui3；拼音：背 bèi）：違背。

(15) **質諸**：質詢於，引申為用占卜的方法去詢問。**鬼神**：亡魂及神靈。**疑**：懷疑。

(16) **百世**：一百個世代，泛指後世。**以俟**：以等待、留待。**惑**：疑惑。**百世以俟聖人而不惑**：留待後世的聖人來評定而沒有疑惑。《中庸章句》云：「百世以俟聖人而不惑，所謂聖人復起，不易吾言者也。」

(17) **知天也**：了解了天的道理。

(18) **知人也**：了解了人的道理。

(19) **動**：舉動、作為。《中庸章句》云：「動，兼言行而言。」**世**：世世代代。**為**：作為。**道**：常道、法則。《中庸章句》云：「道，兼法則而言。」**而世為天下道**：可以世世代代作為天下的常道。

(20) **行**：行為。**法**：法度。《中庸章句》云：「法，法度也。」
天下法：天下的法度。

(21) **言**：言論。**則**：準則。《中庸章句》云：「則，準則也。」
天下則：天下的準則。

(22) **遠之**：在遠處看他（君子）；一說是遠離（君子）的人。
則有望：有所仰望。

(23) **近之**：在近處接觸他（君子）；一說是接近（君子）的人。
則不厭：也不覺討厭。

(24)**《詩》**：指《詩經·周頌·振鷺》篇，是一首周王設宴招待杞、
宋兩國諸侯的迎賓曲，期望後者勤政而不會令人民憎惡。

(25) **彼**：那裡、彼方。**惡**：被人憎惡。**在彼無惡**：在那裡沒有
被人憎惡。

(26) **此**：這裡。**射**（粵音：亦 jik6；拼音：亦 yì）：也見於《中
庸》第十六章「矧可射思」一句，《詩經·大雅·抑》作「斁」，
解感到煩厭而不敬。**在此無射**：在這裡沒有人感到煩厭而不敬。

(27) **庶幾**：幾乎、經常。**夙**（粵音：宿 suk1；拼音：宿
sù）：解「早」。**夙夜**：早、晚，引申指君子為了勤政而早起晚睡

《中庸》的管理智慧

（「夙興夜寐」）。

(28) **以**：因而。**永**：永遠。**終**：保持。**譽**：聲譽。**以永終譽**：因而永遠保持聲譽。

(29) **如此**：這樣做。

(30) **蚤**（粵音：早 zou2；拼音：早 zǎo）：通「早」。**有譽於**：享有美好聲譽。**蚤有譽於天下者也**：而很早便能夠在天下享有美好聲譽的。

【語譯】

以君主的身分治理天下而做好三件重要的事情（議定禮制、制訂度量衡制度、考訂文字），或許就能減少過錯了吧！在上位的人的言行雖然良善，但無法考證其作用，就不能取信於人；不能取信於人，民眾就不會遵從。在下位的人的言行雖然良善，但沒有尊貴的地位，就不能取信於人；不能取信於人，民眾就不會遵從。所以君子的正道是：以自身的德性為根本，在普通平民百姓當中考證其作用，比對夏、商、周三朝的君王而沒有謬誤，建基於天地的道理而沒有違背，用占卜的方法去詢問鬼神而沒有懷疑，留待後世的聖人來評定而沒有疑惑。用占卜的方法去詢問鬼神而沒有懷疑，是了解了天的道理；留待後世的聖人來評定而沒有疑惑，是了解了人的道理。

所以君子的舉動可以世世代代作為天下的常道，行為可以世世代代作為天下的法度，言論可以世世代代作為天下的準則。在遠處看他有所仰望，在近處接觸他也不覺討厭。

《詩經·周頌·振鷺》說：「在那裡沒有被人憎惡，沒有人感到煩厭而不敬，經常為了勤政而早起晚睡，因而永遠保持聲譽。」君子沒有不這樣做，而很早便能夠在天下享有美好聲譽的。

第三十節　祖述

【主旨】

本章從三個層次表揚孔子的偉大。首先，本章指孔子能夠繼承儒家所推崇的榜樣，包括堯、舜、周文王、周武王等。其二，本章將孔子（代表「人道」）比作天地之道（天道、地道）、四時及日月，光輝照耀。章末頌讚天地之偉大，比喻孔子的德行有積極而不息的作用。

【原文】

仲尼⁽¹⁾ 祖述堯、舜⁽²⁾，憲章文、武⁽³⁾；上律天時⁽⁴⁾，下襲水土⁽⁵⁾。辟如天地之無不持載⁽⁶⁾，無不覆幬⁽⁷⁾；辟如四時之錯行⁽⁸⁾，如日月之代明⁽⁹⁾。萬物並育而不相害⁽¹⁰⁾，道並行而不相悖⁽¹¹⁾。小德川流⁽¹²⁾，大德敦化⁽¹³⁾，此天地之所以為大⁽¹⁴⁾ 也！

【註釋】

(1) **仲尼**：孔子；孔子名丘，字仲尼。

(2) **祖**：作動詞用，承襲。**述**：傳述。《中庸章句》云：「祖述者，遠宗其道。」**祖述堯、舜**：承襲並傳述堯、舜兩帝之道。

(3) **憲**：作動詞用，效法。**章**：典章制度。《中庸章句》云：「憲章者，近守其法。」**憲章文、武**：效法周文王、周武王的典章制度。

(4) **上律**：向上效法。**天時**：大自然的規律。《中庸章句》云：「律天時者，法其自然之運。」指「律天時」是效法大自然的運轉。勞思光則認為「天時」指「天道」。[310] 錢穆認為「律天時」及「襲水土」似是晚周陰陽五行家的說法。[311]

(5) **下襲**：向下承襲。**水土**：河川及土地（的道理）。《中庸章句》云：「襲水土者，因其一定之理。」指「水土」有其定理。勞思光則認為「水土」指「地道」。[312]

(6) **辟如**：「辟」通「譬」，譬如、就好像。**持載**：持守、承載。此句的「辟如」及「如」以天地、四時及日月來比喻孔子的偉大。

(7) **幬**（粵音：倒 dou2；拼音：倒 dào）：解「帳」，覆蓋的意思。**覆幬**：覆蓋。

(8) **四時**：春、夏、秋、冬四季。**錯行**：交錯運行。

(9) **日月**：太陽、月亮。**代**：替代、交替。**代明**：交替照耀。

(10) **並育**：一起生長。**害**：妨害。

(11) **道並行**：各行其道。**悖**：違背、牴觸。《中庸章句》云：「悖，猶背也。」徐復觀認為「萬物並育而不相害，道並行而不相悖。」說明了儒家思想的性格沒有組織力量的支持，也沒有排斥性。[313]

《中庸》的管理智慧

310. 勞思光：《大學中庸譯註新編》，香港：中文大學出版社，2000 年，第 96 頁。
311. 錢穆：《四書釋義》，台北：素書樓文教基金會、蘭臺出版社，2005 年 6 月，第 354 頁。
312. 勞思光：《大學中庸譯註新編》，香港：中文大學出版社，2000 年，第 96 頁。
313. 徐復觀著，李維武編：《徐復觀文集（修訂本）》（第一卷〈文化與人生〉），湖北：湖北人民出版社，2009 年第 2 版，第 11 頁。

(12) **小德**：小的德行。**川流**：如川流般流動不息。《中庸章句》云：「小德者，全體之分。」及「川流者，如川之流，脈絡分明而往不息也。」指川流的脈絡分明而不休止。王夫之云：「小德、大德，合知仁勇於一誠，而以一誠行乎三達德者也。」（《讀四書大全說》卷三）指若將智、仁、勇（「三達德」）合而為一作為「誠」，就能予以實踐。

(13) **大德**：大的德行。**敦化**：敦厚而化育萬物。《中庸章句》云：「大德者，萬殊之本。」及「敦化者，敦厚其化，根本盛大而出無窮也。」指敦厚而化育萬物的功用層出不窮。

(14) **此**：這就是。**大**：偉大。**之所以為大**：偉大的緣故。

【語譯】

孔子承襲並傳述堯、舜兩帝之道，效法周文王、周武王的典章制度，向上效法大自然的規律（「天道」），向下承襲河川及土地的道理（「地道」）。就好像天地那樣沒有甚麼不能承載，沒有甚麼不能覆蓋；就好像四季的交錯運行，太陽、月亮的交替照耀。萬物一起生長而互不妨害，各行其道而互不牴觸。小的德行如川流不息，大的德行敦厚而化育萬物。這就是天地偉大的緣故啊！

第三十一節　至聖

【主旨】

本章描述「至聖」（至高無上的聖人）的內涵，包括「聰明睿知」、「寬裕溫柔」、「發強剛毅」、「齊莊中正」及「文理密察」。章末贊揚「至聖」有廣大的影響力，能與天匹配（「配天」）。

【原文】

唯天下至聖[1]，為能聰明睿知[2]，足以有臨[3]也；寬裕[4]溫柔，足以有容[5]也；發強剛毅[6]，足以有執[7]也；齊莊中正[8]，足以有敬[9]也；文理密察[10]，足以有別[11]也。

溥博淵泉[12]，而時出之[13]。溥博如天[14]，淵泉如淵[15]。見而民莫不敬[16]，言而民莫不信[17]，行而民莫不說[18]。

是以聲名洋溢乎[19]中國，施及蠻貊[20]。舟車所至[21]，人力所通[22]，天之所覆[23]，地之所載[24]，日月所照[25]，霜露所隊[26]，凡有血氣[27]者，莫不尊親[28]，故曰配天[29]。

【註釋】

(1) **至聖**：至高無上的聖人；一說「至聖」指孔子。

(2) **為能**：能夠做到。**聰**：聽力敏銳。**明**：視力敏銳。**睿**：思

想敏捷。**知**：同「智」，明智、知識廣博。**聰明睿知**：耳聰、目明、思想敏捷而明智。

(3)**足以**：足夠做到。**臨**：居高（上）而臨下。**有臨**：居於上位而治理天下。《中庸章句》云：「臨，謂居上而臨下也。」**足以有臨**：足以居於上位而治理天下。

(4)**寬**：寬大。**裕**：充裕。

(5)**有容**：有所包容。

(6)**發強**：奮發圖強。**剛毅**：剛強堅毅。

(7)**有執**：有所固守，引申為決斷大事。勞思光則認為「有執」指「擇善固執」，堅持原則的意思。[314]

(8)**齊莊**：整齊莊重。《論語·為政》云：「臨之以莊，則敬。」有類似的說法，指居上位者治理百姓時要莊重，自然受民眾尊敬。**中正**：居中守正、公平正直。

(9)**有敬**：受人尊敬。

(10)**文理**：有條理；一說解「禮儀」。**密察**：縝密、明察。《中庸章句》云：「文，文章也。理，條理也。密，詳細也。察，明辯

---

314. 勞思光：《大學中庸譯註新編》，香港：中文大學出版社，2000 年，第 97 頁。

也。」則認為「文」指「文章」，不太切合上文下理。

(11) **有別**：可以辨別事非。

(12) **溥**（粵音：普 pou2；拼音：普 pǔ）：周遍，遍及各方。**博**：廣博。**溥博**：（聖人的德性）周遍、廣博。孔穎達疏：「溥，謂無不周遍；博，謂無所及廣遠。」**淵泉**：深水，引申為深思熟慮。杜維明則認為「溥博淵泉，而時出之。」是指聖人聰明睿智、大度溫厚、堅強剛毅、精微敏銳等美德。[315]

(13) **時**：隨時。**出之**：表現出來。**而時出之**：而且隨時表現於外。《中庸章句》云：「溥博，周遍而廣闊也。淵泉，靜深而有本也。出，發見也。」

(14) **如天**：如天空一樣。

(15) **如淵**：如深淵（潭水）一樣。

(16) **見**：同「現」，出現；《中庸章句》云：「見，音現。」一說解作「表現於外的儀容」。**民莫不敬**：民眾沒有不尊敬的。

(17) **言**：說話。**信**：信任。

(18) **行**：行為、行動。**說**（粵音：悅 jyut6；拼音：悅 yuè）：

315. 杜維明：《儒家思想：以創造轉化為自我認同》，台北：東大圖書，2014 年 9 月三版，第 70 頁。

《中庸》的管理智慧

同「悅」，喜悅、喜歡。《中庸章句》云：「說，音悅。」

(19) **是以**：因此。**聲名**：名聲。**洋溢乎**：充滿於、遍布於。

(20) **施及**：延及、傳播至。**蠻**：南蠻。**貊**（粵音：默 mak6；拼音：默 mò）：古代對東北少數民族的稱呼。**蠻貊**：古時有「南蠻、北貊」的說法，泛指居於邊境而尚未開發的少數民族。《論語·衛靈公》云：「言忠信，行篤敬，雖蠻貊之邦，行矣。」提及只要言論忠信、行為篤敬，就算在尚未開發的少數民族（「蠻貊」）身上也可推行。

(21) **舟車所至**：船及車所能抵達的地方。

(22) **人力所通**：人力量所能通往的地方。

(23) **天之所覆**：天所覆蓋的地方。

(24) **地之所載**：地所承載的地方。

(25) **日月所照**：太陽、月亮所照耀的地方。

(26) **隊**（粵音：墜 zeoi6；拼音：墜 zhuì）：同「墜」，墜落。《中庸章句》云：「隊，音墜。」**霜露所隊**：霜與露所墜落的地方。

(27) **凡有**：凡是有。**血氣**：血和氣，泛指有血氣的人。

(28) **莫不**：沒有不。**尊親**：表示尊敬、親愛（聖人）。

(29) **配天**：也見於《中庸》第二十六章「博厚配地，高明配天，悠久無疆」一句，解「與天匹配」。

【語譯】

只有天下至高無上的聖人，才能做到耳聰、目明、思想敏捷而明智，足以居於上位而治理天下；寬大、充裕而溫柔，足以有所包容；奮發圖強、剛強堅毅，足以決斷大事；整齊莊重、公平正直，足以受人尊敬；有條理而縝密明察，足以辨別事非。

聖人的德性周遍、廣博，深思熟慮，而且隨時表現於外。周遍、廣博如天，深厚如深淵（潭水）。他一出現，民眾沒有不尊敬的；他的說話，民眾沒有不信任的；他的行為，民眾沒有不喜歡的。

因此他（聖人）的名聲遍布於中國，傳播至偏遠的少數民族地區。凡是車船所能抵達的地方，人力量所能通往的地方，天所覆蓋的地方，地所承載的地方，太陽、月亮所照耀的地方，霜與露所墜落的地方；凡是有血氣的人，沒有不表示尊敬、親愛他的，所以說聖人可以與天匹配。

《中庸》的管理智慧

第三十二節　經綸

【主旨】

本章指「至誠」（聖人）的道德修養達致最高境界，能夠治理天下眾人應共同遵守的規範（「大經」），建立天下主要的根本（「大本」）。

【原文】

唯天下至誠⁽¹⁾，為能經綸天下之大經⁽²⁾，立天下之大本⁽³⁾，知天地之化育⁽⁴⁾。夫焉有所倚⁽⁵⁾？肫肫其仁⁽⁶⁾！淵淵其淵⁽⁷⁾！浩浩其天⁽⁸⁾！苟不固聰明聖知⁽⁹⁾達天德者⁽¹⁰⁾，其孰能知之⁽¹¹⁾？

【註釋】

(1) **至誠**：與第二十二章同，指聖人（道德修養達致最高境界的人）。

(2) **為能**：才能夠。**經綸**：原指整理絲縷，引申為治理。《中庸章句》云：「經、綸，皆治絲之事。經者，理其緒而分之；綸者，比其類而合之也。」**大經**：常道，眾人應共同遵守的規範。《中庸章句》云：「經，常也。大經者，五品之人倫。」認為「大經」是「五倫」（君臣、父子、兄弟、夫婦、朋友之交），聖人能夠恰如其分地實踐「五倫」。《中庸章句》又云：「惟聖人之德極誠無妄，故於人倫各盡其當然之實，而皆可以為天下後世法，所謂經綸之也。」

第二章　《中庸》今註今譯

勞思光則認為「大經」指「大原則」。[316] **為能經綸天下之大經：**才能夠治理天下眾人應共同遵守的規範。

(3)**立：**建立、樹立。**大本：**也見於《中庸》首章「中也者，天下之大本也；和也者，天下之達道也。」解主要的根本（基礎）。《中庸章句》云：「大本者，所性之全體也。」及「其於所性之全體，無一毫人慾之偽以雜之，而天下之道千變萬化皆由此出，所謂立之也。」**立天下之大本：**建立天下主要的根本。

(4)**知：**領悟、知悉。**化育：**化育萬物的道理。**知天地之化育：**領悟天地化育萬物的道理。

(5)**夫焉：**豈有。**有所倚：**有所倚靠、憑藉。《中庸章句》云：「此皆至誠無妄，自然之功用，夫豈有所倚著於物而後能哉。」指至誠有自然的功用，毋須倚仗其他事物。

(6)**肫肫**（粵音：諄 zeon1；拼音：諄 zhūn）：誠懇。**其仁：**聖人仁愛的心。《中庸章句》云：「肫肫，懇至貌，以經綸而言也。」認為「肫肫其仁」是用來形容聖人經綸天下之德。**肫肫其仁：**聖人仁愛的心是那麼誠懇。牟宗三則認為「肫肫其仁，淵淵其淵，浩浩其天」是顯示仁心、仁道之深遠廣大，而與天為一。[317]

(7)**淵淵：**沉靜、深邃。**其淵：**像深淵一樣。**淵淵其淵：**如勞思光所言，「淵淵其淵」指「深遠得像深淵一樣」。[318]《中庸章句》

316. 勞思光：《大學中庸譯註新編》，香港：中文大學出版社，2000 年，第 98 頁。
317. 牟宗三：《牟宗三先生全集》第五集〈心體與性體〉（第一冊），台北：聯經出版，2003 年初版，第 25 頁。
318. 勞思光：《大學中庸譯註新編》，香港：中文大學出版社，2000 年，第 99 頁。

《中庸》的管理智慧

則云：「淵淵，靜深貌，以立本而言也。」認為「淵淵其淵」是用來形容聖人確立的「大本」有深厚的功德。

(8) **浩浩**：廣大浩瀚。**其天**：像天一樣。**浩浩其天**：如勞思光所言，「浩浩其天」指「廣大浩瀚得像天一樣」。[319]《中庸章句》則云：「浩浩，廣大貌，以知化而言也。其淵其天，則非特如之而已。」認為「浩浩其天」是用來形容聖人知道天地化育萬物的道理。

(9) **苟**：如果。**固**：固有、實在的。《中庸章句》云：「固，猶實也。」**聰明聖知**：聰明而具備聖人的智慧。

(10) **達**：通達、充分領悟。**天德**：天的德行，指自然界化育萬物的功能。**達天德者**：通達天的德行的人。

(11) **孰**：誰。**知**：明白。**其孰能知之**：有誰能夠明白這道理呢。《中庸章句》云：「鄭氏曰：『惟聖人能知聖人也。』」引用鄭玄的說法，認為只有聖人才能悉別其他聖人。

【語譯】

只有天下的聖人（道德修養達致最高境界的人），才能夠治理天下眾人應共同遵守的規範，建立天下主要的根本，領悟天地化育萬物的道理。他豈有甚麼倚靠呢？聖人仁愛的心是那麼誠懇！深遠得像深淵一樣！廣大浩瀚得像天一樣！如果不是實在聰明而具備聖人的智慧，通達天的德行的人，有誰能明白這道理呢？

---

319. 勞思光：《大學中庸譯註新編》，香港：中文大學出版社，2000 年，第 99 頁。

第三十三節　尚絅

【主旨】

本章引用《詩經》多篇描述君子及小人的作風。君子作風是隱藏不露而日漸彰顯（「闇然而日章」），外表平淡、簡約及溫和，內涵是文采及條理，可以進入修養道德的境界（「入德」）；小人的作風則是亮麗卻日漸消退（「的然而日亡」）。章末以《詩經·大雅·文王》篇「上天之載，無聲無臭」一句，為《中庸》全書作總結，指上天行事無聲無息，是最高的境界。

【原文】

《詩》[1] 曰：「衣錦尚絅 [2] 。」惡其文之著也 [3] 。故君子之道 [4] ，闇然而日章 [5] ；小人之道 [6] ，的然而日亡 [7] 。君子之道，淡而不厭 [8] ，簡而文 [9] ，溫而理 [10] ，知遠之近 [11] ，知風之自 [12] ，知微之顯 [13] ，可與入德矣 [14] 。

《詩》[15] 云：「潛雖伏矣 [16] ，亦孔之昭 [17] ！」故君子內省不疚 [18] ，無惡於志 [19] 。君子之所不可及者 [20] ，其唯人之所不見乎 [21] ？

《詩》[22] 云：「相在爾室 [23] ，尚不愧於屋漏 [24] 。」故君子不動而敬 [25] ，不言而信 [26] 。

《詩》[27] 曰：「奏假無言 [28] ，時靡有爭 [29] 。」是故君子不賞

《中庸》的管理智慧

而民勸 ⁽³⁰⁾，不怒而民威於鈇鉞 ⁽³¹⁾。

《詩》⁽³²⁾ 曰：「不顯惟德 ⁽³³⁾，百辟其刑之 ⁽³⁴⁾。」是故君子篤恭而天下平 ⁽³⁵⁾。

《詩》⁽³⁶⁾ 云：「予懷明德 ⁽³⁷⁾，不大聲以色 ⁽³⁸⁾。」子曰：「聲色之於以化民 ⁽³⁹⁾，末也 ⁽⁴⁰⁾。」

《詩》⁽⁴¹⁾ 曰：「德輶如毛 ⁽⁴²⁾。」毛猶有倫 ⁽⁴³⁾。「上天之載，無聲無臭 ⁽⁴⁴⁾。」至矣 ⁽⁴⁵⁾！

【註釋】

(1) **《詩》**：《詩經》沒有「衣錦尚絅」一句，這「詩」可能是逸詩。《詩經·衛風·碩人》及《詩經·鄭風·丰》則有「衣錦褧衣」一句，解「穿著華美的衣服及單層罩衫（現代稱為「外套」）」。褧（粵音：炯 gwing2；拼音：炯 jiǒng）：同「絅」，是古時以麻布織成的單層罩衫。

(2) **衣**（粵音：意 ji3；拼音：意 yì）：作動詞用，穿著的意思。**錦**：華美或色彩鮮艷的衣服。**尚**：動詞，加上。**絅**：同「褧」，即上述《詩經·衛風·碩人》及《詩經·鄭風·丰》中「衣錦褧衣」的「褧」字，是古時以麻布織成的單層罩衫。《中庸章句》云：「褧、絅同。禪衣也。尚，加也。」**衣錦尚絅**：穿著華美的衣服而在外加

上外套，引申為君子內斂而不求鋒芒外露。張居正云：「所以君子之為學，專務為己，不求人知，外面雖暗然韜晦，然實德在中，自不能藏，而日見其章顯。」指君子治學是為己，內在的品德最終不能深藏而日漸彰顯。[320]

(3) **惡**（粵音：wu3；拼音：誤 wù）：厭惡、嫌棄。**文**：同「紋」，紋彩。**著**（粵音：注 zyu3；拼音：注 zhù）：顯著、鮮明。**惡其文之著也**：嫌棄它（華美的衣服）的紋彩太顯著了。

(4) **道**：此處指作風。**君子之道**：君子的作風。

(5) **闇然**：有文本用「暗」取代「闇」，隱晦、隱藏不露。**日**：日漸。**章**：同「彰」，彰顯、顯著。**而日章**：而日漸彰顯。《中庸章句》云：「古之學者為己，故其立心如此。尚絅故闇然，衣錦故有日章之實。淡、簡、溫，絅之襲於外也；不厭而文且理焉，錦之美在中也。」指君子一心立己，就算穿著華美的衣服（「衣錦」）而在外加上外套（「尚絅」），「錦」（華美的衣服，引申為君子的美好品德）之美仍會突破淡然簡約的外套而日漸彰顯。

(6) **小人之道**：小人的作風。

(7) **的然**：明亮、亮麗；一說「的」是「旳」的誤寫，《說文解字》云：「旳，明也。」解「明亮、明顯」。**亡**：消退、消失。**而日亡**：卻日漸消退。《中庸章句》云：「小人反是，則暴於外而無實以繼

---

320. 陳生璽等譯解：《張居正講評大學·中庸》（修訂本），上海：上海辭書出版社，2013 年 8 月，第 137 頁。

《中庸》的管理智慧

之，是以的然而日亡也。」指小人的作風與君子相反，將「亮點」暴露於外但無以為繼。

(8) **淡而不厭**：平淡而不使人厭惡。錢穆認為中庸之道並非不著重表現，但求表現於暗微淡簡之中，是中庸的要旨。[321]

(9) **簡而文**：簡約而有文采。

(10) **溫而理**：溫和而有條理。

(11) **知**：明白、知道。**知遠之近**：明白遠由近開始。《中庸章句》云：「遠之近，見於彼者由於此也。」

(12) **風**：社會風俗；一說是風。**自**：根源；一說是風向。**知風之自**：明白社會風俗的根源；一說是知道風向。《中庸章句》云：「風之自，著乎外者本乎內也。」

(13) **微**：隱微的細節。**顯**：顯著。**知微之顯**：明白（內在）隱微的細節可以演變成（外在）顯著的事實。《中庸章句》云：「微之顯，有諸內者形諸外也。」

(14) **入德**：進入道德之門，達到修養道德的境界。**可與入德矣**：就可以進入修養道德的境界了。《中庸章句》云：「遠之近，見於彼者由於此也。風之自，著乎外者本乎內也。微之顯，有諸內者形

---

321. 錢穆：《晚學盲言（上）》，台北：東大圖書，1987 年 8 月初版，第 131 頁。

諸外也。有為己之心，而又知此三者，則知所謹而可入德矣。」指君子有為己之心，並知悉「遠之近」、「風之自」、「微之顯」三者的道理，就可以進入修養道德的境界。

(15)《詩》：指《詩經·小雅·正月》篇，是一首關於官場失意的官員，表現憂國憂民、憤世嫉俗的詩。

(16) 潛：原指魚兒潛入水中，引申為隱藏、躲藏。伏：隱蔽、看不見。潛雖伏矣：雖然已隱藏起來而看不見。

(17) 孔：非常、甚。昭：明顯、清楚。亦孔之昭：還是非常明顯可見。張居正云：「幽暗的去處雖是隱伏難見，然其善惡之幾，甚是昭然明白。《詩》（按：《詩經》）之所言如此，可見獨之不可不謹也。」指暗處隱伏，但善惡之分仍明顯，所以君子於獨處時仍必須謹慎（「慎獨」）。[322]

(18) 內省：自我反省。疚：愧疚（慚愧、內疚）。《中庸章句》云：「疚，病也。」內省不疚：自我反省而沒有愧疚。《論語·顏淵》云：「內省不疚，夫何憂何懼？」指君子內省無愧疚，無憂無懼。

(19) 惡：影響。志：志向、心志。無惡於志：沒有影響志向。《中庸章句》云：「無惡於志，猶言無愧於心，此君子謹獨之事也。」指君子志向不變，無愧於心，是「慎獨」的功夫。

《中庸》的管理智慧

---

322. 陳生璽等譯解：《張居正講評大學·中庸》（修訂本），上海：上海辭書出版社，2013 年 8 月，第 138 頁。

(20) **之所**：地方。**及**：比較。**之所不可及者**：不可與別人相比較的地方。

(21) **其**：可能。**唯**：在。**人之所不見**：別人看不見的地方。**其唯人之所不見乎**：可能在別人看不到的地方啊。

(22) **《詩》**：指《詩經·大雅·抑》篇，是一首衞武公以諷刺的口脗勸告周王，並自我警惕的詩。

(23) **相**（粵音：soeng3；拼音：向 xiàng）：看、省察。《中庸章句》云：「相，視也。」**爾室**：你的居室，引申為一個人獨處於居室。

(24) **屋漏**：古時室內西北角設置小帳安放神明，泛指室內幽暗的地方，引申為（君子）獨處的時候。《中庸章句》云：「屋漏，室西北隅也。」**相在爾室，尚不愧於屋漏**：引申為「看君子在獨處時，尚且不會愧疚。」張居正云：「看爾在居室之中，雖屋漏深密的去處，莫說是未與物接，便可怠忽了，尚當常存敬畏，使心裡無一些愧怍才好。詩人之言如此，可見靜之不可不慎也。」指君子獨自一人也不怠慢、問心無愧，是「慎獨」。[323]

(25) **不動而敬**：沒有行動但備受尊敬。

(26) **不言而信**：毋須說話但能取信於人。

323. 陳生璽等譯解：《張居正講評大學·中庸》（修訂本），上海：上海辭書出版社，2013 年 8 月，第 139 頁。

(27)《詩》：指《詩經‧商頌‧烈祖》篇，是一首祭祀商湯（成湯）的樂詩。

(28) 奏：《詩經‧商頌‧烈祖》篇原作「鬷」（粵音：宗 zung1；拼音：宗 zōng），（祭祀時）聚集一起的意思。假（粵音：格 gaak3；拼音：格 gé）：同「格」，禱告。奏假：聚集一起禱告。無言：沒有說話。

(29) 時：此刻。靡（粵音：美 mei5；拼音：美 mí）：沒有。爭：爭論、爭執。奏假無言、時靡有爭：原意是（祭祀時）聚集一起默默禱告，此刻沒有爭論。

(30) 賞：施行獎賞。勸：互相勸勉。不賞而民勸：不需要施行獎賞而民眾能互相勸勉。

(31) 怒：發怒。威：畏懼、畏服。《中庸章句》云：「威，畏也。」鈇鉞（粵音：夫月 fu1 jyut6；拼音：夫月 fū yuè）：古時執行軍法的刀、斧。《中庸章句》云：「鈇，莝斫刀也。鉞，斧也。」不怒而民威於鈇鉞：不必發怒而民眾畏服於他勝於刀斧等刑具。

(32)《詩》：指《詩經‧周頌‧烈文》篇，是一首周成王於宗廟進行祭祀時，特意戒勉助祭諸侯的詩。

(33) 不（粵音：丕 pei1；拼音：丕 pī）：通「丕」，解「大」。

顯：顯揚。**不顯**：解作「大顯」，與第二十六章「於乎不顯，文王之德之純！」中的「不顯」意思相同。《中庸章句》云：「不顯，說見二十六章，此借引以為幽深玄遠之意。」**惟德**：惟（唯）有德行教化。**不顯惟德**：惟有德行教化大顯。

(34) **百**：並非實數，指眾多。**辟**（粵音：僻 pik1；拼音：僻 pì）：此處指諸侯。**其**：都。**刑**：原指鑄造器物的模具，演化成「型」字。**刑之**：引申為「以……為仿效的對象」。**百辟其刑之**：眾諸侯以他（君子）為仿效的對象。

(35) **篤恭**：忠厚、恭敬。《中庸章句》云：「篤，厚也。篤恭，言不顯其敬也。」**天下平**：天下太平。

(36) **《詩》**：指《詩經·大雅·皇矣》篇，是一首關於周朝開國歷史的詩，提及上帝（天帝）勉勵周人效法周文王的修養品德。

(37) **予**：我，《詩經·大雅·皇矣》中天帝的自稱。**懷**：懷念。**明德**：正大光明的品德。筆者於拙作認為此「明德」與《大學》中「明德」的意思相同，指正大光明的品德。[324] **予懷明德**：我（天帝）懷念（周文王）正大光明的品德。

(38) **大**：此處解依賴。**聲以色**：指「聲與色」，嚴厲的言語與面色。**不大聲以色**：不需要依賴嚴厲的言語與面色。

324.羅天昇：《〈大學〉的管治智慧》，香港：新天出版，2015 年 7 月初版，第 24 頁。

(39) **以**：用來。**化民**：教化民眾。**聲色之於以化民**：用嚴厲的言語與面色來教化民眾。

(40) **末也**：是最差的方法。

(41) **《詩》**：指《詩經・大雅・烝民》篇。周宣王派卿士（相當於後世的宰相，位居百官之首）仲山甫於齊國築城，是一首由大臣尹吉甫送別仲山甫的詩，篇名「烝民」解作「眾民」。

(42) **德**：德行、品德。**輶**（粵音：由jau4；拼音：由yóu）：輕盈。**如毛**：像羽毛。**德輶如毛**：品德有如羽毛般輕盈。

(43) **猶**：還有。**倫**：輪廓、形象；一說解比較。**毛猶有倫**：羽毛也有可見的輪廓。

(44) **上天之載，無聲無臭**：此句出自《詩經・大雅・文王》篇，是一首歌頌周文王姬昌，並警戒後王的詩。**載**：承載，引申為運行、行事。**上天之載**：上天的行事。**無聲無臭**：沒有聲息或氣味。

(45) **至矣**：這就是最高境界了。

【語譯】

《詩經》說：「穿著華美的衣服而在外加上外套。」厭惡它（華美的衣服）的紋彩太顯著。所以君子的作風是隱藏不露而日漸彰

顯，小人的作風亮麗卻日漸消退。君子的作風平淡而不使人厭惡，簡約而有文采，溫和而有條理，明白遠由近開始，明白社會風俗的根源，明白隱微的細節可以演變成顯著的事實，就可以進入修養道德的境界了。

《詩經·小雅·正月》說：「雖然已隱藏起來而看不見，還是非常明顯可見！」所以君子自我反省而沒有愧疚，沒有影響志向。君子不可與別人相比較的地方，可能在別人看不到的地方吧？

《詩經·大雅·抑》說：「看君子在獨處時，尚且不會愧疚。」所以君子沒有行動但備受尊敬，毋須說話但能取信於人。

《詩經·商頌·烈祖》說：「（祭祀時）聚集一起默默禱告，此刻沒有爭論。」所以君子不需要施行獎賞而民眾能互相勸勉，不必發怒而民眾畏服於他勝於刀斧等刑具。

《詩經·周頌·烈文》說：「惟有德行教化大顯，眾諸侯以他為仿效的對象。」所以君子忠厚恭敬而天下太平。

《詩經·大雅·皇矣》說：「我（天帝）懷念（周文王）正大光明的品德，（他）不需要依賴嚴厲的聲音與面色。」孔子說：「用嚴厲的言語與面色來教化民眾，是最差的方法。」

《詩經·大雅·烝民》說：「品德有如羽毛般輕盈。」羽毛也

有可見的輪廓。《詩經·大雅·文王》說：「上天的行事，
沒有聲息或氣味。」這就是最高境界了！

第三章

《中庸》的思想體系

　　此章探討《中庸》的思想體系，它是一套以形而上學 (metaphysics) 的方式表達，複雜而神秘的體系。如勞思光所言，《中庸》是較早提出儒家形而上學的典籍，是談形而上學的儒者共同尊崇的經學，其哲學成分以「盡性」和「誠」為核心。

　　此章根據歷代中國典籍及學者對《中庸》的見解，加上筆者的個人分析歸納而成。《中庸》的部分概念（如：執中、盡性、慎獨、己所不欲勿施於人、修身等）與孔、孟學說一脈相承，也有獨特而創新的概念（如：中庸、天命、性、道、教、誠、天人合一等），在儒家思想中有承先啟後的重要作用。

　　此章嘗試以簡明圖表分析《中庸》的核心概念，包括天、命、天命、性、道、教、三才之道（天道、地道、人道）、天人合一（贊天地化育、人與天地參（三））、中、和、致中和、中庸、誠、學習與實踐之道、三達德（智、仁、勇）、五達道（君臣、父子、夫婦、昆弟、朋友之交）、為政九經、慎獨及君子之道等。最後一節（第十九節）將所有核心概念匯集成為一個總圖，作為總結。讀者可參閱〈第二章：中庸今註今譯〉閱讀個別核心概念的相關註譯。

1. 勞思光：《大學中庸譯註新編》，香港：中文大學出版社，2000 年，第 x-xi 頁。

第一節　天

《中庸》關於「天」的論述

　　《中庸》首章云：「天命之謂性，率性之謂道，脩道之謂教。」是全書的綱領，也是儒家思想的重要指導思想之一。此句率先提出了「天」、「命」、「天命」、「性」、「道」、「教」等核心概念，是讀者深入了解《中庸》的鑰匙。此節先分析《中庸》的「天」字及相關詞語的意義，有助了解其後「天命」、「天道」、「天人合一」、「贊天地化育」及「與天地參（三）」等概念。

　　《中庸》有六十七個「天」字，除了單獨以「天」（上天）表述外，也有「天命」（上天的命令）、「天時」（上天的時令）、「天地」（天與地）、「天子」（君主）或「天下」（天子管轄的地方）等詞語，其中以「天」及「天下」的表述較多。

　　《中庸》首章「天命之謂性」中的「天」解作「上天」(heaven[2])。以「天」（上天）單獨表述的文句見於九章，包括第十四、十七、二十、二十六、二十七、二十九、三十一至三十三章。「天命」（上天的命令）於《中庸》僅出現一次，首章云：「天命之謂性」。「天時」（上天的時令）於《中庸》也僅出現一次，第三十章云：「仲尼祖述堯、舜，憲章文、武；上律天時，下襲水土。」「天地」（天與地）一詞見於七章，包括第一、十二、二十二、二十六、二十九、三十及三十二章。「天子」（君主）一詞見於三

2.　英譯參考：Johnson, I., & Wang, P. (translation and annotation) (2012). *Daxue and Zhongyong: Bilingual Edition*. Hong Kong: The Chinese University Press, p. 190.

《中庸》的管理智慧

章，包括第十七、十八及二十八章。「天下」（天子管轄的地方）一詞見於十一章，包括第一、九、十六、十八、二十、二十三、二十八、二十九、三十一至三十三章。

「天」的內涵

古時「天」字解作凡人之頂，至高無上。《說文解字》指「天」是「顛也。至高無上，從一、大」。清代段玉裁《說文解字注》云：「顛者、人之頂也。以為凡高之偁（按：同「稱」）。始者、女之初也。以為凡起之偁。然則天亦可為凡顛之偁。」及「至高無上。是其大無有二也。故從一大。於六書為會意。凡會意合二字以成語。如一大、人言、止戈皆是。」指「天」是一個會意字，由「一」字及「大」字合成。根據傅斯年的研究，「天」字在甲骨文僅用於「天邑商」一詞，指支配一切自然力及禍福的眾多之神、上帝，是一切上神先王之綜合名。[3]

歷代對「天」的見解紛紜。陳滿銘認為「天」分為「有形的天」及「無形的天」。「有形的天」是物質、物理方面的「天」，將四時交錯、風行雨施、天然災害等現象呈現人前，是人抬頭所見「其色蒼蒼」的天。如《詩經·小雅·鶴鳴》云：「鶴鳴于九皋，聲聞于天。」指鶴於沼澤的叫聲響亮，直達於天。《尚書·周書·金縢》云：「秋，大熟，未穫。天大雷電以風，禾盡偃，大木斯拔，邦人大恐。」指自然天災（「雷電以風」、「禾偃」、「木拔」）使人恐天。[4]《詩經·大雅·蕩》云：「天生烝民」及《尚書·虞書·皋陶謨》云：「天命有德，五服五章哉！天討有罪，五刑五用哉！政事懋哉懋哉！天

3.　傅斯年：《性命古訓辨證三卷》，台北：五南圖書，2013 年 6 月初版，第 151 頁。
4.　陳生璽等譯解：《張居正講評尚書》（修訂本）（下冊），上海：上海辭書出版社，2013 年 8 月，第 243 頁。

聰明，自我民聰明，天明畏自我民明威。達于上下，敬哉有土。」認為「天」是仁愛的。《尚書·商書·湯誓》云：「有夏多罪，天命殛之。」及《詩經·大雅·抑》云：「昊天不忒」認為「天」是正義的。

當代學者對「天」的內涵各有看法。梁啟超及蔡仁厚認為見於《尚書》及《詩經》的「天」純屬有意識的「人格神」，直接監督一切政治。[5,6] 蔡元培認為「天」的本質是道德，見於事物者是秩序。[7] 馮友蘭認為「天」是萬有之總名，兼本然與自然。[8] 傅佩榮認為「天」有五種涵意（統治之天、造生之天、載行之天、啟示之天及審判之天），各具功能。[9] 南懷瑾認為「天」並非物理世界天體的天，而是代表心物一元形而上的義理之天。[10] 高栢園認為「天」是一超越的存在，也是一切存有的根據。[11] 勞思光則認為《中庸》的「天」不涉及宗教意味的「神」，有「非人為」的意思。[12] 蔡仁厚從義理思想角度，將「天」的義理分為三方面：一、意志天（人格神），原古之主宰義理；二、德化天（天命、天道、天德、天理），是儒家思想之中「天」的積極義理；三、氣化天（陰陽自然之生化，氣稟氣運之限制），是儒家所正視「天」的消極義理。[13]

「天」與萬物息息相關

古人相信「天」與「萬物」息息相關。如《老子》第五章云：

5. 梁啟超：《梁啟超國學要籍研讀法四種》，北京：北京聯合出版，2014年1月第1版，第92頁。
6. 蔡仁厚：《儒家思想的現代意義》，台北：文津出版社，1987年5月，第337頁。
7. 蔡元培：《蔡元培講國學》，北京：華文出版社，2009年8月，第9頁。
8. 馮友蘭：《貞元六書》（三松堂全集第三版），北京：中華書局，2014年4月北京第1版，第100頁。
9. 傅佩榮：《儒家哲學新論》，台北：聯經出版，2010年12月初版，第12-14頁。古人認為「天」有五種涵意：一、統治之天：天是自然界與人間世的最高主宰，人間的帝王稱「天子」，受命於天；二、造生之天：天是一切自然生命的本源；三、載行之天：天創造並發展萬物；四、啟示之天：占卜能知天意；五、審判之天：天審判帝王及民眾的行為，以裁定吉凶禍福。
10. 南懷瑾：《話說中庸》，台北：南懷瑾文化事業，2015年3月初版，第30頁。
11. 高栢園：《中庸形上思想》，台北：東大圖書，1988年3月初版，第99頁。
12. 勞思光：《大學中庸譯註新編》，香港：中文大學出版社，2000年，第41頁。
13. 蔡仁厚：《孔子的生命境界：儒學的反思與開展》，台北：台灣學生書局，1998年4月初版，第5頁。

《中庸》的管理智慧

「天地不仁，以萬物為芻狗。」指天地並無偏愛，任由萬物自然發展。《莊子‧天地》云：「天地雖大，其化均也；萬物雖多，其治一也。」指天、地雖然廣大，但它們化育的道理相同（「均」）；萬物雖然繁多，但治理的方法一致。董仲舒更於《春秋繁露‧觀德》指萬物（包括人類）的祖先源於天地，云：「天地者，萬物之本，先祖之所出也。」

人敬天、畏天

　　古人有敬天、畏天的概念。陳滿銘認為「無形的天」於背後操縱「有形的天」，具有不可思議的神性與至高無上的賞罰能力，主宰一切。「無形的天」創造或毀滅萬物，使人逐漸產生謝天、順天、敬天、畏天、怨天甚至疑天的思想。[14] 如《詩經‧商頌‧烈祖》云：「自天降康，豐年穰穰。來假來饗，降福無疆。顧予烝嘗，湯孫之將。」指若天降康寧，人於豐收之年便能囤積糧食。《論語‧八佾》云：「獲罪於天，無所禱也。」天予人罪，人禱告也無補於事。《莊子‧大宗師》云：「知天之所為，知人之所為者，至矣！」指若能知悉「天」及人的作為，就能達致極點。人其後產生了「天命」的觀念，與「天」的關係拉近了，也打開了修道（「教」）之門。

---

14. 陳滿銘：《中庸思想研究》，台灣：文津出版社，1980年3月初版，第45-47頁。

第二節　命

《中庸》關於「命」的論述

《中庸》只有六個「命」字，均解作「賦予」、猶如上天的命令，見於五章，包括第一、十四、十七、十八及二十六章。

《中庸章句》云：「命，猶令也。性，即理也。天以陰陽五行化生萬物，氣以成形，而理亦賦焉，猶命令也。」認為上天以陰陽、五行創造萬物，由氣生成形體並賦予相關道理，有如命令。《易經·說卦》云：「窮理盡性以至於命。」指人需要徹底探究事物的道理，以透徹了解「命」。《春秋繁露·玉杯》云：「人受命於天，有善善惡惡之性，可養而不可改，可豫而不可去，若形體之可肥，而不可得革也。」指人的生命由天授予，人性有善有惡。

「命」的內涵

古籍有不少「知命」、「時也」、「命也」的看法。孔子提倡「知命」，自稱活到五十歲才知「天命」，如《論語·為政》云：「子曰：『吾十有五而志於學，三十而立，四十而不惑，五十而知天命，六十而耳順，七十而從心所欲，不踰矩。』」或《論語·堯曰》云：「不知命，無以為君子也。」指「知命」是成為君子的條件。《論語·顏淵》云：「死生有命，富貴由天。」及《論語·憲問》云：「道之將行也與？命也。道之將廢也與？命也。公伯寮其如命何！」指「道」的通達或荒廢（「行」、「廢」）視乎「命」，不能抱怨別人。

《莊子》也有「知命」的說法，如《莊子·德充符》云：「死生存亡，窮達貧富，賢與不肖，毀譽，飢渴寒暑，是事之變，命之行也。」指「知命」者毋須顧慮成敗禍福，坦然面對。《莊子·秋水》云：「知窮之有命，知通之有時，臨大難而不懼，聖人之勇也。」指人要「知命」，了解「有時」（通達需看時機）及「有命」（窮盡還看天命）的道理。

如蔡仁厚所言，人生有許多無可奈何的境遇、客觀限制，是為「命也」。蔡仁厚認為「命」分「命定義」及「命令義」之分：「命定義」包含「命運、命遇、命限」等意義的命，皆屬客觀限制；人無能為力、無可改變，唯有「知命、受命、安命」、克盡己分。「命令義」則是「天命」、「性命」，指善的命令、道德命令；人應對「天命」、「性命」時，必當「敬畏天」的實踐方法。[15]

儒家的知命、安命、立命思想

古籍有不少「樂天知命」或「安命」的說法。《易經·繫辭上》云：「樂天知命故不憂。」指樂天知命的人無憂。程顥云：「樂天知命，通上下之言也。聖人樂天，則不須言知命。知命者，知有命而信之者爾。不知命無以為君子是矣。命者所以輔義，一循于義，則何庸斷之以命哉？若夫聖人之知天命，則異于此。」指樂天知命的人能上下通達，聖人樂天而毋須言及知命，普通人則需要先知命才能信命。[16]《莊子·人間世》云：「知其不可奈何而安之若命，德之至也。」指安之若命是美德。《莊子·德充符》云：「知不可奈何而安之若命，唯有德者能之。」指有德者在無可奈何時安之若

---

15. 蔡仁厚：《孔子的生命境界：儒學的反思與開展》，台北：台灣學生書局，1998年4月初版，第3-4頁。
16. 程顥、程頤著，王孝魚點校：《二程集》第一冊〈河南程氏遺書〉卷第十一（師訓），北京：中華書局，1981年，第125頁。

命。

孟子更以「命」為基礎，提倡「存心」、「養性」、「事天」
而「立命」的系統性說法。《孟子‧盡心上》云：「存其心，養其性，
所以事天也。夭壽不貳，修身以俟之，所以立命也。」指人的心性
源於「天」，存心養性是「事天」；人夭折或長壽也由「命」所確
定，不容置疑（「不貳」）；人唯有修身以等待壽終的降臨（「以
俟之」），是為「立命」。《孟子‧萬章上》云：「莫之為而為者，
天也。莫之致而致者，命也。」指「命」超越人事，非人力能及
（「致」）。《孟子‧盡心上》云：「莫非命也，順受其正。是故
知命者，不立乎岩牆之下。盡其道而死者，正命也；桎梏死者，非
正命也。」指人的生死禍福取決於「命」，有「正命」與「非正命」
之分：死於自然者是「正命」，反之是死於「非命」。徐復觀認為
「命」是在人力所不能及，界限之外，但對人發生重大影響的力量。
[17] 唐端正認為儒家不怨天尤人，率性而行，知命而止，但求安心立
命。[18]

《中庸》的管理智慧

17. 徐復觀著，李維武編：《徐復觀文集（修訂本）》（第二卷〈儒家思想與人文世界〉），湖北：
　　湖北人民出版社，2009 年第 2 版，第 72 頁。
18. 唐端正：《先秦諸子論叢》，台北：東大圖書，1995 年 11 月四版，第 44 頁。

第三節　天命

《中庸》關於「天命」的論述

《中庸》中「天命」一詞僅見於首章，「天命」(the decree of heaven[19]) 是「天」的命令安排，具有非人為的特性。

「天命」的內涵

關於「天命」的內涵有不少說法。朱熹於《四書集注‧論語》云：「事物所以當然之故。」指「天命」是事物之所以成為該種事物的原理。程顥云：「言天之自然者，謂之天道；言天之付與萬物者，謂之天命。」指天交付萬物者稱為「天命」。[20] 陳江風認為「天命」是上天的意志及選擇。[21] 牟宗三認為「天命」是超越的，人受冥冥中一套萬古不滅、不變的標準所制約，行為不應越軌。人在敬天的過程中進行自我肯定 (self affirmation)，天道、天命往下貫注，形成一個循環 (人敬天、天道天命往下向人貫注、人自我肯定、人敬天……)。[22] 余英時指「天命」的觀念在周代之前已為王者所應用，於西周時加以發揚，「天命」涉及「天之所命」(heaven's command) 或「天所授命」(mandate of heaven) 的意義。[23] 唐端正認為一旦人認識了「天命」與人的道德息息相關之後，便能體悟「天命」的普遍性。[24]

君主受命於天

古人相信君主受命於「天」，朝代興衰也是「天命」使然，如

---

19. 英譯參考：楊伯峻今譯、劉殿爵英譯：《論語：中英文對照》，北京：中華書局，2009 年 5 月再版，第 15 頁。
20. 程顥、程頤著，王孝魚點校：《二程集》第一冊〈河南程氏遺書〉卷第十一（師訓），北京：中華書局，1981 年，第 125 頁。
21. 陳江風：《天人合一：觀念與華夏文化傳統》，北京：三聯書店，1996 年 7 月，第 24 頁。
22. 牟宗三：《中國哲學的特質》，台北：台灣學生書局，1994 年 8 月再版，第 22-24 頁。
23. 余英時：《論天人之際：中國古代思想起源試探》，台北：聯經出版，2014 年 1 月初版，第 78-79 頁。
24. 唐端正：《先秦諸子論叢》，台北：東大圖書，1995 年 11 月四版，第 55 頁。

《尚書‧周書‧康誥》云：「天乃大命文王殪戎殷，誕受厥命。」指周文王承受天命滅殷（商）。[25] 陳榮捷認為周推翻殷商後，是以「天命」的概念支持其統治的合法性；王朝的前途需端視統治者的德性，有德者承傳「天命」。[26]《易經‧革‧彖》「湯武革命順乎天而應乎人」、《尚書‧商書‧湯誓》「有夏多罪，天命殛之」及「夏氏有罪，予畏上帝，不敢不正」等描述「天命」決定君主（如：夏代君主）的命運。[27]《尚書‧周書‧泰誓中》云：「天視自我民視，天聽自我民聽。百姓有過，在予一人，今朕必往。」指上天透過民意監督統治者的行為，人民抱怨（「有過」），君主需負全責。[28] 唐端正認為周代的民眾透過對歷史的反省，肯定了「天命」有德的觀念；君主能否獲得「天命」，在於敬德而非敬天。[29]

天命不常、畏天命

古籍有不少關於「天命不常」，人需要「畏天命」的說法。《左傳‧成公十三年》云：「劉子曰：『吾聞之，民受天地之中以生，所謂命也，是以有動作禮義威儀之則，以定命也。能者養之以福，不能者敗以取禍。』」孔穎達於《左傳正義》將此句解釋為：「天命之中，謂中和之氣也；民也，人也。言人受此天地中和之氣以得生育，所謂命也。命者，教命之意，若有所稟受之辭，故《孝經》說云：『命者，人之所稟受度』是也。」指人需要努力，藉著禮義確定「天命」。[30]《尚書》有不少關於「天命」的描述，如《尚書‧周書‧康誥》云：「王曰：『嗚呼！肆汝小子封。惟命不于常，汝念哉！……』」指天命不能經常維持（「命不于常」）；另《尚書‧

25. 陳生璽等譯解：《張居正講評尚書》（修訂本）（下冊），上海：上海辭書出版社，2013年8月，第258頁。
26. 陳榮捷編著：《中國哲學文獻選編》（上冊），台北：巨流圖書，2007年10月初版，第29頁。
27. 陳生璽等譯解：《張居正講評尚書》（修訂本）（上冊），上海：上海辭書出版社，2013年8月，第106頁。
28. 陳生璽等譯解：《張居正講評尚書》（修訂本）（上冊），上海：上海辭書出版社，2013年8月，第196頁。
29. 唐端正：《先秦諸子論叢》，台北：東大圖書，1995年11月四版，第12-13頁。
30. 陳滿銘：《中庸思想研究》，台灣：文津出版社，1980年3月初版，第60-61頁。

《中庸》的管理智慧

周書‧召誥》云：「上下勤恤，其曰我受天命，丕若有夏歷年，式勿替有殷歷年。欲王以小民受天永命。」指君主承受天命，但要透過自省修身，祈求上天永續天命。[31]《論語‧季氏》云：「君子有三畏：畏天命，畏大人，畏聖人之言。」指「天命」是君子所敬畏的事物之一。

---

31. 陳滿銘：《中庸思想研究》，台灣：文津出版社，1980 年 3 月初版，第 57 頁。

第四節　性

《中庸》關於「性」的論述

《中庸》有十一個「性」字，見於五章，包括第一、二十一、二十二、二十五及二十七章。除第二十七章「故君子尊德性而道問學」中的「性」字表述「德性」之外，其餘的「性」字均解作「人的本性」。

「性」的內涵

《中庸》首章「天命之謂性，率性之謂道」中的「性」指人的本性、自然稟賦（nature[32]）。《說文解字》云：「性，人之陽氣，性善者也，從心，生聲。」王充《論衡·初稟》云：「性，生而然者也。」指「性」是與生俱來。《中庸章句》云：「性，即理也。」及「於是人物之生，因各得其所賦之理，以為健順五常（按：仁、義、禮、智、信）之德，所謂性也。」指人及事物之所以存在，皆因各有應存在的理由，是其本性。傅斯年認為「性」的字義始於《論語》，但意思與「生」字的本義接近。[33] 勞思光認為每一事物所以成為如此的事物在於它的本性（essence），本有的叫做「性」。[34] 鄭玄云：「天命謂天所命生人者，是謂性命；木神則仁，金神則義，火神則禮，水神則信，土神則知。」指「性」是天賦予人類的生命，以「五行」表述「五常」（仁、義、禮、智、信）。徐復觀認為「性」的原意是人生而即有之欲望、能力等而言，有如現今所說的「本能」，是一個形聲兼會意字。[35] 錢穆認為性與命之分別：

---

32. 英譯參考：Johnson, I., & Wang, P. (translation and annotation) (2012). *Daxue and Zhongyong: Bilingual Edition*. Hong Kong: The Chinese University Press, p. 190.
33. 傅斯年：《性命古訓辨證三卷》，台北：五南圖書，2013 年 6 月初版，第 26 頁。
34. 勞思光：《大學中庸譯註新編》，香港：中文大學出版社，2000 年，第 41 頁。
35. 徐復觀著、李維武編：《徐復觀文集（修訂本）》（第三卷〈中國人性論史·先秦篇〉），湖北：湖北人民出版社，2009 年第 2 版，第 14-15 頁。

《中庸》的管理智慧

性在己在內（盡性盡於內），而命在天在外（知命乃知其外）；德性本於天賦，是屬於人的普通面。[36] 牟宗三認為「天命之謂性」指天所命給人或天定如此者為「性」，而「性」進一步把人的內在道德性通於天道、天命。[37] 方東美認為人類受命以生，或依天志、天命、自然，成就在人，是為「性」。[38] 南懷謹認為「性」指天人之際，心物一元，人道根本的自性，人有生自來與天道相通的本性。[39] 蔡仁厚認為儒家所說的「人」，是一個德性生命，其本體是天命之「性」。[40]

性善、性惡、性有善有惡、性無善無惡

歷來對性善還是性惡的爭論不休。孟子主張性善，荀子主張性惡，王充認為性有善有惡，而告子（與孟子同期）則主張性無善、無不善。

《孟子·告子上》云：「惻隱之心，人皆有之；羞惡之心，人皆有之；恭敬之心，人皆有之；是非之心，人皆有之。惻隱之心，仁也；羞惡之心，義也；恭敬之心，禮也；是非之心，智也。」認為人有「四端」（仁、義、禮、智）。《孟子·公孫丑上》云：「人皆有不忍人之心。先王有不忍人之心，斯有不忍人之政矣。以不忍人之心，行不忍人之政，治天下可運之掌上⋯⋯由是觀之，無惻隱之心，非人也；無羞惡之心，非人也；無辭讓之心，非人也；無是非之心，非人也。惻隱之心，仁之端也；羞惡之心，義之端也；辭讓之心，禮之端也；是非之心，智之端也。人之有是四端也，猶其有四體也。」認為「四心」（惻隱之心、羞惡之心、辭讓（恭敬）

36. 錢穆：《晚學盲言（下）》，台北：東大圖書，1987 年 8 月初版，第 560、562、586 頁。
37. 牟宗三：《牟宗三先生全集》第五集〈心體與性體〉（第一冊），台北：聯經出版，2003 年初版，第 127 頁。
38. 方東美：《中國人生哲學》，北京：中華書局，2012 年 6 月，第 28 頁。
39. 南懷謹：《話說中庸》，台北：南懷謹文化事業，2015 年 3 月初版，第 30-31 頁。
40. 蔡仁厚：《儒家思想的現代意義》，台北：文津出版社，1987 年 5 月，第 338 頁。

之心、是非之心）是作為人的標準，也是「四端」（仁、義、禮、智）的源頭。錢穆認為人類的一切善行是自性自行的，皆因緣而自起的天性（「性」）。[41] 徐復觀認為性善說雖然明確出於孟子，但它是中國「人性論」的正統，並非孟子所創。[42] 蔡仁厚認為「性善」是指人的本性是善的，而不是指行為上滿全的善；人有先天本具的善根，是為「性」。「性本善」並不是說人的行為一定善，也不是說所有人都是善人，而是人要隨時反省自覺，使本性呈現出來。[43] 劉述先認為孟子的性善論肯定了內在於人生命中超越的稟賦，是人行善或向善的根據。若人能努力修養自己，就能發揮這稟賦。[44]

《荀子·正名》云：「生之所以然者。」指「性」是本能。同篇亦云：「性者天之就也，情者性之質也，欲者情之應也」指「性」由天決定。《荀子·性惡》云：「不可學，不可事，而在人者，謂之性；可學而能，可事而成之在人者，謂之偽。」指「性」已存在於人身，可以學習或透過事務而表現性善者是虛偽。《荀子·性惡》云：「人之性惡，其善者，偽也。」直指人性本惡。

王充則認為「性」有善有惡，有如人才有高下之分一樣，《論衡·本性》云：「人性有善有惡，猶人才有高有下也。」又如《春秋繁露·玉杯》云：「人受命於天，有善善惡惡之性，可養而不可改，可豫而不可去，若形體之可肥，而不可得革也。」指人的生命由天授予，人性有善有惡。

告子主張「性」無善無不善，《孟子·告子上》云：「生之謂性。」

41. 錢穆：《中國思想通俗講話》，北京：九州出版社，2011年1月，第38頁。
42. 徐復觀著，李維武編：《徐復觀文集（修訂本）》（第二卷〈儒家思想與人文世界〉），湖北：湖北人民出版社，2009年第2版，第29頁。
43. 蔡仁厚：《孔子的生命境界：儒學的反思與開展》，台北：台灣學生書局，1998年4月初版，第47-48頁。
44. 劉述先：《論儒家哲學的三個大時代》（重排本），香港：中文大學出版社，2015年，第23頁。

及「食色性也。」指「性」是生而具有的本能。《孟子‧告子上》云：「性無善無不善也。」告子認為「性」並無善與不善之分。另‧韓愈於《韓昌黎集‧原性》云：「性也者，與生俱生也。……其所以為性者五：曰仁，曰禮，曰信，曰義，曰智。」認同「性」與生俱來的性質，但同時認為仁、禮、信、義及智是「性」的內容。

第五節　道

《中庸》關於「道」的論述

《中庸》有五十五個「道」字，除了單獨以「道」（正道）表述外，也有「君子之道」、「聖人之道」、「天道」（或「天之道」）、「地道」、「人道」（或「人之道」）等詞語。

以「道」（正道）表述者見於十一章，包括第一、三、五、十、十一、十三、二十、二十四、二十五、二十八及三十章。「君子之道」（君子的正道）一詞見於四章，包括第十二、十五、二十九及三十三章。「聖人之道」（聖人的道理）僅見於第二十七章，云：「大哉聖人之道！洋洋乎！發育萬物，峻極於天。優優大哉！禮儀三百，威儀三千，待其人而後行。故曰苟不至德，至道不凝焉。」讚揚聖人的道理洋溢充滿、化育萬物，與天匹配。此外，「天道」（或「天之道」，天的道理、法則）、「地道」（土地之道、法則）、「天地之道」（天與地的法則）或「人道」（或「人之道」，為人的道理）等詞僅見於第二十章及第二十六章。關於「天道」、「地道」、「天地之道」及「人道」的詳細分析請參閱本章〈**第七節：三才之道（天道、地道、人道）**〉。

「道」的內涵

「道」指正道、正路或日常事物的道理（the way[45]）。《中庸章句》云：「道，猶路也。人物各循其性之自然，則其日用事物

---

45. 英譯參考：Johnson, I., & Wang, P. (translation and annotation) (2012). *Daxue and Zhongyong: Bilingual Edition*. Hong Kong: The Chinese University Press, p. 190.

《中庸》的管理智慧

之間，莫不各有當行之路，是則所謂道也。」學者對「道」的理解紛紜：如《尚書·商書·說命中》所言：「非知之艱，行之惟艱。」錢穆認為「道」是人生應該走的那條路，人人能行；「道」不該只求知，更貴在能行。[46] 傅佩榮認為「道」是人生的正路[47]，是應予遵循的規範或理想的生活方式[48]。徐復觀認為「道」是人所共由的道路，供人共安、共進，否則會互爭、互亡。[49] 勞思光認為「道」是人藉著道德修養而體現的理想（最後）境界。[50] 馮友蘭認為「道」是天然界的規律，亦是人各種行為的規律；人要照著「道」而行，但不一定了解它，如《中庸》第四章云：「人莫不飲食也，鮮能知味也。」[51] 王雲五認為天性與心性本為一體，若能遵循天性，「道」是日用事物之間各有至當不易的理。[52] 劉兆偉認為「道」是遵循人的本真善性，以處理天、人一切事務的自然法則。[53]《論語·衛靈公》亦云：「人能弘道，非道弘人。」人可以弘揚道。

46. 錢穆：《晚學盲言（下）》，台北：東大圖書，1987年8月初版，第633頁。
47. 傅佩榮：《大學·中庸解讀》，新北市：文緒文化，2012年2月初版，第80頁。
48. 傅佩榮：《止於至善：傅佩榮談大學·中庸》，北京：東方出版社，2013年9月第1版，第86頁。
49. 徐復觀著、李維武編：《徐復觀文集（修訂本）》（第三卷〈中國人性論史·先秦篇〉），湖北：湖北人民出版社，2009年第2版，第74頁。
50. 勞思光：《大學中庸譯註新編》，香港：中文大學出版社，2000年，第42-43頁。
51. 馮友蘭：《貞元六書》（三松堂全集第三版），北京：中華書局，2014年4月北京第1版，第617頁。
52. 王雲五主編、宋天正註譯、楊亮功校訂：《中庸今註今譯》，台北：商務印書館，2009年11月二版，第52頁。
53. 劉兆偉：《大學》、《中庸》詮評，北京：中國社會科學出版社，2013年12月，第82頁。

第六節　教

《中庸》關於「教」的論述

《中庸》僅有三個「教」字，均解作教化、省察 (teaching[54])。首章云：「天命之謂性，率性之謂道，脩道之謂教」、第十章云：「南方之強與？北方之強與？抑而強與？寬柔以教，不報無道，南方之強也，君子居之。……」及第二十一章云：「自誠明，謂之性；自明誠，謂之教」。

「教」的內涵

《中庸章句》云：「性道雖同，而氣稟或異，故不能無過不及之差，聖人因人物之所當行者而品節之，以為法於天下，則謂之教，若禮、樂、刑、政之屬是也。」認為聖人根據人或事的等級層次本著應依循的路，而加以調節，施行於天下，是「教化」的過程，具體內容包括禮儀、音樂、刑法及政治等「四教」。王陽明於《傳習錄・薛侃錄》云：「聖人率性而行，即是道；聖人以下未能率性於道，未免有過不及，故須修道。修道則賢知者不得而過，愚不肖者不得而不及，都要循著這個道，則道便是個教。」指「道」是率性而行，「教」是修道，修道可以避免「過」或「不及」。

牟宗三認為凡是足以啟發人之理性，指導人通過實踐而將生命純潔化是「教」。[55] 王雲五認為人若能修明本乎天性的「道」而合乎理，就是「教」。[56] 勞思光也認同「教」是體現「道」（正

---

54. 英譯參考：Johnson, I., & Wang, P. (translation and annotation) (2012). *Daxue and Zhongyong: Bilingual Edition*. Hong Kong: The Chinese University Press, p. 190.
55. 牟宗三：《圓善論》，台北：台灣學生，1985 年 7 月初版，第 ii、267 頁。
56. 王雲五主編、宋天正註譯、楊亮功校訂：《中庸今註今譯》，台北：商務印書館，2009 年 11 月二版，第 52 頁。

《中庸》的管理智慧

道）的過程。[57] 徐復觀認為先秦儒家之所謂「教」，大多是政治上的「教」，首章「天命之謂性，率性之謂道，脩道之謂教。」一句的意思是：實現中庸之道即是政治上的教。[58] 南懷瑾認為「脩道之謂教」一句說明學問修養之道，是要使它還歸本淨，而合於天然本性純善之道的境界。[59] 杜維明認為「教」包含了自我實現 (self actualisation)，指人必須理解身邊的事務，才能彰顯天的真實意圖，以肯定「人能弘道」的信條。[60]

天命、性、道、教的關係

《中庸》的首句「天命之謂性，率性之謂道，脩道之謂教」解作「上天所賦予人的自然稟賦稱作本性，依循本性發展稱作正道，按照正道的原則修養稱作教化」清晰地點出了「天命」、「性」、「道」、「教」的順序關係（見**圖 3.1**）。劉述先認為此句與《大學》的三綱領（明明德、親民、止於至善）有異曲同工之妙。[61] 陳贇則從結構的角度，認為「性」、「道」及「教」三者相互通達、支持，加上「天命」而形成「命、性、道、教」四者相互通達的結構，是中庸之道的根基。[62]

57. 勞思光：《大學中庸譯註新編》，香港：中文大學出版社，2000 年，第 43 頁。
58. 徐復觀著、李維武編：《徐復觀文集（修訂本）》（第三卷〈中國人性論史·先秦篇〉），湖北：湖北人民出版社，2009 年第 2 版，第 68 頁。
59. 南懷瑾：《話說中庸》，台北：南懷瑾文化事業，2015 年 3 月初版，第 34 頁。
60. 杜維明著、段德智譯、林同奇校：《中庸：論儒學的宗教性》，北京：生活·讀書·新知三聯書店，2013 年 6 月第 1 版，第 6 頁。
61. 劉述先：《論儒家哲學的三個大時代》（重排本），香港：中文大學出版社，2015 年，第 39 頁。
62. 陳贇：《中庸的思想》，北京：生活·讀書·新知三聯書店，2007 年 12 月第 1 版，第 91 頁。

圖 3.1 天命、性、道、教的關係

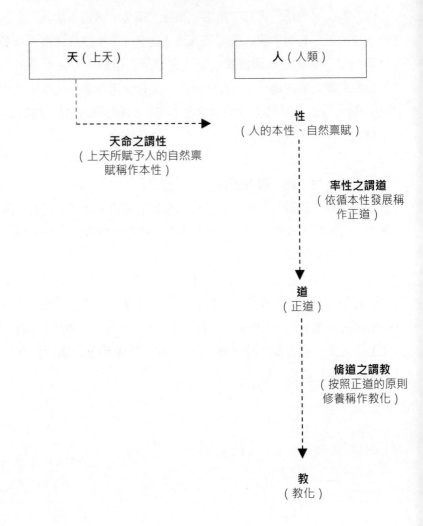

天（上天）

人（人類）

天命之謂性
（上天所賦予人的自然稟賦稱作本性）

性
（人的本性、自然稟賦）

率性之謂道
（依循本性發展稱作正道）

道
（正道）

脩道之謂教
（按照正道的原則修養稱作教化）

教
（教化）

《中庸》的管理智慧

第七節　三才之道（天道、地道、人道）

　　《中庸》的核心概念之一是「三才」（天、地、人）之道。此節逐一分析「天道」、「地道」、「天地之道」及「人道」的概念。

三才（天、地、人）

　　古籍有不少關於「三才」（天、地、人）的說法。《易經·繫辭下》云：「有天道焉，有人道焉，有地道焉，兼三才而兩之。」認為宇宙有「三才」，各有其道。《易經·說卦傳》云：「立天之道曰陰與陽，立地之道曰柔與剛，立人之道曰仁與義，兼三才而兩之。」分別以「陰陽」、「柔剛」、「仁義」描述「天道」、「地道」、「人道」。《尚書·周書·泰誓上》云：「惟天地，萬物父母；惟人，萬物之靈。」認為人是萬物之靈。《左傳·昭公二十五》云：「夫禮，天之經，地之義，民之行也。」認為禮是貫通天、地、人的最高原則。《荀子·天論》云：「天有其時，地有其財，人有其治，夫是之謂能參。」闡述天、地、人三者並列（「參」、叁、三）的條件。程頤於《程頤語錄》云：「道未始有天人之別，但在天則為天道，在地則為地道，在人則為人道。」指「道」原本沒有天、人之別，可分別體現於天、地、人而成為「天道」、「地道」、「人道」。

　　唐君毅認為中國思想著重天、地、人為「三才」，其中天德高明、地德博厚，可以透過天德及地德而立人道者是為人。[63] 劉述先認為「三才」的意義在於萬物中只有人能夠將「三才」提升至自覺

63. 唐君毅：《中國文化之精神價值》，桂林：廣西師範大學出版社，2005年10月第1版，第337頁。

的層面，效法天、地的境界，以全面發揮生生而和諧的潛能，如《易經·繫辭上》云：「聖人所以崇德而廣業也。知崇禮卑，崇效天，卑法地。天地設位，而易行乎其中矣。成性存存，道義之門。」郭剛認為在天、地、人的會通中，人積極地遵從自然規律的條件，包括「天行健，君子以自強不息」及「地勢坤，君子以厚德載物」。[64] 傅佩榮認為「人道」是擇善固執，人只要內心真誠便會主動行善，從而對社會構成正面影響，人最終能夠參贊天地的化育。[65] 他認為儒家關懷以人力參贊天地的化育，個人與宇宙處於相輔相成的和諧境界。[66] 蔣伯潛認為《中庸》提及的「天道」、「地道」及「人道」涉及「天生」、「地養」及「人成」的說法：「生」是「天」的事情，「養」由厚德載物的「地」承擔，而「成」則是「人」要達成的事業。[67]

天道

「天道」即《中庸》第二十章的「天之道」，解作天的道理、法則。唐端正認為周代初期揚棄了原始宗教的天道觀，而朝往道德宗教的「天道」方向發展，遂產生了一種「天道」、「人道」的思想；「天命」並不是「人格神」所下的命令，而是指天的稟賦。[68] 牟宗三則認為「天之道」是自然而本然如此之道。[69] 林語堂則認為「天之道」指天生的真理。[70]

古籍有不少關於「天道」的性質及功能的論述。荀子認為天屬自然，天與人並沒有關係，《荀子·天論》云：「列星隨旋，日月

---

64. 郭剛：《先秦易儒道生態價值研究》，北京：中國社會科學出版社，2013 年 11 月第 1 版，第 25 頁。
65. 傅佩榮：《國學與人生》，台北：遠見天下文化，2015 年 8 月，第 141 頁。
66. 傅佩榮：《儒道天論發微》，台北：聯經出版，2010 年 9 月初版，第 199 頁。
67. 沈知方主編、蔣伯潛註釋：《四書新解》，北京：中國致公出版社，2011 年 6 月第 1 版，第 27 頁。
68. 唐端正：《先秦諸子論叢》，台北：東大圖書，1995 年 11 月四版，第 56、66 頁。
69. 牟宗三：《牟宗三先生全集》第五集〈心體與性體〉（第一冊），台北：聯經出版，2003 年初版，第 340 頁。
70. 林語堂：《國學拾遺》，西安：陝西師範大學出版社，2008 年 8 月第 1 版，第 53 頁。

遞照，四時代御，陰陽大化，風雨博施，萬物各得其和以生，各得其養以成，不見其事，而見其功，夫是之謂神。皆知其所以成，莫知其無形，夫是之謂天功。唯聖人為不求知天。」指天的功用（「天功」）包括日月星辰、四時及萬物等運作，聖人毋須知天。〈天論〉篇續云：「天行有常，不為堯存，不為桀亡。」認為不論君主是聖王（堯）還是昏君（桀），「天道」仍然永恆長存。漢代哲學家王充於《論衡》云：「寒暑有節，不為人變改也。」指「天道」自然、不為人所改變。

不少學者認為「天道」具超越性。牟宗三認為「天道」高高在上，有超越（transcendent）的意義。[71] 陳榮捷認為「天道」永恆，超越時間、空間、體用與動靜。[72]

學者認為「天道」與「誠」息息相關。《中庸》第二十章云：「誠者，天之道也；誠之者，人之道也。」指真誠是「天道」，實踐真誠是做人的道理（「人道」）。朱熹更將「天道」與「誠」結合，於《中庸章句》云：「誠者，真實無妄之謂，天理之本然也。」指真誠是真實無妄，是天理的本質。唐君毅認為「誠」是《中庸》的中心觀念，認同「誠」是「天之道」的說法，而且「天之道」亦只是「誠」。[73] 牟宗三則認為「誠者，天之道也」並非說「誠」屬於「天之道」，而是說人依循其性而行，毋須擇善固執於「誠之」的功夫便是「天之道」。[74]

71. 牟宗三：《中國哲學的特質》，台北：台灣學生書局，1994 年 8 月再版，第 29-30 頁。
72. 陳榮捷編著：《中國哲學文獻選編》（上冊），台北：巨流圖書，2007 年 10 月初版，第 180 頁。
73. 唐君毅：《中國哲學原論·導論篇》，北京：中國社會科學出版社，2005 年 10 月，第 84 頁。
74. 牟宗三：《牟宗三先生全集》第六集〈心體與性體〉（第二冊），台北：聯經出版，2003 年初版，第 278 頁。

地道

《中庸》中「地道」一詞僅見於第二十章，解作土地的道理、法則，該章云：「文武之政，布在方策。其人存，則其政舉；其人亡，則其政息。人道敏政，地道敏樹。夫政也者，蒲盧也。」以樹木快速生長比喻為政者施政迅速收效。

天地之道

「天地之道」（天與地的法則）是「天道」與「地道」的合稱，見於《中庸》第二十六章，云：「天地之道，可一言而盡也：其為物不貳，則其生物不測。天地之道：博也，厚也，高也，明也，悠也，久也。」《中庸章句》云：「天地之道，可一言而盡，不過曰誠而已。不貳，所以誠也。誠故不息，而生物之多，有莫知其所以然者。」認為天與地的法則以「一言而盡」是「誠」，不二（「貳」）之心也是「誠」。《史記‧禮書》云：「故禮，上事天，下事地，尊先祖而隆君師，是禮之三本也。」指禮是事奉天地、尊敬祖先及隆敬君主的根本。

錢穆認為「天地之道」指天地自然是一至健至誠、不息不已之動，「人道」也應效法。[75] 唐君毅認為「天地之道」可被視為形而上的生物者，是儒家形而上思想的進一步發展。[76]

人道

《中庸》中「人道」（或「人之道」）一詞僅見於第二十章，有兩個含意。其一，第二十章云：「文武之政，布在方策。其人

---

75. 錢穆：《中國思想史》，台北：台灣學生書局，1992 年 2 月，第 93 頁。
76. 唐君毅：《中國哲學原論‧導論篇》，北京：中國社會科學出版社，2005 年 10 月，第 227 頁。

《中庸》的管理智慧

存，則其政舉；其人亡，則其政息。人道敏政，地道敏樹。夫政也者，蒲盧也。」當中的「人道」指統治者施政之道。張居正云：「上有明君，下有良臣，便是得人。這人的道理，最能敏政。」[77] 南懷謹認為人對於政治很敏感，只要施政有利於人群社會，人民樂於接受，良效立見。[78] 其二，《中庸》第二十章云：「誠者，天之道也；誠之者，人之道也。」當中的「人道」指為人之道（做人的道理）（the proper way of being human[79]）。成中英認為人具有一種宇宙的潛能，用來實現他們在自然中的價值，使自己成為完人。[80] 杜維明認為「人道」作為君子之道，深深地植根於天所賦予的人性之中。[81]

77. 陳生璽等譯解：《張居正講評大學‧中庸》（修訂本），上海：上海辭書出版社，2013 年 8 月，第 93 頁。
78. 南懷謹：《話說中庸》，台北：南懷謹文化事業，2015 年 3 月初版，第 114 頁。
79. 英譯參考：Ames, R. T., & Hall, D. L. (2001). *Focusing the Familiar: A Translation and Philosophical Interpretation of the Zhongyong*. Honolulu, USA: University of Hawaii Press, p. 62.
80. 成中英：〈中國哲學的特性〉（選自《中國文化的特質》一書，1990 年），載於張頌之主編：《儒家哲學思想研究》（20 世紀儒學研究大系，總 12 卷），北京：中華書局，2003 年，第 287 頁。
81. 杜維明著、段德智譯、林同奇校：《中庸：論儒學的宗教性》，北京：生活‧讀書‧新知三聯書店，2013 年 6 月第 1 版，第 26 頁。

第八節　天人合一

「天人合一」的概念於先秦時代已很流行。《易經·乾·文言》云：「與天地合其德。」可能是「天人合一」概念的來源。《左傳·成公十三年》云：「劉子曰：『吾聞之，民受天地之中以生，所謂命也；是以有動作禮義威儀之則，以定命也。』」指人生於天與地之間是「天命」注定，為「天人合一」的概念奠定基礎。《莊子·山木》云：「人與天一也」及《莊子·齊物》云：「天地與我並生，而萬物與我為一。」指天、地、人共生，萬物與人合而為一。

漢代有不少關於天人關係的描述。董仲舒著《春秋繁露·陰陽義》云：「以類合一，天人一也。」提倡「天人感應」及「天人同類」的說法。董仲舒於《春秋繁露·王道通三》云：「察於天之意，無窮極之仁也，人之受命於人也，取仁於天而仁也。」指天有自然性、道德性和情感性，人的仁源於天。[82]《史記·禮書》云：「天地者，生之本也，先祖者，類之本也。」指天地是萬物繁殖的根本，而祖先是人類民族的根本。

宋代「天人合一」的概念更豐富。北宋思想家張載於《正蒙·誠明篇》云：「天人異用，不足以言誠。天人異知，不足以盡明。所謂誠明者，性與天道，不見乎小大之別也。」及《正蒙·乾稱》云：「因誠明致因誠致明，故天人合一。」指人由真誠而自然明白道理（「誠明」），以達致「天人合一」。「二程」（程顥、程頤）認

82. 李澤厚：《中國古代思想史論》，台北：三民書局，2012 年 3 月，第 162 頁。

《中庸》的管理智慧

為天與人合一，兩者無所間斷。程顥云：「天人一也，更不分別」、「天人無間斷」及「仁者以天地萬物為一體，莫非己也。」程頤云：「一人之心，即天地之心。一物之理，即萬物之理。」（《二程遺書》卷二上）程頤云：「在天為命，在義為理，在人為性，主于身為心，其實一也。」及「天地人只一道也。」（《二程遺書》卷十八）指天命、稟性及身心可以合以為人。朱熹云：「天人本只一理，若會得此理，則天何嘗大，人何嘗小也？」及「天未始不為人，而人未始不為天。」（《朱子語類》卷一七）也指天人合一同理。

王陽明云：「大人者，以天地萬物為一體者也。大人之能以天地萬物為一體也，非意之也，其心之仁本若是。明明德者，立天地萬物一體之體也。親民者，達天地萬物一體之用也。」（《大學問》）指天地萬物為一體，人的本心是仁。

近代學者對「天人合一」的概念有豐富的討論。錢穆認為「天人合一」的境界是古代的中國人求能明道的最高境界，人性源於天，而仍可以通於天、合於天。[83] 余英時認為「天人合一」的觀念是中國宗教、哲學思維的獨有特色，也是現代學人的一個共識。[84] 唐君毅認為中國哲學以「天人合一」或「天人不二」為宗旨，中國哲學闡述天人之際與天人相與之事。[85] 張岱年認為中國哲學的特點之一是「天人合一」，天與人本來合一，而人生的最高理想是自覺地達致「天人合一」的境界。[86] 蔡仁厚認為儒家所說的「德」乃天德、人德通而為一，而「天人合一」就是「天人合德」，是不容易達致的很高境界。[87]

---

83. 錢穆：《中國思想通俗講話》，北京：九州出版社，2011年1月，第19-23頁。
84. 余英時：《論天人之際：中國古代思想起源試探》，台北：聯經出版，2014年1月初版，第71頁。
85. 唐君毅：《中國哲學原論·導論篇》，北京：中國社會科學出版社，2005年10月，第322頁。
86. 張岱年：《中國哲學大綱 - 中國哲學問題史》（上、下冊），北京：昆侖出版社，2010年3月，第5-9頁。
87. 蔡仁厚：《孔子的生命境界：儒學的反思與開展》，台北：台灣學生書局，1998年4月初版，第53頁。

方東美認為中國哲學家視天與人交相感應，不敵對、不衝突，處處顯和諧。如：《易經‧乾‧文言》云：「夫大人者，與天地合其德，與日月合其明，與四時合其序，與鬼神合其吉凶。」他認為天與人和諧，人與人感應，人與物均調，天地之間便怡然有序，萬物盎然滋生。[88]

　　徐復觀認為「天命之謂性」使人感覺到其本性由天所命，人與天有內在的關連，人與天同質、平等。[89]「天」是一超越而普遍性的存在，是人生命的根源；天啟發人對現實生活的責任感，使人生可實現其崇高價值。

　　牟宗三認為孟子於道德實踐方面只表示本心即是性，只說盡心知性則知天。然而「萬物皆備於我矣，反身而誠，樂莫大焉。」（《孟子‧盡心上》）指人心可無限申展，具備「體物不可遺」的絕對普遍性；盡心就能知性，人心可與天合一。[90,91]

　　王雲五認為「天道」與「人道」本為一體，道在人的內心；人只要能够自反於心，自能得道。[92] 成中英認為天與人具有潛在的合一性，人自我教育便能實現其固有的善性，最終達致「天人合一」。[93] 傅佩榮認為「天人合一」是自然界（天）與人類相結合，是人的精神狀態覺悟了自然與自身屬於一個整體。[94] 陳榮捷認為中國哲學史的特色是人文主義，一種主張「天人合一」的人文主義。[95]

88. 方東美：《中國人生哲學》，北京：中華書局，2012年6月，第34、97頁。
89. 徐復觀著、李維武編：《徐復觀文集（修訂本）》（第三卷〈中國人性論史‧先秦篇〉），湖北：湖北人民出版社，2009年第2版，第73-75頁。
90. 牟宗三：《牟宗三先生全集》第五集〈心體與性體〉（第一冊），台北：聯經出版，2003年初版，第28-29頁。
91. 劉述先：《論儒家哲學的三個大時代》（重排本），香港：中文大學出版社，2015年，第55頁。
92. 王雲五主編、宋天正註譯、楊亮功校訂：《中庸今註今譯》，台北：商務印書館，2009年11月二版，第53頁。
93. 成中英：〈中國哲學的特性〉（選自《中國文化的特質》一書，1990年），載於張頌之主編：《儒家哲學思想研究》（20世紀儒學研究大系，總12卷），北京：中華書局，2003年，第276頁。
94. 傅佩榮：《國學與人生》，台北：遠見天下文化，2015年8月，第189頁。
95. 陳榮捷編著：《中國哲學文獻選編》（上冊），台北：巨流圖書，2007年10月初版，第29頁。

《中庸》的管理智慧

《中庸》的天人合一概念

《中庸》不少章節提倡「天人合一」的概念，主張人可以透過窺探天的道理、法則，達致「天人合一」的境界（見**圖 3.2**）。

唐君毅認為中國文化精神之本，本質上是「天人合一」的思想。[96] 他認為《中庸》闡述聖賢修養的功夫比《大學》緊密，《中庸》言修養功夫在於貫天道、人道而為一。[97] 杜維明則認為《中庸》的天人一體概念，是君子力圖體現「中」所蘊含的終極意義：天賦予人實現自我的內在力量，從而達致與宇宙合一的狀態。[98] 杜維明認為人為了實現自我，可以透過作為自己（人），以日益深化的意識來「事天」。[99]

牟宗三認為古時帝、天、天道、天命等名皆表示一超越體，其後發展成為一個「形而上之實體」。他認為《中庸》、《易傳》之天道神化是本著孔、孟學說，而與帝、天、天道、天命等傳統打成一片。[100] 牟宗三認為中國哲學著重生命與德性，以敬天愛民、踐仁成聖的道德實踐為出發點，邁向「性命天道相貫通」的目標。[101] 南懷謹認為首章「致中和，天地位焉，萬物育焉。」是儒家「天人合一」的哲學，將「宇宙觀」與「人生觀」打成一片。[102]

---

96. 唐君毅：《中國文化之精神價值》，桂林：廣西師範大學出版社，2005 年 10 月第 1 版，第 348 頁。
97. 唐君毅：《中國哲學原論·導論篇》，北京：中國社會科學出版社，2005 年 10 月，第 84 頁。
98. 杜維明著、段德智譯、林同奇校：《中庸：論儒學的宗教性》，北京：生活·讀書·新知三聯書店，2013 年 6 月第 1 版，第 1 及 29 頁。
99. 杜維明：《儒家思想：以創造轉化為自我認同》，台北：東大圖書，2014 年 9 月三版，第 69 頁。
100. 牟宗三：《牟宗三先生全集》第六集〈心體與性體〉（第二冊），台北：聯經出版，2003 年初版，第 24 及 66 頁。
101. 牟宗三：《中國哲學的特質》，台北：台灣學生書局，1994 年 8 月再版，第 14-15 頁。
102. 南懷謹：《話說中庸》，台北：南懷謹文化事業，2015 年 3 月初版，第 124 頁。

圖 3.2　三才之道（天道、地道、人道）的關係

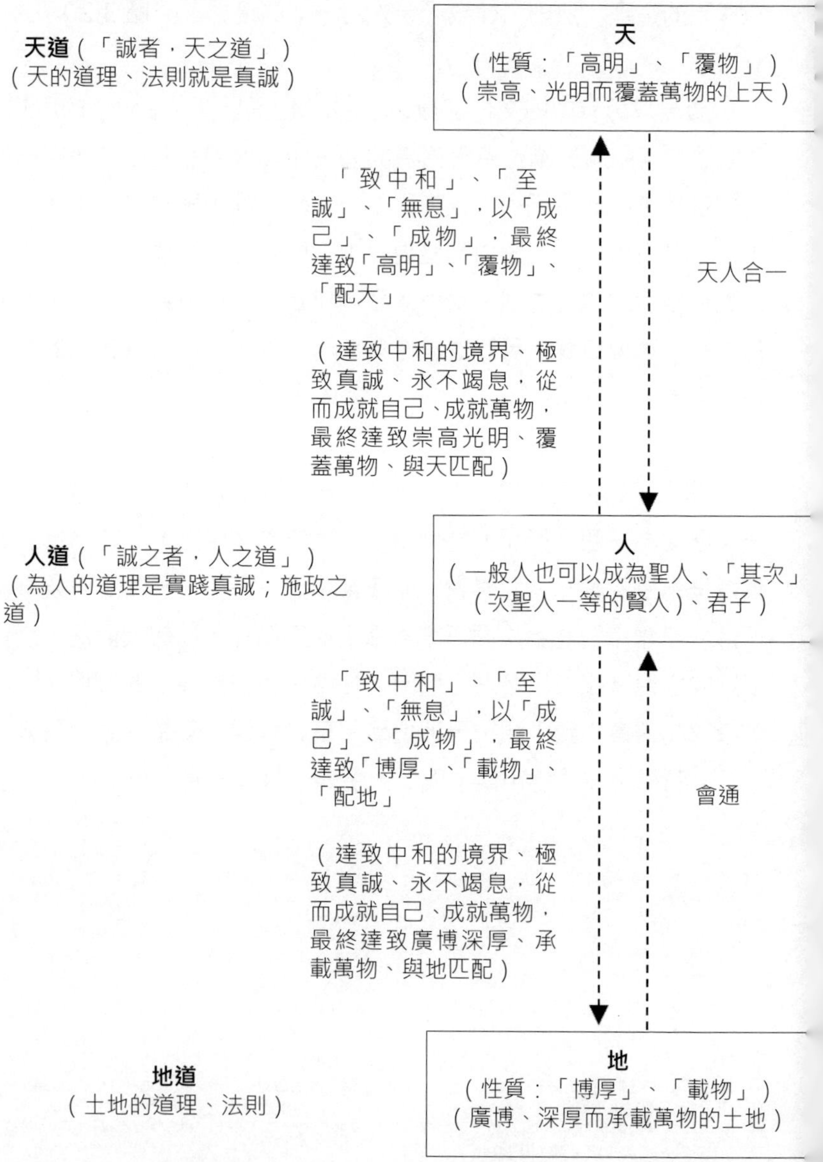

天道（「誠者，天之道」）
（天的道理、法則就是真誠）

```
┌─────────────────────────────┐
│              天             │
│ （性質：「高明」、「覆物」）  │
│ （崇高、光明而覆蓋萬物的上天）│
└─────────────────────────────┘
```

「致中和」、「至
誠」、「無息」，以「成
己」、「成物」，最終
達致「高明」、「覆物」、
「配天」

天人合一

（達致中和的境界、極
致真誠、永不竭息，從
而成就自己、成就萬物，
最終達致崇高光明、覆
蓋萬物、與天匹配）

人道（「誠之者，人之道」）
（為人的道理是實踐真誠；施政之
道）

```
┌─────────────────────────────┐
│              人             │
│ （一般人也可以成為聖人、「其次」│
│ （次聖人一等的賢人）、君子）  │
└─────────────────────────────┘
```

「致中和」、「至
誠」、「無息」，以「成
己」、「成物」，最終
達致「博厚」、「載物」、
「配地」

會通

（達致中和的境界、極
致真誠、永不竭息，從
而成就自己、成就萬物，
最終達致廣博深厚、承
載萬物、與地匹配）

地道
（土地的道理、法則）

```
┌─────────────────────────────┐
│              地             │
│ （性質：「博厚」、「載物」）  │
│ （廣博、深厚而承載萬物的土地）│
└─────────────────────────────┘
```

《中庸》的管理智慧

第九節　贊天地之化育、人與天地參

《中庸》提倡人可以「贊天地之化育」及「與天地參（三）」，其中聖人、賢人（「其次」、次聖人一等）、君子（品德高尚的人）及一般人各有角色。此節闡述《中庸》對聖人匹配天地、賢人化育萬物的途徑。

孔子推崇堯、舜、周公等為聖人，孟子指聖人是人類最好的典範（《孟子·離婁上》：「人倫之至也」）及百世的老師（《孟子·盡心下》：「百世之師」）。《孟子·離婁下》云：「堯舜與人同也」及〈告子下〉篇云：「人皆可以為堯舜」指凡人皆可以成為聖人。《中庸》認為人可以與天合一，人可以與天地並列。《中庸》提及「至誠」（聖人）及「其次」（次一等的賢人）兩類人：聖人永不竭息（「至誠無息」）而最終與天地匹配，次聖人一等的賢人則可以致力於發揮本性的某方面（「其次致曲」）而最終化育萬物。

徐復觀認為儒家的基本用心，是為性善的道德內在說，將人建立為圓滿無缺的聖人或仁人，對世界負責。[103] 方東美認為中國聖人、完人的生活，是要攝取宇宙的生命，以充實人類的生命，從而增進宇宙與人生兩者的相互和諧，希望最終止於至善。[104] 傅佩榮認為聖人代表完美的人格典型，具備極高的智慧、能力和品德，也是代天行教的聖王。[105]

---

103. 徐復觀：〈儒家精神的基本性格及其限定與新生〉，載於曾振宇主編：《儒家倫理思想研究》（20世紀儒學研究大系·總7卷），北京：中華書局，2003年，第80頁。
104. 方東美：《中國人生哲學》，北京：中華書局，2012年6月，第40頁。
105. 傅佩榮：《儒道天論發微》，台北：聯經出版，2010年9月初版，第195頁。

聖人無息盡性而匹配天地

「至誠」見於《中庸》五章（第二十二至二十四、二十六及三十二章），指聖人、道德修養達致最高境界的人，一說解作「極致真誠」。《中庸》第二十二章云：「唯天下之至誠，為能盡其性；能盡其性，則能盡人之性；能盡人之性，則能盡物之性；能盡物之性，則可以贊天地之化育；可以贊天地之化育，則可以與天地參矣。」指聖人能夠「盡其性」、「盡人之性」及「盡物之性」，依次充分發揮自己、眾人及萬物的本性，從而「贊天地之化育」（協助天地的造化及養育萬物）及「與天地參（三）」（人與天、地並列，三者擁有相同地位）。

《中庸》第二十二章云：「至誠之道，可以前知。國家將興，必有禎祥；國家將亡，必有妖孽；見乎蓍龜，動乎四體。禍福將至：善，必先知之；不善，必先知之。故至誠如神。」指聖人可以預知未來，預知國家興衰、福禍。

《中庸》第二十六章詳述聖人如何透過「無息」、「久」、「徵」、「悠遠」、「博厚」、「高明」的步驟，達致「成物」、「載物」及「覆物」的效果，最終與天、地匹配（見**圖 3.3**）。該章云：「故至誠無息。不息則久，久則徵，徵則悠遠，悠遠則博厚，博厚則高明。博厚，所以載物也；高明，所以覆物也；悠久，所以成物也。博厚配地，高明配天，悠久無疆。如此者，不見而章，不動而變，無為而成。天地之道，可一言而盡也：其為物不貳，則其生物不測。天地之道：博也，厚也，高也，明也，悠也，久也。今夫天，斯昭

《中庸》的管理智慧

昭之多，及其無窮也，日月星辰繫焉，萬物覆焉。今夫地，一撮土之多，及其廣厚，載華嶽而不重，振河海而不洩，萬物載焉。今夫山，一卷石之多，及其廣大，草木生之，禽獸居之，寶藏興焉。今夫水，一勺之多，及其不測，黿鼉、蛟龍、魚鱉生焉，貨財殖焉。」詳述了有關過程。

《中庸》第三十二章云：「唯天下至誠，為能經綸天下之大經，立天下之大本，知天地之化育。」指只有聖人才能夠治理天下眾人應共同遵守的規範，建立天下主要的根本，並領悟天地化育萬物的道理。

圖 3.3　聖人匹配天地、與天地並列的途徑

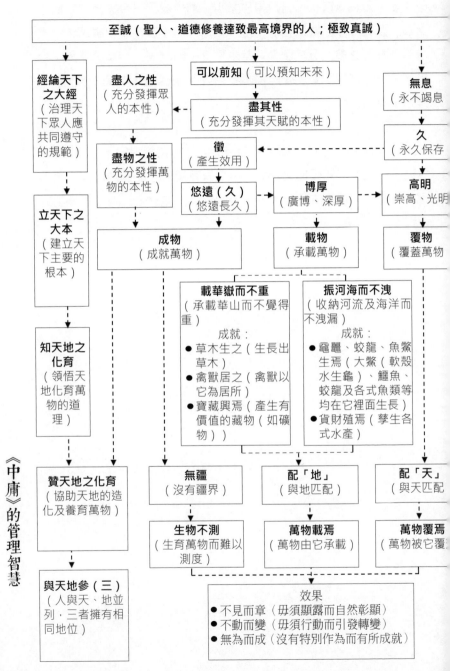

至誠（聖人、道德修養達致最高境界的人；極致真誠）

經綸天下之大經（治理天下眾人應共同遵守的規範）

盡人之性（充分發揮眾人的本性）

可以前知（可以預知未來）

盡其性（充分發揮其天賦的本性）

無息（永不竭息

久（永久保存

立天下之大本（建立天下主要的根本）

盡物之性（充分發揮萬物的本性）

徵（產生效用）

悠遠（久）（悠遠長久）

博厚（廣博、深厚）

高明（崇高、光明）

知天地之化育（領悟天地化育萬物的道理）

成物（成就萬物）

載物（承載萬物）

覆物（覆蓋萬物

載華嶽而不重（承載華山而不覺得重）

成就：
● 草木生之（生長出草木）
● 禽獸居之（禽獸以它為居所）
● 寶藏興焉（產生有價值的藏物（如礦物））

振河海而不洩（收納河流及海洋而不洩漏）

成就：
● 黿鼉、蛟龍、魚鱉生焉（大鱉（軟殼水生龜）、鱷魚、蛟龍及各式魚類等均在它裡面生長）
● 貨財殖焉（孳生各式水產）

贊天地之化育（協助天地的造化及養育萬物）

無疆（沒有疆界）

配「地」（與地匹配）

配「天」（與天匹配）

生物不測（生育萬物而難以測度）

萬物載焉（萬物由它承載）

萬物覆焉（萬物被它覆

與天地參（三）（人與天、地並列，三者擁有相同地位）

效果
● 不見而章（毋須顯露而自然彰顯）
● 不動而變（毋須行動而引發轉變）
● 無為而成（沒有特別作為而有所成就）

《中庸》的管理智慧

252

賢人（「其次」）致曲而化育萬物

《中庸》第二十三章云：「其次致曲，曲能有誠，誠則形，形則著，著則明，明則動，動則變，變則化，唯天下至誠為能化。」指次聖人一等的賢人（「其次」）致力於發揮本性的某方面（「致曲」），繼而透過「誠」（真誠）、「形」（表現出來）、「著」（變得顯著）、「明」（發揚光大）、「動」（感動別人）、「變」（引發轉變）而「化」（化育萬物）（見**圖 3.4**）。

圖 3.4　賢人化育萬物的途徑

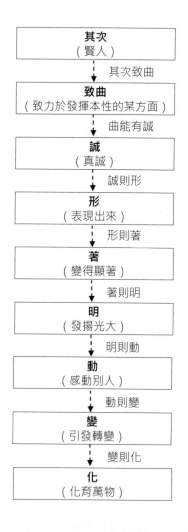

第十節　中、時中、和、致中和

此節分析《中庸》的「中」、「時中」、「和」及「致中和」
等核心概念。

中

《中庸》首章「喜怒哀樂之未發，謂之中；發而皆中節，
謂之和。」的「中」字有兩重意義，即不偏不倚 (moderation、
mean、equilibrium[106])、無「過」(going beyond[107]) 或「不及」(not
reaching[108])，處事適切的適中狀態。

唐蘭透過對甲骨文的考證，認為「中」最初是氏族社會用來召
集民眾的旗幟。[109] 其後「中」演變出不同的解釋，包括：「內」（方
位、位置）、不偏不倚（無「過」或「不及」）、「中正」、「公
正」、「恰到好處」及心靈境界等（見圖 3.5）。《中庸章句》云：
「中者，不偏不倚、無過不及之名」及「無所偏倚，故謂之中」，
筆者認同此看法。

106. 英譯參考：Johnson, I., & Wang, P. (translation and annotation) (2012). *Daxue and
Zhongyong: Bilingual Edition*. Hong Kong: The Chinese University Press, p. 182 及 Legge, J.
(translation) (1963). *The Great Learning and The Doctrine of the Mean*. Hong Kong: Kwong
Ming Book Store, p. 2 of "*The Doctrine of the Mean*".
107. 英譯參考：Johnson, I., & Wang, P. (translation and annotation) (2012). *Daxue and
Zhongyong: Bilingual Edition*. Hong Kong: The Chinese University Press, p. 181.
108. 英譯參考：Johnson, I., & Wang, P. (translation and annotation) (2012). *Daxue and
Zhongyong: Bilingual Edition*. Hong Kong: The Chinese University Press, p. 181.
109. 唐蘭：《殷墟文字說》，轉引自劉桓：《殷契新釋》，河北：河北教育出版社，1989 年，第 161 頁。

《中庸》的管理智慧

圖 3.5　「中」的主要解說

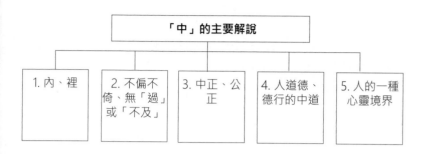

古籍對「中」字的主要解說如下：

一、解作內、裡 (inner[110])。《說文解字》云：「中，內也。從口丨，上下通。」有「上下通達」的意思。朱駿聲於《說文通訓定聲》指「中」的本義為「以矢著正」，狩獵者以箭射靶心的技藝為之「中」。《論語・八佾》云：「射不主皮，為力不同科，古之道也。」指射箭在於「中的」。陳滿銘從訓詁的角度對「中」字進行了詳盡的研究，指「中」字常見於先秦古籍，解作「內」、「裡」，如《詩經・國風・召南・采蘩》云：「于以采蘩，于澗之中。」及《尚書・夏書・禹貢》云：「厥田惟上下，厥詞賦中上。」等。[111]

二、解作不偏不倚、無「過」或「不及」。《中庸章句》提出程頤解釋《中庸》書題的定義：「子程子曰：『不偏之謂中，不易之謂庸。中者，天下之正道，庸者，天下之定理。』」朱熹《中庸或問》云：「中一名而有二義，程子固言之矣。今以其說推之。不偏不倚云者，程子所謂在中之義。未發之前，無所偏倚之名也。無過不及者，程子所謂中之道也。見諸行事，各得其中之名也。」指

---

110. 英譯參考：Johnson, I., & Wang, P. (translation and annotation) (2012). *Daxue and Zhongyong: Bilingual Edition*. Hong Kong: The Chinese University Press, p. 182.
111. 陳滿銘：《中庸思想研究》，台灣：文津出版社，1980 年 3 月初版，第 2 頁。

「中」字包含了「無過不及」與「不偏」的兩種意義。馮友蘭指「中」和古希臘亞里士多德主張的「中道為貴」（the golden mean）頗為相近，意指恰如其分、恰到好處，是調和各種心情所需。[112] 他認為「中」的本義並不是做事不徹底或模稜兩可，而是體現於道德及利害兩方面的無過、不及。[113]

三、解作中正、公正。段玉裁《說文解字注》云：「中，別于外之辭也，別于偏之辭也，亦合宜之辭也。」認為「中」是中正己心的美德。[114] 陳滿銘指《尚書·周書·酒誥》「爾克永觀省，作稽中德」中「作稽中德」解作合乎中正的美德，而《尚書·周書·呂刑》「屬于五極，咸中有慶」中「咸中有慶」解作公正就有幸福。此外，《易經·爻辭》〈泰九二〉「包荒，用馮河，不遐遺，朋亡。得尚於中行」及〈益六四〉「中行，告公從，利用為依遷國」的「中」字是表達中正之道。[115]《孟子·盡心上》云：「大匠不為拙工改廢繩墨，羿不為拙射變其彀率。君子引而不發，躍如也。中道而立，能者從之。」指工匠做工要符合繩墨，射箭手調節弓也要符合彀率，要秉持「中道」。

四、解作人道德、德行的中道。《周禮》提及「中」、「和」及「庸」等字，如：《周禮·地官司徒》云：「以五禮防萬民之偽，而教之中；以六樂防萬民之情，而教之和。」提及「中」與「和」，而《周禮·春官宗伯》云：「以樂德教國子：中、和、祇、庸、孝、友。」提及「中」、「和」、「庸」。陳滿銘認為上述兩句的「中」字均涉及禮樂刑教、人的德性。[116]《禮記·仲尼燕居》云：「子貢越席而對曰：『敢問將何以為此中者也？』子曰：『禮乎禮！夫禮所以制中也。』」的「中」字也涉及道德意義。此外，《易傳》提

112. 馮友蘭著、趙復三譯：《中國哲學簡史》，香港：三聯書店，2005年1月第1版，第176-177頁。
113. 馮友蘭：《新世訓－生活方法新論》，香港：三聯書店，2012年5月，第87-88頁。
114. 段玉裁：《說文解字注》，上海：上海古籍出版社，1981年，第20頁。
115. 陳滿銘：《中庸思想研究》，台灣：文津出版社，1980年3月初版，第3-4頁。
116. 陳滿銘：《中庸思想研究》，台灣：文津出版社，1980年3月初版，第4頁。

《中庸》的管理智慧

及「中」字凡一百三十四次，其中涉及「中庸」之「中」有八十個，顯示「中」的概念在《易傳》已相當普遍。如：〈離二象〉云：「黃離元吉，得中道也。」、〈睽象〉云：「得中而應乎剛，是以小事吉。」、〈大有象〉云：「柔得尊位，大中而上下應之。」及〈臨五象〉云：「大君之宜，行中之謂也。」等。[117]

五、人的一種心靈境界。王陽明於《傳習錄·門人陸澄錄》指「中」的天理需要由心去體會，云：「此須自心體認出來，非言語所能喻。中只是天理。」勞思光指「中」是超脫情緒的心靈境界。[118] 杜維明認為「中」是一個人不受外在力量騷擾時的心靈狀態。[119]

時中

《中庸》第二章云：「仲尼曰：『君子中庸，小人反中庸。君子之中庸也，君子而時中；小人之中庸也，小人而無忌憚也。』」其中「君子而時中」解作君子能夠隨時處於「中」的境界（見**圖3.6**）。

圖3.6　「時中」的概念

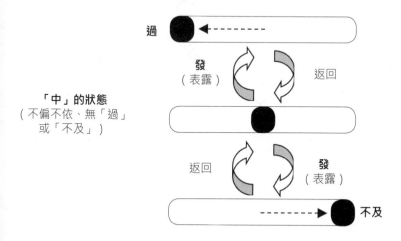

過

發
（表露）

返回

「中」的狀態
（不偏不依、無「過」
或「不及」）

返回

發
（表露）

不及

---

117. 陳滿銘：《中庸思想研究》，台灣：文津出版社，1980 年 3 月初版，第 7-13 頁。
118. 勞思光：《大學中庸譯註新編》，香港：中文大學出版社，2000 年，第 44-45 頁。
119. 杜維明著、段德智譯、林同奇校：《中庸：論儒學的宗教性》，北京：生活•讀書•新知三聯書店，2013 年 6 月第 1 版，第 27 頁。

對「時中」一詞的主要解說有二：

一、隨時處於「中」的境界。張載《張子正蒙·神化》云：「順變化、達時中，仁之至、義之盡也。」指順應變化達致「時中」，是仁至義盡。張居正認為「時中」是隨時處中，云：「有君子之德，而應事接物之際，又能隨時處中，此其所以能中庸也。」[120] 張岱年認為「過」或「不及」均是反中庸，中庸是無「過」或「不及」，隨時處中（「時中」）。[121]《論語·子路》云：「不得中行而與之，必也狂狷乎！狂者進取，狷者有所不為也。」指「中行」（應用其中）是好的行事方法。杜維明認為君子在自我實現無止境的過程中體現「中」，亦即體現「人道」；君子在任何時候都持守其人性（「時中」），但大多數人卻不能。[122]

二、於適當時機行事。傅佩榮認為「時」表示對時機的判斷，「中」是「中庸」的簡稱，「時中」應解作於適當時機行正確的事。[123] 馮友蘭認為「時中」的含意是「適當其時」、「恰如其分」地行事。[124]

和

《中庸》首章「喜怒哀樂之未發，謂之中；發而皆中節，謂之和」的「和」字解作調和、平和、不乖戾（harmony[125]）。《中庸章句》云：「無所乖戾，故謂之和。」《說文解字》云：「和，相應也，從口禾。」原指奏樂或歌唱時音與聲相和應。《禮記·樂記》云：「樂者，天地之和也。」《廣雅·釋詁》云：「和，順也，調也。」及《禮記·郊特牲》云：「和，合也。」均指「和」有和諧、調和、融洽

---

120. 陳生璽等譯解：《張居正講評大學·中庸》（修訂本），上海：上海辭書出版社，2013 年 8 月，第 60 頁。
121. 張岱年：《人生課》，北京：北京大學出版社，2008 年 7 月，第 96 頁。
122. 杜維明著、段勇智譯、林同奇校：《中庸：論儒學的宗教性》，北京：生活•讀書•新知三聯書店，2013 年 6 月第 1 版，第 30 頁。
123. 傅佩榮：《傅佩榮譯解大學中庸》，北京：東方出版社，2012 年 4 月第 1 版，第 41 頁。
124. 馮友蘭著、趙復三譯：《中國哲學簡史》，香港：三聯書店，2005 年 1 月第 1 版，第 177 頁。
125. 英譯參考：Johnson, I., & Wang, P. (translation and annotation) (2012). *Daxue and Zhongyong: Bilingual Edition*. Hong Kong: The Chinese University Press, pp. 522 and 546.

《中庸》的管理智慧

的意思。《易經・乾・彖》云：「乾道變化，各正性命，保合太和，乃利貞。」指「天道」表現於運動變化及萬物的生命之中，達致最高的和諧（「太和」）。西周太史史伯於《國語・鄭語》云：「去和而取同。夫和實生物，同則不繼。以他平他謂之和，故能豐長而物歸之。」指「和」涉及不同事物（「他」與「他」）的相互配合，繼而豐盛增長，最終達致平衡。

《論語・子路》云：「君子和而不同，小人同而不和。」指君子追求和諧（「和」），小人盲從附和（「同」）。《論語・學而》云：「禮之用，和為貴。」提出以和為貴及「知和而和，不以禮節之，亦不可行也。」指人在追求「和」時要有原則，不可以為和而和。《孟子・公孫丑下》云：「天時不如地利，地利不如人和。」顯示中國人對「和」的追求。張載《張子正蒙・太和》云：「有象斯有對，對必反其為；有反斯有仇，仇必和而已解。」形容「和」是動態的，和諧將於對立、衝突及鬥爭之後出現。勞思光認為表現情感時符合正當限度，是一種調和、無衝突、無阻滯的心靈境界。[126]

致中和

「致中和」是達致「中」（不偏不倚、無「過」或「不及」）、「和」（調和、平和、不乖戾）的境界 (the states of equilibrium and harmony[127]) （見**圖 3.7**）。

---

126. 勞思光：《大學中庸譯註新編》，香港：中文大學出版社，2000 年，第 45 頁。
127. 英譯參考：Legge, J. (translation) (1963). *The Great Learning and The Doctrine of the Mean*. Hong Kong: Kwong Ming Book Store, p. 2 of *"The Doctrine of the Mean"*.

圖 3.7 「中和」的概念

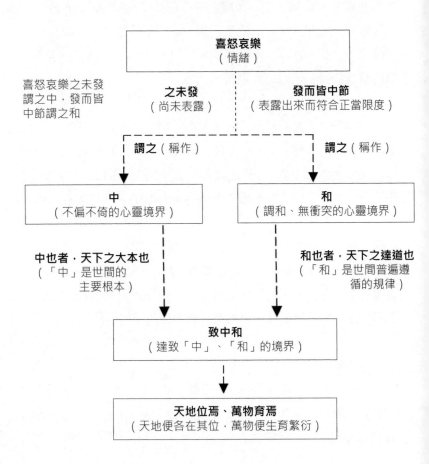

喜怒哀樂之未發
謂之中，發而皆
中節謂之和

張居正認為「蓋天地萬物，本吾一體，而中和之理，相為流通，故其效驗至于如此，然則盡性之功夫，人可不勉哉？」指「中和」的道理廣為流通。[128] 錢穆認為「中和」重在「和」而不是「中」，「和」可以盡中庸之德。[129] 熊十力認為「中和」、「中庸」的意義相同，而名稱不同而已；中國人務求調節情感，以歸於「中和」，有別於西方人富於高度的堅持之情。[130] 徐復觀認為「致中和」不是就一人而言；若人人能推動其中和之德、中庸之行，萬物便各得其所。[131] 陳滿銘認為「中」字在先秦的本義是「中央」，逐漸從外在而內在，自下學至上達；它演變成「中和」並非《中庸》作者一人的創建，而是一眾儒者的傳承。[132] 程靜宇認為「中和」是中國傳統文化的核心，是不同事物相處、相磨而達致協調一致，最終趨於融合。[133] 牟宗三認為《中庸》由「慎獨」談到「致中和」，只是形式上的具體說明。[134] 方東美認為中國人將宇宙與社會看作「中和」的意境，以完成仁親之美德。中國人將有限的宇宙形體化作無窮的微妙作用，人處處中正不偏，就能使萬物感應以相與。[135]

　　杜維明認為「致中和」是一個無休止的學習過程，旨在人間的具體事務中實現宇宙之「中」，使萬物之間達致「和」的狀態，其最高理想是天地之間的「同步性」及不同存在方式之間的「共生性」。[136]

---

128. 陳生璽等譯解：《張居正講評大學·中庸》（修訂本），上海：上海辭書出版社，2013 年 8 月，第 58-59 頁。

129. 錢穆：《晚學盲言（上）》，台北：東大圖書，1987 年 8 月初版，第 130 頁。

130. 熊十力：《境由心生》，北京：北京聯合出版社，2011 年 12 月，第 3、63 頁。

131. 徐復觀著、李維武編：《徐復觀文集（修訂本）》（第三卷〈中國人性論史·先秦篇〉），湖北：湖北人民出版社，2009 年第 2 版，第 79 頁。

132. 陳滿銘：《中庸思想研究》，台灣：文津出版社，1980 年 3 月初版，第 28 頁。

133. 程靜宇：《中國傳統中和思想》，北京：社會科學文獻出版社，2010 年 5 月，第 343 頁。

134. 牟宗三：《牟宗三先生全集》第七卷〈心體與性體〉（第三冊），台北：聯經出版，2003 年初版，第 205 頁。

135. 方東美：《中國人生哲學》，北京：中華書局，2012 年 6 月，第 20、64 頁。

136. 杜維明著、段德智譯、林同奇校：《中庸：論儒學的宗教性》，北京：生活·讀書·新知三聯書店，2013 年 6 月第 1 版，第 28 頁。

第十一節　庸、中庸、中庸之道

「中庸」一詞在《中庸》出現十次，見於七章，包括第二、三、七、八、九、十一及二十七章。

庸

古時「庸」通「鏞」，是一種「大鐘」，如《詩經·商頌·那》云：「穆穆厥聲，庸鼓有斁（粵音：亦 jik6；拼音：亦 yì），萬舞有奕。」描述鐘鼓聲鏗鏘洪亮，萬人共舞的盛大場面。歷來對《中庸》「庸」字的解釋包括：「用」、「平常」、「不易（恆常）」、「教化」等（見**圖 3.8**）。筆者認為「庸」是平常之理。

圖 3.8　「庸」的主要解說

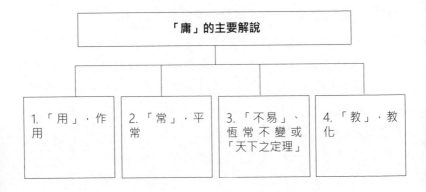

「庸」的主要解說

1. 「用」，作用
2. 「常」，平常
3. 「不易」、恆常不變或「天下之定理」
4. 「教」，教化

對「庸」字的主要解說如下：

一、解作「用」、作用。《說文解字》云：「庸，用也。從用從庚。庚，更事也。《易》（按：《易經》）曰：『先庚三日。』」指「庸」為「用」。孔穎達於《禮記正義》引用鄭玄《三禮目錄》云：「名曰《中庸》，以記中和之用也。庸，用也，孔子之孫子思伋所作之，以昭明聖祖之德也。」也指「庸」是「用」（作用）。南懷瑾認為孔穎達的解釋恰當平實，《中庸》旨在教人必須先做到「中和」的境界，才能明白天人之際心性相關的道體和作用。[137] 陳滿銘從訓詁的角度對「庸」字進行了詳盡的研究，指「庸」字不多見於先秦古籍，不見於《春秋三傳》[138]，而僅於《詩經》及《尚書》分別出現七次及十次。[139] 如《尚書·虞書·堯典》云：「朕在位七十載，汝能庸命，巽朕位」、《尚書·商書·盤庚下》云：「無總于貨寶，生生自庸」、《尚書·周書·康誥》云：「庸庸，祇祇，威威，顯民」、《尚書·虞書·舜典》云：「明試以功，車服以庸」、《尚書·周書·酒誥》云：「又惟殷之迪諸臣惟工，乃湎于酒，勿庸殺之，姑惟教之」及《詩經·齊風·南山》云：「魯道有蕩，齊子庸止，既曰庸止，曷又從止？」此外，《莊子·齊物論》云：「惟達者知通為一，為是不用而寓諸庸。庸也者，用也；用也者，通也；通也者，得也；適得而幾矣。」中的「庸」字均解作「用」。

二、解作「常」、平常 (ordinary、commonplace[140])。《禮記·中庸》鄭玄注云：「庸，常也；用中為常道。」指「庸」是「常」（平常）。《易經·乾·文言》的「庸言之信，庸行之謹」與《中庸》第十三章「庸德之行，庸言之謹」相近，當中「庸」字解作「常」。《荀子·禮論》云：「庸言必信之。」指越是平庸的言詞越值得信任。

137. 南懷瑾：《話說中庸》，台北：南懷瑾文化事業，2015 年 3 月初版，第 25-26 頁。
138. 《春秋三傳》是註譯《春秋》的書，包括《左氏春秋傳》、《春秋公羊傳》及《春秋穀梁傳》。
139. 陳滿銘：《中庸思想研究》，台灣：文津出版社，1980 年 3 月初版，第 16 頁。
140. 英譯參考：Johnson, I., & Wang, P. (translation and annotation) (2012). *Daxue and Zhongyong: Bilingual Edition*. Hong Kong: The Chinese University Press, p. 182.

陳滿銘認為「庸」解作「常」的說法未見於春秋前的典籍，但也十分恰當。[141] 馮友蘭認為「庸」是「普通」和「尋常」，有如人日常需要吃飯喝水，不能離開的事物。[142] 徐復觀認為「庸」字應指人的平常行為，隨時隨地應實踐的行為。[143] 如錢穆如言，一切為人、修學、治業，越普通越平常的就越可貴。[144]

三、解作「不易」、恆常不變 (constant[145]) 或「天下之定理」。《中庸章句》提出程頤解釋《中庸》書題的定義：「不易之謂庸。」但陳滿銘認為這解法不很圓滿，「不易」的解法未見於春秋前的典籍，可能是程頤希望「中」及「庸」兩字能夠分庭抗禮的個人意願。[146]

四、解作「教」、教化。明代王夫之云：「性，道，中也。教，庸也。『脩道之謂教』，是庸皆用中，而用乎體，用中為用而即以體為用。」指教化是「庸」，而教化需要用「中」。[147]

中庸

「中庸」是「中庸之道」（或「中道」）的運用，是儒家思想的最高道德標準之一。根據《說文解字》對「中」及「庸」兩字的說法，「中庸」有「用中」的意思。鄭玄於《三禮目錄》云：「中庸者，以其記中和之為用也；庸，用也。」指「中庸」是「中和之為用」（中用、用中）(using the middle [way][148], on the practice of the mean[149])。熊十力認為「中」是無所偏倚，「庸」是「常」，

141. 陳滿銘：《中庸思想研究》，台灣：文津出版社，1980 年 3 月初版，第 19、30 頁。
142. 馮友蘭著、趙復三譯：《中國哲學簡史》，香港：三聯書店，2005 年 1 月第 1 版第一次，第 178 頁。
143. 徐復觀著、李維武編：《徐復觀文集（修訂本）》（第三卷〈中國人性論史・先秦篇〉），湖北：湖北人民出版社，2009 年第 2 版，第 71 頁。
144. 錢穆：《晚學盲言（下）》，台北：東大圖書，1987 年 8 月初版，第 584 頁。
145. 英譯參考：Johnson, I., & Wang, P. (translation and annotation) (2012). *Daxue and Zhongyong: Bilingual Edition*. Hong Kong: The Chinese University Press, p. 182.
146. 陳滿銘：《中庸思想研究》，台灣：文津出版社，1980 年 3 月初版，第 19、25 及 30 頁。
147. （明）王夫之：《讀四書大全說》卷二《中庸》，《船山全書》第六冊，第 451 頁。
148. 英譯參考：Johnson, I., & Wang, P. (translation and annotation) (2012). *Daxue and Zhongyong: Bilingual Edition*. Hong Kong: The Chinese University Press, p. 182.
149. 英譯參考：Plaks, A. (translation) (2003). *Ta Hsüeh and Chung Yung: the Highest Order of Cultivation and On the Practice of the Mean*. London: Penguin Classics, p. 24.

《中庸》的管理智慧

不隨物遷，義理深遠。[150]

　　徐復觀認為「中」與「庸」兩字連為「中庸」一詞始見於《論語‧雍也》「中庸之為德也，其至矣乎。民鮮能久矣。」顯示孔子對它的重視。「中庸」的特殊意義在於「庸」而不是「中」，「庸」是把「平常」和「用」連在一起，以形成新的內容；「中庸」是不偏、不倚，是人的性格，即是「善」。[151]

　　唐君毅認為「中」者「在中」，是內心的稱呼；「庸」者是用、通，是感通的稱呼。中庸之道並非折中之道，而是由內心以感通世界的方法。善於感通的人，他的善與他人的善相接，所以樂於道人之善，最終成為中庸之聖。[152]

　　勞思光則認為「中庸」是「正」、「常」的意思，君子守正常之道，小人反之。[153] 傅佩榮認為「中庸」指「用中」，以智、仁、勇為方法，實踐「五倫」。[154] 傅佩榮認為「中庸」是一種最高也是最難做到的德行，需要智、仁、勇去達成。[155] 易中天認為「中」是不走極端，「庸」是不唱高調；「中庸」是無「過」、無「不及」，恰到好處。[156] 筆者認同《中庸章句》的說法，認為中庸之道是不偏不倚、無「過」或「不及」，而平常的道理（見**圖 3.9**）。如《中庸章句》云：「中庸者，不偏不倚、無過不及，而平常之理，乃天命所當然，精微之極致也。惟君子為能體之，小人反是。」指君子能夠體驗「天命」所然的中庸之道，小人不能。

150. 熊十力：《境由心生》，北京：北京聯合出版，2012 年 2 月第 1 版，第 64 頁。
151. 徐復觀著、李維武編：《徐復觀文集（修訂本）》（第三卷〈中國人性論史‧先秦篇〉），湖北：湖北人民出版社，2009 年第 2 版，第 71、74 頁。
152. 唐君毅：《中國文化之精神價值》，桂林：廣西師範大學出版社，2005 年 10 月第 1 版，第 305 頁。
153. 勞思光：《大學中庸譯註新編》，香港：中文大學出版社，2000 年，第 47 頁。
154. 傅佩榮：《國學與人生》，台北：遠見天下文化，2015 年 8 月第 1 版，第 141 頁。
155. 傅佩榮：《止於至善：傅佩榮談大學‧中庸》，北京：東方出版社，2013 年 9 月第 1 版，第 94 頁。
156. 易中天：《中國智慧》，上海：上海文藝出版社，2011 年 1 月第 1 版，第 40、43 頁。

圖 3.9　中庸之道

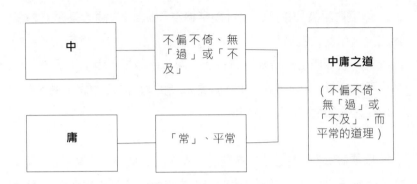

中庸之道的特性

蔡元培認為世界上除了希臘民族以外，其他民族均與中庸之道不投合；唯獨中華民族有大多數人贊同中庸之道，並持之以恒。[157]歸納歷代學者的見解，中庸之道具備以下特性：

一、「**執中**」── **堅守中正之道**。張居正將《尚書・虞書・大禹謨》「人心惟危，道心惟微，惟精惟一，允執厥中」的十六字心得解作「人心動盪不安，道心幽昧難明；人唯有精誠專一，摯誠地堅守中正之道」，凸顯中正的重要性。[158]《孟子・盡心上》云：「楊子取為我；拔一毛而利天下，不為也。墨子兼愛；摩頂放踵利天下，為之。子莫執中。執中為近之；執中無權，猶執一也。」指楊朱為我、墨子兼愛均是走向極端，不符「中道」；「執中」要有「權」（權變、靈活變通），否則弊多於利。方東美認為中國哲學的智慧在於「允執厥中」、保全大和，合內外之聖道，贊天地之化育，充

---

157. 蔡元培：《蔡元培講國學》，北京：華文出版社，2009 年 8 月，第 277 頁。
158. 陳生璽等譯解：《張居正講評尚書》（修訂本）（上冊），上海：上海辭書出版社，2013 年 8 月，第 36 頁。

《中庸》的管理智慧

266

分完成道德自我的最高境界。[159]

二、「叩其兩端」── 掌握事物的兩個極端（「過」與「不及」），應用其中。熊十力認為「天下皆兩端也，而人則恒執其一端而莫執兩，此人情之通患也。」指兩端包括：彼、此；同、異；是、非等。人知其一便不知其二，或厚己薄人，未能達到至公，有所偏私。[160]《中庸》第六章云：「舜其大知也與！舜好問而好察邇言，隱惡而揚善，執其兩端，用其中於民，其斯以為舜乎！」指舜（聖人之一）具有大智慧，喜歡向人請教，而又善於分析（平民）淺近說話的含意。舜將缺點、短處隱藏起來，而將優點、長處加以表揚，掌握事物的兩個極端（「過」與「不及」），而將中庸之道應用於民眾身上。孔子主張以「中行」（應用其中）的方法糾正「過」或「不及」的問題，如《論語·子路》云：「不得中行而與之，必也狂狷乎！狂者進取，狷者有所不為也。」指狂妄的人（「狂」）急進而出現「過」的行為，拘謹的人（「狷」）退縮而出現「不及」的行為。易中天認為「中」是不走極端，「庸」是不唱高調；「中庸」是無「過」、無「不及」，恰到好處。[161]

三、人人可以實踐的平常道理。朱熹於《中庸或問》云：「庸置是見於事，和是發於心。」指「中和」著重人的心性功夫（「發於心」），而「中庸」則著重日常生活（「見於事」）。徐復觀認為「中庸」是人人可以實踐，但必須透過無窮的努力，致力向上，「中庸之道」就是孔子要建立的「人道」。[162]

四、需要透過智、仁、勇（「三達德」）去達成。傅佩榮認為「中庸」是一種最高也是最難做到的德行，需要智、仁、勇去達成。[163]陳贇認為實踐中庸之道和實踐君子之道的方式相同，均需依靠智、

159. 方東美：《中國人生哲學》，北京：中華書局，2012年6月，第105頁。
160. 熊十力：《境由心生》，北京：北京聯合出版，2012年2月第1版，第64頁。
161. 易中天：《中國智慧》，上海：上海文藝出版社，2011年1月第1版，第40、43頁。
162. 徐復觀著、李維武編：《徐復觀文集（修訂本）》（第三卷〈中國人性論史·先秦篇〉），湖北：湖北人民出版社，2009年第2版，第72、75頁。
163. 傅佩榮：《止於至善：傅佩榮談大學·中庸》，北京：東方出版社，2013年9月第1版，第94頁。

仁、勇去開展。[164]

五、**實事求是，但不是「折中主義」、「老好人」、「和稀泥」。**
馮友蘭認為行中庸之道的人並不是現今所謂的「老好人」，更不是
《論語·陽貨》所說的「鄉愿」。杜維明認為「鄉愿」就是遵從習
俗並裝出道貌岸然的樣子，與君子的理想人格顯得格格不入，並非
中庸。[165]

葛榮晉認為《尚書·虞書·皋陶謨》提及的「九德」最能體現
中庸的精神。「九德」包括「寬而栗」（寬宏而嚴肅）、「柔而立」
（柔和而獨立）、「愿而恭」（恭謹而能辦事）、「亂（治）而敬」
（治事而能敬謹）、「擾（順）而毅」（和順而堅毅）、「直而溫」
（正直而溫和）、「簡而廉」（簡樸而廉潔）、「剛而塞」（剛強
而誠實）及「強而義」（勇敢而具正義感）。[166]

《中庸》的管理智慧

---

164. 陳贇：《中庸的思想》，北京：生活·讀書·新知三聯書店，2007 年 12 月第 1 版，第 146-147 頁。
165. 杜維明著；胡軍、丁民雄譯：《仁與修身：儒家思想論集》，北京：生活·讀書·新知三聯書店，
　　　2013 年 6 月，第 26 頁。
166. 葛榮晉：《儒學精蘊與現代文明》，北京：中國人民大學出版社，2014 年，第 322 頁。

第十二節　誠的哲學

　　《中庸》有二十五個「誠」字，見於九章，包括第十六、二十、二十一、二十二、二十三、二十四、二十五、二十六及三十二章。「誠」解真誠（sincerity[167]、being true [to oneself][168]），是《中庸》的核心概念之一。

《中庸》是誠的哲學

　　誠（真誠）是《中庸》的核心概念，不少學者認為《中庸》是誠的哲學。熊十力認為治中國學必須用修養的方法，如誠敬及思維等，凸顯誠於中國哲學的重要性。[169] 錢穆認為中國人必言人品，誠而厚者品高，偽而薄者品低。[170]《說文解字》云：「誠，信也。」指誠就是信。《左傳·僖公二十五》云：「信，國之寶也。」指信（誠）是國家的寶藏。

　　吳怡對誠字的源頭進行了詳細的分析，指《詩經》中的誠字大部分並非解作德性，只有〈大雅·崧高〉篇中「謝于誠歸」與德性有關。[171]《論語》僅有兩個誠字，分別見於〈顏淵〉篇的「愛之欲其生，惡之欲其死，既欲其生，又欲其死，是惑也。誠不以富，亦祇以異。」及〈子路〉篇的「善人為邦百年，亦可以勝殘去殺矣，誠哉是言也。」兩個誠字均作助詞使用，並非解作德性。吳怡認為儒、道、墨、法家凡是對於心性問題沒有深論的子書，幾乎沒有觸及德性方面的誠字；只有戰國時期的《孟子》、《荀子》及《莊子》

---

167. 英譯參考：Johnson, I., & Wang, P. (translation and annotation) (2012). *Daxue and Zhongyong: Bilingual Edition*. Hong Kong: The Chinese University Press, p. 526.
168. 英譯參考：：Gardner, D. K. (2007). *The Four Books: The Basic Teachings of the Later Confucian Tradition*. Indianapolis, USA: Hackett Publishing Company, Inc., p. 123.
169. 熊十力：《境由心生》，北京：北京聯合出版社，2011 年 12 月，第 9 頁。
170. 錢穆：《晚學盲言（下）》，台北：東大圖書，1987 年 8 月初版，第 612 頁。
171. 吳怡：《中庸誠的哲學》，台北：東大圖書，1993 年 10 月第五版，第 15 頁。

對誠字有成熟的討論，與《中庸》的誠字有密切的關係。[172]

誠是性、教的基礎

《中庸》首章云：「天命之謂性，率性之謂道，脩道之謂教。」指上天所賦予人的自然稟賦稱作本性，依循本性發展稱作正道，按照正道的原則修養稱作教化。而第二十一章云：「自誠明，謂之性；自明誠，謂之教。誠則明矣，明則誠矣。」指由真誠而自然明白道理，是天賦的本性；由明白道理而做到真誠，是人為的教化。真誠就能明白道理，明白道理後就可以達致誠的最高境界。綜合兩章而言，「性」（上天所賦予人的本性）是「自誠明」（由真誠而自然明白道理），而「教」（教化）是「自明誠」（由明白道理而做到真誠），當中誠起著關鍵的作用。

誠是天、人的聯繫

《中庸》第二十章云：「誠者，天之道也；誠之者，人之道也。誠者，不勉而中，不思而得，從容中道，聖人也。誠之者，擇善而固執之者也。」建立了「天道」與「人道」的聯繫。「天道」是真誠（「誠」），「人道」是實踐真誠（「誠之者」），要實踐真誠便需要選擇正確的路而堅持下去（「擇善而固執」）。

《中庸》第二十章云：「順乎親有道：反諸身不誠，不順乎親矣。誠身有道：不明乎善，不誠乎身矣。」指明白甚麼是善（「明乎善」），便能真誠地自我反省（「反諸身不誠」），繼而順從父母（「順乎親」）。

---

172. 吳怡：《中庸誠的哲學》，台北：東大圖書，1993 年 10 月第五版，第 22 頁。

《中庸》的管理智慧

安樂哲及郝大維認為「誠」是《中庸》最根本而最重要的觀念之一,「誠」是情感之一,意味著「誠實」(integrity) 或「真誠」(sincerity);《中庸》的「誠」表達了人對於「宇宙創造性」(cosmic creativity) 進程的參與。[173]

聖人憑至誠匹配天地

儒家認為人格品第分五種典型,包括聖人、賢人、君子、士、庸人;如《荀子·哀公》云:「人有五儀,有庸人、有士、有君子、有賢人、有聖人。」《中庸》強調聖人是道德修養達致最高境界的人 (the sage[174]),於「誠」的功夫達到極致。第二十二章云:「唯天下之至誠,為能盡其性;能盡其性,則能盡人之性;能盡人之性,則能盡物之性;能盡物之性,則可以贊天地之化育;可以贊天地之化育,則可以與天地參矣。」指聖人能夠「盡其性」 (充分發揮其天賦的本性)、「盡人之性」 (充分發揮眾人的本性)、「盡物之性」 (充分發揮萬物的本性)、「贊天地之化育」 (協助天地的造化及養育萬物) 而最終「與天地參 (三)」 (與天、地並列為三者)。《中庸》第二十六章詳述聖人如何透過「無息」、「久」、「徵」、「悠遠」、「博厚」、「高明」的步驟,達致「成物」、「載物」及「覆物」的效果,最終與天、地匹配。

《中庸》第三十二章:「唯天下至誠,為能經綸天下之大經,立天下之大本,知天地之化育。」指聖人才能治理天下眾人應共同遵守的規範,建立天下主要的根本,並領悟天地化育萬物的道理。

---

173. 安樂哲 (Roger T. Ames)、郝大維 (David L. Hall) 著,彭國翔譯:《切中倫常:〈中庸〉的新詮與新譯》,北京:中國社會科學出版社,2011 年 2 月第 1 版,第 3 頁。
174. 英譯參考:Ames, R. T., & Hall, D. L. (2001). *Focusing the Familiar: A Translation and Philosophical Interpretation of the Zhongyong*. Honolulu, USA: University of Hawaii Press, p. 127.

賢人（「其次」）憑誠化育萬物

《中庸》也強調賢人（「其次」、次聖人一等）可以透過真誠而化育萬物。《中庸》第二十三章云：「其次致曲，曲能有誠，誠則形，形則著，著則明，明則動，動則變，變則化，唯天下至誠為能化。」指賢人（「其次」）致力於發揮本性的某方面（「致曲」），也能夠做到真誠，繼而產生「形、著、明、動、變」（表現出來、變得顯著、發揚光大、感動別人、引發轉變）的連串效果，最終化育萬物（「化」）。

誠是智、仁、勇、為政的動力

《中庸》也將人與誠合二為一，第二十五章云：「誠者自成也，而道自道也。誠者物之終始，不誠無物。是故君子誠之為貴。」指真誠是成就自己，也是萬物的開端及歸宿；沒有真誠，就沒有萬物。所以君子以真誠為寶貴。該章續云：「誠者，非自成己而已也，所以成物也。成己，仁也；成物，知也。性之德也，合外內之道也，故時措之宜也。」指真誠並非成就了自己而中止，而是用以成就萬物。成就自己是仁，成就萬物是智。人本性的德行，是融合外在（成就萬物）及內在（成就自己）的準則，所以隨時施行（仁、智）也是恰當的。此外，《中庸》第二十章云：「仁者，人也，親親為大」指成就自己就是實踐仁。再加上《孟子·盡心下》云：「仁也者，人也是，合而言之，道也。」如吳怡所言，誠是仁的原動力，也是《中庸》第二十章「為政九經」的基礎。[175]

以下以**圖 3.10** 歸納《中庸》關於「誠」的論述。

---

175. 吳怡：《中庸誠的哲學》，台北：東大圖書，1993 年 10 月第五版，第 79 頁。

《中庸》的管理智慧

圖 3.10　誠的哲學

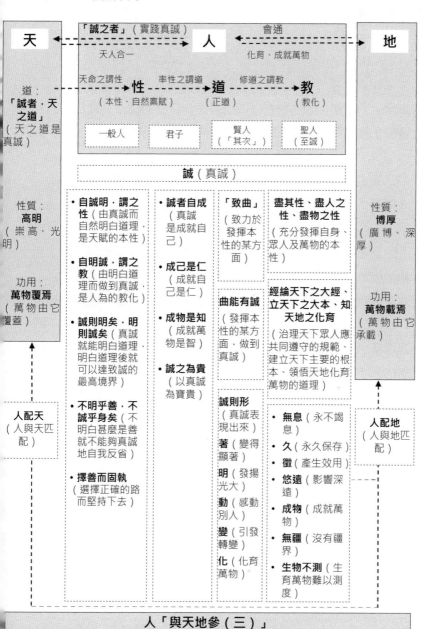

第十三節 學習與實踐之道（博學、審問、慎思、明辨、篤行）

《中庸》第二十章提倡真誠就是天的道理，實踐真誠就是做人的道理（「誠者，天之道也；誠之者，人之道也」），實踐真誠就是選擇正確的路而堅持下去（「誠之者，擇善而固執之者也」）。

人實踐真誠（是「人之道」），期望最終「與天地參（三）」（人與天、地並列，三者擁有相同地位）。為此，《中庸》第二十章提出一套具體的學習與實踐之道，云：「博學之，審問之，慎思之，明辨之，篤行之。有弗學，學之弗能弗措也；有弗問，問之弗知弗措也；有弗思，思之弗得弗措也；有弗辨，辨之弗明弗措也；有弗行，行之弗篤弗措也。」提倡博學、審問、慎思、明辨及篤行的方法。該章續云：「人一能之，己百之；人十能之，己千之。果能此道矣，雖愚必明，雖柔必強。」勉勵人要努力不懈，成為明智堅強的人（見**圖 3.11**）。

《中庸》的管理智慧

圖 3.11　永不罷休的學習與實踐之道（博學、審問、慎思、明辨、篤行）

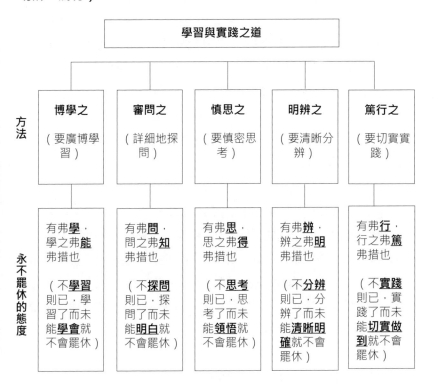

「學、問、思、辨、行」的目的

學者對「博學、審問、慎思、明辨、篤行」的目的及次序有不同的見解。《中庸章句》云：「此誠之之目也。學、問、思、辨，所以擇善而為知，學而知也。篤行，所以固執而為仁，利而行也。」認為「博學、審問、慎思、明辨、篤行」是真誠的目的，前四項（博

學、審問、慎思、明辨）是人選擇了正確的路（擇善），繼而透過學習變得明智的過程；最後一項「篤行」是選擇了正路之後的堅持（固執），為了利己利人而實踐仁。徐復觀有類似的看法，認為「博學、審問、慎思、明辨、篤行」五種治學方法，是一種前進的程序。其中「篤行」是前四項的歸結，必須先將內在的道德性客觀化。[176]李澤厚認為「博學、審問、慎思、明辨、篤行」是凸顯人為修養的主動性。[177]南懷謹則認為「博學、審問、慎思、明辨、篤行」是下學而上達的五個學養方法。[178]陳滿銘認為人要辨別真偽善惡，必須謹慎地於這五方面下功夫。[179]

人的學習目的各異。如《論語·憲問》云：「古之學者為己，今之學者為人。」指學習是為己、為人。《論語·學而》云：「學而時習之，不亦說乎？」指人要學習知識並定時溫習，是賞心樂事。該篇續云：「君子食無求飽，居無求安，敏於事而慎於言，就有道而正焉，可謂好學也已。」指君子吃不求飽、住不求安，做事靈敏、言談謹慎、積極上進是為好學。

「學、問、思、辨、行」的內涵

《中庸》的「博學」是要廣博學習。如《論語·雍也》云：「君子博學於文，約之以禮，亦可以弗畔矣夫。」指君子廣泛地學習文化知識，並用禮約束自己，就不致離經叛道。張居正云：「然學而不博，則亦無法盡事物之理。」指博學是要窮盡事物的道理。[180]「審問」是詳細地探問。《大學》第四章云：「如切如磋者，道學也；

176. 徐復觀著，李維武編：《徐復觀文集（修訂本）》（第二卷〈儒家思想與人文世界〉），湖北：湖北人民出版社，2009 年第 2 版，第 30 頁。
177. 李澤厚：〈荀易庸記要〉（原載《文史哲》1985 年第 1 期），載於張頌之主編：《儒家哲學思想研究》（20 世紀儒學研究大系，總 12 卷），北京：中華書局，2003 年，第 445 頁。
178. 南懷謹：《話說中庸》，台北：南懷謹文化事業，2015 年 3 月初版，第 164 頁。
179. 陳滿銘：《中庸思想研究》，台灣：文津出版社，1980 年 3 月初版，第 97 頁。
180. 陳生璽等譯解：《張居正講評大學·中庸》（修訂本），上海：上海辭書出版社，2013 年 8 月，第 106 頁。

如琢如磨者，自脩也。」筆者於拙作認為有文采的君子能夠如切如磋，是研究學問的嚴謹態度；如琢如磨，是自行修養品德的細緻態度。[181] 林語堂則認為「審問之」是詳細的求教。[182]「慎思」是要慎密思考，如《論語·為政》云：「學而不思則罔，思而不學則殆。」指學習著重思考，只思考而不學習則會疲殆，指出慎思的重要性。另《論語·季氏》云：「君子有九思：視思明，聽思聰，色思溫，貌思恭，言思忠，事思敬，疑思問，忿思難，見得思義。」認為君子需要深思九件事。南懷瑾則認為「慎思」是要將所學所聞加以理性的思考。[183]「明辨」是要清晰分辨。「篤行」是要切實實踐。如《論語·子張》云：「子夏曰：『博學而篤志，切問而近思，仁在其中矣。』」指廣博學習而切實地向目標進發，認真地提問而結合思考，仁就在其中了。宋代楊時《二程粹言·論學》云：「學不博者不能守約，志不篤者不能力行。」指學識不廣博就不得要領，志向不篤誠就不能努力實踐。《中庸章句》云：「夫以不美之質，求變而美，非百倍其功，不足以致之。今以鹵莽滅裂之學，或作或輟，以變其不美之質，及不能變，則曰天質不美，非學所能變。是果於自棄，其為不仁甚矣！」指某些質素欠佳的人需要透過改變以提升質素，必須比別人花上百倍努力，半途而廢或自暴自棄（未能「篤行」）是不仁。

「弗能弗措」永不罷休的態度

「弗能弗措也」是不做則已，不達成目標就不會罷休，可應用於「學」（學習）、「問」（求教）、「思」（思考）、「辨」（辨別）、「行」（實行）五個範疇，譬如「學之弗能弗措也」解作不

181. 羅天昇：《〈大學〉的管治智慧》，香港：新天出版，2015 年 7 月初版，第 42 頁。
182. 林語堂：《國學拾遺》，西安：陝西師範大學出版社，2008 年 8 月第 1 版，第 53 頁。
183. 南懷瑾：《話說中庸》，台北：南懷瑾文化事業，2015 年 3 月初版，第 164 頁。

學習則已，學習了而未能學會就不會罷休。

　　「人十能之，己千之」是別人做十次就會，自己努力做一千次。張居正云：「他人十遍就會了，自己必下千遍的功夫，務求其能而後已，這是困知勉行者之事也。」認為這是「困而知之」（經歷困苦用功才明白）或「勉行」（受到勉強才實踐）的人的取態。[184]

184. 陳生璽等譯解：《張居正講評大學‧中庸》（修訂本），上海：上海辭書出版社，2013 年 8 月，第 107 頁。

《中庸》的管理智慧

第十四節　三達德（智、仁、勇）

知（智）、仁、勇（「三達德」）見於《中庸》第二十章，云：「天下之達道五，所以行之者三。曰：君臣也，父子也，夫婦也，昆弟也，朋友之交也。五者，天下之達道也。知、仁、勇三者，天下之達德也；所以行之者，一也。或生而知之，或學而知之，或困而知之；及其知之，一也。或安而行之，或利而行之，或勉強而行之；及其成功，一也。子曰：『好學近乎知，力行近乎仁，知恥近乎勇。知斯三者，則知所以脩身；知所以脩身，則知所以治人；知所以治人，則知所以治天下國家矣。』……」綜合而言，「三達德」是世人應該共同擁有的三項美德。以下分述「智」、「仁」、「勇」（wisdom、benevolence、courage[185]），以及「三達德」的定義及主要說法：

智

「知」是智慧、明智。「知」（粵音：智 zi3；拼音：智 zhì）古時通「智」，解智慧、明智。《說文解字》指「知」是「詞也。從口從矢」，段玉裁《說文解字注》云：「識敏、故出於口者疾如矢也」指「知」是見識敏捷，說出口時迅速如箭。徐灝《說文解字注箋》云：「知，智慧及知識之引申，故古只作知」指「智」包含了聰明及智慧兩種含義。

《中庸》有四十二個「知」字，見於十三章；其中三十三個「知」

---

185. 英譯參考：Johnson, I., & Wang, P. (translation and annotation) (2012). *Daxue and Zhongyong: Bilingual Edition*. Hong Kong: The Chinese University Press, p. 191.

字解作知道，其餘同「智」字，解作明智。如第四章云：「道之不行也，我知之矣：知者過之，愚者不及也。道之不明也，我知之矣：賢者過之，不肖者不及也。人莫不飲食也，鮮能知味也。」當中「我知之矣」及「鮮能知味也」的「知」字解作知道，其餘「知」字解作明智。

《論語》有一百零八個「知」字，部分解作智慧、明智，論述包括：智者順從仁（〈里仁〉：「仁者安仁」）；智是仁的先決條件（〈公冶長〉：「未知·焉得仁」）；智者不困惑（〈子罕〉及〈憲問〉：「知者不惑」）；智者「敬鬼神而遠之」、「知者樂水」（喜愛水）、「知者動」（好動）、「知者樂」（快樂）（〈雍也〉）；智者懂得提拔人才（〈顏淵〉：「知人...... 直錯諸枉，能使枉者直」）；智者不錯失賢人，也不失言（〈衛靈公〉：「知者不失人，亦不失言」）；上等智者的心智不移（〈陽貨〉：「唯上知與下愚不移」）；智者好學（〈子張〉：「日知其所亡，月無忘其所能，可謂好學也已矣」）。

《孟子》有二十七個「智」字，論述包括：「智」是人所固有（〈告子上〉：「仁義禮智，非由外鑠我也，我固有之也，弗思耳矣」）；智是勤學（〈公孫丑上〉：「學不厭，智也」）；智乃是非之心、四德之一（〈盡心上〉：「人之有德、慧、術、智」、「是非之心，智也」）；智是知仁、知義（〈離婁上〉：「仁之實，事親是也；義之實，從兄是也；智之實也，知斯二者弗去是也」）。

《中庸》的管理智慧

其他典籍對「智」的論述紛紜。《道德經》第三十三章云：「知人者智，自知者明」指智者知人。荀子認為是其是、非其非為之智，反之是愚（《荀子·修身》：「是是、非非謂之知，非是、是非謂之愚」）；智是能夠綜合所見所聞（《荀子·正名》：「所以知之在人者，謂之知；知有所合，謂之智」）。漢代王充《論衡·辨祟》云：「人，物也，萬物之中有智能。」指人在萬物中具備智能。唐代劉禹錫於《天論》云：「為智最大，能執人理，與天交勝。與天之利，立人之紀。」指智慧能促成人、天相交，立人利天。清代曾國藩於《法言·修身》云：「智，燭也。」指智慧是照亮人生的蠟燭，帶來光明。

仁

「仁」是愛心、慈悲心。根據董作賓的研究，「仁」字不見於甲骨文。[186]「仁」字可能最早見於《尚書·周書·金縢》：「史乃冊，祝曰：『惟爾元孫某，遘厲虐疾。若爾三王是有丕子之責于天，以旦代某之身。予仁若考能，多材多藝，能事鬼神。』」指周公（周公旦、周武王姬發之弟）能以仁孝順其父，多才多藝。《說文解字》指「仁」是「親也，從人從二」。段玉裁《說文解字注》云：「親者、密至也」指「仁」是親密，續云：「『禮』注云。人偶相與為禮儀皆同也。按人耦猶言爾我親密之詞。獨則無耦。耦則相親。故其字從人二。」指「仁」涉及人際禮儀，是你我相親的詞；一人為獨，二人才為相親。

《中庸》有六個「仁」字，見於第二十、二十五及三十二章。

186. 董作賓：〈古文字中之仁字〉，《學術評論》卷二，期一（1953年），第18頁。

《論語》是「仁」的哲學，有一百一十個「仁」字，論述包括：「仁」是關愛他人（〈顏淵〉：「樊遲問仁。子曰：『愛人』」）；「仁」是禮、樂之本（〈八佾〉：「人而不仁，如禮何？人而不仁，如樂何？」）；「仁」是人的重任（〈泰伯〉：「士不可以不弘毅，任重而道遠。仁以為己任，不亦重乎？死而后已，不亦遠乎？」）；「仁」比生命更重要（〈衛靈公〉：「志士仁人，無求生以害仁，有殺身以成仁」）；「仁」體現於人的生命裡，並非遙不可及（〈述而〉：「仁遠乎哉？我欲仁，斯仁至矣」）；仁者（有仁德的人）不花言巧語（〈學而〉：「巧言令色，鮮矣仁」）；仁者能夠正確地愛人、厭惡人（〈里仁〉：「唯仁者，能好人，能惡人」）；仁者心安理得（〈里仁〉：「仁者安仁」）；仁者堅守本分而樂（〈里仁〉：「不仁者不可以久處約，不可以長處樂」）。

《孟子》秉承孔子「仁」的哲學，有九十四個「仁」字，論述包括：「仁」是與生俱來（〈告子上〉：「仁義禮智，非由外鑠我也，我固有之也」）；「仁」是人心，人務求放心（〈告子上〉：「仁，人心也；⋯⋯學問之道無他，求其放心而已矣」）；「仁」植根於人心（〈盡心上〉：「仁義禮智根于心」）；「仁」關乎天下得失、國家興亡（〈離婁上〉：「三代之得天下也以仁，其失天下也以不仁。國之所以廢興存亡者亦然」）；「仁」表現於事奉親人（〈離婁上〉：「仁之實，事親是也」）；「仁」表現於教化他人而不倦（〈公孫丑上〉：「學不厭，智也；教不倦，仁也」）；「仁」表現於親愛親人（〈盡心上〉：「親親，仁也」）；「仁」源自惻隱之心（「四心」惻隱之心、羞惡之心、辭讓之心、是非之

《中庸》的管理智慧

心之一），是作為人的標準（〈公孫丑上〉：「無惻隱之心，非人
也……惻隱之心，仁之端也」、〈告子上〉：「惻隱之心，仁也」）；
「仁」是天、人關係的關鍵，是上天予人的尊貴爵位，也是人的安
居（〈公孫丑上〉：「夫仁，天之尊爵也，人之安宅也」）。

《孟子》也描述仁者的特質：仁者親愛他人（〈離婁下〉：
「仁者愛人」）；仁者宜處於高位，以防不仁者傳播惡果（〈離婁
上〉：「唯仁者宜在高位。不仁而在高位，是播其惡于眾也」）；
仁者無敵（〈盡心下〉：「仁人無敵於天下」）；民眾以「仁」為
依歸是正常之事（〈離婁上〉：「民之歸仁也，猶水之就下，獸之
走壙也」）。

不少先秦典籍對「仁」推崇備至，包括：《禮記‧樂記》云：「仁
以愛之，義以正之，如此則民治行矣。」指統治者施仁義之政，民
眾受治。《禮記‧儒行》云：「溫良者，仁之本也；敬慎者，仁之地也；
寬裕者，仁之作也；孫接者，仁之能也；禮節者，仁之貌也；言談者，
仁之文也；歌樂者，仁之和也；分散者，仁之施也。儒者兼此而有
之，猶且不敢言仁也。其尊讓有如此者。」詳述仁者的具體德行。
《荀子‧王霸》云：「行一不義，殺一無罪，而得天下，仁者不為也」
指仁者摒棄不義的行為，也不殺害無辜。

漢代以後的儒者進一步闡釋「仁」的內涵及作用。董仲舒《春
秋繁露‧仁必且智》云：「仁者，所以愛人類也」指愛是「仁」的
一面，人貴自愛及愛他人。唐代韓愈於《原道》云：「博愛之謂仁」

指「仁」是博愛。北宋程顥云：「君子所以異于禽獸者，以有仁義之性也，苟縱其心而不知反，則亦禽獸而已。」（《二程遺書》卷二十五）指人和動物的區別在於人有「仁義之性」。南宋陸九淵有類似的看法，《陸九淵集》卷三十二云：「仁，人心也，心之在人，是人之所以為人，而與禽獸草木異焉者也。」指「仁」是人的美德，有別於禽獸。朱熹於《論語集注·雍也》云：「仁者，本心之全德」指「仁」是人心的全副德性。南宋理學家陳淳於《北溪字義·仁義禮智信》云：「仁含百善，能仁則百善在其中矣。」指「仁」包含百善。程顥云：「仁者，以天地萬物為一體，莫非己也。」（《二程遺書》卷二上）指「仁」是以天地萬物為一體，並非為己而已。明代王陽明有類似的看法，於《陽明集要·與黃勉之第二書》云：「仁人之心與天地萬物為一體，欣合和暢，原無間隔。」指仁者的心與天地萬物為一體，毫無隔閡。

近代學者推崇孔子以「仁」為教是創舉，對中國的哲學思想產生了深遠的影響。李澤厚認為孔子是把「仁」作為思想系統中心的第一人，《中庸》也提倡以「仁」修道。[187] 杜維明指孔子引進了「仁」這新概念，是中國思想史中的突破。[188] 熊十力認為孔子「內聖」[189]之學以「仁」為根本，「仁」就是良心；孔子「外王」之學以「均」為根本，「均」就是平均（《論語·季氏》：「不患寡而患不均」）。[190] 唐君毅認為孔子教人以仁，是教人直接法天生萬物之德，是繼往開來的精神所在；中國式道德精神之本，在於信人性之仁。[191] 方東美認為儒家的政治思想與道德精神融為一體，重視天地生生不已之

187. 李澤厚：《中國古代思想史論》，台北：三民書局，2012年3月，第12-13頁。
188. 杜維明著；胡軍、丁民雄譯：《仁與修身：儒家思想論集》，北京：生活·讀書·新知三聯書店，2013年6月，第4頁。
189. 「內聖外王」是儒家思想提倡的智慧：「內聖」是在內修養個人品德；「外王」是對外實踐主張（見羅天昇：《〈大學〉的管治智慧》，香港：新天出版，2015年7月初版，第154-157頁）。
190. 熊十力：《境由心生》，北京：北京聯合出版，2012年2月第1版，第57-58頁。
191. 唐君毅：《中國文化之精神價值》，桂林：廣西師範大學出版社，2005年10月第1版，第37、82頁。

《中庸》的管理智慧

德，人類博施濟眾之仁，國家的政治也建基於仁。[192]

　　近代學者對「仁」的內涵有不少討論。錢穆認為人與人相處所共有之同情為「仁心」，人與人相處所共行的大道為「仁道」，凡具仁心而行道者是「仁人」。[193] 牟宗三認為孔子所講的仁是具有普遍性的生命道理[194]，也是踐仁以知天[195]。牟宗三認為孔子的「仁」有「覺」和「健」兩大特質：一、「覺」並非感官知覺而是惻惻之感，而是孟子所謂的惻隱之心，有「覺」才有「四端之心」（惻隱之心、羞惡之心、辭讓之心、是非之心）；二、「健」是「健行不息」，如《易經·乾·象》所云「天行健，君子以自強不息」；君子察覺天健行不息，覺悟自己也要效法天道，人在精神上要創生不已。[196] 徐復觀認為「仁」是儒家思想中最高的理念[197]，是統攝其他德性的最基本而最高的德性，需要透過忠恕去實行。[198] 唐君毅認為「仁」是人與他人精神的感通，是一切德之始。[199] 唐端正認為「仁」的本質就是愛，如《論語·顏淵》云：「樊遲問仁，子曰：『愛人。』」《孟子·離婁下》云：「仁者愛人」、《莊子·天地》云：「愛人利物之謂仁」及《荀子·大略》云：「仁，愛也」等。[200] 林語堂認為「仁」（或真人性）在道德感的形式上，是以人的內心和外在宇宙的道德和諧為基礎：當「仁」能實現時，便「天地位焉」、「萬物育焉」，是儒家的哲學基礎。[201] 張岱年認為「己欲立而立人，己欲達而達人」（《論語·雍也》）是孔子所規定之「仁」的界說。[202] 韋政通認為孔、

192. 方東美：《中國人生哲學》，北京：中華書局，2012年6月，第63頁。
193. 錢穆：《論語要略》，台北：台灣商務印書館，1997年7月，第77頁。
194. 牟宗三：《中國哲學十九講：中國哲學之簡述及其所涵蘊之問題》，台北：台灣學生書局，2002年8月，第34頁。
195. 牟宗三：《圓善論》，台北：台灣學生，1985年7月初版，第132頁。
196. 牟宗三：《中國哲學的特質》，台北：台灣學生書局，1994年8月再版，第43-44頁。
197. 徐復觀著，李維武編：《徐復觀文集（修訂本）》（第一卷〈文化與人生〉），湖北：湖北人民出版社，2009年第2版，第42頁。
198. 徐復觀著，李維武編：《徐復觀文集（修訂本）》（第三卷〈中國人性論史·先秦篇〉），湖北：湖北人民出版社，2009年第2版，第76頁。
199. 唐君毅：《中國文化之精神價值》，桂林：廣西師範大學出版社，2005年10月第1版，第83頁。
200. 唐端正：《先秦諸子論叢》，台北：東大圖書，1995年11月四版，第16頁。
201. 林語堂：《國學拾遺》，西安：陝西師範大學出版社，2008年8月第1版，第10頁。
202. 張岱年：《人生課》，北京：北京大學出版社，2008年7月，第2頁。

孟所說的「仁」有雙重的涵義：它既是一種概念，又代表一種動力；既是一種學說，也是一種美德。「仁」是最高的善，是社會一切善行的原動力。[203] 唐端正認為孔子提倡「仁」，人唯一應該做，而又能夠做的，就是踐仁。[204] 錢新祖認為「仁」是一種全德 (perfect virtue)，包括了其他一切具體的德。[205]

勇

「勇」是毅力和決心。《說文解字》指「勇」是「氣也。從力甬聲。」段玉裁《說文解字注》云：「氣、雲氣也。引申為人充體之氣之偁（按：同「稱」）。力者、筋也。勇者、氣也。氣之所至。力亦至焉。心之所至。氣乃至焉。故古文勇從心。《左傳》曰。共用之謂勇。」指人體之氣支持發力；古文稱「勇」源自心，氣及力並用為之「勇」。

《中庸》只有兩個「勇」字，見於第二十章，云：「天下之達道五，所以行之者三。曰：君臣也，父子也，夫婦也，昆弟也，朋友之交也。五者，天下之達道也。知、仁、勇，三者，天下之達德也，所以行之者，一也。」及「好學近乎知，力行近乎仁，知恥近乎勇。」

《論語》有十六個「勇」字，論述包括：勇是行義（〈為政〉：「見義不為，無勇也」、〈陽貨〉：「君子義以為上。君子有勇而無義為亂，小人有勇而無義為盜」）；勇是仁者的特質之一（〈憲問〉：「仁者必有勇，勇者不必有仁」）；勇與謀並重，只好勇是不才（〈先進〉：「若由也，不得其死然」、〈公冶長〉：「由也，好勇過我，無所取材」）；君子忌魯莽之勇（〈述而〉：「暴虎馮

203. 韋政通：〈仁的哲學的時代意義〉（選自《中國思想傳統的創造轉化──韋政通自選集》一書，2002年），載於張頌之主編：《儒家哲學思想研究》（20世紀儒學研究大系，總12卷），北京：中華書局，2003年，第335、341頁。
204. 唐端正：《先秦諸子論叢》，台北：東大圖書，1995年11月四版，第60頁。
205. 錢新祖：《中國思想史講義》，台北：台大出版中心，2013年8月初版，第66頁。

河，死而無悔者，吾不與也」）；勇者不會畏懼（〈子罕〉、〈憲問〉：「勇者不懼」）；勇者不應無禮或抱怨貧困（〈泰伯〉：「勇而無禮則亂」、「好勇疾貧，亂也」）；勇者仍需好學（〈陽貨〉：「好勇不好學，其蔽也亂」）。

《孟子》有十五個「勇」字，大部分直解勇氣，其中兩個「勇」字涉及勇者面臨生死抉擇時的境況，包括：勇不是輕生（〈離婁下〉：「死傷勇」）、勇者不怕丟掉腦袋（「元」）（〈滕文公下〉：「志士不忘在溝壑，勇士不忘喪其元」）。

《荀子》對「勇」也有不少論述，包括：勇敢不是兇狠魯莽或喜歡爭鬥（〈大略〉：「悍戇好斗，似勇而非」）；勇敢果斷仍需合乎禮儀（〈大略〉：「勇果而亡禮，君子之所憎惡也」、〈樂論〉：「賤禮義而貴勇力，貧則為盜，富則為賊，治世反是也」）；勇者不傷害他人（〈非十二子〉：「剛毅勇敢不以傷人」）。

三達德（智、仁、勇）

「三達德」是世人應該共同擁有的三項美德。古籍有不少關於「三達德」的論述。《周官·大司樂》以中、和、知、庸、孝、友為「六德」。《中庸章句》云：「謂之達德者，天下古今所同得之理也。」宋代趙順孫《中庸纂疏》引蔡淵的說法：「達道本於達德，而達德又本於誠。誠者，達道、達德之本，而一貫乎達道、達德者也。」指「達德」引致「達道」，兩者均以「誠」為根本。《中庸章句》續云：「不為索隱行怪，則依乎中庸而已。不能半塗而廢，是以遯

世不見知而不悔也。此中庸之成德，知之盡、仁之至、不賴勇而裕如者，正吾夫子之事，而猶不自居也。故曰唯聖者能之而已。」認為中庸是良好品德，也是智、仁、勇（「三達德」）的極致；孔子也謙稱自己尚未達致中庸，僅聖人能做到。王夫之云：「小德、大德，合知仁勇於一誠，而以一誠行乎三達德者也」（《讀四書大全說》卷三）認為若將智、仁、勇合而為一作為「誠」，就能予以實踐。

近代學者對「三達德」推崇備至。梁啟超認為智、仁、勇是人必備的三德，人格才算完備。[206] 張岱年認為「三達德」及「五達道」的「達」字即現在「普遍」的意思，「三達德」是三項世人應該共同擁有的美德，「五達道」是五項世人應該共同履行的道理。[207] 徐復觀認為「三達德」是天命之性的真實內容，為實踐「五達道」所必須具備而共同的基本精神或條件；「三達德」能夠建立人與人之間和諧而合理的關係，使人流露中庸的性格。[208] 徐復觀更認為智、仁、勇三者以仁為中心，並非三者平列。[209] 唐端正認為「仁」是人生命的根、價值之源，人的無明、偏私和恐懼化為智、仁、勇「三達德」。[210] 傅佩榮認為《中庸》的意涵是「用中」，以智、仁、勇（「三達德」）為方法，實踐「五倫」（君臣、父子、夫婦、昆弟、朋友之交）的要求。[211] 杜維明認為「仁」在「三達德」中具有優先性，是首要的德行；「勇」不僅是血氣之勇，也是道德勇氣。[212]

《論語》也有關於智、仁、勇的論述。《論語·子罕》云：「知者不惑，仁者不憂，勇者不懼。」及《論語·顏淵》云：「君子道者三，

206. 梁啟超：《梁啟超國學要籍研讀法四種》，北京：北京聯合出版，2014年1月第1版，第7頁。
207. 張岱年：《人生課》，北京：北京大學出版社，2008年7月，第97頁。
208. 徐復觀著、李維武編：《徐復觀文集（修訂本）》（第三卷〈中國人性論史·先秦篇〉），湖北：湖北人民出版社，2009年第2版，第76頁。
209. 徐復觀著、李維武編：《徐復觀文集（修訂本）》（第二卷〈儒家思想與人文世界〉），湖北：湖北人民出版社，2009年第2版，第36頁。
210. 唐端正：《先秦諸子論叢》，台北：東大圖書，1995年11月四版，第62頁。
211. 傅佩榮：《國學與人生》，台北：遠見天下文化，2015年8月，第141頁。
212. 杜維明著、段德智譯、林同奇校：《中庸：論儒學的宗教性》，北京：生活·讀書·新知三聯書店，2013年6月第1版，第69-70頁。

我無能焉：知者不惑，仁者不憂，勇者不懼。」《論語》指智是「不惑」、仁是「不憂」、勇是「不懼」。綜合《論語》及《中庸》的論述，前者表達了智、仁、勇的態度（不惑、不憂、不懼），後者表達了達致智、仁、勇的方法（好學、力行、知恥），最終願景是儒家思想提倡的修身（「內聖」項目）、治人及平治天下國家（「外王」項目）（見圖3.12）。

圖3.12　「三達德」（智、仁、勇）的道理

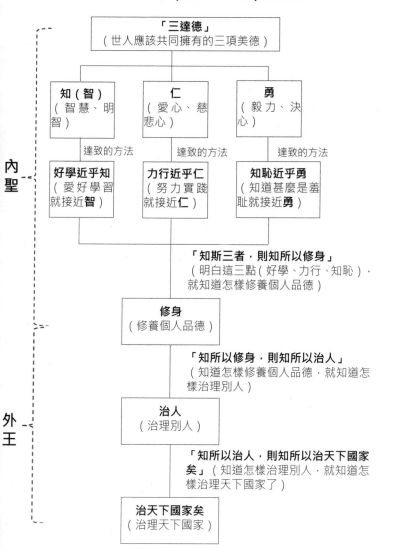

第十五節　五達道（君臣、父子、夫婦、昆弟、朋友之交）

「達道」一詞見於《中庸》首章及第二十章，首章云：「喜怒哀樂之未發，謂之中；發而皆中節，謂之和。中也者，天下之大本也；和也者，天下之達道也。致中和，天地位焉，萬物育焉。」指「中」是世間的主要根本，「和」是世人應該共同履行的道理（「達道」）；達致「中」、「和」的境界，天地便各在其位，萬物便生育繁衍。張居正云：「達，是通行的意思」[213]，「達」解作通行。「達道」解作世人應該共同履行的道理。《中庸章句》云：「達道者，循性之謂，天下古今之所共由，道之用也。」指「大本」是「體」（實體、本質），「達道」是「用」（作用、功能、現象）。

《中庸》第二十章提出「達道五」（即「五達道」），即是中國人所重視的君臣、父子、夫婦、昆弟、朋友之交的「五倫」關係。該章云：「天下之達道五，所以行之者三。曰：君臣也，父子也，夫婦也，昆弟也，朋友之交也。五者，天下之達道也。知、仁、勇三者，天下之達德也；所以行之者，一也。」其中「五達道」是世人應該共同履行的五項道理。

古籍有不少關於「五倫」關係的描述，各典籍所記載的順序不盡相同。《易傳》云：「有夫婦然後有父子，有父子然後有君臣，有君臣然後有上下，有上下然後禮義有所措。」將禮義應用於上、

---

213. 陳生璽等譯解：《張居正講評大學·中庸》（修訂本），上海：上海辭書出版社，2013年8月，第57頁。

《中庸》的管理智慧

下級關係，以及君臣、父子及夫婦等人倫關係。《論語》多篇提及「五倫」，如〈顏淵〉云：「君君、臣臣、父父、子子。」〈學而〉云：「弟子入則孝，出則弟，謹而信，泛愛眾，而親仁，行有餘力，則以學文。」其中「入則孝」涉及「父子有親」，「出則弟」涉及「長幼有序」，而「謹而信」涉及「朋友有信」。〈學而〉又云：「為人謀而不忠乎？與朋友交而不信乎？」涉及「君臣」之謀及「朋友」之信。〈八佾〉云：「君使臣以禮，臣事君以忠。」提及君臣之間尚禮及忠。《孟子·滕文公上》云：「人之有道也，飽食、煖衣、逸居而無教，則近於禽獸。聖人有憂之，使契為司徒，教以人倫；父子有親，君臣有義，夫婦有別，長幼有序，朋友有信。」指聖人擔憂人因安逸而失教，遂以人倫關係作為教化的內容，提倡：父（泛指父母）、子（泛指子女）互相親愛；君主、臣僚互存忠義；夫婦各有分工、責任；長幼（泛指兄弟姊妹）有次序、互相親愛；朋友之間互相信賴。《孟子·離婁下》云：「君之視臣如手足，則臣視君如腹心；君之視臣如犬馬，則臣視君如國人；君之視臣如土芥，則臣視君如寇讎。」提及君臣之間的互動關係，君對臣好，臣便忠心回報。《大學》云：「為人子，止於孝。為人父，止於慈。」提倡父慈、子孝的觀念。漢代董仲舒《春秋繁露·基義》云：「君臣父子夫婦之義皆取諸陰陽之道，君為陽，臣為陰；父為陽，子為陰；夫為陽，婦為陰。」以陰陽之道解釋君臣、父子及夫婦三項關係。《中庸章句》亦云：「達道者，天下古今所共由之路，即《書》（按：《尚書》）所謂『五典』，孟子所謂『父子有親、君臣有義、夫婦有別、長幼有序、朋友有信』是也。」

錢穆認為中國人講人生，重倫理，不重個人主義；人生是由人與人相配搭，相互成倫而融合為羣體，謂之人倫。他認為「五倫」中「夫婦」、「父子」、「兄弟」屬家庭，「君臣」屬政治，而「朋友」屬社會，顯示家庭在中國文化體系中的重要性。[214] 陳贇認為「五達道」是五種最為基本的倫常關係，也是日常生活中人際關係的最基本形態。[215] 蔡仁厚認為現代人在表現「五倫」之道時，需要順時隨事而調整態度和方式，以「因時、因地、因人、因事」而「措其宜」。[216] 賀麟認為「五倫」觀念是中國人禮教的核心，幾千年來支配了中國人的道德生活；「五倫」是五種人與人之間的關係，特別著重人，道德由此而生。[217]

「五達道」是古時的「五倫」關係（見圖 **3.13**）。「君臣」關係在現今社會已不太適用，但可引申至政治關係或管理學的上、下級關係。蔡仁厚認為「君臣」關係雖然不在，但國家與國民的關係尤在，忠於君就是忠於國。[218]「父子」、「夫婦」及「兄弟」關係可以歸納為家族關係，而「朋友之交」相對於現今的社會關係。唐君毅認為儒家重視友道，「朋友之交」有賴志同道合；所謂志同道合，是具體的人生文化，一齊向所擔負的道前往。[219]

《中庸》的管理智慧

214. 錢穆：《晚學盲言（上）》，台北：東大圖書，1987 年 8 月初版，第 307 頁。
215. 陳贇：《中庸的思想》，北京：生活·讀書·新知三聯書店，2007 年 12 月第 1 版，第 214 頁。
216. 蔡仁厚：《孔子的生命境界：儒學的反思與開展》，台北：台灣學生書局，1998 年 4 月初版，第 63 頁。
217. 賀麟：〈五倫觀念的新檢討〉，載於曾振宇主編：《儒家倫理思想研究》（20 世紀儒學研究大系，總 7 卷），北京：中華書局，2003 年，第 21-23 頁。
218. 蔡仁厚：《孔子的生命境界：儒學的反思與開展》，台北：台灣學生書局，1998 年 4 月初版，第 63 頁。
219. 唐君毅：《中國文化之精神價值》，桂林：廣西師範大學出版社，2005 年 10 月第 1 版，第 201 頁。

圖 3.13 「五達道」（君臣、父子、夫婦、昆弟、朋友之交）
的道理

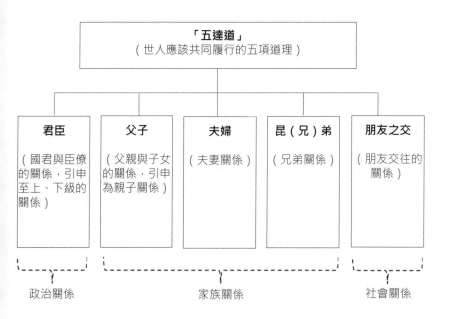

第十六節　為政九經

　　「為政九經」是治理天下國家的九項原則。《中庸》第二十章提及孔子向魯哀公（春秋時代魯國的第二十六任君主，姓姬名將）解釋為政的道理。該章云：「凡為天下國家有九經，曰：脩身也，尊賢也，親親也，敬大臣也，體群臣也，子庶民也，來百工也，柔遠人也，懷諸侯也。」指治理天下國家有九項原則，依次為：一、「脩身」（修養個人品德）；二、「尊賢」（尊重有賢德的人）；三、「親親」（親近愛護親人）；四、「敬大臣」（敬重大臣）；五、「體群臣」（體恤群臣）；六、「子庶民」（愛民如子）；七、「來百工」（招徠各行各業的工匠）；八、「柔遠人」（厚待遠客）；九、「懷諸侯」（安撫諸侯）。

　　《中庸》第二十章繼而闡述達成「為政九經」的方法及效果，云：「脩身則道立，尊賢則不惑，親親則諸父昆弟不怨，敬大臣則不眩，體群臣則士之報禮重，子庶民則百姓勸，來百工則財用足，柔遠人則四方歸之，懷諸侯則天下畏之。齊明盛服，非禮不動，所以脩身也。去讒遠色，賤貨而貴德，所以勸賢也。尊其位，重其祿，同其好惡，所以勸親親也。官盛任使，所以勸大臣也；忠信重祿，所以勸士也。時使薄斂，所以勸百姓也。日省月試，既稟稱事，所以勸百工也。送往迎來，嘉善而矜不能，所以柔遠人也。繼絕世，舉廢國，治亂持危，朝聘以時，厚往而薄來，所以懷諸侯也。」關於《中庸》「為政九經」的準則、具體做法及效果見於**圖 3.14**。

《中庸》的管理智慧

《中庸》第二十章也提出實踐「為政九經」需秉承充足準備（「豫」）及確立路向（「定」）的道理，云：「凡為天下國家有九經，所以行之者一也。凡事豫則立，不豫則廢。言前定則不跲，事前定則不困，行前定則不疚，道前定則不窮。」指任何事情有所準備就成功，反之就失敗。說話先有準備，就不會失誤；做事先有準備，就不會陷入困境；行動先有準備，就不會後悔；預先選定所走的路，就不會行不通（見**圖 3.15**）。

圖 3.14　「為政九經」的原則、方法及效果

為政九經 （治理天下國家的九項原則）		
原則	**具體做法**	**效果**
1. 修身 （修養個人品德）	**齊明盛服，非禮不動** （齋戒明潔，穿著整齊服裝那樣虔誠，不合禮節的事不會輕舉妄動）	**道立** （就能確立正道）
2. 尊賢 （尊重有賢德的人）	**去讒遠色，賤貨而貴德** （摒棄讒言，遠離阿諛奉承，輕視財物商品而重視品德）	**不惑** （就不會疑惑）
3. 親親 （親近愛護親人）	**尊其位，重其祿，同其好惡** （提升他（指親人）的官位，加厚他的俸祿，認同他的愛好和厭惡）	**諸父昆弟不怨** （就不會引起叔伯兄弟的怨恨）
4. 敬大臣 （敬重大臣）	**官盛任使** （下屬眾多以便差遣）	**不眩** （行事就不會忙亂）
5. 體群臣 （體恤群臣）	**忠信重祿** （待之以忠誠信任，給予豐厚待遇）	**士之報禮重** （士人們就會竭力回報）
6. 子庶民 （愛民如子）	**時使薄斂** （適時使用民力、輕徵賦稅）	**百姓勸** （老百姓就會得到勸勉）
7. 來百工 （招徠各行各業工匠）	**日省月試，既稟稱事** （經常考察工作，給予的報酬與職務相稱）	**財用足** （財物供應就會充裕）
8. 柔遠人 （厚待遠客）	**送往迎來，嘉善而矜不能** （歡送要走的，歡迎要來的，獎勵有善行的人而憐恤才能稍弱的人）	**四方歸之** （四方民眾就會歸順）
9. 懷諸侯 （安撫諸侯）	**繼絕世，舉廢國，治亂持危，朝聘以時，厚往而薄來** （使世系已絕的諸侯有所繼承，使已被廢滅的國家復興，治平亂事，扶持遇上危難者，按時舉行諸侯覲見並奉上貢獻的禮儀，賞賜豐厚而收納的貢禮少）	**天下畏之** （天下各國就有敬畏之意）

《中庸》的管理智慧

296

圖 3.15　實踐「為政九經」的「豫」、「定」道理

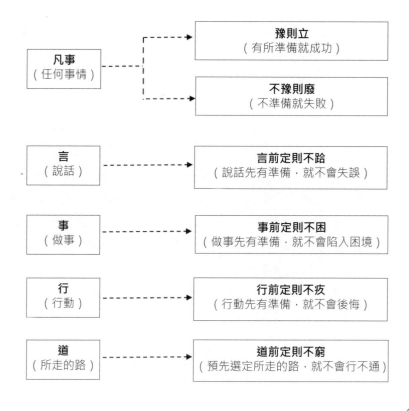

第十七節　慎獨

　　「慎獨」是儒家思想的核心處世之道。「慎獨」見於《禮記》的〈大學〉、〈中庸〉及〈禮器〉篇，也見於《荀子·不苟》、《文子·精誠》、《淮南子·繆稱》、湖南長沙馬王堆出土的帛書《五行》，以及湖北荊門郭店出土的竹簡《五行》等。《禮記·禮器》云：「禮之以少為貴者，以其內心者也。德產之致也精微，觀天下之物無可以稱其德者；如此，則得不以少為貴乎？是故君子慎其獨也。」《荀子·不苟》云：「君子至德，嘿然而喻，未施而親，不怒而威：夫此順命，以慎其獨者也。善之為道者，不誠則不獨，不獨則不形，不形則雖作於心，見於色，出於言，民猶若未從也；雖從必疑。」《文子·精誠》云：「君子之憯怛，非正為也，自中出者也，亦察其所行，聖人不慚於景，君子慎其獨也，舍近期遠，塞矣。」《淮南子·繆稱訓》云：「動于近，成文於遠。夫察所夜行，周公慚乎景，故君子慎其獨也。」郭店竹簡《五行》云：「淑人君子，其儀一也。能為一，然後能為君子，慎其獨也。」及「能差池其羽，然後能至哀，君子慎其〔獨也〕。」馬王堆帛書《五行》云：「淑人君子，其宜一只。能為一，然後能為君子，君子慎其獨〔也〕。」及「瞻望弗及，泣涕如雨，能差池其羽，然〔後能〕至哀，君子慎其獨也。」等。

　　正如勞思光所言，「慎獨」是君子的重要功夫，《中庸》與《大學》的「慎獨」思想是一脈相承。[220] 牟宗三認為道德既超越而又內在，是進德修業之更為內在化，《大學》及《中庸》的「慎獨」

220.勞思光：《大學中庸譯註新編》，香港：中文大學出版社，2000 年，第 44 頁。

《中庸》的管理智慧

由此而生。[221] 他認為《中庸》講「慎獨」和「誠」是從工夫上講主體，從道德意識而發。[222] 黃忠天則認為《中庸》的「慎獨」強調內在工夫，而《大學》的「慎獨」工夫則強調外在的效驗。[223] 杜維明認為人需要去做的一切是「慎獨」，「人道」所包含的是一種自我教育的普通過程。[224]

    《中庸》首章云：「道也者，不可須臾離也；可離，非道也。是故君子戒慎乎其所不睹，恐懼乎其所不聞。莫見乎隱，莫顯乎微，故君子慎其獨也。」指可以偏離的並非正道。君子（品德高尚的人）在獨處時也謹慎，在別人看不見時是警戒、謹慎的，在別人聽不見時要畏懼、把持。越是隱蔽的事情就越容易顯露，越是細微的事情就越容易顯現。《大學》第七章則云：「所謂誠其意者，毋自欺也。如惡惡臭，如好好色。此之謂自謙。故君子必慎其獨也。小人閒居為不善，無所不至；見君子而後厭然，揜其不善而著其善。人之視己，如見其肺肝然，則何益矣！此謂誠於中，形於外。故君子必慎其獨也。」筆者於拙作認為《大學》此句指君子在獨處時也必須謹慎，意念真誠，不自欺。[225]

221. 牟宗三：《牟宗三先生全集》第六集〈心體與性體〉（第二冊），台北：聯經出版，2003 年初版，第 26 頁。
222. 牟宗三：《中國哲學十九講：中國哲學之簡述及其所涵蘊之問題》，台北：台灣學生書局，2002 年 8 月，第 80 頁。
223. 黃忠天：《中庸釋疑》，台北：萬卷樓，2015 年 1 月初版，第 30 頁。
224. 杜維明著、段德智譯、林同奇校：《中庸：論儒學的宗教性》，北京：生活・讀書・新知三聯書店，2013 年 6 月第 1 版，第 29 頁。
225. 羅天昇：《〈大學〉的管治智慧》，香港：新天出版，2015 年 7 月初版，第 50 頁。

第十八節　君子之道

　　《中庸》秉承了孔子及孟子提倡的君子之道，並加以發揮。君子是品德高尚的人 (the gentleman[226]、the noble man[227])，具備儒家思想中的理想人格。徐復觀認為孔子打破了社會、政治階級方面的限制，提倡以品德區分君子和小人；人人可以憑努力成為君子，君子成為努力向上者的標誌。[228]

　　以下以表格方式列出《中庸》關於君子之道的內涵（見**圖 3.16**）、君子的特質（見**圖 3.17**）及君子待人處世之道（見**圖 3.18**），每個表格並列原文及語譯，供讀者參考。

圖 3.16　《中庸》君子之道的內涵

內涵	原文 （括號內數字為《中庸》的章數）	語譯
• 廣大而精深	• 君子之道費而隱。(12)	• 君子的正道廣大而精深。
• 從普通男女（一般人）開始	• 君子之道，造端乎夫婦，及其至也，察乎天地。(12)	• 君子的正道從普通男女開始，談及它最精深之處，能明察天地間的一切事物。
• 待奉他人	• 君子之道四，丘未能一焉：所求乎子以事父，未能也；所求乎臣以事君，未能也；所求乎弟以事兄，未能也；所求乎朋友先施之，未能也。(13)	• 君子之道有四項，我孔丘一項也未能做到：所要求為人子女的侍奉父母（「孝」），未能做到；所要求為人臣僚的侍奉君主（「忠」），未能做到；所要求為人弟弟的侍奉兄長（「悌」），未能做到；所要求為人朋友的應該先付出（「信」），未能做到。

226. 英譯參考：楊伯峻今譯、劉殿爵英譯：《論語：中英文對照》，北京：中華書局，2009 年 5 月再版，第 3 頁。
227. 英譯參考：Johnson, I., & Wang, P. (translation and annotation) (2012). *Daxue and Zhongyong: Bilingual Edition*. Hong Kong: The Chinese University Press, p. 522.
228. 徐復觀著、李維武編：《徐復觀文集（修訂本）》（第三卷〈中國人性論史・先秦篇〉），湖北：湖北人民出版社，2009 年第 2 版，第 46 頁。

《中庸》的管理智慧

• 循序漸進	• 君子之道，辟如行遠必自邇，辟如登高必自卑。(15)	• 君子的正道有如走遠路一樣，必定從近處開始；有如登高一樣，必定從低處出發。
• 以自身的德性為根本	• 君子之道：本諸身，徵諸庶民，考諸三王而不繆，建諸天地而不悖，質諸鬼神而無疑，百世以俟聖人而不惑。(29)	• 君子的正道是：以自身的德性為根本，在普通平民百姓當中考證其作用，比對夏、商、周三朝的君王而沒有謬誤，建基於天地的道理而沒有違背，用占卜的方法去詢問鬼神而沒有懷疑，留待後世的聖人來評定而沒有疑惑。
• 隱藏不露、日漸彰顯	• 君子之道，暗然而日章。(33)	• 君子的作風是隱藏不露而日漸彰顯，小人的作風亮麗卻日漸消退。
• 作風平淡、不使人厭惡、簡約、有文采、溫和、有條理	• 君子之道，淡而不厭，簡而文，溫而理，知遠之近，知風之自，知微之顯，可與入德矣。(33)	• 君子的作風平淡而不使人厭惡，簡約而有文采，溫和而有條理，明白遠由近開始，明白社會風俗的根源，明白隱微的細節可以演變成顯著的事實，就可以進入修養道德的境界了。

圖 3.17 　《中庸》君子的特質

特質	原文 (括號內數字為《中庸》的章數)	語譯
• 慎獨	• 戒慎乎其所不睹，恐懼乎其所不聞。(1)	• 在別人看不見的時候是警戒、謹慎的，在別人聽不見的時候要畏懼、把持。
	• 莫見乎隱，莫顯乎微，故君子慎其獨。(1)	• 越是隱蔽的事情就越容易顯露，越是細微的事情就越容易顯現。所以君子在獨處時也是謹慎的。
• 時中	• 君子之中庸也，君子而時中。(2)	• 隨時處於「中」的境界。
• 不怨天尤人	• 君子無入而不自得焉。在上位，不陵下；在下位，不援上。正己而不求於人，則無怨。上不怨天，下不尤人。(14)	• 君子無論處於任何情況都自覺安樂。處於高位，不欺凌下屬；處於下位，不攀援上司。端正自己而不求於別人，就沒有任何抱怨。對上不抱怨天，對下不歸咎別人。
• 自省、內省、問心無愧	• 射有似乎君子，失諸正鵠，反求諸其身。(14)	• 射箭的態度就好像君子的作風；射不中箭靶，就要反過來檢討自己。
	• 君子內省不疚，無惡於志。君子之所不可及者，其唯人之所不見乎？《詩》云：「相在爾室，尚不愧於屋漏。」(33)	• 君子自我反省而沒有愧疚，沒有影響志向。君子不可與別人相比較的地方，可能在別人看不到的地方吧？《詩經·大雅·抑》說：「看君子在獨處時，尚且不會愧疚。」

• 修身	• 君子不可以不脩身。 (20)	• 君子不可以不修養個人品德。
• 以真誠為貴	• 誠者自成也,而道自道也。誠者物之終始,不誠無物。是故君子誠之為貴。(25)	• 真誠,是成就自己;而道,是自我引導(至當行的道路)。真誠,是萬物的開端及歸宿;沒有真誠,就沒有萬物。所以君子以真誠為寶貴。
• 誠實厚道,崇尚禮儀,忠厚恭敬	• 敦厚以崇禮。(27)	• 誠實厚道以崇尚禮儀。
	• 君子篤恭而天下平 (33)	• 君子忠厚恭敬而天下太平。
• 舉動、行為、言論等是世人的榜樣	• 君子動而世為天下道,行而世為天下法,言而世為天下則。遠之則有望,近之則不厭。(29)	• 君子的舉動可以世世代代作為天下的常道,行為可以世世代代作為天下的法度,言論可以世世代代作為天下的準則。在遠處看他有所仰望,在近處接觸他也不覺討厭。
	• 君子不動而敬,不言而信。(33)	• 君子沒有行動而備受尊敬,毋須說話而能取信於人。
	• 《詩》曰:「不顯惟德,百辟其刑之。」是故君子篤恭而天下平。(33)	• 《詩經·周頌·烈文》說:「惟有德行教化大顯,眾諸侯以他為仿效的對象。」所以君子忠厚恭敬而天下太平。

圖 3.18　《中庸》君子的待人處世之道

待人處世之道	原文 (括號內數字為《中庸》的章數)	語譯
• 處事以柔	• 寬柔以教,不報無道,南方之強也,君子居之。(10)	• 以寬大、柔和的方法教育他人,對無理的人不去報復,這是南方的強;君子以這種態度自處。
• 和順、中立	• 君子和而不流,強哉矯!中立而不倚,強哉矯!(10)	• 君子和順而不隨波逐流,這是真的強啊!中立而不偏袒任何一方,這是真的強啊!
• 不改變操守及志向	• 國有道,不變塞焉,強哉矯!國無道,至死不變,強哉矯!(10)	• 國家政務清明時,不改變自己尚未得志時的操守,這是真的強啊!國家政務不修時,至死不改變(志向),這是真的強啊!
• 遵循正道行事	• 君子遵道而行。(11)	• 君子遵循中庸之道而行事。
• 立己、立人	• 君子以人治人,改而止。(13)	• 君子根據人的本性去教化人,使人改正而停止。
• 忠恕(己所不欲,勿施於人)	• 忠恕違道不遠,施諸己而不願,亦勿施於人。(13)	• 能夠盡心盡力地辦事、推己及人,就離正道不遠;凡是別人加之於己身而自己不願意接受的,也不要施加於別人身上。
• 品德要實踐、言語要謹慎	• 庸德之行,庸言之謹。(13)	• 平常品德要實踐,平常言語要謹慎。

《中庸》的管理智慧

• 言、行相配合	• 言顧行，行顧言，君子胡不慥慥爾？(13)	• 言語配合行為，行為配合言語，豈可不稱為踏實、忠誠的君子呢？
• 留有餘地、不過分	• 有所不足，不敢不勉，有餘不敢盡。(13)	• 有不足的地方，不敢不勉勵自己去做；辦事留有餘地、不過分。
• 安於本分，等待機遇	• 君子素其位而行，不願乎其外。素富貴，行乎富貴；素貧賤，行乎貧賤；素夷狄，行乎夷狄；素患難，行乎患難。(14)	• 君子根據他所處的位置而表現適當的行為，不期盼本分以外的事。處於富貴中，就做富貴者該做的事；處於貧賤中，就做貧賤者該做的事；處於夷狄（外族）社會中，就做夷狄社會中該做的事；處於患難中，就做患難中該做的事。
	• 君子無入而不自得焉。(14)	• 君子無論處於任何情況都自覺安樂。
	• 君子居易以俟命，小人行險以徼幸。(14)	• 君子處於平實的地位以等待命運來臨，小人卻挺而走險以求徼幸。
• 按部就班	• 君子之道，辟如行遠必自邇，辟如登高必自卑。(15)	• 君子的正道有如走遠路一樣，必定從近處開始；有如登高一樣，必定從低處出發。
• 凡事有充分準備	• 凡事豫則立，不豫則廢。言前定則不跲，事前定則不困，行前定則不疚，道前定則不窮。(20)	• 凡事有所準備就成功，不準備就失敗。說話先有準備，就不會失誤；做事先有準備，就不會陷入困境；行動先有準備，就不會後悔；預先選定所走的路，就不會行不通。
• 不愛出風頭、不半途而廢	• 素隱行怪，後世有述焉，吾弗為之矣。君子遵道而行，半塗（途）而廢，吾弗能已矣。君子依乎中庸，遯世不見知而不悔，唯聖者能之。(11)	• 那些尋求隱僻神秘的道理、做出怪異的行為的人，後世或有所稱述，我卻不會這樣做。君子遵循中庸之道而行事，或許半途而廢，但我是不會停止的。君子遵循中庸之道，迴避世界而不為人所知也不後悔，這只有聖人才能做得到。
• 妥善處理上、下級關係	• 在下位，不援上。正己而不求於人，則無怨。上不怨天，下不尤人。(14)	• 處於高位，不欺凌下屬；處於下位，不攀援上司。端正自己而不求於別人，就沒有任何抱怨。對上不抱怨天，對下不歸咎別人。
	• 居上不驕，為下不倍。(27)	• 身居高位時不驕傲，身居低位時不會背叛
• 尊崇本性、好學	• 君子尊德性而道問學。(27)	• 君子尊崇天賦的本性，並透過請教及學習而獲取知識。
• 領悟最崇高的德行，落實於中庸之道之中	• 致廣大而盡精微，極高明而道中庸。(27)	• 力臻廣泛而博大，達到精深透徹，領悟德行最崇高而明智的境界，並落實於中庸之道的平常道理之中。

• 勤奮	• 《詩》曰:「在彼無惡,在此無射。庶幾夙夜,以永終譽!」君子未有不如此而蚤有譽於天下者也。(29)	• 《詩經·周頌·振鷺》說:「在那裡沒有被人憎惡,沒有人感到煩厭而不敬,經常為了勤政而早起晚睡,因而永遠保持聲譽。」君子沒有不這樣做,而很早便能夠在天下享有美好聲譽的。
• 恩威並重	• 君子不賞而民勸,不怒而民威於鈇鉞。(33)	• 君子不需要施行獎賞而民眾能互相勸勉,不必發怒而民眾畏服於他勝於刀和斧等刑具。
	• 《詩》云:「予懷明德,不大聲以色。」子曰:「聲色之於以化民,末也。」(33)	• 《詩經·大雅·皇矣》說:「我(天帝)懷念(周文王)正大光明的品德,(他)不需要依賴嚴厲的聲音與面色。」孔子說:「用嚴厲的言語與面色來教化民眾,是最差的方法。」

第十九節　《中庸》的思想體系總覽

　　此節承接上述章節對《中庸》各核心概念的解說，以一個總圖總結《中庸》的思想體系（見**圖 3.19**）。讀者可以按需要前往本書〈第三章〉第一至十八節詳閱《中庸》各核心概念，包括天、命、天命、性、道、教、三才之道（天道、地道、人道）、天人合一（贊天地化育、人與天地參（三））、中、和、致中和、中庸、誠、學習與實踐之道、三達德（智、仁、勇）、五達道（君臣、父子、夫婦、昆弟、朋友之交）、為政九經、慎獨及君子之道等。

圖 3.19 《中庸》的思想體系總圖

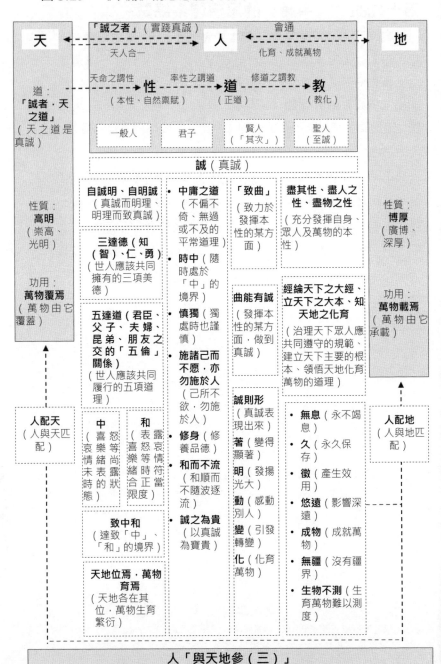

天 ⟵---- 「誠之者」（實踐真誠） ----⟶ 人 ⟵---- 會通 ----⟶ 地

天人合一   化育、成就萬物

道：
「誠者‧天
之道」
（天之道是
真誠）

天命之謂性 → 性 率性之謂道 → 道 修道之謂教 → 教
（本性、自然稟賦）（正道）（教化）

| 一般人 | 君子 | 賢人（「其次」）| 聖人（至誠）|

誠（真誠）

性質：
高明
（崇高、
光明）

自誠明、自明誠
（真誠而明理、
明理而致真誠）

**三達德（知
（智）、仁、勇）**
（世人應該共同
擁有的三項美
德）

**五達道（君臣、
父子、夫婦、
昆弟、朋友之
交的「五倫」
關係）**
（世人應該共同
履行的五項道
理）

功用：
萬物覆焉
（萬物由它
覆蓋）

- **中庸之道**
（不偏不
倚、無過
或不及的
平常道理）
- **時中**（隨
時處於
「中」的
境界）
- **慎獨**（獨
處時也謹
慎）
- **施諸己而
不愿，亦
勿施於人**
（己所不
欲，勿施
於人）
- **修身**（修
養品德）
- **和而不流**
（和順而
不隨波逐
流）
- **誠之為貴**
（以真誠
為寶貴）

「致曲」
（致力於
發揮本
性的某一
方面）

**盡其性、盡人之
性、盡物之性**
（充分發揮自身、
眾人及萬物的本
性）

曲能有誠
（發揮本
性的某方
面，做到
真誠）

**經綸天下之大經、
立天下之大本、知
天地之化育**
（治理天下眾人應
共同遵守的規範、
建立天下主要的根
本、領悟天地化育
萬物的道理）

誠則形
（真誠表
現出來）

著（變得
顯著）

明（發揚
光大）

動（感動
別人）

變（引發
轉變）

化（化育
萬物）

- **無息**（永不竭
息）
- **久**（永久保
存）
- **徵**（產生效
用）
- **悠遠**（影響深
遠）
- **成物**（成就萬
物）
- **無疆**（沒有疆
界）
- **生物不測**（生
育萬物難以測
度）

性質：
博厚
（廣博、
深厚）

功用：
萬物載焉
（萬物由它
承載）

人配天
（人與天匹
配）

中
（喜
怒
哀
樂
等
情
緒
未
表
露
時
的
狀
態）

和
（表
露
喜
怒
哀
樂
等
情
緒
時
符
合
正
當
限
度）

致中和
（達致「中」、
「和」的境界）

**天地位焉，萬物
育焉**
（天地各在其
位，萬物生育
繁衍）

人配地
（人與地匹
配）

306

人「與天地參（三）」
（人與天、地並列，三者擁有相同地位）

第四章

西方的中道思想

本章簡介古希臘哲學家亞里士多德（Aristotle）對善（good）、德行（virtue）及「黃金中道」（the golden mean）的看法，繼而介紹現代管理學學者羅柏・布雷克（Robert R. Blake）及珍・穆頓（Jane S. Mouton）的「管理方格」（the managerial grid），探討「中道」思想於管理學的應用。

本章為隨後的第五章〈中庸的管理智慧〉提供一些西方「中道」概念的基礎知識，為「與古為新」作最後準備。

第一節　亞里士多德的中道思想 [1]

《中庸》的作者提倡中庸之道，而古希臘哲學家亞里士多德 [2] 提倡中道思想，兩者對後世均有深遠的啟發性作用。由於兩者於政治、社會及文化背景等方面的不同，其中道思想有相似之處，但也不盡相同。本節探討亞里士多德的中道思想，以及它與《中庸》思想的異同。

善是人的目標

巴克 (Ernest Barker) 認為亞里士多德學說的特點與品味，源自其中庸哲學 (coverage in his philosophy of moderation)。[3] 亞里士多德的倫理思想主要見於其三部著作，包括《歐德美亞倫理學》(*Eudemian Ethics*)、《尼高馬可倫理學》(*Nicomachean Ethics*) 及《倫理學大綱》(*Magna Moralia*)。概括而言，亞里士多德認為人以善為目標、中道為貴，與中國儒家思想的中庸之道不謀而合。

蘇格拉底 (Socrates) 認為幸福的生活源自知識，德行（或德性）的修行賴於智慧，他說：「知識修繕德行」(knowledge leads to virtue)。[4] 亞里士多德進一步開拓了蘇氏關於德行的看法，認為行為的目的（或善）見於自然物之中者，比見於人造物之中者更為普遍。(*De partibus animalium*（下稱 *PA*), I, 1, 639b12-21)。[5]

---

1. 本節關於亞里士多德「中道」思想的中、英文譯本參考了多本書籍，見於〈參考書目〉。
2. 亞里士多德（Aristotle，公元前 384 年 - 公元前 322 年）是古希臘的哲學家之一，柏拉圖的學生、亞歷山大大帝的老師。亞氏的著作涵蓋不同的學術領域，包括物理學、形而上學、詩歌、音樂、動物學、邏輯學、政治、政府及倫理學等，對後世有深遠的影響。
3. Barker, E. (translation and editing) (1958). *The Politics of Aristotle*. Oxford: Oxford University Press, pp. xxx-xxxi。
4. 曾仰如：《亞里斯多德》，台北：東大圖書，2012 年 11 月二版，第 345 頁。
5. 英譯： *"Yet the Final Cause (purpose) and the Good (beautiful) is more fully present in the works of Nature than in the works of Art."* (*PA*, I, 1, 639b12-21)

《中庸》的管理智慧

亞里士多德認為一切技藝、一切探索以及一切行動和追求，均以某種善為目標。因為人都有美好的想法，萬物皆向善 (*Nicomachean Ethics*（下稱 *EN*), I, 1, 1094a1-2)。[6] 亞里士多德認為人類渴求善 (*Politics*, II, 8, 1269a4)。[7] 善 (good) 與存有者 (being) 有密切關係，善並非唯一的善，而是眾多特殊與類比的善。[8] 人的真正快樂在於為善避惡。[9] 人的幸福就是他們所尋求的目標[10]，而幸福是一種與完善美德相符合的心靈活動。[11] 不善良就不會明智 (intelligent/wise)。[12]

德行就是「中道」

「德行（德性）」或「美德」(virtue) 譯自希臘文 ἀρετή(areté)，原指「美善」(goodness) 或「優異」(excellence)。亞里士多德認為德行分兩類：一、理智上的德性，涉及智慧、理解和明智；二、倫理上的德性，涉及慷慨與節制等。[13] 德性倫理是一種關於快樂和痛苦的較好行為，相反的行為就是壞的。[14]

亞里士多德對德行推崇備至，其好處包括：一、德行是好習慣，

---

6. 英譯：*"Every art and every inquiry, and similarly every action and pursuit, is thought to aim at some good; and for this reason the good has rightly been declared to be that at which all things aim."* (*EN*, I, 1, 1094a1-2)
7. 英譯：*"Men in general desire the good, and not merely what their fathers had."* (*Politics*, II, 8, 1269a4)
8. 英譯：*"Since 'good' has as many senses as 'being' … clearly it cannot be something universally present in all cases and single; for then it could not have been predicted in all the categories but in one only."* (*EN*, I, 8, 1099a21)
9. 英譯：*"Actions in accord with the virtues are pleasant in their own right."* (*EN*, I, 6, 1096a24)
10. 英譯：*"The virtue we must examine is human virtue, since we are also seeking the human good and human happiness."* (*EN*, I, 12, 1102a14-15)
11. 英譯：*"Happiness is a certain sort of activity of the soul in accord with complete virtue."* (*EN*, I, 13, 1102a5)
12. 英譯：*"Evidently, then, we cannot be intelligent without being good."* (*EN*, VI, 12, 1144b1)
13. 英譯：*"We call some virtues intellectual and some ethical. Wisdom and understanding and intelligence are intellectual ethics, generosity and temperance ethical virtues. For when we speak of someone's character we do not say that he is wise or understanding but rather that he is calm or temperate."* (*EN*, II, 1, 1103a3-8)
14. 英譯：*"Virtue is the sort of state that does the best actions concerning pleasures and pains, and that vice is the contrary state."* (*EN*, II, 3, 1104b27-28)

它使人成為好人及使其行為變成優良。[15]；二、德行為人確立正確的目標，繼而由人的明智 (intelligence/wisdom) 達成目標。[16]；三、智慧是德性的一部分，它創制幸福。[17]

謝延庚認為亞里士多德的幸福生活 (happy life) 只需要依循一種德行而生活，便可平安而無所罣礙 (impediment)，德行就是「中道」。[18]

黃金中道

亞里士多德學說的中心是「中道」（中庸）(mean)，與《中庸》提倡的中庸之道有異曲同工之妙。如謝延庚所言，亞里士多德學說能以「中道」貫穿，「中道」是亞里士多德《倫理學》及《政治學》兩著作所標榜的「黃金中道」(golden mean)。[19] 亞里士多德在其作品中，經常以 mean、moderation 或 mean and moderation 等詞交替表述「中道」。謝延庚認為亞里士多德以黃金比喻「中道」，是取其可貴、「得其中」的意思。亞里士多德的「中道」是不流於偏執或極端 (extreme)。[20]

謝延庚認為亞里士多德的「中道」思想，源自其老師柏拉圖 (Plato) 所謂無「過」、無「不及」或各如其分的理念。亞里士多德將柏拉圖的抽象陳述引申至政治學和經濟學的領域，「中道」並非

---

15. 英譯： *"Every virtue or excellence both bring into good condition the thing of which it is the excellence and makes the work of that thing be done well."* (EN, II, 6, 1106a17-18)
16. 英譯： *"Virtue makes the goal correct, and wisdom makes the things promoting the goal [correct]."* (EN, VI, 12, 1144a9-10)
17. 英譯： *"Wisdom produces happiness, not in the way that medical science produces health, but in the way that health produces [health]. For since wisdom is a part of virtue as a whole, it makes us happy because it is a state that we possess and active."* (EN, VI, 12, 1144a4-7)
18. 謝延庚：《西洋古代政治思想家——蘇格拉底、柏拉圖、亞里斯多德》，台北：三民書局，2006年3月，第149頁。
19. 謝延庚：《西洋古代政治思想家——蘇格拉底、柏拉圖、亞里斯多德》，台北：三民書局，2006年3月，第147頁。
20. 謝延庚：《西洋古代政治思想家——蘇格拉底、柏拉圖、亞里斯多德》，台北：三民書局，2006年3月，第147-148頁。

高標準的大德，而是一般人皆可分享的美好境界。[21]

中間是善、過度或不及是惡

亞里士多德認為人對一切連續的和可分的事物可以有三種取態：取其多 (more)、取其少 (less)、取其均等 (equal)；這些既可以是對事物本身，也可以相對於人們自身。均等是過多 (excess) 和過少 (deficiency) 的中間，事物的中間（即是相對的中道），既非過度，也非不及。[22]

亞里士多德認為人的行為存在著過度、不及和中間。德性和情感與行為相關，過度和不及會犯錯，中道則受稱許而達致成功。受稱許和成功就是德性的標誌，所以德性就是中道，德性的目標就是中間。[23] 亞里士多德認為所有科學家（有識之士）都在避免過多和過少，尋求中道和選取中間；這當然不是事物的中間，而是相對於人們的中間。[24] 過度和不及都屬於惡，中道才是德性。[25] 各式人等能夠真正達致的中道應是最好的。[26]

亞里士多德認為德性是一種具有選擇能力的品質。中道在過度

---

21. 謝延庚：《西洋古代政治思想家——蘇格拉底、柏拉圖、亞里斯多德》，台北：三民書局，2006年3月，第149頁。
22. 英譯："In everything continuous and divisible we can take more, less, and equal, and each of them either in the object itself or relative to us; and the equal is some intermediate between excess and deficiency. By the intermediate in the object, I mean what is equidistant from each extremity; this is one and the same for all. But relative to us the intermediate is what is neither superfluous nor deficient; this is not one, and is not the same for all." (EN, II, 6, 1106a28-33)
23. 英譯："Similarly with regard to actions also there is excess, deficiency, and the intermediate. Now virtue is concerned with passions and actions, in which excess is a form of failure, and so is defect, while the intermediate is praised and is a form of success; and being praised and being successful are both characteristics of virtue. Therefore virtue is a kind of mean, since, as we have seen, it aims at what is intermediate." (EN, II, 6, 1106b25-30)
24. 英譯："In this way every scientific expert avoids excess and deficiency and seeks and chooses what is intermediate - but intermediate relative to us, not in the object." (EN, II, 6, 1106b5-7)
25. 英譯："Excess and defect are proper to vice, the mean to virtue." (EN, II, 6, 1106b34-35)
26. 英譯："The mean that each sort of person can actually achieve must be the best." (Politics, IV, 11, 11295a35-39)

和不及之間，德性將尋求和選取中間。德性就是中道，是最高的善和極端的美。[27] 亞里士多德更於《尼高馬可倫理學》各章（尤其第二卷第七章）以深入淺出的例子解說中道（間）、過度、不足（見**圖4.1**）。

圖 4.1　亞里士多德關於中間、過度及不足的範例

層面	過度 (Excess)	中間 / 中道 (Mean)	不足 (Deficiency)
恐懼和逞強 (feelings of fear and confidence)	魯莽 (rash)	勇敢 (bravery)	怯懦 (cowardly)
快樂和痛苦 (pleasures and pains)	放縱 (intemperance)	節制 (temperance)	麻木不仁 (insensibility)
財富的接受和支付 (giving and taking money)	揮霍 (wastefulness)	慷慨 (generosity)	吝嗇 (ungenerosity)
財富 (money)	無度 (ostentation)	大方 (magnificence)	小器 (stinginess)
求名譽 (lay claim)	好名 (honour-loving)	澹泊 (living a simple life)	過謙 (indifferent to honour)
憤怒 (anger)	暴躁 (irascibility)	和藹 (mildness)	無血性 (inirascibility)
訴說真相 (truth-telling)	吹牛 (boastfulness)	誠實 (truthfulness)	貶抑 (self-depreciation)
日常生活 (daily life)	奉承 (flattery)	好客 (friendliness)	生硬 (surliness)

譬如：一、勇敢是在恐懼和逞強中間：一個人過度逞強就會變成魯莽，但過度恐懼而逞強不足，就會變成怯懦。[28] 二、節制是在快樂和痛苦中間：過度快樂是放縱，很少快樂（痛苦）姑且稱為麻

27. 英譯："*Virtue is a state that decides, consisting in a mean, the mean relative to us, ... It is a mean between two vices, one of excess and one of deficiency. ...whereas virtue finds and chooses what is intermediate. That is why virtue, as far as its essence and the account stating what it is are concerned, is a mean, but, as far as the best [condition] and the good [result] are concerned, it is an extremity.*"　(EN, II, 6, 1107a1-9)

28. 英譯："*In feelings of fear and confidence the mean is bravery. The excessively fearless person is nameless (indeed many cases are nameless), and the one who is excessively confident is rash. The one who is excessive in fear and deficient in confidence is cowardly.*"　(EN, II, 7, 1107b1-4)

《中庸》的管理智慧

木不仁。[29] 三、慷慨是在揮霍和吝嗇中間：揮霍的人收入不足但支付過度，吝嗇的人則收入過度而支付不足。[30]

《中庸》思想與亞里士多德「中道」思想的異同

《中庸》的「中庸」思想與亞里士多德的「中道」思想有一些共通之處。其一，兩者皆反對極端，強調「中」是美德之一。《中庸》提倡「執其兩端」（「過」與「不及」），而「用其中於民」。亞里士多德則指「過」與「不及」屬於惡，「中道」屬於善，也是一種美德。

其二，兩者皆強調「時中」（隨時處於「中」的境界）。《中庸》強調「致中和」及「時中」，人因應處境而隨機變化，但維持「中」的境界，即是不偏不倚、無「過」或「不及」，處事適切的適中狀態。亞里士多德認為人處理情感和行為時，會根據具體情況作出判斷和選擇，靈活地處理各種關係，達致「中道」。

其三，兩者均強調有原則的調和作用。《中庸》強調「和」（調和、平和、不乖戾）、「發而皆中節」（表露出來而符合正當限度）、「君子和而不流」（君子以中和為貴，無過不及，不走極端）等。亞里士多德認為德性是「過」與「不及」的中間，情感與行為方面均需要顧及社會道德的要求，有是非之分，但不強求折衷。

《中庸》的「中庸」思想與亞里士多德的「中道」思想也有不同之處。《中庸》的「中庸」思想從「天命之謂性，率性之謂道，

---

29. 英譯：*"In pleasures and pains – though not in all types, and in pains less than in pleasures – the mean is temperance and the excess intemperance. People deficient in pleasure are not often found, which is why they also lack even a name; let us call them insensible."* (*EN*, II, 7, 1107b5-9)

30. 英譯：*"In giving and taking money the mean is generosity, the excess wastefulness and the deficiency ungenerosity. Here the vicious people have contrary excesses and defects; for the wasteful person is excessive in spending and deficiency in taking, whereas the ungenerous person is excessive in taking and deficient in spending."* (*EN*, II, 7, 1107b10-14)

脩道之謂教」出發，強調「中」是人先天固有本性的「未發」狀態，沿自內在的因素，進而向外發展（最終達致天人合一、與天地參）。亞里士多德則認為「德行是好習慣」，「中道」是從後天行為中學習而來的習慣，沿自外在的因素。

第二節　現代西方管理學的中道思想

管理理論家羅柏·布雷克 (Robert R. Blake) 與珍·穆頓 (Jane S. Mouton) 於 1964 發表了著名的「管理方格」(the managerial grid)，根據管理者 (managers) 對事（「對生產的關切」）及對人（「對員工的關切 」）的領導風格將管理者分門別類。[31]

布雷克與穆頓的「管理方格」分兩個層面：一、橫向層面是「對生產的關切」(concern for production)，是管理者（或督導人員）對達成生產指標的注重程度，包括決策、創見 (innovation) 的數量、員工的服務質素、效益考量、銷售數量等，包涵所有能促進達成組織目標的項目。二、縱向層面是「對員工的關切」(concern for people) 則是管理者（或督導人員）對員工（尤指下屬）的注重程度，包括管理者的個人承擔、責任感（基於信任而非責任所表現的責任感）、建立及維持良好的工作環境、保持公平的薪酬結構及福利、對工作的安全感，以及員工之間的人際關係等。

此套方格將管理者的風格從 1,1 排列至 9,9，比較顯著的五類風格包括：

一、**1,1 無為式管理** (impoverished management)。對生產的關切低、對員工的關切低。生產方面，管理者僅將工作交付下屬，扮演信息傳遞者的角色，做表面工夫；下屬犯錯時任由他們受責；下屬決定如何完成工作，儼如「自生自滅」。人際關係方面，管理

31. Blake, R. R., & Mouton, J. S. (1994). *The Managerial Grid*. Houston, Texas: Gulf Publishing Company, pp. 8-12.

者與下屬的溝通可免則免，管理者毫不關注員工的感受。此管理模式是「管理方格」中最差的模式，管理者應引以為戒而避免採用這種管理模式，對生產及員工的關切漠不關心的管理者是無能的人。

二、**1,9 鄉村俱樂部式管理** (country club management)：對生產的關切低、對員工的關切高。生產方面，管理者只求最基本的生產成果，不會對員工強加壓力，致力營造舒適、從容而安全的工作條件。人際關係方面，管理者有如下屬的「兄長」，對員工的態度及感受的關切比完成生產目標為甚，員工享受管理者的鼓勵、關懷，但抗拒受到鞭策。

三、**5,5 中間路線式管理** (middle-of-the-road management)：對生產的關切中等、對員工的關切中等。生產方面，管理者透過平衡及共識去完成生產過程，憑溝通及鼓勵促使員工達成任務，而員工自發完成工作。人際關係方面，管理者深感員工的重要性，員工則表現出滿足感。管理者與員工能互相溝通、諒解，能夠在強調生產指標及關懷員工兩方面取得平衡。此管理模式是「管理方格」五種顯著風格中次優的模式，管理者能夠同時兼顧對生產及員工的適度關切，取得平衡，適用於當今環球營商環境中運作的各式組織。

四、**9,1 服從權威式管理** (authority-compliance management)：對生產的關切高、對員工的關切低。生產方面，管理者利用其於組織的權威，致力策劃、督導及監控員工的行動，務求達成組織的生產目標。人際關係方面，管理者期望員工準確地執行所指派的工作（但不多也不少）；員工的目標是以任何方法達成組織所指派的工作及配額。管理者與下屬的關係建基於上而下、權威與服從。

五、**9,9 團隊式管理** (team management)。對生產的關切高、

《中庸》的管理智慧

對員工的關切高。生產方面，管理者採用個人智謀、執行能力及目標設定 (goal setting) 等方法，與員工就核心的工作方向達成共識，並接納員工對生產工序或策略方面的意見。人際關係方面，管理者勇於承擔、具創意、士氣高、投入感強，支持組織的方針政策，其個人成就或貢獻也獲賞識。此管理模式是「管理方格」中最佳的模式，也應該是管理者夢寐以求的理想模式。管理者對生產及員工的關切均達致最高水平，能夠達成員工及管理者個人的目標，繼而達成部門及組織的目標，但在當今環球營商環境中較難達到。

「管理方格」中 **5,5 中間路線式管理** (middle-of-the-road management) 對生產的關切及對員工的關切均是中等，與《中庸》提倡的「中」、「和」、「執中」及「中庸」等思想接近。

《中庸》的管理智慧

第五章

《中庸》的管理智慧

本章採取「與古為新」的方法，以《中庸》倡議的「性」、「道」、「教」、「慎獨」、「中」、「和」、「中庸」、「君子之道」、「誠」、「三達德」、「五達道」及「為政九經」等核心概念為基礎，結合西方的管理理論及概念（包括中道思想），中西合璧，提煉《中庸》的管理智慧。

簡單而言，現代組織（organisations）包括公營機構、私營機構及非政府組織等，其主管人員是經理或管理者（managers）。以下一般以組織的廣義應用為基礎，將《中庸》的管理概念廣泛地應用於各式組織，凡專門應用於某類組織者將特別註明。

牟宗三認為現代人於德性及智慧方面常常遠不及古人。[1] 唐端正認為中國哲學之長正是西方之短，西方文化長於科學的方法與成就，中國文化則長於確立生命的目的[2]。徐復觀認為儒家思想是中國傳統思想的主流[3]，與現代社會的發展並不相悖。《論語・憲問》云：「修己以安百姓」，儒家的管理藝術就是以人為本，包括修己、安人的理念。趙靖認為儒家的管理思想將人置於首位，人在實踐管理目標的過程起著關鍵性的作用。[4] 綜合而言，中西兼學、古為今用是現代管理者的學習方向之一。

　　現代組織 (organisations) 及管理 (management) 均涉及對人的管理，對人力資本 (human capital) 的管理更趨重要。人力資本是人的知識、經驗、技能及能力的綜合經濟價值[5]，它為組織提供競爭優勢。[6] 若能充分發揮人力資本的最大價值，組織、管理者及各級人員均會受益。《中庸》成書至今逾二千多年，當時西方的管理學說尚未成氣候。固然《中庸》並非專為企業管理而撰寫的書，但其部分概念可以應用於現代管理。周偉民認為《中庸》「執中」和「用中」的概念是中國最古老而層次最高的管理哲學。[7] 以下選取《中庸》的部分核心概念為基礎，結合現代管理的理論及概念，從《中庸》提煉適用於現代管理的智慧，供讀者參考。

《中庸》的管理智慧

1. 牟宗三：《中國哲學十九講：中國哲學之簡述及其所涵蘊之問題》，台北：台灣學生書局，2002 年 8 月，第 46 頁。
2. 唐端正：《解讀儒家現代價值》，香港：商務印書館，2011 年 7 月第一版，第 136 頁。
3. 徐復觀著・李維武編：《徐復觀文集（修訂本）》（第二卷〈儒家思想與人文世界〉），湖北：湖北人民出版社，2009 年第 2 版，第 6 頁。
4. 趙靖：〈孔子的管理思想和現代經營管理〉，載於杜豫、劉振佳主編：《儒家管理思想研究》（20 世紀儒學研究大系，總 15 卷），北京：中華書局，2003 年，第 93 頁。
5. Daft, R. L., & Marcic, D. (2017). *Understanding Management* (10th Edn.). Boston, MA: Cengage Learning, p. 363.
6. Hatch, N. W., & Dyer, J. H. (2004). Human capital and learning as a source of competitive advantage. *Strategic Management Journal, 25*(2), 1155-1178.
7. 周偉民：〈孔子的管理哲學・實踐精神・實踐程序〉，載於杜豫、劉振佳主編：《儒家管理思想研究》（20 世紀儒學研究大系・總 15 卷），北京：中華書局，2003 年，第 364 頁。

第一節　現代組織、管理及管理者簡介

組織

現代組織 (organisations) 包括公營機構、私營機構及非政府組織。組織是一個深思熟慮的結構，由一群人完成某些特定的目標。[8] 組織具備三項功能：界定人員的工作及角色；協調人員的活動；確立組織的邊界及對外關係。[9] 管理哲學家彼得·F· 杜拉克 (Peter F. Drucker) 認為組織的基本目的是將知識應用於具生產力的工作 [10]，而企業的目的沿自外在的顧客，由他們決定業務是甚麼，生產甚麼，以及企業能否興盛。[11] 現代組織所面對的環境可以用充滿易變性 (volatility)、不確定性 (uncertainty)、複雜性 (complexity) 及模糊性 (ambiguity)(統稱為 VUCA 環境) 來形容。[12] 在現今的環境中，組織的成敗繫於不少內外因素，包括組織架構、資源（包括人力、財務、科技資源等) 的數量及質量、業務範疇、產品或服務的定位、市場因素及政策監管等，而管理者的個人特質、待人處世方法及能力均舉足輕重。

管理

管理思想家亨利·明茨伯格 (Henry Mintzberg) 認為管理並非一門科學或一種專業，它是一種主要透過經驗學習而獲取的實務，植

8.　Robbins, S. P., & Coulter, M. (2016). *Management* (13th Edn.). Harlow, UK: Pearson, p. 38.

9.　Gulati, R, Mayo, A. J., & Nohria, N. (2017). *Management* (2nd Edn.). Boston, MA: Cengage Learning, p. 187.

10.　Drucker, P. F. (1967). Management in the Big Organizations. In Drucker, P. F. edited and an introduction by R. Wartzman (ed.) (2010). *The Drucker Lectures: Essential Lessons on Management*, Society, and Economy (pp. 37-44). New York: McGraw-Hill, p. 39. 原文：*"This is the primary purpose of organization – its ability to put knowledge to productive work."*

11.　Drucker, P. F. (1986). *The Practice of Management*. New York: Harper Collins Publishers, p. 37. 原文：*"An enterprise's purpose begins on the outside with the customer... it is the customer who determines what a business is, what it produces, and whether it will prosper."*

12.　Bennet, N., & Lemoine, G. J. (2014). What a Difference a Word Makes: Understanding Threats to Performance in a VUCA World. *Business Horizons*, *57*(3), 311-317.

根於內涵之中。[13] 杜拉克認為管理是組織的機構，功能包括：為組織構思特定的目標及使命 (mission)；使工作具生產力而人員能夠發揮所長；處理對社會的影響及社會責任。[14] 有意見認為管理是一個過程，透過一夥人以具效率及具成效的方法，達成組織所渴求的目標。[15] 管理關乎任何類型的組織（包括私營、公營、非政府組織等），任何大小的組織，涉及不同層次（包括高、低層次），以及組織內的任何方面（包括製造、營銷、人力資源、財務、會計及資訊系統等）。[16]

管理者

管理者或經理（以下統稱為「管理者」）(managers) 負責協調及督導其他人員的工作，以達成組織的目標。[17] 杜拉克認為管理者是大部分組織之中最昂貴的資產 —— 但他們折舊得最快並需要定期更替。[18] 明茨伯格認為所有管理者皆有瑕疵，縱使特定的瑕疵在某些情況不會致命。[19] 行為科學家倫西斯·利克特 (Rensis Likert) 認為組織是一個由多個工作小組 (working groups) 組成的網絡，而管理者則是小組的聯繫針 (linking pins)。管理者既是某小組的督導人員，也需要對其上級（或多於一名）負責，所以管理者在網絡中扮演縱向、橫向以至全方位的聯繫角色。[20] 其中，管理者於策略性

13. Mintzberg, H. (2009). *Managing*. San Francisco, CA: Berrett-Koehler Publishers, p. 9. 原文：*"managing is neither a science nor a profession; it is a practice, learnt primarily through experience, and rooted in context."*

14. Drucker, P. F. (2008). *Management (revised edition)*. New York: Harper Collins Publishers, p. 26.

15. Gulati, R, Mayo, A. J., & Nohria, N. (2017). *Management* (2nd Edn.). Boston, MA: Cengage Learning, p. 8.

16. Robbins, S. P., & Coulter, M. (2016). *Management* (13th Edn.). Harlow, UK: Pearson, p. 49.

17. Robbins, S. P., & Coulter, M. (2016). *Management* (13th Edn.). Harlow, UK: Pearson, p. 37.

18. Drucker, P. F. (2008). *Management (revised edition)*. New York: Harper Collins Publishers, p. 236.

19. Mintzberg, H., Ahlstrand, B., & Lampel, J. (ed.) (2010). *Management? It's Not What You Think!* New York: Amacom, p. 7. 原文：*"they (managers) are flawed – we are all flawed – but their particular flaws are not fatal, at least under the circumstances."*

20. Likert, R. (1961). *New Patterns of Management*. New York: McGraw-Hill.

定位 (strategic position)、組織設計 (organisational design) 及個人領導才能 (individual leadership) 三方面的表現,直接影響組織的成效。[21]

　　管理者分為高層管理者 (top managers)、中層管理者 (middle managers) 及低層（或稱「前線」）管理者 (first-line managers) 三層[22],不同級別的管理者需要掌握不同的技能[23]。各級管理者扮演不同的角色,同一位管理者於不同部門、崗位或時間所扮演的角色也不一定相同。管理者不單要對自己負責,杜拉克認為管理者也要對企業及社會負責。[24]

管理者的功能與角色

　　杜拉克認為管理者的工作應該建基於可見而可量度的實體任務,並與達成組織的目標掛鉤。[25] 明茨伯格（1973 年）將管理者的角色分為三大類:一、**人際角色**(interpersonal roles) - 包括代表人、領導者及聯絡者等角色;二、**決策角色** (decisional roles) - 包括企業家、資源配置者、衝突管理者及談判者角色;三、**資訊角色** (informational roles) - 包括監督者、傳播者及發言人等角色。[26]

　　明茨伯格其後（2009 年）提出了一個更全面、更連貫而互動性強的管理模型,指管理以管理者為中心,從內至外發生於三個平面 (planes),每個平面包含兩項功能:一、**資訊平面** (information

21. Gulati, R, Mayo, A. J., & Nohria, N. (2017). *Management* (2nd Edn.). Boston, MA: Cengage Learning, p. 4.
22. Pride, W. M., Hughes, R. J., & Kapoor, J. R. (2017). *Foundations of Business* (5th Edn.). Boston, MA: Cengage Learning, p. 173.
23. Lussier, R. N. (2017). *Management Fundamentals: Concepts, Applications & Skill Development* (7th Edn.). Thousand Oaks, California: SAGE Publications, p. 10.
24. Drucker, P. F. (2001). *The Essential Drucker.* New York: Harper Collins Publishers, p. 37.
25. Drucker, P. F. (2008). *Management (revised edition).* New York: Harper Collins Publishers, p. 239.
26. Mintzberg, H. (1973). *The Nature of Managerial Work*. New York: Prentice Hall, pp. 54-93.

plane) － 最內層的平面，包括全方位的溝通 (communicate) 及對內的監控 (control)；二、**人際平面** (people plane) － 居中的平面，包括對內的領導 (lead) 及與外界的聯繫 (link)；三、**行動平面** (action plane) － 最外層的平面，包括對內的執行 (do) 及對外的交往 (deal)。[27]

概括而言，管理者的功能包括四方面：一、**規劃** (planning) － 設定目標、制定戰略，以及設計協調所需的計劃；二、**組織** (organising) － 確定需要做甚麼，如何達成，以及由誰人去達成；三、**領導** (leading) － 對待人員所需的激勵、帶領及相關行動；四、**監控** (controlling) － 監督組織的各式活動，確保它們按擬定的計劃進行。[28]

管理者的技能

成功的管理者應該具備以下五種技能：一、**分析技能** (analytical skills) － 正確鑑定問題的能力，構思合理的選項，以及選取最合適選項的解難能力；二、**概念技能** (conceptual skills) － 能夠以抽象方式思考問題的能力；三、**人際交往技能** (interpersonal skills) － 有效地與他人相處的能力；四、**溝通技能** (communication skills) － 講述、聆聽及書寫的能力；五、**技術技能** (technical skills) － 為完成某些專項活動所需的特定技能。[29]

以下各節選取《中庸》的部分概念為基礎，從企業文化、君子型管理者、規劃、組織、領導及監控等方面提煉《中庸》的管理智慧。

《中庸》的管理智慧

27. Mintzberg, H. (2009). *Managing*. San Francisco, CA: Berrett-Koehler Publishers, pp. 48-50.
28. Robbins, S. P., & Coulter, M. (2016). *Management* (13th Edn.). Harlow, UK: Pearson, p. 41.
29. Pride, W. M., Hughes, R. J., & Kapoor, J. R. (2017). *Foundations of Business* (5th Edn.). Boston, MA: Cengage Learning, pp. 175-177.

第二節　以人為本的組織文化

從管理學的角度看，組織文化 (organisational culture) 直接影響管理者的各項功能（包括規劃、組織、領導及監控）[30]，對組織的發展有深遠的影響。杜拉克認為管理涉及人於一個共同的企業之內的融合，深深植根於文化之中。[31] 文化為組織的人員提供一套路線圖及規則，引導他們如何完成工作及互相交流。[32]

學者艾德佳·H·沙因 (Edgar H. Schein) 認為組織文化包括三個層面：一、**人工製品** (artifacts) － 組織文化的最表層，是組織內外皆能看見、聽見或感受的事物，包括組織的故事、標誌、口號、產品、服務、建築物、儀式、科技、人員的衣著言行等；二、**外顯信念及價值觀** (espoused beliefs and values) － 組織文化的中層，代表了組織各人員的一些普遍而共通的想法，尤其他們認為「應該」遵從的想法或行為；三、**基本假設** (basic underlying assumptions) － 組織文化的最深層，並非外界所能直接窺見，是最耐久而較難改變的層面。這些假設已根深蒂固地植入人員的思維之中，被認同為理所當然而正確的想法。概括而言，基本假設（最深層）影響外顯信念及價值觀（中層），亦透過外顯信念及價值觀（中層）影響人工製品（表層）；外顯信念及價值觀（中層）則直接影響人工製品（表層）。[33]

以人為本的組織文化關心人的合理需求，尊重人的基本權利，

30. Robbins, S. P., & Coulter, M. (2016). *Management* (13th Edn.). Harlow, UK: Pearson, p. 118.
31. Drucker, P. F. (2001). *The Essential Drucker.* New York: Harper Collins Publishers, p. 11.
32. Gulati, R, Mayo, A. J., & Nohria, N. (2017). *Management* (2nd Edn.). Boston, MA: Cengage Learning, p. 210.
33. Schein, E. H. (2010). *Organizational Culture and Leadership* (4th Edn.). San Francisco: Jossey-Bass, pp. 23-33.

以及實現人的全面發展。從人力資源管理的角度看，以人為本的組織文化在人力資源管理的各個範疇（包括：人力資源規劃、招聘、選拔、培訓、發展、績效評核、薪酬、福利及生涯規劃等）均著重人性化的處理，做到人盡其才、人員安心工作的雙贏局面。

基本假設：率人性、行正道、重修養

儒家對天下及國家的治理是對民眾的治理，治民在於善得民心，而得民心在於對人性的基本了解和掌握。[34]《中庸》繼承了孔、孟人皆可成聖的學說，首句「天命之謂性，率性之謂道，脩道之謂教。」作為全書的綱領，原意是構建天、人的聯繫並提倡「命、性、道、教」的教化過程；教化的具體內容是人憑藉上天賦予的自然禀賦、本性（「性」），依循本性發展實行正道（「道」），而按照正道原則修養的教化過程（「教」）。《中庸》首章亦云：「道也者，不可須臾離也；可離，非道也。」指正道不可片刻偏離。綜合而言，此教化過程是「中」、「和」、「中庸」、「誠」、「三達德」及「五達道」等概念的根基，理想的願景 (vision) 是人人透過教化而成為君子、聖人。

古為今用，《中庸》提倡的「命、性、道、教」概念可比擬為現代組織文化的最深層 —— 基本假設，其中「率人性、行正道、重修養」的假設是發人深省的睿智，值得管理者效法。此假設以人性為本，能夠直接影響人員的外顯信念及價值觀（組織文化的中層）及言行（組織文化的表層）。若管理者立志成為《中庸》所提倡的君子，以真誠（「誠」）及修養個人品德（「修身」）為本，可望

---

34. 張鴻翼：〈經濟管理的道德手段〉，載於杜豫、劉振佳主編：《儒家管理思想研究》（20 世紀儒學研究大系，總 15 卷），北京：中華書局，2003 年，第 155 頁。

成為筆者所倡議的「君子型管理者」。（詳見**本章第三節〈君子型管理者〉**）

外顯信念及價值觀：盡其性、盡人之性、盡物之性

《中庸》第二十二章云：「唯天下之至誠，為能盡其性；能盡其性，則能盡人之性；能盡人之性，則能盡物之性。」提倡聖人（「至誠」）能夠充分發揮其個人、眾人及萬物的本性。誠然在現今的世界，不是人人想成為君子、賢人、聖人，也不是人人最終能夠成為君子、賢人、聖人，但管理者在滿足個人目標之餘，仍需要維持人性。

根據學者克雷頓·P·奧爾德弗 (Clayton P. Alderfer) 的「**生存、相互關係、成長發展理論**」(existence, relatedness, growth theory; ERG theory)，人有三類需求 (needs)，包括：一、**生存** (existence) － 是人為了生存及活動所需的基本需要；二、**相互關係** (relatedness) － 與其他人相處及作為整體之一部分的需要，包括與他人相處、分享感受、發表意見等；三、**成長發展** (growth) － 期望完全發揮潛能的需要，產生自尊及達致自我實現 (self-actualisation)。[35] 若管理者能夠完全發揮其個人潛能而達致自我實現，即是滿足了「生存、相互關係、成長發展理論」最高層的「成長發展」需要，此說法與《中庸》「盡其性」的說法不謀而合。

此外，學者克姆·柯林斯 (Jim Collins) 提倡「**第五級領導**」(level 5 leadership) 的概念，認為管理能力分五層，包括：第一級、**高度**

---

35. Alderfer, C. P. (1972). *Existence, Relatedness, and Growth: Human Needs in Organizational Settings*. New York: The Free Press.

才能的個人 (highly capable individuals) － 能夠運用個人天賦、知識、技能及良好工作習慣等，為組織作出有建設性的貢獻；第二級、**具貢獻的團隊成員** (contributing team members) － 能夠貢獻個人能力，有效地與他人合作，以達成群體的目標；第三級、**勝任愉快的管理者** (competent managers) － 能夠管理人力及資源，有成效地及高效率地達成預設的目標；第四級、**有效的領導者** (effective leaders) － 激勵他人的投入，追求一個清晰而具信服力的願景 (vision)，激勵群體達致高績效的標準；第五級、**第五級領導者** (level 5 leaders) － 透過個人的謙遜及專業意志達致持久的卓越。[36]

　　古為今用，《中庸》提倡的「盡其性、盡人之性、盡物之性」的信念及價值觀能引發倍增效應 (multiplier effect)，從個人延申至他人（群體），再由人（不論是個人或群體）延申至萬物（其他事務）。杜拉克認為高績效的人聚焦於個人工作方面的貢獻及人際關係，並能啟發他人[37]，是《中庸》「盡其性」及「盡人之性」的表現。組織依賴人去維持運作，其中管理者是關鍵所在。管理者除了充分發揮其個人本性（引申為充分發揮個人所長）之外，也應協助其他人員（尤其下屬、同儕）充分發揮所長。最理想的情況是，管理者及下屬在職責所及的事務均能充分發揮所長，以達成組織的目標。各級人員（由第一級的「個人」至第五級的「領導者」）均達致柯林斯所建議的水平：第一級的「個人」及第二級的「團隊成員」均能夠「盡其性」，第三級的「管理者」至第五級的「領導者」能夠「盡人之性、盡物之性」，再加上《中庸》提倡的個人謙遜（如《中庸》第二十七章的「敦厚以崇禮」及第三十三章的「君子篤恭」）

《中庸》的管理智慧

36. Collins, J. (2001). Level 5 Leadership. *Harvard Business Review*, *79*(1), 66-76.
37. Drucker, P. F. (2001). *The Essential Drucker*. New York: Harper Collins Publishers, pp. 207 & 214.

及意志，依次成就個人、群體及組織的目標。

人工製品：慎獨、中、時中、和、中庸之道

《中庸》首章云：「是故君子戒慎乎其所不睹，恐懼乎其所不聞。莫見乎隱，莫顯乎微，故君子慎其獨也。」指君子在獨處時也謹慎、戒懼（「慎獨」）。該章續云：「喜怒哀樂之未發，謂之中；發而皆中節，謂之和。中也者，天下之大本也；和也者，天下之達道也。致中和，天地位焉，萬物育焉。」指「中」是不偏不倚、無「過」或「不及」的心靈境界，是世間的主要根本；「和」是調和、無衝突的心靈境界，是世人應該共同履行的道理；達致「中」、「和」的境界，天地便各在其位，萬物便生育繁衍。第二章云：「君子中庸，小人反中庸。君子之中庸也，君子而時中；小人之中庸也，小人而無忌憚也。」指君子實行中庸之道（不偏不倚、無「過」或「不及」，而平常的道理），並隨時處於「中」的境界（「時中」）。

根據持分者（或稱「利益相關者」）理論 (stakeholder theory)，維護或提升持分者價值 (stakeholder values) 至為重要。[38] 對任何組織（不論公營或私營）而言，持分者的利益受組織的營運所影響，而組織的利益也受持分者所影響，彼此是利益共同體。持分者可以是個人或機構，各自擁有不同的價值觀、角色、利益考慮及權力。[39] 對私營組織而言，主要持分者一般包括政府（政策局、部門等）、股東、債權人、僱員、客戶及供應商等，而公共組織的主要持分者則包括政府（政策局、部門等）、社會大眾及特定服務的使用者。[40] 從管理的角度看，《中庸》「慎獨」、「中」、「和」、

---

38. Mallin, C. A. (2013). *Corporate Governance*. Oxford: Oxford University Press, p. 20.
39. Clemons, R. S., & McBeth, M. K. (2009). *Public Policy Praxis: a case approach for understanding policy and analysis* (2nd Edn.). New York: Pearson, pp. 27-28.
40. Gulati, R, Mayo, A. J., & Nohria, N. (2017). *Management* (2nd Edn.). Boston, MA: Cengage Learning, p. 16.

「中庸」、「時中」等概念直接影響人員的言行，可被視作組織文化的最表層 —— 人工製品，也是內、外持分者了解有關組織最簡單直接的途徑。

　　若將有關概念應用於管理者身上，管理者應該以身作則做到「慎獨」，時刻堅守誠信（「誠」），個人的言行以組織的整體利益為依歸。其二，「中」、「時中」及「中庸」等概念是說易行難的任務，管理者在策劃、組織、領導、監控以至待人處世等方面都應該達致「中」的境界，並能夠隨時做到（「時中」）。其三，管理者應該靈活運用和諧而平衡的管理（「和」），理順組織內、外相關持分者的利益，內則和諧共處、上下一心，外則符合外部持分者（尤其監管機構及客戶等）的期望。如是者，以人為本的組織文化將能支持組織的發展，產生巨大而深遠的影響。

《中庸》的管理智慧

第三節　君子型管理者

儒家思想著重品德和君子之道。牟宗三認為儒家的治道方法以德治為主。[41] 李長泰認為儒家君子（品德高尚的人）的形象和人格在現代社會仍有借鑒作用。[42] 杜維明認為智力平平的人（「夫婦之愚」）也被賦予同樣的人性，人皆可成為君子。[43] 徐復觀認為君子是努力向上者的標誌，人人可以憑努力成為君子。[44]《中庸》秉承孔、孟思想，以培養君子為目標之一，所倡議的正是德治管理。如上所述，君子「慎獨」，其言行符合「中」、「和」、「中庸」、「時中」的標準。

筆者認為《中庸》的概念可以推廣為德治管理，即是透過提升各人員（尤其管理者）的道德修養，影響個人的行為以至組織的效率、成效，最終達成組織的目標。筆者於拙作提倡現代管治者 (governors) 透過修身成為「君子型管治者」[45]；基於同理，現代管理者也可以參考《中庸》提倡的君子特質、待人處世之道及實踐中庸之道的方法，以成為「君子型管理者」為目標。

君子型管理者的特質

《中庸》不少章節描述君子的特質，可以套用於筆者所提倡的「君子型管理者」身上，包括：

一、**慎獨、自律**。《中庸》首章云：「是故君子戒慎乎其所不睹，

---

41. 牟宗三：〈論中國的治道〉，載於杜豫、劉振佳主編：《儒家管理思想研究》（20 世紀儒學研究大系，總 15 卷），北京：中華書局，2003 年，第 51 頁。
42. 李長泰：《天地人和：儒家君子思想研究》，北京：人民出版社，2012 年 6 月，第 365 頁。
43. 杜維明著、段德智譯、林同奇校：《中庸：論儒學的宗教性》，北京：生活·讀書·新知三聯書店，2013 年 6 月第 1 版，第 31 頁。
44. 徐復觀著、李維武編：《徐復觀文集（修訂本）》（第三卷〈中國人性論史·先秦篇〉），湖北：湖北人民出版社，2009 年第 2 版，第 46 頁。
45. 羅天昇：《〈大學〉的管治智慧》，香港：新天出版，2015 年 7 月初版，第 158 頁。

恐懼乎其所不聞。莫見乎隱，莫顯乎微，故君子慎其獨也。」指君子「慎獨」，自律地約束言行。管理者在權力、地位、金錢、成就等外在誘因 (extrinsic incentives) 掛帥的現今社會，要篤行「慎獨」殊非易事。

二、**時中**。《中庸》第二章云：「君子之中庸也，君子而時中；小人之中庸也，小人而無忌憚也。」指君子之所以能夠實行中庸之道，皆因他們能夠隨時處於「中」的境界（不偏不倚、無「過」或「不及」）。管理者可以採用「時中」的權衡智慧，靈活變通。

三、**不怨天尤人**。《中庸》第十四章云：「君子無入而不自得焉」及「正己而不求於人，則無怨。上不怨天，下不尤人。」指君子無論處於任何情況都自覺安樂，不怨天尤人。

四、**自省、內省、問心無愧**。《中庸》第十四章云：「射有似乎君子，失諸正鵠，反求諸其身。」指君子的作風有如射箭的態度，射不中箭靶便反過來自我檢討。第三十三章云：「君子內省不疚，無惡於志。」及「相在爾室，尚不愧於屋漏。」指君子自我反省而沒有愧疚。

五、**修身**。《中庸》第二十章云：「君子不可以不脩身。」指君子以修養個人品德為本。

六、**以真誠為貴**。《中庸》第二十五章云：「誠者自成也，而道自道也。誠者物之終始，不誠無物。是故君子誠之為貴。」指真誠是成就自己，道是自我引導至當行的道路；真誠是萬物的開端及歸宿，君子以真誠為貴。

七、**誠實厚道，崇尚禮儀，忠厚恭敬**。《中庸》第二十七章云：「敦厚以崇禮」及第三十三章云：「君子篤恭而天下平」指君子誠

實、厚道及崇尚禮儀，忠厚、恭敬而使天下太平。

八、**舉動、行為、言論等是世人的榜樣。**《中庸》第二十九章云：「君子動而世為天下道，行而世為天下法，言而世為天下則。遠之則有望，近之則不厭。」及第三十三章云：「君子不動而敬，不言而信。」指君子的舉動、行為及言論是其他人的榜樣，受人仰望、尊敬。

君子型管理者的待人處世之道

《中庸》詳述了君子待人處世之道，是一些簡單易明的道理。但現代管理者要在複雜多變的政治、經濟、社會文化、科技、法制及商業等環境實踐中庸之道殊非易事，實踐時也不一定能夠持久。以下是《中庸》所描述的君子待人處世之道：

一、**處事以柔。**《中庸》第十三章云：「寬柔以教，不報無道，南方之強也，君子居之。」指君子以寬大柔和的方法教育他人，對無理的人不去報復。

二、**和順、中立。**《中庸》第十章云：「君子和而不流」及「中立而不倚」指君子和順而不隨波逐流，中立而不偏袒任何一方。

三、**不改變操守及志向。**《中庸》第十章云：「國有道，不變塞焉。」及「國無道，至死不變。」指君子於國家政務清明時操守不變，在政務不修時志向也不變。

四、**明哲保身、知所進退。**《中庸》第二十七章引用《詩經·大雅·烝民》云：「既明且哲，以保其身。」指君子既明理又有智慧，可以保全自己。在現實的商業環境中，組織、業務發展及管理者的個人職業生涯發展 (career development) 不一定一帆風順。管理者

在面對內、外挑戰之餘，需要理解並靈活運用知所進退的哲學。

五、**遵循正道行事，領悟最崇高的德行，落實於中庸之道之中。**《中庸》第十一章云：「君子遵道而行」指君子遵循中庸之道行事。第二十七章云：「致廣大而盡精微，極高明而道中庸。」指君子力臻廣泛而博大，達致精深透徹，領悟德行最崇高而明智的境界，並落實於中庸之道的平常道理之中。

六、**立己、立人。**《中庸》第十三章云：「君子以人治人，改而止。」指君子先立己，後立人。如杜拉克所言，先管理好自己才能管理他人。[46] 管理者應該先做好本份，繼而影響他人。

七、**忠恕（己所不欲，勿施於人）。**《中庸》第十三章云：「忠恕違道不遠，施諸己而不願，亦勿施於人。」指君子盡心盡力辦事，奉行己所不欲、勿施於人（恕道、推己及人）的原則。管理者與持分者應將心比己，採取忠恕的態度，促使組織內外的和平共處。

八、**言論及行為互相配合。**《中庸》第十三章云：「庸德之行，庸言之謹。」及「言顧行，行顧言。」指君子能夠實踐平常的品德，言行謹慎而互相配合。

九、**查找不足，辦事留有餘地。**《中庸》第十三章云：「有所不足，不敢不勉，有餘不敢盡。」指君子有不足之處仍自勉完成工作，辦事留有餘地、不過分。

十、**安於本分，靜候機遇、不急於求成。**《中庸》第十四章云：「君子素其位而行，不願乎其外。素富貴，行乎富貴；素貧賤，行乎貧賤；素夷狄，行乎夷狄；素患難，行乎患難。」指君子安於本分；「君子居易以俟命」指君子靜觀其變，等待時機；「君子無入而不自得焉。」指君子無論處於任何情況都自覺安樂。第十五章云：

《中庸》的管理智慧

---

46. Drucker, P. F. (1996). Manage Yourself and Then Your Company. In Drucker, P. F. edited and an introduction by R. Wartzman (ed.) (2010). *The Drucker Lectures: Essential Lessons on Management, Society, and Economy* (pp. 173-178). New York: McGraw-Hill, p. 173. 原文：*"But you cannot manage other people unless you manage yourself first."*

「君子之道，辟如行遠必自邇，辟如登高必自卑。」指君子的正道始於近處、低處，按部就班，不求一蹴即就。

十一、**凡事有充分準備**。《中庸》第二十章云：「凡事豫則立，不豫則廢。言前定則不跲，事前定則不困，行前定則不疚，道前定則不窮。」指凡事、說話、行動、選擇路線等皆要有充足準備，否則會失敗。管理者在決策前需要周詳的計劃（「豫」），制定清晰的目標，減少失誤（「不跲」），行事便更暢順，不致窮途末路（「不窮」）。

十二、**妥善處理上、下級關係**。《中庸》第十四章云：「在下位，不援上。」及第二十七章云：「是故居上不驕，為下不倍。」指君子身居高位時不驕傲或欺凌下屬，身居低位時不攀援上司或背叛。

十三、**尊崇本性、好學、勤奮**。《中庸》第二十七章云：「君子尊德性而道問學。」指君子尊崇天賦的本性，並透過請教及學習獲取知識。第二十九章云：「在彼無惡，在此無射。庶幾夙夜，以永終譽！」指君子勤奮，信譽良好。

十四、**恩威並重**。《中庸》第三十三章云：「是故君子不賞而民勸，不怒而民威於鈇鉞。」指君子毋須施行獎賞而民眾能互相勸勉，不必發怒而民眾畏服於他勝於刀斧等刑具。同章亦云：「聲色之於以化民，末也。」指用嚴厲的言語與面色來教化民眾，是最差的方法。管理者若能正面而靈活運用合適的激勵方式勉勵下屬（「民勸」），便毋須依靠嚴刑峻法來確立威信（「威於鈇鉞」）。

固然《中庸》對君子的表述尚未全面反映儒家君子的整體面貌，現代管理者更不是人人具備君子的特質或以成為君子為目標。

但管治者可以審視個人及組織的客觀條件，學習並遵循中庸之道，修繕內外。

君子型管理者堅守中庸之道（無過、無不及）

《中庸》不少章節闡述君子能夠堅守中庸之道。首章云：「道也者，不可須臾離也；可離，非道也。」指正道不應該片刻偏離。第四章云：「道之不行也，我知之矣：知者過之，愚者不及也。道之不明也，我知之矣：賢者過之，不肖者不及也。人莫不飲食也，鮮能知味也。」指中庸之道未能推行或彰顯，皆因人出現了「過」或「不及」的行為。第八章云：「回之為人也，擇乎中庸，得一善，則拳拳服膺而弗失之矣。」指君子（如：孔子的弟子顏回）擇善而固執。

《中庸》第三十三章云:「故君子之道，闇然而日章；小人之道，的然而日亡。君子之道，淡而不厭，簡而文，溫而理，知遠之近，知風之自，知微之顯，可與入德矣。」指君子的作風隱藏不露卻日漸彰顯，平淡而不使人厭惡，簡約而有文采，溫和而有條理，小人的作風亮麗卻日漸消退。從人員績效評核 (performance appraisal) 的角度看，管理者對下屬的真實表現應該明察秋毫，那些表面上表現「優異」的人員究竟是「闇然而日章」的實幹君子，還是「亮麗卻日漸消退」而只懂粉飾門面 (window dressing) 的小人，不可不察。

綜合而言，「君子型管理者」一旦選擇了中庸之道，便應堅持下去，糾正「過」或「不及」的行為，以「時中」為戒。

《中庸》的管理智慧

第四節　規劃

　　規劃 (planning) 是管理功能之一，具體內容包括：制定目標；確立完成目標所需的戰略；設計用以整合、協調等工作活動所需的計劃。管理者能夠透過規劃指引方向，減低不確定性，並減少損耗或重覆的活動。[47]

天時、地利、人和：內外環境的配合

　　《孟子·公孫丑下》云：「天時不如地利，地利不如人和。」反映了古人對天時、地利及人和的一種看法。《中庸》著重「三才」（天、地、人）的角色，三者各有其道。諸葛亮於《將苑·和人》云：「夫用兵之道，在于人和，人和則不勸而自戰矣。若將吏相猜，士卒不服，忠謀不用，群下謗議，讒慝互生，雖有湯、武之智，而不能取勝匹夫，況眾人乎。」說明「人和」、協調與和諧的重要性。若內部互相猜疑、勾心鬥角，領導者就算有聰明才智也不會成功。

　　《中庸》第二十章云：「誠者，天之道也；誠之者，人之道也。」及「人道敏政，地道敏樹。夫政也者，蒲盧也。」其中「天道」是天的法則即是真誠，「地道」是地的法則，「人道」是實踐真誠的做人道理。

　　若將「三才」之道結合《中庸》「和」的概念，組織及業務的發展需要考量天時、地利、人和等因素。「天時」可以比擬為組織

47. Robbins, S. P., & Coulter, M. (2016). *Management* (13th Edn.). Harlow, UK: Pearson, p. 248.

的外在環境 (external environment)，包括政治、經濟、社會文化、科技、法制、人口特徵及環球 (political, economic, sociocultural, technological, legal, demographic, global) 等方面的環境。[48] 一般而言，組織及其管理者未能直接影響或改變外在環境，反而需要作出適應及積極的配合。「地利」可以比擬為組織的內在環境 (internal environment)，其優劣取決於組織的客觀條件，包括各式資源（包括人力、財務、科技資源等）的數量及質素，管理能力，以及產品服務的競爭力等。「人和」指組織的人員能夠和睦相處，內部達致和諧平衡。綜合而言，管理者要定時進行深入而詳盡的環境掃描 (environmental scanning)，因時制宜，從人性出發，促使天時、地利、人和的配合、平衡，組織的發展將事半功倍。

豫則立、事前定：周詳的事前規劃

常言道：「成功留給有準備的人」，《中庸》第二十章「豫則立」、「事前定」的概念可以應用於管理者的規劃及行動功能。若管理者在規劃前有充足準備（「豫」）就會成功（「立」），說話先有準備（「言前定」）就不會失誤（「不跲」），做事先有準備（「事前定」）就不會陷入困境（「不困」），行動先有準備（「行前定」）就不會後悔（「不疚」），預先選定所走的路或策略（「道前定」）就不會行不通（「不窮」）。管理者在決策前需要長期而周詳的計劃，制定清晰的階段性目標，實施的過程將更暢順，不致窮途末路。

《中庸》的管理智慧

---

48. Robbins, S. P., & Coulter, M. (2016). *Management* (13th Edn.). Harlow, UK: Pearson, pp. 105-107.

布在方策：知己知彼的戰略規劃

《中庸》第二十章「文武之政，布在方策」原指周文王、周武王的施政記載於相關文獻。從管理的角度看，此概念可以比擬為詳盡的戰略規劃 (strategic planning) 的重要性。如《孫子·謀攻》云：「知己知彼，百戰不殆」，精於戰略規劃的管理者應可立於不敗之地。

戰略 (strategy) 是組織的長遠方向。[49] 戰略包含三個元素：一、戰略能夠為客戶提供某種價值，為組織建立競爭優勢 (competitive advantage)；二、管理者需要設定一整套獨特的活動，就甚麼可以做及甚麼不可以做作出權衡 (trade-offs)；三、管理者需要確保所設計的活動，與產品或服務匹配 (fit)。[50] 管理者應該為組織制定合適而具競爭力的各級戰略，包括公司戰略 (corporate strategies)、業務戰略 (business strategies)、操作或功能戰略 (operational strategies 或 functional strategies) 等。[51] 最理想的情況是各級戰略互相呼應，並因應內外環境的轉變而適時調整，制定的過程也需要善用「強勢、弱勢、機遇、威脅」(strengths, weaknesses, opportunities, threats; SWOT) 分析。[52] 其中，對「強勢、弱勢」的分析涉及組織的內部長處與短處，是知己的方法；對「機遇、威脅」的分析則涉及組織的外部因素（如：市場、競爭者、監管機構、政府政策及客戶等），是知彼的戰略，管理者不可不察。

49. Johnson, G., Whittington, R., & Scholes, K. (2015). *Fundamentals of Strategy* (3rd Edn.). Harlow, UK: Pearson, p. 2.
50. Porter, M. E. (1996). What is Strategy? *Harvard Business Review*, *74*(6), 61-78.
51. Johnson, G., Whittington, R., & Scholes, K. (2015). *Fundamentals of Strategy* (3rd Edn.). Harlow, UK: Pearson, pp. 5-6.
52. Valentin, E. K. (2001). SWOT Analysis from a Resource-Based View. *Journal of Marketing Theory and Practice*, *9*(2), 54-69.

第五節　組織

　　管理者的組織 (organising) 功能包括確定需要做甚麼，如何達成，以及由誰人去達成。其中，組織結構 (organisational structure) 涉及工作任務 (job tasks) 的分派、組成、權力分配及協調等方面。學者斯蒂芬·P·羅賓斯 (Stephen P. Robbins) 認為組織結構受六個因素所影響：一、**專業化** (specialisation) - 組織的工作進一步細分的程度，員工只需要精於生產作業中的某項工作；二、**部門化** (departmentalisation) - 各細項工作被歸類組合，成為功能、產品或地理區域等部門；三、**命令鏈** (chain of command) - 組織裡由頂至底的連續線，是傳達命令、指揮的鏈條；四、**控制幅度** (span of control) - 管理者能夠有效指揮員工的數量；五、**分權化** (decentralisation) - 決策權分散至組織的各部門；六、**正式化** (formalisation) - 工作趨於標準化，員工的行為受到高度的規範及管制。[53]

時中：權衡利害而變通的能力

　　《中庸》第二章云：「君子之中庸也，君子而時中；小人之中庸也，小人而無忌憚也。」指君子能隨時處於「中」的境界（不偏不依、無「過」或「不及」），能夠實行中庸之道；小人無所顧忌而任意妄為，違背中庸之道。古為今用，管理者可以將「中」及「執中」的平衡智慧，應用於現代管理之中。

《中庸》的管理智慧

---

53. Robbins, S. P., & Judge, T. A. (2013). *Organization Behavior* (15th Edn.). Upper Saddle River, New Jersey: Prentice Hall, pp. 480-486.

《中庸》首章「中」及第二章「時中」的概念歷久不衰，是一種適用於現代人力資源管理、決策、授權及談判等方面的權變智慧。管理學上，權變考量 (contingency view) 指每個個案都是獨特的，管理者需要從個案中學習及汲取經驗，面對新的處境時按有關處境的性質而決定解決方法。[54] 懂得權變的管理者能夠權衡利害，找出平衡點，靈活變通。

　　杜拉克認為決定或決策 (decision) 是一種判斷，在眾選擇之中選其一，但在對與錯之間選其一的情況較罕見。[55] 他認為優良的決策者並不需要進行許多決策，而是透過決策引起關鍵作用。[56] 各級管理者均需要進行決策 (decision making)，即是在兩個或以上的選擇之中選其一。[57] 決策過程包括六個步驟：界定問題或機遇；設定目標及衡量準則；產生選項；分析各選項並選取最可行者（作出決定）；策劃並執行決定；監控決定的執行情況。[58] 管理者在進行決策時，可以採用「執其兩端、用其中於民」的方法，先掌握事物的兩個極端（「過」及「不及」），平衡各方力量，選取不偏不倚的策略，並隨時處於「中」的狀態（「時中」）。若管理者能夠「窮則變、變則通」，權衡利害，決策將更為理性、暢達。

執中：和諧平衡的管理模式

　　《中庸》第六章云：「舜其大知也與！舜好問而好察邇言，隱惡而揚善，執其兩端，用其中於民，其斯以為舜乎！」指舜帝的智

54. Daft, R. L., & Marcic, D. (2017). *Understanding Management* (10th Edn.). Boston, MA: Cengage Learning, p. 43.
55. Drucker, P. F. (2002). *The Effective Executive*. New York: Harper Collins Publishers, p. 143. 原文："A decision is a judgment. It is a choice between alternatives. It is rarely a choice between right and wrong."
56. Drucker, P. F. (2008). *Management (revised edition)*. New York: Harper Collins Publishers, p. 295.
57. Robbins, S. P., & Coulter, M. (2016). *Management* (13th Edn.). Harlow, UK: Pearson, p. 74.
58. Lussier, R. N. (2017). *Management Fundamentals: Concepts, Applications & Skill Development* (7th Edn.). Thousand Oaks, California: SAGE Publications, p. 101.

慧之一是「執其兩端，用其中於民」，走中間路線。管理者可以採用「執中」的智慧，為組織構建和諧而平衡的環境。

《左傳‧昭公二十年》云：「政寬則民慢，慢則糾之以猛；猛則民殘，殘則施之以寬。寬以濟猛，猛以濟寬，政是以和。」指寬厚的政策使民眾怠慢，民眾怠慢後便需要使用剛猛的政策來糾正；剛猛的政策使民眾受傷害，民眾受傷害後便需要使用寬厚的政策來糾正。寬厚輔以剛猛、剛猛輔以寬厚，和諧而平衡的政策得以確立（「政是以和」）。《中庸》「執中」的概念可以比擬為寬猛相濟、剛柔並重的管理方式，走中間路線、不極端，有如西方管理學中胡蘿蔔（獎勵）加大棒（懲罰）(carrots and sticks) 的激勵策略。

和而不流、中立而不倚、致中和：高成效的團隊管理

《中庸》「和」的思想也可以應用於組織內部的人際關係。對管理者而言，他們與其他管理者，以及與下屬的人際關係尤其重要。《中庸》第十章云：「君子和而不流」及「中立而不倚」指君子和順而不隨波逐流，中立而不偏袒任何一方。人在追求和諧之餘，仍可以表達不同的意見，不失中立。

管理學上，群體或小組 (group) 是由兩個或以上的成員組成。簡單而言，群體可以分為正式的群體 (formal groups) 或非正式群體 (informal groups) 兩類。因組織是由眾多大小不一的群體所構成，所以群體的表現直接影響組織的效率及成效。[59] 根據學者布魯斯‧W‧克曼 (Bruce W. Tuckman) 的群體（或團隊）發展階段 (stages

59. Robbins, S. P., & Coulter, M. (2016). *Management* (13th Edn.). Harlow, UK: Pearson, p. 406.

《中庸》的管理智慧

of group development) 模型，群體的發展分五個階段：一、**組建期** (forming) － 群體進行醞釀，各成員就人際關係、辦事方式等方面互相進行測試；二、**激蕩期** (storming) － 出現爭辯或碰撞的情況，各種觀念漸漸形成；三、**規範期** (norming) － 各種規則、價值觀、行為或辦事方式等得以建立；四、**執行期** (performing) － 成員的力量凝聚為一體，以群體的方式執行任務；五、**休整期** (adjourning) － 群體於任務完成後解散。[60] 管理者可以將「和而不流」及「中立而不倚」的概念應用於群體發展的五個階段，尤其應用於首三個階段（組建期、激蕩期及規範期），提升群體的效率及成效。

此外，根據管理學的群體動力學 (group dynamics)，若群體的成員不敢提出不同的意見，將出現「群體迷思」(groupthink) 的現象。[61]「群體迷思」的症狀包括：一、無懈可擊之錯覺 (illusions of invulnerability)，成員以為群體的決定必定正確；二、群體務求將某些既定的決策合理化 (rationalising warnings)，漠視其他可取的選擇：三、對群體的想法深信不疑 (unquestioned belief in group morality)；四、將反對群體決定的人定型為弱者、愚昧等 (stereotyping opponents of the group)；五、向異議者施壓 (pressure to conform)；六、自我審查 (self-censorship)，不質疑大多數人的決定；七、全體一致的錯覺 (illusions of unanimity)，群眾壓力和自我壓抑將荒謬的行動合理化；八、心靈守衛 (mindguards)，不利群體決策的資訊受限制。《中庸》「和而不流」及「中立而不倚」的概念可以鼓勵組織的人員進行理性的討論，避免出現「群體

60. Tuckman, B. W., & Jensen, M. C. (1977). Stages of Small-group Development Revisited. *Group and Organizational Study*, *2*(4), 419-427.
61. Janis, I. L. (1971). Groupthink. *Psychology Today*, *5*(6), 43-46 and 74-76.

第五章 《中庸》的管理智慧

迷思」的現象，並選取最佳方案。

《中庸》首章「致中和」的概念是達致中正和諧的境界，是一種適用於團隊管理的和諧而平衡智慧。中國人以和為貴，以穩定、合作、減少摩擦為本，深諳團結就是力量的道理。若管理者（尤其筆者倡議的「君子型管理者」）能夠透徹理解「致中和」的深層意義，並應用於團隊管理的實務之中，將能提升團隊的效率及成效。

無過、無不及：中庸的授權方法

《中庸》第二十章云：「道之不行也，我知之矣：知者過之，愚者不及也。道之不明也，我知之矣：賢者過之，不肖者不及也。」指中庸之道不能實行，皆因聰明的人對它的認識過了頭（「過」），認為它是平常的道理而不推行；愚蠢的人則不明白中庸之道（「不及」），不知如何實行。

從權力分布的角度看，中庸之道能夠妥善處理集權與分權的平衡。授權（delegation）是管理者將決策權授予個別員工的過程。[62] 管理者要懂得適度授權，充分發揮下屬的能動性，但也不能全面放權而放任不管。認識中庸之道過了頭的「智者」或許會自視過高而把權力集於一身，盡用所有權力，採用獨裁專制的方式管理是「過」；不明白中庸之道的「愚者」或許會妄自菲薄，不敢用權、不善用權，採用畏首畏尾的方式管理是「不及」。無論授權是「過」還是「不及」，均未能達致中庸之道。

62. Gulati, R, Mayo, A. J., & Nohria, N. (2017). *Management* (2nd Edn.). Boston, MA: Cengage Learning, p. 196.

《中庸》的管理智慧

人存政舉、人亡政息：未雨綢繆的繼任規劃

《中庸》第二十章云：「文武之政，布在方策。其人存，則其政舉；其人亡，則其政息。」指周文王、周武王的施政都記載於相關文獻之中。管治者在位時，政策就得以實施；管治者不在位時，政策就廢弛。古為今用，管理者可以在主要崗位的繼任規劃 (succession planning) 方面早作準備，及早挑選合適的繼任人並進行輔導 (coaching)，使有利於組織長遠發展的政策得以承傳。

第六節　領導

　　杜拉克認為領導 (leadership) 是將人的界限提升至更高視野，將人的績效提升至更高水平，以及將人的人格塑造為超於其原有界限。[63] 領導 (leading) 功能是透過啟發及激勵，推動變革及創新的過程。[64] 領導者是具備管理權位而可以影響他人的人[65]，善於誘導他人的參與[66]，領導風格及技巧是組織成敗的關鍵之一。領導者無論在規劃、決策、授權、談判及激勵等方面，均需要從《中庸》「中」、「和」、「中庸」、「誠」、「三達德」及「五達道」等概念出發，靈活運用中庸之道這門高深而實用的學問。

中、中節：個人情緒智能的管理

　　《中庸》首章云：「喜怒哀樂之未發，謂之中；發而皆中節，謂之和。中也者，天下之大本也；和也者，天下之達道也。致中和，天地位焉，萬物育焉。」提倡「中」、「和」的境界，以及「致中和」的強大作用。杜維明認為儒家受一套要求人在所有範疇使人際關係達致和諧的標準所促動。[67]

　　管理學上，情緒智能 (emotional intelligence) 是識別個人及他人感受的能力，從而激勵他人，管理個人及他人的情緒，

63. Drucker, P. F. (2008). *Management (revised edition)*. New York: Harper Collins Publishers, p. 288. 原文："*Leadership is lifting a person's vision to higher sights, the raising of a person's performance to a higher standard, the building of a personality beyond its normal limitations.*"
64. Gulati, R, Mayo, A. J., & Nohria, N. (2017). *Management* (2nd Edn.). Boston, MA: Cengage Learning, p. 8.
65. Robbins, S. P., & Coulter, M. (2016). *Management* (13th Edn.). Harlow, UK: Pearson, p. 523.
66. Mintzberg, H., Ahlstrand, B., & Lampel, J. (ed.) (2010). *Management? It's Not What You Think!* New York: Amacom, p. 39.
67. 杜維明：〈儒家倫理與東亞企業精神〉，載於杜豫、劉振佳主編：《儒家管理思想研究》（20世紀儒學研究大系，總15卷），北京：中華書局，2003年，第139頁。

《中庸》的管理智慧

以及理順彼此關係。[68] 情緒智能由四個部分組成：一、**個人意識** (self-awareness) － 認知個人感受，了解個人長處及短處，自信，也歡迎批評及意見；二、**個人管理** (self-management) － 外表正面，具適應力，傳授目標，堅守承諾；三、**社會意識** (social awareness) － 有同理心，助人為本，能識別社會模式；四、**關係管理** (relationship management) － 公開不同觀點，提供回饋，啟發他人，帶動變革，具說服力。[69] 管理者可以透過建立規範 (norms) 及成員之間的互信，管理好團隊的情緒智能。[70] 情緒智能高的人與《中庸》提倡的「中和」君子不謀而合。

從管理的角度看，《中庸》的「中」指管理者能夠保持中正平和的心，不走極端；「中節」指人員能夠掌握「度」，處事合乎節度，妥善處理矛盾；「和」指管理者能夠維繫人與人、事與事之間的和諧平衡，實施和諧而平衡的管理方式。管理者是人，當然需要抒發情緒；但管理者在抒發情緒時要合乎節度（「中節」），抒發後回歸「中」的「未發」、平和狀態。若管理者能夠認知個人情緒智能的特質，管理好個人情緒，維持對組織轉變的認知，將能更好地管理與他人的關係。

三達德：智、仁、勇兼備的領導才能

《中庸》第二十章云：「知、仁、勇三者，天下之達德也；所以行之者，一也。或生而知之，或學而知之，或困而知之；及其知之，一也。或安而行之，或利而行之，或勉強而行之；及其成功，一也。」及「好學近乎知，力行近乎仁，知恥近乎勇。知斯三者，

68. Goleman, D. (1998). *Working with Emotional Intelligence*. New York: Bantam Books, p. 317.
69. Hopkins, M. M. (2008). Social and Emotional Competencies Predicting Success for Male and Female Executives. *Journal of Management Development*, *27*(1), 13-35 及 Goleman, D. (2000). Leadership That Gets Results. *Harvard Business Review*, *78*(2), 78-90.
70. DuBrin, A. J. (2016). *Leadership: Research Findings, Practice, and Skills*. Boston, MA: Cengage Learning, p. 283.

則知所以脩身；知所以脩身，則知所以治人；知所以治人，則知所以治天下國家矣。」指「三達德」是世人應該共同擁有的三項美德，三者依靠真誠（「誠」）來實踐；懂得「三達德」的人透過修身、治人而達致天下太平的境界。「知（智）」是智慧、明智，需要愛好學習來達致；「仁」是愛心、慈悲心，需要努力實踐來達致；「勇」是毅力和決心，需要知道甚麼是羞恥來達致。人的資質不同，無論是天生就明白、透過學習而明白，還是經歷困苦用功才明白「三達德」道理的人，結果也是一樣的。

從管理的角度看，明智的管理者能夠運籌帷幄，具仁德的管理者能夠推行德治管理，而具勇氣的管理者勇於承擔決策的後果、擇善而固執。「智」、「仁」、「勇」三者兼備的管理者能夠構建人與人之間和諧而合理的關係，以及促使人員實踐真誠及中庸之道。他們作為其他人的模範，能夠啟發、激勵他人，並推動變革、創新。

五達道：理順內外的人際關係

《中庸》第二十章云：「天下之達道五，所以行之者三。曰：君臣也，父子也，夫婦也，昆弟也，朋友之交也。五者，天下之達道也。」指世人應該共同履行的道理有五項（「五達道」）。

從管理的角度看，「五達道」中「君臣」關係在現今社會已不太適用，但可引申為政治方面的領導者 (leaders) 與追隨者 (followers) 關係，以及管理方面的上、下級關係，「父子」、「夫婦」及「兄弟」關係可以歸納為家族關係，而「朋友之交」則相對於現

《中庸》的管理智慧

今的社會關係 (societal relation)。如前所述，各級管理者均需要良好的人際關係技巧，作為上下、內外的橋樑，並推行和諧而平衡的管理模式。

根據領導成員交換理論 (leader-member exchange (LMX) theory)，領導者對待下屬（或追隨者）並非一視同仁，即是說領導者與每位下屬所建立的關係也不相同。[71] 管理者的下屬可以分為圈內成員 (in-groups) 及圈外成員 (out-groups) 兩類，圈內成員之間的交換關係有較高的質量 (high quality exchange)，而圈內成員與圈外成員之間交換關係的質量則較低 (low quality exchange)。管理者對圈內成員另眼相看，給後者指派較有趣味的工作，分享更多有用的資訊，交付更大的責任及權力，並給與更多、更好的有形回報 (tangible rewards)（如：升職、加薪、福利等）。《中庸》的「君臣」關係可引申為現代管理學的上、下級關係，若套用領導成員交換理論，管理者需要分別理順圈內及圈外成員的關係，才能成功駕馭上、下級關係。

管理學也有公平理論 (equity theory) 及組織公平感 (organisational justice or fairness) 的概念。根據心理學家約翰·斯泰西·亞當斯 (John Stacey Adams) 的公平理論，人們會就自己的處境與其他擁有類似背景的人（比對者、referent）進行比對，此行為推動了一些自以為能夠維繫公平的方法，包括增加或減少自身的負出 (inputs)，以影響自身及比對者享有的成果 (outputs) 等。[72]

組織公平感是人員對組織的事件、政策及實務是否公平的觀

第五章　《中庸》的管理智慧

71. Graen, G. B., & Uhl-Bien, M. (1995). Relationship-based Approach to Leadership: Development of Leader-Member Exchange (LMX) Theory of Leadership Over 25 Years: Applying a Multi-level Multi-domain Perspective. *Leadership Quarterly*, 6(2), 219-247.
72. Adams, J. S. (1963). Towards an Understanding of Inequity. *Journal of Abnormal and Social Psychology*, 67(5), 422-436.

感，組織公平感包括三方面：一、**分配公平感** (distributive justice) ‑ 人員對成果（包括資源分配、升遷、招聘或裁員決定、加薪等）分配是否公平的觀感；二、**程序公平感** (procedural justice) ‑ 人員對產生成果的程序是否公平的觀感；三、**互動公平感** (interactional justice) ‑ 人員就組織的決策及過程所接收的資訊是否足夠或適當，以及人際之間的互動是否公平的觀感。[73] 管理者在參考《中庸》第二十章「親親為大」（親近、愛護親人為重）及「親親之殺」（親近、愛護親人有親疏之別）之餘，在駕馭上、下級關係時需要同時維持組織公平感，否則感到不公平的人員會人心背向、陽奉陰違，長遠而言組織的利益將受損。

擇善固執：選擇並堅守正道的勇氣

《中庸》第二十章云：「誠之者，擇善而固執之者也。」指實踐真誠就是選擇正確的路而堅持下去，是儒家的核心處世原則。第十一章云：「君子遵道而行，半塗（途）而廢，吾弗能已矣。」指君子遵循正道不會半途而廢。

管理者「擇善」是考量組織內外環境之後，選擇對組織、部門、業務及人員有益的正確之路（「善」），需要「三達德」（智、仁、勇）的支援。「擇善」之餘，管理者也當領略「從善如流」的領導藝術，善於聽取各方意見。管理者也要「固執」（並非頑固而不予變通的意思），而是選擇了正確的原則和價值觀之後不輕言放棄，不要半途而廢，需要勇氣（「勇」）去堅持。

《中庸》的管理智慧

---

73. Griffin, R. W., Philips, J. M., & Gully, S. M. (2017). *Organizational Behavior: Managing People and Organizations* (12th Edn.). Boston, MA: Cengage Learning, pp. 144-145.

中道的領導風格：人與事兼得的中道管理

若將《中庸》的中庸之道套用於羅柏·布雷克 (Robert R. Blake) 與珍·穆頓 (Jane S. Mouton) 的「管理方格」(the managerial grid) (詳見**第四章第二節〈現代西方管理學的中道思想〉**)，遵循中庸之道的管理者對事 (「對生產的關切」) 及對人 (「對員工的關切」) 兩層面的領導風格是 **5,5 中間路線式管理**(middle-of-the-road management)。

崇尚中庸之道的管理者在「對生產的關切」和「對員工的關切」兩方面均取其「中」。生產方面，管理者透過平衡及共識完成生產過程，管理者憑溝通及鼓勵促使員工達成任務，而員工則自發完成工作。人際關係方面，管理者深感員工的重要性，員工也表現出滿足感。管理者與員工能夠互相溝通、諒解，並在強調生產指標及關懷員工兩方面取得平衡，不走極端。

好問、好察邇言、隱惡而揚善：放下身段的溝通智慧

《中庸》第六章云：「舜其大知也與！舜好問而好察邇言，隱惡而揚善，執其兩端，用其中於民，其斯以為舜乎！」指舜帝能夠「好問」，不恥下問、集思廣益；舜帝也能夠「好察邇言」而「隱惡而揚善」，善者樂於向他傾訴，而不善者亦不會感到羞愧而作出任何隱瞞。

管理學有「走動式管理」(managing by walking around 或 managing by wandering around；MBWA) 的管理方式，管理者

隨意造訪工作場所，透過聆聽、教導及促進活動，主動與各級人員交流，察看人員、器械、工作環境的實際情況，並提出適當的改善舉措。[74] 現代管理學也強調領導者應學習主動聆聽的技巧 (active listening techniques)，與人溝通時避免過早妄下判斷，技巧包括提出詢問、不打擾、顯示同理心及意譯 (paraphrasing) 等。[75]

管理者可以考慮採用「走動式管理」的管理模式，放下身段直接聆聽下屬的「邇言」（淺近的說話），從人性的角度出發了解人員的個人特質及脾性，隱惡揚善。久而久之，肯主動前來溝通的人員有望增加，有助於減少內部矛盾。「隱惡而揚善」則是一種「正面增強」(positive reinforcement) 的激勵手法。以積極手段對人員加以鼓勵和肯定，有助於塑造後者正確而持久的行為，使他們更主動積極為組織作出貢獻。

博學、審問、慎思、明辨、篤行：嚴謹而不罷休的學習精神

《中庸》第二十章云：「博學之，審問之，慎思之，明辨之，篤行之。有弗學，學之弗能弗措也；有弗問，問之弗知弗措也；有弗思，思之弗得弗措也；有弗辨，辨之弗明弗措也；有弗行，行之弗篤弗措也。」認為人要廣博學習，詳細地探問，慎密思考，清晰分辨，以及切實實踐；學習態度是不會罷休。《中庸》第二十章云：「人一能之，己百之；人十能之，己千之。果能此道矣，雖愚必明，雖柔必強。」認為人要努力不懈，達致聰明、堅強的效果。

「博學」、「審問」、「慎思」、「明辨」、「篤行」是

74. Lussier, R. N. (2017). *Management Fundamentals: Concepts, Applications & Skill Development* (7th Edn.). Thousand Oaks, California: SAGE Publications, p. 464.
75. Thill, J. V., & Bovee, C. L. (2011). *Excellence in Business Communication* (9th Edn.). Upper Saddle River, New Jersey: Prentice Hall, pp. 48-49.

《中庸》的管理智慧

嚴謹而深思熟慮的方法，可應用於各式決策之中，也是適用於管理者及領導者終身學習的智慧。從人員培訓及發展 (training and development) 的角度看，培訓單位需要制定周詳的培訓計劃，將「博學」、「審問」、「慎思」、「明辨」、「篤行」等元素融入培訓及發展計劃之中，以充分發揮學員的核心能力 (core competencies)，包括其知識、技能及態度 (knowledge, skills, attitude; KSA)。學員（包括接受培訓的管理者）需要採取不會罷休（「弗措也」）的態度，致力學習和自我增值，為個人、部門及組織的目標奮鬥。

第七節　監控

　　監控 (controlling) 是評估及調節正在進行的活動的過程，以確保各式活動能夠達致組織設定的目標。[76] 明茨伯格指監控透過多方面的決策 (decision making) 來完成，包括：一、**設計** (designing) 策略、結構及系統等；二、**授權** (delegating) 予其他人代為完成所擬定的任務；三、**指定** (designating) 某些選擇（尤其在較後階段）；四、**分配** (distributing) 資源；五、**提供主張** (deeming)。[77]

　　中庸之道強調「和」，是一種以人為本的監控手法。管理者要建立並適時改進監控機制，鼓勵員工發揮所長，以確保組織所設定的目標得以達成。

執柯以伐柯：管理標準毋須捨近求遠

　　《中庸》第十三章云：「伐柯伐柯，其則不遠。執柯以伐柯，睨而視之，猶以為遠。」指砍伐者拿著斧頭去砍伐樹幹，以製造新斧頭，斜眼看著手中的斧頭，還以為標準在遠處。管理者在制定管理標準時，毋須捨近求遠，可考慮以組織內部現成的標準為藍本，參考國際、國家、行業及專業協會等方面所制定的標準，以取長補短的方式修訂管理標準。

為政九經：修身、選賢任能、善用激勵的管理原則

　　《中庸》第二十章云：「凡為天下國家有九經，曰：脩身也，

76. Pride, W. M., Hughes, R. J., & Kapoor, J. R. (2017). *Foundations of Business* (5th Edn.). Boston, MA: Cengage Learning, p. 172.
77. Mintzberg, H. (2009). *Managing*. San Francisco, CA: Berrett-Koehler Publishers, pp. 58-62.

《中庸》的管理智慧

尊賢也，親親也，敬大臣也，體群臣也，子庶民也，來百工也，柔遠人也，懷諸侯也。」指凡是要治理天下國家有九項原則。

「脩身則道立」指修養個人品德，就能確立正道。《中庸》強調個人的內在修為，技能、功利等為次要。管理者需要具備「三達德」（智、仁、勇）的美德，妥善處理「五達道」對內、對外的人際關係，正己而後正人，行事的制度及標準便得以確立（「道立」）。如筆者於拙作所言，《大學》的「修身」講求身體力行，由個人的內在修為（「內聖」）邁向家庭、社會以至國家（「外王」），人需要透過修身才能成為君子。[78] 從組織整體倫理道德的角度看，管理者自身要有良好的品德，才能成為維持公平、公義的好榜樣。

「尊賢則不惑」及「去讒遠色，賤貨而貴德。」指尊重有賢德的人，就不會疑惑；摒棄讒言，遠離阿諛奉承，輕視財物商品而重視品德。如《孟子·離婁下》云：「愛人者，人恒愛之；敬人者，人恒敬之。」指關愛他人者也受他人愛戴，尊敬他人者也受他人尊敬。從管理的角度看，「敬人」包括管理者要尊重人員的基本權利，為有需要的人員排難解困，並提拔具才幹的人員。

「敬大臣則不眩」及「官盛任使」指敬重大臣，行事就不會忙亂；下屬眾多以便差遣。管理者一方面要授權予下屬，並作出適當指導；另方面也要尊重員工的性格及行事方式，事務便會納入正軌。

---

78. 羅天昇：《〈大學〉的管治智慧》，香港：新天出版，2015 年 7 月初版，第 98-99 頁。

第五章 《中庸》的管理智慧

「體群臣則士之報禮重」及「忠信重祿」指體恤群臣，士人們就會竭力回報；待之以忠誠信任，給予豐厚待遇。管理者需要為員工提供適當的激勵 (motivation) —— 為個人提供動力、方向及堅持的內部過程。[79] 激勵應該同時包括內在的激勵因素 (intrinsic motivators) 及外在的激勵因素 (extrinsic motivators) ，成為人員積極回饋的推動力。[80]

「子庶民則百姓勸」及「時使薄斂」原來指愛民如子，民眾就得到勸勉；適時使用民力、輕徵賦稅。如《孟子・離婁下》云：「愛人者，人恒愛之。」從管理的角度看，「愛人」包括管理者要關心人員的工作生活及心理狀態，提供適切的福利，人員獲得勸勉自當致力回報。

「親親則諸父昆弟不怨」原本指親近愛護親人，就不會引起叔伯兄弟的怨恨。此原則涉及家人的關係，可引申為管理者管理好自己的家庭、家族，達致類似《大學》中「齊家」的效果。[81] 管理者能夠管理好家庭、家族，維護和諧、團結，先正己後正人，引申至管理好其工作班子，為組織及社會造福。

「來百工則財用足」及「日省月試，既稟稱事」指招徠各行各業的工匠，財物供應就會充裕；經常考察工作，給予的報酬與職務相稱。陳寶鎧認為管理心理學著重量才用人，孔子是挑選適合者擔任特定工作的先驅。[82] 管理者要知人善任及人盡其才，招聘及選拔新員工時需要選賢任能，為組織及職能部門招募所需的專才，建立

79. Pride, W. M., Hughes, R. J., & Kapoor, J. R. (2017). *Foundations of Business* (5th Edn.). Boston, MA: Cengage Learning, p. 273.
80. Gulati, R, Mayo, A. J., & Nohria, N. (2017). *Management* (2nd Edn.). Boston, MA: Cengage Learning, p. 456.
81. 羅天昇：《〈大學〉的管治智慧》，香港：新天出版，2015 年 7 月初版，第 104-105 頁。
82. 陳寶鎧：〈孔子管理心理學思想二題〉，載於杜豫、劉振佳主編：《儒家管理思想研究》（20 世紀儒學研究大系．總 15 卷），北京：中華書局，2003 年，第 32 頁。

並發展適切的人力資本庫 (pool of human capital)。

根據約翰·L·赫蘭 (John L. Holland) 提倡的 **個性和工作適配理論** (personality-job fit theory，又稱「P-O 適配」person-organisation fit)，人的個性分為「**人際導向**」(people orientation)、「**事務導向**」(thing orientation) 及「**資料導向**」(data orientation) 三個層面及六種人格特質。人的人格類型與其工作事務是否匹配，將影響其日後的工作效率與滿意度。第一個導向「人際導向」包括兩種人格特質：一、「**經營人**」(enterprising man) － 是顯性因子，進取心強、自信心強、雄心壯志；二、「**社會人**」(social man) － 是隱性因子，個性溫和、合群、社交技巧高。第二個導向「事務導向」包括兩種人格特質：一、「**實體人**」(realistic man) － 是顯性因子，善於肢體協調、技術導向、機具操作；二、「**傳統人**」(conventional man) － 是隱性因子，善於分門別類、次序管理、服從性高，有條理。第三個導向「資料導向」則包括兩種人格特質：一、「**調查人**」(investigative man) － 是顯性因子，好奇心、分析力及創新力強，好理性思辯及解決難題；二、「**藝術人**」(artistic man) － 是隱性因子，愛表現自我，充滿幻想力，不受規章制度或規律事務所約束，情緒化，有時不設實際。[83] 管理者需要在招聘及選拔的過程深入了解擬聘用候選人（「百工」）的個性，並考量他們是否與所應徵的工作匹配。對於現職的員工，管理者要不時透過績效評核 (performance appraisal) 考量他們的知識、能力及態度，務求他們與工作匹配，並提升工作滿足感。

---

83. Holland, J. L. (1997). *Making Vocational Choices: A Theory of Vocational Personalities and Work Environments* (3rd Edn.). Lutz, Florida: Psychological Assessment Resources, pp. 21-28.

「柔遠人則四方歸之」及「送往迎來，嘉善而矜不能。」原本指厚待遠客，四方民眾就會歸順；歡送要走的，迎接要來的，獎勵有善行的人而憐恤才能稍弱的人。而「懷諸侯則天下畏之」及「繼絕世，舉廢國，治亂持危，朝聘以時，厚往而薄來。」原本指安撫諸侯，天下各國就有敬畏之意。此兩原則可引申為管理者以寬厚及安撫之心，對待具影響力的外部持分者（尤其監管機構及客戶），繼而成為具社會責任 (social responsibility) 的組織。[84]

栽者培之、傾者覆之：公平的績效評核

《中庸》第十七章「天之生物，必因其才而篤焉。故栽者培之，傾者覆之。」的概念，可引申為知人善任的人力資源管理 (human resource management) 智慧。管理者在招聘 (recruitment) 時，需因應面試者的才能決定招聘與否；招聘後則要人盡其才，不要將人投閒置散。從績效評核的角度看，管理者需要主動審視哪些員工值得栽培而給予獎勵，包括晉升、加薪或改善工作條件等（「栽者培之」）；表現欠佳或對組織有損的員工則需要加以懲罰，包括辭退、減薪、降職或其他處罰方式（「傾者覆之」）。

不援上、不驕、不倍：理順上下級關係

《中庸》第十四章云：「在下位，不援上。正己而不求於人，則無怨。上不怨天，下不尤人。」指君子處於高位，不欺凌下屬；處於下位，不攀援上司。君子端正自己而不怨天尤人。第二十七章云：「是故居上不驕，為下不倍。」所以身居高位時不驕傲，身居低位時不會背叛。

---

84. Lussier, R. N. (2017). *Management Fundamentals: Concepts, Applications & Skill Development* (7th Edn.). Thousand Oaks, California: SAGE Publications, p. 50.

《中庸》的管理智慧

管理者可以參考《中庸》所提倡對上、下級關係的看法，一方面妥善處理上、下級關係，另方面追求合理、平衡的人力資源管理模式。誠然有一些「居上」者驕傲成性（「驕」），依靠攀援上司、欺凌下屬（「凌」）或歸咎他人（「尤人」）的方法而更上一層樓；也有一些「居下」者背叛直屬上司（「倍」），攀援並有求於其他上級而謀取個人利益。如《中庸》所言，「君子型管理者」不屑採用這些手段達致個人目的。

誠之者、人之道：道德教育及制訂員工操守守則

　　《中庸》是誠的哲學，多章提及誠的定義及作用。《中庸》第二十章云：「誠者，天之道也；誠之者，人之道也。」及「誠之者，擇善而固執之者也。」認為天的道理（天理）是真誠，做人的道理是實踐真誠，實踐真誠是選擇正確的路而堅持下去。從培養「君子型管理者」的角度看，管理者需要崇尚真誠，行事以真誠為貴，並貫徹始終地堅持下去。

　　《中庸》第二十二章云：「唯天下之至誠，為能盡其性；能盡其性，則能盡人之性；能盡人之性，則能盡物之性。」提倡聖人（「至誠」）能夠充分發揮其個人、眾人及萬物的本性。管理者可以憑藉真誠產生倍增效應 (multiplier effect)，由個人擴展至眾人（群體），並再由人（無論是個人或群體）擴展至其他事物（物）。

　　《中庸》將人與誠合二為一，第二十五章云：「誠者自成也，而道自道也。誠者物之終始，不誠無物。是故君子誠之為貴。」指

真誠是成就自己，也是萬物的開端及歸宿；沒有真誠，就沒有萬物，所以君子以真誠為寶貴。該章續云：「誠者，非自成己而已也，所以成物也。成己，仁也；成物，知也。性之德也，合外內之道也，故時措之宜也。」指真誠是智及仁的動力，隨時施行（仁、智）也是恰當的。管理者是人，以真誠為本就是成就自己，並以真誠推動個人智、仁、勇「三達德」的發展，有望成為筆者所倡議的「君子型管理者」。

現代管理學講求對領導者的信賴，包括其誠信、品格及能力，其中誠信是領導者最重要的一環。[85] 杜拉克也認為組織委任管理者時，首要考慮誠信 (integrity) 而並非才智 (intelligence)，而具成效的領導者則需要信賴 (trust)。[86] 學者認為管理者也應該是合乎道德的管理者 (ethical managers)，具體表現於以下行為：一、展現誠實及誠信；二、對他人的需要及感受表示仁慈、熱心及關懷；三、公平決定及分配獎勵；四、透過行為向他人說明及執行道德標準。[87] 此外，根據委託者 - 代理理論 (principal-agent theory)，許多企業實行擁有權及管理權分割，但一些企業的擁有者 (owner) 或委託者 (principal) 與其代理 (agent) 之間發生衝突的潛在問題。[88] 管理者作為代理，需要完成委託者所指派的任務，並以機構的長遠利益為依歸。[89] 但一些管理者為了個人私利而作出高風險的行為，損害委託者的權益。[90] 因此，委託者需要設計一套監控代理行為的系統，務使後者的行為顧及委託者的利益。管理者作為代理，其個人品德

85. Robbins, S. P., & Coulter, M. (2016). *Management* (13th Edn.). Harlow, UK: Pearson, p. 537.
86. Drucker, P. F. (2008). *Management (revised edition)*. New York: Harper Collins Publishers, pp. 287 & 290.
87. Yukl, G., Mahsud, R., Hassan, S., & Prussia, G. E. (2013). An Improved Measure of Ethical Leadership. *Journal of Leadership and Organizational Studies*, *20*(1), 38-48.
88. Bevir, M. (2013). *Governance: A Very Short Introduction*. Oxford: Oxford University Press, p. 40.
89. Jensen, M. (2001). Value Maximization, Stakeholder Theory, and the Corporate Objective Function. *Journal of Applied Corporate Finance*, *14*(3), 8-21.
90. Mallin, C. A. (2013). *Corporate Governance*. Oxford: Oxford University Press, p. 17.

《中庸》的管理智慧

及操守非常重要。

　　《中庸》旨在發揚及彰明天下本有的中正、平常道理，透過「中」、「和」、「中庸」、「誠」、「三達德」及「五達道」等概念進一步深化儒家的道德標準，而有關標準也適用於現代管理者。林語堂認為《中庸》包括了衡量人的尺度在人，人性善的標準不在天而在人。[91]《中庸》的「中和」、「庸」等概念具有強大的作用，管理者可以參考《中庸》的道德標準，選取合適的標準古為今用，編定員工的操守守則 (code of ethics) 作為各人員的指導原則。

　　總括而言，《中庸》的部分概念可以應用於現代管理。至於如何利用《中庸》的管理智慧，則交由讀者進一步探索。

---

91. 林語堂：《中國印度之智慧：中國的智慧》，長沙：湖南文藝出版社，2012 年 1 月第 1 版，第 191 頁。

《中庸》的管理智慧

參考書目

一、中文文獻

（宋）朱熹著、陳戍國標點：《四書集注》，長沙：嶽麓書社，2004 年 8 月。

（宋）朱熹編：《河南程氏遺書》，長沙：商務印書館，1939 年 9 月。

（宋）程顥、程頤著，王孝魚點校：《二程集》第一至四冊，北京：中華書局，1981 年。

（宋）趙順孫纂疏、黃坤整理：《大學纂疏、中庸纂疏》，上海：華東師範大學出版社，1992 年 9 月。

（宋）衛湜撰、楊少涵校理：《中庸集說》，桂林：漓江出版社，2011 年 11 月。

（宋）黎立武：《中庸指歸》，《文淵閣四庫全書》（經部，四書類），香港：迪志文化出版，1999 年。

（明）王夫之：《讀四書大全說》卷二《中庸》，《船山全書》第六冊。

（明）王守仁著、孫愛玲譯注：《傳習錄》，濟南：山東友誼出版社，2001 年 1 月。

（明）張居正撰，王嵐、英巍整理：《四書直解》，北京：九州出版社，2010 年 6 月初版。

（清）段玉裁：《說文解字注》，上海：上海古籍出版社，1981 年。

[法] 于蓮《中庸》(*Zhong Yong ou la Régulation à usage*

ordinaire [translation and commentary], Imprimerie Nationale, 1993)，見〈于蓮的主要著作介紹〉，轉引自杜小真：《遠去與歸來──希臘與中國的對話錄》之附錄，北京：中國人民大學出版社，2004 年。

么峻洲：《大學說解‧中庸說解》，濟南：齊魯書社，2006 年 9 月初版。

丹明子：《中庸智慧》，台北：大地出版社，2010 年 2 月。

仇德哉：《四書人物》，台北：台灣商務印書館，1981 年 11 月初版。

方東美：《中國人生哲學》，北京：中華書局，2012 年 6 月。

方東美：《中國哲學精神及其發展》(下冊)，台北：黎明文化，2005 年 11 月初版。

王文錦譯注：《大學中庸譯注》，北京：中華書局，2008 年 12 月第 1 版。

王延海譯注：《詩經今注今譯》，石家庄：河北人民出版社，2000 年 1 月第 1 版。

王忠林注譯：《新譯荀子讀本》，台北：三民書局，2009 年 2 月二版。

王國軒譯註：《大學‧中庸》，北京：中華書局，2006 年。

王鈞林、周海生譯注：《孔叢子》，北京：中華書局，2009 年 10 月初版。

王雲五主編、王夢鷗註譯：《禮記今註今譯》，北京：新世界出版社，2011 年 8 月第 1 版。

王雲五主編、宋天正註譯、楊亮功校訂：《中庸今註今譯》，

台北：商務印書館，2009 年 11 月二版。

王雲五主編、宋天正註譯：《大學中庸今註今譯》，重慶：重
　　慶出版社，2009 年 1 月初版。

王雲五主編、屈萬里註譯：《尚書今註今譯》，北京：新世界
　　出版社，2011 年 8 月第 1 版。

王雲五主編、馬持盈註譯：《詩經今註今譯》，台北：台灣商
　　務印書館，2009 年 11 月二版。

王澤應註譯：《新譯學庸讀本》，台灣：三民書局，2004 年。

史家亮：《中論與我國社會的和諧發展》，北京：人民出版社，
　　2014 年 3 月第 1 版。

安樂哲 (Roger T. Ames)、郝大維 (David L. Hall) 著，彭國翔譯：
　　《切中倫常：〈中庸〉的新詮與新譯》，北京：中國社
　　會科學出版社，2011 年 2 月第 1 版。

成中英：〈中國哲學的特性〉（選自《中國文化的特質》一書，
　　1990 年），載於張頌之主編：《儒家哲學思想研究》（20
　　世紀儒學研究大系，總 12 卷），北京：中華書局，2003
　　年，第 269-296 頁。

朱高正：《四書精華階梯》（上、下卷），台北：商務印書館，
　　2012 年 12 月初版。

牟宗三：〈論中國的治道〉，載於杜豫、劉振佳主編：《儒家
　　管理思想研究》（20 世紀儒學研究大系，總 15 卷），北
　　京：中華書局，2003 年，第 50-54 頁。

牟宗三：《中國哲學十九講：中國哲學之簡述及其所涵蘊之問
　　題》，台北：台灣學生書局，2002 年 8 月。

《中庸》的管理智慧

牟宗三：《中國哲學的特質》，台北：台灣學生書局，1994
    年8月再版。

牟宗三：《牟宗三先生全集》第六至八集〈心體與性體〉（一
    至三冊），台北：聯經出版，2003年初版。

牟宗三：《智的直覺與中國哲學》，北京：中國社會科學出版
    社，2008年10月第1版。

牟宗三：《圓善論》，台北：台灣學生書局，1985年7月初版。

余英時：《論天人之際：中國古代思想起源試探》，台北：聯
    經出版，2014年1月初版。

吳怡：《中庸誠的哲學》，台北：東大圖書，1993年10月五版。

李生龍注譯：《新譯傳習錄》，台北：三民書局，2009年11
    月二版。

李長泰：《天地人和：儒家君子思想研究》，北京：人民出版
    社，2012年6月。

李家聲：《詩經全譯全評》，北京：華文出版社，2002年1
    月第1版。

李澤厚：《中國古代思想史論》，台北：三民書局，2012年3月。

李澤厚：《說西體中用》，上海：上海譯文出版社，2012年
    6月第1版。

杜維明：〈儒家倫理與東亞企業精神〉，載於杜豫、劉振佳主
    編：《儒家管理思想研究》（20世紀儒學研究大系，總
    15卷），北京：中華書局，2003年，第125-150頁。

杜維明：《儒家思想：以創造轉化為自我認同》，台北：東大
    圖書，2014年9月三版。

杜維明：《體知儒學：儒家當代價值的九次對話》，杭州：浙江大學出版社，2012 年 3 月。

杜維明著、段德智譯、林同奇校：《中庸：論儒學的宗教性》，北京：生活•讀書•新知三聯書店，2013 年 6 月第 1 版。

杜維明著、段德智譯、林同奇校：《中庸洞見》（中英文對照本），北京：人民出版社，2008 年 7 月第 1 版。

杜維明著；胡軍、丁民雄譯：《仁與修身：儒家思想論集》，北京：生活•讀書•新知三聯書店，2013 年 6 月第 1 版。

沈知方主編、蔣伯潛注釋：《四書新解》，北京：中國致公出版社，2011 年 6 月第 1 版。

亞里士多德著，苗力田、徐開來譯：《亞里士多德 - 倫理學》，台北：昭明出版，2003 年 12 月。

亞里士多德著，苗力田譯：《尼各馬科倫理學》，北京：中國社會科學出版社，1990 年 11 月初版。

來可泓：《大學直解·中庸直解》，上海：復旦大學出版社，1998 年 2 月初版。

周偉民：〈孔子的管理哲學·實踐精神·實踐程序〉，載於杜豫、劉振佳主編：《儒家管理思想研究》（20 世紀儒學研究大系，總 15 卷），北京：中華書局，2003 年，第 363-373 頁。

於興：《詩經研究概論》，北京：中國社會出版社，2008 年 6 月。

易中天：《中國智慧》，上海：上海文藝出版社，2011 年 1 月第 1 版。

林語堂：《中國印度之智慧：中國的智慧》，長沙：湖南文藝

《中庸》的管理智慧

出版社，2012 年 1 月第 1 版。

林語堂：《孔子的智慧》，北京：群言出版社，2009 年 7 月
　　　第 1 版。

林語堂：《國學拾遺》，西安：陝西師範大學出版社，2008
　　　年 8 月第 1 版。

金良年導讀、胡真集評：《大學・中庸》，上海：上海古籍出
　　　版社，2007 年 9 月初版。

金良年譯解：《白話四書》，上海：上海古籍出版社，1994
　　　年 12 月初版。

南懷謹：《話說中庸》，台北：南懷謹文化事業，2015 年 3
　　　月初版。

姚小鷗：《詩經》（圖說天下・國學書院系列），長春：吉林
　　　出版集團，2008 年 10 月第 1 版。

姚小鷗：《詩經譯註》上、下冊，北京：現代世界出版社，
　　　2009 年 1 月。

帥為公：《中庸深解》，北京：作家出版社，2009 年 4 月第 1 版。

胡順萍：《先秦諸子的大自然觀：以孔、孟、老、莊為主》，
　　　台北：麗文文化，2010 年 6 月。

胡楚生編著：《新譯論語新編解義》，台北：三民書局，2012
　　　年 10 月初版。

胡適：《中國古代哲學史》，北京：中國華僑出版社，2013
　　　年 4 月第 1 版。

胡適：《先秦名學史》，合肥：安徽教育出版社，2006 年 8
　　　月第 2 版。

胡適：《說儒》，西安：陝西師範大學出版社，2005 年 7 月
　　第 1 版。

苗力田主編：《亞里士多德全集》（第八卷），北京：中國人
　　民大學出版社，1992 年 9 月初版。

唐君毅：《中國文化之精神價值》，桂林：廣西師範大學出版
　　社，2005 年 10 月第 1 版。

唐端正：《中國哲學原論·導論篇》，北京：中國社會科學出
　　版社，2005 年 10 月。

唐端正：《先秦諸子論叢》，台北：東大圖書，1995 年 11 月四版。

唐端正：《解讀儒家現代價值》，香港：商務印書館，2011
　　年 7 月第一版。

唐蘭：《殷墟文字說》，轉引自劉桓：《殷契新釋》，河北：
　　河北教育出版社，1989 年。

孫通海譯注：《莊子》，北京：中華書局，2008 年 8 月。

徐復觀：〈儒家精神的基本性格及其限定與新生〉，載於曾振
　　宇主編：《儒家倫理思想研究》（20 世紀儒學研究大系，
　　總 7 卷），北京：中華書局，2003 年，第 77-108 頁。

徐復觀：《中國人性論史》，台北：商務印書館，1987 年。

徐復觀：《中國學術的精神》，上海：華東師範大學出版社，
　　2003 年 11 月。

徐復觀著，李維武編：《徐復觀文集（修訂本）》（第一卷〈文
　　化與人生〉），湖北：湖北人民出版社，2009 年第 2 版。

徐復觀著，李維武編：《徐復觀文集（修訂本）》（第二卷〈儒
　　家思想與人文世界〉），湖北：湖北人民出版社，2009

年第 2 版。

徐復觀著、李維武編：《徐復觀文集（修訂本）》（第三卷
　　〈中國人性論史‧先秦篇〉）‧湖北：湖北人民出版社‧
　　2009 年第 2 版。

徐儒宗：《中庸論》‧杭州：浙江古籍出版社‧2003 年 11 月。

晁樂紅：《中庸與中道：先秦儒家與亞里士多德倫理思想比較
　　研究》‧北京：人民出版社‧2010 年 7 月第 1 版。

高柏園：《中庸形上思想》‧台北：東大圖書‧1988 年 3 月初版。

高喜田：《君子之道：一生受用的處世哲學》‧台北：時報文
　　化‧2013 年 8 月初版。

國立台灣師範大學文系四書教學研討會：《儒學與人生 ━ 四
　　書解讀及教學設計》‧台北：三民書局‧2006 年 11 月。

康有為著、樓宇烈整理：《孟子微、禮運注、中庸注》‧北京：
　　中華書局‧2012 年 7 月。

張子維：《我的第一本大學、中庸讀本》‧台北：宇河文化出
　　版‧2013 年 3 月第 1 版。

張水金編撰：《大學‧中庸—人性的試煉》‧台北：時報文化
　　出版‧2011 年 7 月初版。

張京華注譯：《新譯近思錄》‧台北：三民書局‧2005 年 10 月。

張尚德講述：《中庸思想系統的開展》‧苗栗縣獅潭鄉：達摩
　　出版社‧2012 年 8 月初版。

張岱年：《人生課》‧北京：北京大學出版社‧2008 年 7 月。

張岱年：《中國哲學大綱 - 中國哲學問題史》（上、下冊）‧
　　北京：昆侖出版社‧2010 年 3 月。

張金泉注譯：《新譯張載文選》，台北：三民書局，2011 年 5
　　月初版。

張頌之主編：《儒家哲學思想研究》（20 世紀儒學研究大系，
　　總 12 卷），北京：中華書局，2003 年。

張鴻翼：〈經濟管理的道德手段〉，載於杜豫、劉振佳主編：《儒
　　家管理思想研究》（20 世紀儒學研究大系，總 15 卷），
　　北京：中華書局，2003 年，第 151-177 頁。

梁啟超：〈儒家哲學的重要問題〉（選自《儒家哲學》一書），
　　載於張頌之主編：《儒家哲學思想研究》（20 世紀儒學
　　研究大系，總 12 卷），北京：中華書局，2003 年，第
　　64-95 頁。

梁啟超：《梁啓超講國學》，北京：金城出版社，2008 年 5
　　月第 1 版。

梁啟超：《談儒學》，武漢：華中師範大學出版社，2010 年
　　10 月第 1 版。

梁啟超：《儒家哲學、國學要籍研讀法四種》，北京：北京聯
　　合出版，2014 年 1 月第 1 版。

郭沂：《郭店竹簡與先秦學術思想》，上海：上海教育出版社，
　　2001 年 1 月。

郭剛：《先秦易儒道生態價值研究》，北京：中國社會科學出
　　版社，2013 年 11 月第 1 版。

郭彧譯注：《周易》，北京：中華書局，2007 年 1 月。

陳子展、杜月村：《詩經導讀》，北京：中國國際廣播出版社，
　　2008 年 7 月。

陳生璽等譯解：《張居正講評大學·中庸》（修訂本），上海：
　　上海辭書出版社，2013 年 8 月。

陳生璽等譯解：《張居正講評尚書》（修訂本）（上、下冊），
　　上海：上海辭書出版社，2013 年 8 月。

陳江風：《天人合一：觀念與華夏文化傳統》，北京：三聯書
　　店，1996 年 7 月。

陳榮捷編著：《中國哲學文獻選編》（上冊），台北：巨流圖
　　書，2007 年 10 月初版。

陳槃：《大學中庸今譯》，台北：正中書局，1954 年 4 月初版。

陳滿銘：《中庸思想研究》，台灣：文津出版社，1980 年 3
　　月初版。

陳戰國：《先秦儒學史》，北京：人民出版社，2012 年 7 月
　　第 1 版。

陳曉芬、徐儒宗譯注：《論語·大學·中庸》，北京：中華書局，
　　2011 年 3 月第 1 版。

陳贇：《中庸的思想》，北京：生活·讀書·新知三聯書店，
　　2007 年 12 月第 1 版。

陳寶鎧：〈孔子管理心理學思想二題〉，載於杜豫、劉振佳主
　　編：《儒家管理思想研究》（20 世紀儒學研究大系，總
　　15 卷），北京：中華書局，2003 年，第 29-38 頁。

傅元龍中文譯注、何祚康英文翻譯：《大學中庸》（漢英對照），
　　北京：華語教學出版社，1996 年 8 月初版。

傅佩榮：《大學·中庸解讀》，新北市：文緒文化，2012 年 2
　　月初版。

傅佩榮：《止於至善：傅佩榮談大學‧中庸》，北京：東方出版社，2013 年 9 月第 1 版。

傅佩榮：《止於至善：傅佩榮談大學‧中庸》，台北：遠見天下文化，2013 年 12 月第 1 版。

傅佩榮：《國學與人生》，台北：遠見天下文化，2015 年 8 月第 1 版。

傅佩榮：《傅佩榮四書心得》，上海：上海三聯書店，2007 年 5 月第 1 版。

傅佩榮：《傅佩榮譯解大學中庸》，北京：東方出版社，2012 年 4 月第 1 版。

傅佩榮：《儒家哲學新論》，台北：聯經出版，2010 年 12 月初版。

傅佩榮：《儒道天論發微》，台北：聯經出版，2010 年 9 月初版。

傅斯年：《性命古訓辨證三卷》，台北：五南圖書，2013 年 6 月初版。

勞思光：《大學中庸譯註新編》，香港：中文大學出版社，2000 年。

勞思光：《新編中國哲學史（二）》，台北：三民書局，2010 年 10 月第三版。

彭國翔：《重建斯文：儒家與當今世界》，北京：北京大學出版社，2013 年 10 月第 1 版。

曾仰如：《亞里斯多德》，台北：東大圖書，2012 年 11 月二版。

曾春海：《先秦哲學史》，台北：五南圖書出版，2012 年 1 月初版。

賀麟：〈五倫觀念的新檢討〉，載於曾振宇主編：《儒家倫理思想研究》（20世紀儒學研究大系，總7卷），北京：中華書局，2003年，第21-33頁。

馮友蘭：《中國哲學的精神：馮友蘭文選》（上、下冊），北京：國際文化出版，1998年2月第1版。

馮友蘭：《貞元六書》（三松堂全集第三版），北京：中華書局，2014年4月北京第1版。

馮友蘭：《新世訓─生活方法新論》，香港：三聯書店，2012年5月。

馮友蘭著、趙復三譯：《中國哲學簡史》，香港：三聯書店，2005年1月第1版。

黃典誠：《詩經通譯新詮》，香港：天地圖書，2013年1月初版。

黃忠天：《中庸釋疑》，台北：萬卷樓，2015年1月初版。

黃忠慎：《四書引論》，台北：文津出版社，2003年3月初版。

黃俊傑：《中日四書詮釋傳統初探》，台北：國立台灣大學出版中心，2008年2月二版。

黃秋韻：《中庸哲學的方法性詮譯》，台北：文史哲出版社，2010年8月初版。

黃鴻春：《四書五經史話》，北京：社會科學文獻出版社，2011年11月第1版。

楊伯峻今譯、劉殿爵英譯：《論語：中英文對照》，北京：中華書局，2009年5月再版。

楊洪：《中庸大學評註》，台北：國家出版社，2004年9月初版。

萬心權、蔡愛仁注：《大學中庸精注》，台北：正中書局，

1976 年 1 月 2 版。

萬麗華、藍旭譯注：《孟子》，北京：中華書局，2007 年 3 月。

葛榮晉：《儒學精蘊與現代文明》，北京：中國人民大學出版社，2014 年。

董作賓：〈古文字中之仁字〉，《學術評論》卷二，期一（1953年），第 18 頁。

熊十力：《境由心生》，北京：北京聯合出版社，2011 年 12 月。

裴溥言編撰：《詩經：先民的歌唱》，台北：時報文化，2012年 1 月五版。

趙靖：〈孔子的管理思想和現代經營管理〉，載於杜豫、劉振佳主編：《儒家管理思想研究》（20 世紀儒學研究大系，總 15 卷），北京：中華書局，2003 年，第 90-111 頁。

劉兆偉：《大學、中庸詮評》，北京：中國社會科學出版社，2013 年 12 月第 1 版。

劉成紀：《中庸的理想》，北京：北京語言文化大學出版社，2001 年 8 月第 1 版。

劉述先：《論儒家哲學的三個大時代》（重排本），香港：中文大學出版社，2015 年。

劉桂標、方世豪導讀及譯注：《大學 中庸》，香港：中華書局，2014 年 7 月初版。

慕平譯注：《尚書》，北京：中華書局，2009 年 3 月。

蔡仁厚：《孔子的生命境界：儒學的反思與開展》，台北：台灣學生書局，1998 年 4 月初版。

蔡仁厚：《儒家思想的現代意義》，台北：文津出版社，1987

《中庸》的管理智慧

年 5 月。

蔡元培：《蔡元培講國學》，北京：華文出版社，2009 年 8 月。

蔡元培著、楊佩昌整理：《中國倫理學史》，北京：中國畫報
　　出版社，2010 年 5 月第 1 版。

蔣伯潛廣解、（宋）朱熹集註：《新刊廣解四書讀本》，台北：
　　商周出版，2011 年 5 月初版。

鄧球柏：《大學中庸通說》，長沙：湖南人民出版社，2008
　　年 7 月版。

錢新祖：《中國思想史講義》，台北：台大出版中心，2013
　　年 8 月初版。

錢穆：《中國思想史》，台北：台灣學生書局，1992 年 2 月。

錢穆：《中國思想通俗講話》，北京：九州出版社，2011 年 1 月。

錢穆：《四書釋義》，台北：素書樓文教基金會、蘭臺出版社，
　　2005 年 6 月。

錢穆：《晚學盲言》（上、下冊），台北：東大圖書，1987
　　年 8 月初版。

錢穆：《論語要略》，台北：台灣商務印書館，1997 年 7 月。

薑義華注譯：《新譯禮記讀本》（上、下冊），台灣：三民書
　　局，2007 年 2 月二版。

謝延庚：《西洋古代政治思想家——蘇格拉底、柏拉圖、亞里
　　斯多德》，台北：三民書局，2006 年 3 月。

鍾雲鶯：《民國以來民間教派大學中庸思想之研究》，台北：
　　玄同文化事業，2001 年 3 月初版。

聶石樵主編，雒三桂、李山註釋：《詩經新注》，濟南：齊魯

書社・2009 年 4 月初版。

羅天昇：《〈大學〉的管治智慧》・香港：新天出版・2015
　　年 7 月初版。

羅宇：《中庸思想新解》・北京：中國廣播電視・2014 年 1
　　月第 1 版。

羅璋編述：《中庸析義》・台北：三民書局・1970 年 1 月初版。

譚松林、尹紅整理：《周敦頤集》・湖南長沙：嶽麓書院・
　　2002 年。

二、 英文文獻

Adams, J. S. (1963). Towards an Understanding of Inequity. *Journal of Abnormal and Social Psychology*, *67*(5), 422-436.

Alderfer, C. P. (1972). *Existence, Relatedness, and Growth: Human Needs in Organizational Settings*. New York: The Free Press.

Ames, R. T., & Hall, D. L. (2001). *Focusing the Familiar: A Translation and Philosophical Interpretation of the Zhongyong*. Honolulu, USA: University of Hawaii Press.

Barker, E. (translation and editing) (1958). *The Politics of Aristotle*. Oxford: Oxford University Press.

Barnes, J. (ed.) (1984). *The Complete Works of Aristotle: The Revised Oxford Translation (Volume I and II)*. Princeton, New Jersey: Princeton University Press.

Bennet, N., & Lemoine, G. J. (2014). What a Difference a Word Makes: Understanding Threats to Performance in a VUCA World. *Business Horizons*, *57*(3), 311-317.

Bevir, M. (2013). *Governance: A Very Short Introduction*. Oxford: Oxford University Press.

Blake, R. R., & Mouton, J. S. (1994). *The Managerial Grid*. Houston, Texas: Gulf Publishing Company.

Broadie, S. W. (1991). *Ethics with Aristotle*. New York: Oxford University Press.

Chen, L. F. (1963). *The Confucian Way: A New and Systematic Study of 'The Four Books'*. London: KPI Limited.

Clemons, R. S., & McBeth, M. K. (2009). *Public Policy Praxis: a case approach for understanding policy and analysis* (2nd Edn.). New York: Pearson.

Collins, J. (2001). Level 5 Leadership. *Harvard Business Review*, *79*(1), 66-76.

Crisp, R. (translation and editing) (2002). *Aristotle: Nicomachean Ethics*. Cambridge, UK: Cambridge University Press.

Daft, R. L., & Marcic, D. (2017). *Understanding Management* (10th Edn.). Boston, MA: Cengage Learning.

Drucker, P. F. (1967). Management in the Big Organizations. In Drucker, P. F. edited and an introduction by R. Wartzman (ed.) (2010). *The Drucker Lectures: Essential Lessons on Management, Society, and Economy* (pp. 37-44). New York: McGraw-Hill.

Drucker, P. F. (1986). *The Practice of Management*. New York: Harper Collins Publishers.

Drucker, P. F. (1996). Manage Yourself and Then Your Company. In Drucker, P. F. edited and an introduction

《中庸》的管理智慧

by R. Wartzman (ed.) (2010). *The Drucker Lectures: Essential Lessons on Management, Society, and Economy* (pp. 173-178). New York: McGraw-Hill.

Drucker, P. F. (2001). *The Essential Drucker.* New York: Harper Collins Publishers.

Drucker, P. F. (2002). *The Effective Executive.* New York: Harper Collins Publishers.

Drucker, P. F. (2008). *Management (revised edition).* New York: Harper Collins Publishers.

DuBrin, A. J. (2016). *Leadership: Research Findings, Practice, and Skills.* Boston, MA: Cengage Learning.

Eikeland, O. (2008). *The Ways of Aristotle: Aristotelian Phrónêsis, Aristotelian Philosophy of Dialogue, and Action Research.* Bern, New York: Peter Lang Publishing.

Gardner, D. K. (2007). *The Four Books: The Basic Teachings of the Later Confucian Tradition.* Indianapolis, USA: Hackett Publishing Company, Inc.

Goleman, D. (1998). *Working with Emotional Intelligence.* New York: Bantam Books.

Goleman, D. (2000). *Leadership That Gets Results. Harvard Business Review, 78*(2), 78-90.

Graen, G. B., & Uhl-Bien, M. (1995). Relationship-based Approach to Leadership: Development of Leader-

Member Exchange (LMX) Theory of Leadership Over 25 Years: Applying a Multi-level Multi-domain Perspective. *Leadership Quarterly*, *6*(2), 219-247.

Griffin, R. W., Philips, J. M., & Gully, S. M. (2017). *Organizational Behavior: Managing People and Organizations* (12th Edn.). Boston, MA: Cengage Learning.

Gulati, R, Mayo, A. J., & Nohria, N. (2017). *Management* (2nd Edn.). Boston, USA: Cengage Learning.

Hatch, N. W., & Dyer, J. H. (2004). Human capital and learning as a source of competitive advantage. *Strategic Management Journal*, *25*(2), 1155-1178.

Holland, J. L. (1997). *Making Vocational Choices: A Theory of Vocational Personalities and Work Environments* (3rd Edn.). Lutz, Florida: Psychological Assessment Resources.

Hopkins, M. M. (2008). Social and Emotional Competencies Predicting Success for Male and Female Executives. *Journal of Management Development*, *27*(1), 13-35.

Irwin, T. H. (1990). *Aristotle' s First Principles*. New York: Oxford University Press.

Irwin, T. H. (1999). *Aristotle: Nicomachean Ethics*. Indianapolis, Indiana: Hackett Publishing.

Jacobs, J. (2004). *Aristotle' s Virtues: Nature, Knowledge,*

《中庸》的管理智慧

and Human Good. New York: Peter Lang Publishing.

Janis, I. L. (1971). *Groupthink. Psychology Today*, *5*(6), 43-46 and 74-76.

Jensen, M. (2001). Value Maximization, Stakeholder Theory, and the Corporate Objective Function. *Journal of Applied Corporate Finance*, *14*(3), 8-21.

Johnson, G., Whittington, R., & Scholes, K. (2015). *Fundamentals of Strategy* (3rd Edn.). Harlow, UK: Pearson.

Johnston, I., & Wang, P. (translation and annotation) (2012). *Daxue and Zhongyong: Bilingual Edition*. Hong Kong: The Chinese University Press.

Katz, R. L. (1974). Skills of an Effective Administrator. *Harvard Business Review*, *52*(5), 90-102.

Kraut, R. (ed.) (2006). *The Blackwell Guide to Aristotle's Nicomachean Ethics*. Malden, USA: Blackwell Publishing.

Legge, J. (translation) (1963). *The Great Learning and The Doctrine of the Mean*. Hong Kong: Kwong Ming Book Store.

Likert, R. (1961). *New Patterns of Management*. New York: McGraw-Hill.

Lussier, R. N. (2017). *Management Fundamentals: Concepts, Applications & Skill Development* (7th Edn.). Thousand

Oaks, California: SAGE Publications.

Mallin, C. A. (2013). *Corporate Governance*. Oxford: Oxford University Press.

Meyer, S. S. (2011). *Aristotle on moral responsibility: character and cause*. Oxford: Oxford University Press.

Mintzberg, H. (1973). *The Nature of Managerial Work*. New York: Prentice Hall.

Mintzberg, H. (2009). *Managing*. San Francisco, CA: Berrett-Koehler Publishers.

Mintzberg, H., Ahlstrand, B., & Lampel, J. (ed.) (2010). *Management? It's Not What You Think!* New York: Amacom.

Plaks, A. (translation) (2003). *Ta Hsüeh and Chung Yung: the Highest Order of Cultivation and On the Practice of the Mean*. London: Penguin Classics.

Porter, M. E. (1996). What is Strategy? *Harvard Business Review*, *74*(6), 61-78.

Pride, W. M., Hughes, R. J., & Kapoor, J. R. (2017). *Foundations of Business* (5th Edn.). Boston, MA: Cengage Learning.

Reeve, C. D. C. (2012). *Action, Comtemplation, and Happiness: An Essay on Aristotle*. Cambridge, Massachusetts: Harvard University Press.

Robbins, S. P., & Coulter, M. (2016). *Management* (13th

《中庸》的管理智慧

Edn.). Harlow, UK: Pearson.

Robbins, S. P., & Judge, T. A. (2013). *Organization Behavior* (15th Edn.). Upper Saddle River, New Jersey: Prentice Hall.

Ross, W. D. (translation) (1999). *Nicomachean Ethics by Aristotle*. Kitchener, Ontario: Batoche Books.

Schein, E. H. (2010). *Organizational Culture and Leadership* (4th Edn.). San Francisco: Jossey-Bass.

Thill, J. V., & Bovee, C. L. (2011). *Excellence in Business Communication* (9th Edn.). Upper Saddle River, New Jersey: Prentice Hall.

Tuckman, B. W., & Jensen, M. C. (1977). Stages of Small-group Development Revisited. *Group and Organizational Study*, *2*(4), 419-427.

Valentin, E. K. (2001). SWOT Analysis from a Resource-Based View. *Journal of Marketing Theory and Practice*, *9*(2), 54-69.

Yukl, G., Mahsud, R., Hassan, S., & Prussia, G. E. (2013). An Improved Measure of Ethical Leadership. *Journal of Leadership and Organizational Studies*, *20*(1), 38-48.

《中庸》的管理智慧

附錄

附錄一　朱熹《中庸章句·序》原文及語譯

原文：

《中庸》何為而作也？子思子憂道學之失其傳而作也。蓋自上古聖神繼天立極，而道統之傳有自來矣。其見於經，則「允執厥中」者，堯之所以授舜也；「人心惟危，道心惟微，惟精惟一，允執厥中」者，舜之所以授禹也。堯之一言，至矣，盡矣！而舜復益之以三言者，則所以明夫堯之一言，必如是而後可庶幾也。

蓋嘗論之：心之虛靈知覺，一而已矣，而以為有人心、道心之異者，則以其或生於形氣之私，或原於性命之正，而所以為知覺者不同，是以或危殆而不安，或微妙而難見耳。然人莫不有是形，故雖上智不能無人心，亦莫不有是性，故雖下愚不能無道心。二者雜於方寸之間，而不知所以治之，則危者愈危，微者愈微，而天理之公卒無以勝夫人慾之私矣。精則察夫二者之間而不雜也，一則守其本心之正而不離也。從事於斯，無少間斷，必使道心常為一身之主，而人心每聽命焉，則危者安、微者著，而動靜云為自無過不及之差矣。

夫堯、舜、禹，天下之大聖也。以天下相傳，天下之大事也。以天下之大聖，行天下之大事，而其授受之際，丁寧告戒，不過如此。則天下之理，豈有以加於此哉？自是以來，聖聖相承：若成湯、文、武之為君，皋陶、伊、傅、周、召之為臣，既皆以此而接夫道

《中庸》的管理智慧

統之傳，若吾夫子，則雖不得其位，而所以繼往聖、開來學，其功反有賢於堯舜者。

然當是時，見而知之者，惟顏氏、曾氏之傳得其宗。及曾氏之再傳，而復得夫子之孫子思，則去聖遠而異端起矣。子思懼夫愈久而愈失其真也，於是推本堯舜以來相傳之意，質以平日所聞父師之言，更互演繹，作為此書，以詔後之學者。蓋其憂之也深，故其言之也切；其慮之也遠，故其說之也詳。其曰「天命率性」，則道心之謂也；其曰「擇善固執」，則精一之謂也；其曰「君子時中」，則執中之謂也。世之相後，千有餘年，而其言之不異，如合符節。歷選前聖之書，所以提挈綱維、開示蘊奧，未有若是之明且盡者也。

自是而又再傳以得孟氏，為能推明是書，以承先聖之統，及其沒而遂失其傳焉。則吾道之所寄不越乎言語文字之間，而異端之說日新月盛，以至於老佛之徒出，則彌近理而大亂真矣。然而尚幸此書之不泯，故程夫子兄弟者出，得有所考，以續夫千載不傳之緒；得有所據，以斥夫二家似是之非。

蓋子思之功於是為大，而微程夫子，則亦莫能因其語而得其心也。惜乎！其所以為說者不傳，而凡石氏（按：石𡼖，字子重）之所輯錄，僅出於其門人之所記，是以大義雖明，而微言未析。至其門人所自為說，則雖頗詳盡而多所發明，然倍其師說而淫於老佛者，亦有之矣。

熹自蚤歲即嘗受讀而竊疑之，沉潛反覆，蓋亦有年，一旦恍然似有以得其要領者，然後乃敢會眾說而折其中，既為定著《章句》一篇，以俟後之君子。而一二同志復取石氏書，刪其繁亂，名以《輯略》，且記所嘗論辯取捨之意，別為《或問》，以附其後。然後此書之旨，枝分節解、脈絡貫通、詳略相因、鉅細畢舉，而凡諸說之同異得失，亦得以曲暢旁通，而各極其趣。雖於道統之傳，不敢妄議，然初學之士，或有取焉，則亦庶乎行遠升高之一助云爾。

淳熙己酉春三月戊申，新安朱熹序

語譯：

《中庸》是為甚麼而作呢？ 子思先生（即孔子之孫孔伋）憂慮道的學問失傳而作的。大概遠至上古那些具備神聖道德的人繼承了天命，確立了至極的道理，而道統的承傳便有所根據了。現在從經書中看到「允執厥中」一句，是堯傳位於舜的時候所傳授的話；還有「人心惟危，道心惟微，惟精惟一，允執厥中」，是舜傳位於禹的時候所傳授的話。堯的那句話（即「允執厥中」），已經把道理講得至為清楚，包含了至極道理的所有內容！而舜在那句話後增加了三句，則是明白了堯的那句話，必須如此之後才能達致精微的境界。

嘗試對這些話作出總論：人的心是空虛、靈通而有知覺的，人的心只有一個；而以為「人心」、「道心」有所不同的原因，是因為兩者的生成過程有別，「人心」生於個人的形體氣質，「道心」

則源於稟性天命的正理。而因為人的知覺能力不同，所以有些人覺得「人心」危殆而不安，有些人覺得「道心」隱微細妙而難以顯現。然而人沒有不具形體的，所以雖然「上智」的人也不能沒有「人心」，亦沒有不具備稟性的；所以雖然是「下愚」的人，也不能沒有「道心」。「人心」與「道心」兩者雜處於人的心方寸大小的地方，而人不知道如何治理它們，所以「人心」瀕臨危殆者愈見危殆，覺得「道心」隱微者愈見隱微，而天理之公論最終也無法勝過個人的私慾。精微則能省察「人心」與「道心」兩者之間的區別而不致雜亂，專一則能守護本心的正理而不致偏離。根據此道理行事，沒有片刻間斷，必然使「道心」時常成為人身的主宰，而「人心」每每聽命於「道心」；這樣「人心」便能轉危為安，「道心」便能由隱微轉為顯現，而人的動靜、說話和行為，就不會出現「過」或「不及」的差錯了。

堯、舜、禹可以說是天下的大聖人了。以天下相傳授，這是天下的大事。作為天下的大聖人，做天下的大事，而他們相授天下的時候，叮嚀告誡，不過如此而已。所以天下的道理，豈有比這些更重要的嗎？從此以後，聖人與聖人相互繼承：有像成湯、周文王、周武王這樣的君主，有皋陶、伊尹、傅說、周公、召公這樣的大臣，都是以此道理而接續道統的傳承。像我們的孔夫子，雖然得不到權位，而他繼承了以往聖人的道統，開創了將來的學問，他的功績反而比堯、舜優勝。

然而在那個時候，能夠省察而明白道統的人，惟有顏淵及曾

參兩人，他們的傳承真正領悟了道統的宗旨。及後由曾參再傳承下去，而傳承至孔夫子的孫子思，已經離聖學甚遠，而異端邪說已相繼出現了。子思懼怕道統的學問隨著時日而漸漸失真，於是推崇堯、舜本來相傳的意思，並以從父輩及老師之處聽聞的話語作出驗證，更替相互演繹，寫成此書（按：《中庸》），以詔告後世的學者。正因為子思的憂思深切，所以他的言辭也懇切；他的思慮深遠，所以他的論說也詳盡。子思說「天命率性」，就是關於「道心」的方面；他說「擇善固執」，則是關於「精、一」的方面；他說「君子時中」，則是關於「執中」的方面。子思的說法後於前聖的說法多個世代，已有一千多年，然而他的說法與前聖的說法並無差異，符合節度。在前聖的眾多書籍之中，能夠提出清晰的綱領、思維，展開蘊藏的奧妙，沒有一本書比此書更明瞭而詳盡的了。

自此此書又再傳予孟子，能夠進一步推崇說明此書，以繼承前聖的道統，但於孟子逝世後而又漸漸失去他的真傳了。而我們所說的道，只能寄托於言語文字之間而不能超越，而異端邪說日新月異，以至於老子之學和佛學的信徒眾出，他們的學說好像接近真理而卻大大搞亂了真理。然而尚可慶幸此書沒有泯滅，所以出了程顥、程頤兄弟，得以作出考證，以延續一千多年未能傳承的學問；得以提供論據，以駁斥老子之學及佛學二家似是而非的說法。

大概子思在這方面的功績是巨大的，若不是透過卑微的程氏兄弟的言語，亦不能領悟子思的思想。真可惜！程氏兄弟的學說未能流傳，而石氏所輯錄的資料僅出自程氏門人的記錄，所以大義雖然

明確，但深微之處未作深入剖析。至於其門人自己的說法，雖然頗為詳盡而多所發揮、說明，然而有背離其老師的學說，而沾染了老子之學及佛學的觀點，也是有的啊。

　　我本人自早年在老師的教導下閱讀此書，而心中也有疑問，反覆沉思、深入探索，也經歷多年，一旦恍然大悟，似乎得到了當中要領之後，然後才敢融匯眾家的論說而摘取適中的觀點，既為了編訂這篇《章句》，以留待日後的讀者指教。而我和一些志同道合的人重新選取石氏的書，刪掉繁複錯亂的地方，取名為《中庸輯略》。我把那些記載辯論取捨的言論，另編為《中庸或問》，附在書的後面。然後關於此書的主旨，枝節的分解，脈絡的貫通，因由的詳細或簡略說明，鉅細而完整地列舉。而關於諸家學說的異同及得失，亦加以暢通旁解，而窮盡各家的詣趣。雖然道統的承傳，不敢妄加議論，然而初學的人士，或認為有可取的地方，則也近乎遠足或登高般有所幫助了。

　　（南宋）淳熙 16 年（公元 1189 年）3 月　朱熹序於新安

附錄二 朱熹《中庸章句》

註：為方便閱讀，本附錄以粗體間線字體標示《中庸》的原文，其餘文字為朱熹的註釋。

中者，不偏不倚、無過不及之名。**庸**，平常也。

子程子曰：「不偏之謂中，不易之謂庸。中者，天下之正道，庸者，天下之定理。」此篇乃孔門傳授心法，子思恐其久而差也，故筆之於書，以授孟子。其書始言一理，中散為萬事，末復合為一理，「放之則彌六合，卷之則退藏於密」，其味無窮，皆實學也。善讀者玩索而有得焉，則終身用之，有不能盡者矣。

天命之謂性，率性之謂道，脩道之謂教。命，猶令也。性，即理也。天以陰陽五行化生萬物，氣以成形，而理亦賦焉，猶命令也。於是人物之生，因各得其所賦之理，以為健順五常之德，所謂性也。道，猶路也。人物各循其性之自然，則其日用事物之間，莫不各有當行之路，是則所謂道也。修，品節之也。性道雖同，而氣稟或異，故不能無過不及之差，聖人因人物之所當行者而品節之，以為法於天下，則謂之教，若禮、樂、刑、政之屬是也。蓋人之所以為人，道之所以為道，聖人之所以為教，原其所自，無一不本於天而備於我。學者知之，則其於學知所用力而自不能已矣。故子思於此首發明之，讀者所宜深體而默識也。**道也者，不可須臾離也，可離非道**

也。**是故君子戒慎乎其所不睹，恐懼乎其所不聞。**離，去聲。道者，日用事物當行之理，皆性之德而具於心，無物不有，無時不然，所以不可須臾離也。若其可離，則為外物而非道矣。是以君子之心常存敬畏，雖不見聞，亦不敢忽，所以存天理之本然，而不使離於須臾之頃也。**莫見乎隱，莫顯乎微，故君子慎其獨也。**見，音現。隱，暗處也。微，細事也。獨者，人所不知而己所獨知之地也。言幽暗之中，細微之事，跡雖未形而幾則已動，人雖不知而己獨知之，則是天下之事無有著見明顯而過於此者。是以君子既常戒懼，而於此尤加謹焉，所以遏人慾於將萌，而不使其滋長於隱微之中，以至離道之遠也。**喜怒哀樂之未發，謂之中；發而皆中節，謂之和。中也者，天下之大本也；和也者，天下之達道也。**樂，音洛。中節之中，去聲。喜、怒、哀、樂，情也。其未發，則性也，無所偏倚，故謂之中。發皆中節，情之正也，無所乖戾，故謂之和。大本者，天命之性，天下之理皆由此出，道之體也。達道者，循性之謂，天下古今之所共由，道之用也。此言性情之德，以明道不可離之意。**致中和，天地位焉，萬物育焉。**致，推而極之也。位者，安其所也。育者，遂其生也。自戒懼而約之，以至於至靜之中，無少偏倚，而其守不失，則極其中而天地位矣。自謹獨而精之，以至於應物之處，無少差謬，而無適不然，則極其和而萬物育矣。蓋天地萬物本吾一體，吾之心正，則天地之心亦正矣，吾之氣順，則天地之氣亦順矣。故其效驗至於如此。此學問之極功、聖人之能事，初非有待於外，而修道之教亦在其中矣。是其一體一用雖有動靜之殊，然必其體立而後用有以行，則其實亦非有兩事也。故於此合而言之，以結上文之意。

右第一章。子思述所傳之意以立言：首明道之本原出於天而不可易，其實體備於己而不可離，次言存養省察之要，終言聖神功化之極。蓋欲學者於此反求諸身而自得之，以去夫外誘之私，而充其本然之善，楊氏所謂一篇之體要是也。其下十章，蓋子思引夫子之言，以終此章之義。

仲尼曰：「君子中庸，小人反中庸。中庸者，不偏不倚、無過不及，而平常之理，乃天命所當然，精微之極致也。惟君子為能體之，小人反是。**君子之中庸也，君子而時中；小人之中庸也，小人而無忌憚也。**」王肅本作「小人之反中庸也」，程子亦以為然。今從之。君子之所以為中庸者，以其有君子之德，而又能隨時以處中也。小人之所以反中庸者，以其有小人之心，而又無所忌憚也。蓋中無定體，隨時而在，是乃平常之理也。君子知其在我，故能戒謹不睹、恐懼不聞，而無時不中。小人不知有此，則肆欲妄行，而無所忌憚矣。

右第二章。此下十章，皆論中庸以釋首章之義。文雖不屬，而意實相承也。變和言庸者，遊氏曰：「以性情言之，則曰中和，以德行言之，則曰中庸是也。」然中庸之中，實兼中和之義。

子曰：「中庸其至矣乎！民鮮能久矣！」鮮，上聲。下同。過則失中，不及則未至，故惟中庸之德為至。然亦人所同得，初無難事，但世教衰，民不興行，故鮮能之，今已久矣。《論語》無能字。

右第三章。

子曰：「**道之不行也，我知之矣，知者過之，愚者不及也；道之不明也，我知之矣，賢者過之，不肖者不及也**。知者之知，去聲。道者，天理之當然，中而已矣。知愚賢不肖之過不及，則生稟之異而失其中也。知者知之過，既以道為不足行；愚者不及知，又不知所以行，此道之所以常不行也。賢者行之過，既以道為不足知；不肖者不及行，又不求所以知，此道之所以常不明也。**人莫不飲食也，鮮能知味也。**」道不可離，人自不察，是以有過不及之弊。

右第四章。

子曰：「**道其不行矣夫！**」夫，音扶。由不明，故不行。

右第五章。此章承上章而舉其不行之端，以起下章之意。

子曰：「**舜其大知也與！舜好問而好察邇言，隱惡而揚善，執其兩端，用其中於民，其斯以為舜乎！**」知，去聲。與，平聲。好，去聲。舜之所以為大知者，以其不自用而取諸人也。邇言者，淺近之言，猶必察焉，其無遺善可知。然於其言之未善者則隱而不宣，其善者則播而不匿，其廣大光明又如此，則人孰不樂告以善哉。兩端，謂眾論不同之極致。蓋凡物皆有兩端，如小大厚薄之類，於善之中又執其兩端，而量度以取中，然後用之，則其擇之審而行之至矣。然非在我之權度精切不差，何以與此。此知之所以無過不及，

而道之所以行也。

右第六章。

子曰：「人皆曰予知，驅而納諸罟擭陷阱之中，而莫之知辟也。人皆曰予知，擇乎中庸而不能期月守也。」予知之知，去聲。罟，音古。擭，胡化反。阱，才性反。辟，避同。期，居之反。罟，網也；擭，機檻也；陷阱，坑坎也；皆所以掩取禽獸者也。擇乎中庸，辨別眾理，以求所謂中庸，即上章好問用中之事也。期月，匝一月也。言知禍而不知辟，以況能擇而不能守，皆不得為知也。

右第七章。承上章大知而言，又舉不明之端，以起下章也。

子曰：「回之為人也，擇乎中庸，得一善，則拳拳服膺而弗失之矣。」回，孔子弟子顏淵名。拳拳，奉持之貌。服，猶著也。膺，胸也。奉持而著之心胸之間，言能守也。顏子蓋真知之，故能擇能守如此，此行之所以無過不及，而道之所以明也。

右第八章。

子曰：「天下國家可均也，爵祿可辭也，白刃可蹈也，中庸不可能也。」均，平治也。三者亦知仁勇之事，天下之至難也，然不必其合於中庸，則質之近似者皆能以力為之。若中庸，則雖不必皆如三者之難，然非義精仁熟，而無一毫人慾之私者，不能及也。三

者難而易，中庸易而難，此民之所以鮮能也。

　　右第九章。亦承上章以起下章。

　　子路問強。子路，孔子弟子仲由也。子路好勇，故問強。**子曰：「南方之強與？**北方之強與？抑而強與？與，平聲。抑，語辭。而，汝也。**寬柔以教，不報無道，南方之強也，君子居之。**寬柔以教，謂含容巽順以誨人之不及也。不報無道，謂橫逆之來，直受之而不報也。南方風氣柔弱，故以含忍之力勝人為強，君子之道也。**衽金革，死而不厭，北方之強也，而強者居之。**衽，席也。金，戈兵之屬。革，甲冑之屬。北方風氣剛勁，故以果敢之力勝人為強，強者之事也。**故君子和而不流，強哉矯！中立而不倚，強哉矯！國有道，不變塞焉，強哉矯！國無道，至死不變，強哉矯！」**此四者，汝之所當強也。矯，強貌。《詩》曰「矯矯虎臣」是也。倚，偏著也。塞，未達也。國有道，不變未達之所守；國無道，不變平生之所守也。此則所謂中庸之不可能者，非有以自勝其人慾之私，不能擇而守也。君子之強，孰大於是。夫子以是告子路者，所以抑其血氣之剛，而進之以德義之勇也。

　　右第十章。

　　子曰：「素隱行怪，後世有述焉，吾弗為之矣。素，按《漢書》當作索，蓋字之誤也。索隱行怪，言深求隱僻之理，而過為詭異之行也。然以其足以欺世而盜名，故後世或有稱述之者。此知之過而

不擇乎善，行之過而不用其中，不當強而強者也，聖人豈為之哉！**君子遵道而行，半塗而廢，吾弗能已矣。**遵道而行，則能擇乎善矣；半塗而廢，則力之不足也。此其知雖足以及之，而行有不逮，當強而不強者也。已，止也。聖人於此，非勉焉而不敢廢，蓋至誠無息，自有所不能止也。**君子依乎中庸，遯世不見知而不悔，唯聖者能之。**不為索隱行怪，則依乎中庸而已。不能半塗而廢，是以遯世不見知而不悔也。此中庸之成德，知之盡、仁之至、不賴勇而裕如者，正吾夫子之事，而猶不自居也。故曰唯聖者能之而已。

右第十一章。子思所引夫子之言，以明首章之義者止此。蓋此篇大旨，以知仁勇三達德為入道之門。故於篇首，即以大舜、顏淵、子路之事明之。舜，知也；顏淵，仁也；子路，勇也：三者廢其一，則無以造道而成德矣。余見第二十章。

君子之道費而隱。費，符味反。費，用之廣也。隱，體之微也。**夫婦之愚，可以與知焉，及其至也，雖聖人亦有所不知焉；夫婦之不肖，可以能行焉，及其至也，雖聖人亦有所不能焉。天地之大也，人猶有所憾。故君子語大，天下莫能載焉；語小，天下莫能破焉。**與，去聲。君子之道，近自夫婦居室之間，遠而至於聖人天地之所不能盡，其大無外，其小無內，可謂費矣。然其理之所以然，則隱而莫之見也。蓋可知可能者，道中之一事，及其至而聖人不知不能。則舉全體而言，聖人固有所不能盡也。侯氏曰：「聖人所不知，如孔子問禮問官之類；所不能，如孔子不得位、堯舜病博施之類。」愚謂人所憾於天地，如覆載生成之偏，及寒暑災祥之不得其正者。

《詩》云：「鳶飛戾天，魚躍於淵。」言其上下察也。鳶，餘專反。《詩·大雅·旱麓》之篇。鳶，鴟類。戾，至也。察，著也。子思引此詩以明化育流行，上下昭著，莫非此理之用，所謂費也。然其所以然者，則非見聞所及，所謂隱也。故程子曰：「此一節，子思吃緊為人處，活潑潑地，讀者其致思焉。」**君子之道，造端乎夫婦；及其至也，察乎天地。** 結上文。

右第十二章。子思之言，蓋以申明首章道不可離之意也。其下八章，雜引孔子之言以明之。

子曰：「道不遠人。人之為道而遠人，不可以為道。 道者，率性而已，固眾人之所能知能行者也，故常不遠於人。若為道者，厭其卑近以為不足為，而反務為高遠難行之事，則非所以為道矣。**《詩》云：『伐柯伐柯，其則不遠。』執柯以伐柯，睨而視之，猶以為遠。故君子以人治人，改而止。** 睨，研計反。《詩·豳風·伐柯》之篇。柯，斧柄。則，法也。睨，邪視也。言人執柯伐木以為柯者，彼柯長短之法，在此柯耳。然猶有彼此之別，故伐者視之猶以為遠也。若以人治人，則所以為人之道，各在當人之身，初無彼此之別。故君子之治人也，即以其人之道，還治其人之身。其人能改，即止不治。蓋責之以其所能知能行，非欲其遠人以為道也。張子所謂「以眾人望人則易從」是也。**忠恕違道不遠，施諸己而不願，亦勿施於人。** 盡己之心為忠，推己及人為恕。違，去也，如《春秋傳》「齊師違穀七裡」之違。言自此至彼，相去不遠，非背而去之之謂也。道，即其不遠人者是也。施諸己而不願亦勿施於人，忠恕之事也。

以己之心度人之心，未嘗不同，則道之不遠於人者可見。故己之所不欲，則勿以施之於人，亦不遠人以為道之事。張子所謂「以愛己之心愛人則盡仁」是也。**君子之道四，丘未能一焉：所求乎子，以事父未能也；所求乎臣，以事君未能也；所求乎弟，以事兄未能也；所求乎朋友，先施之未能也。庸德之行，庸言之謹，有所不足，不敢不勉，有餘不敢盡；言顧行，行顧言，君子胡不慥慥爾！」**子、臣、弟、友，四字絕句。求，猶責也。道不遠人，凡己之所以責人者，皆道之所當然也，故反之以自責而自修焉。庸，平常也。行者，踐其實。謹者，擇其可。德不足而勉，則行益力；言有餘而訒，則謹益至。謹之至則言顧行矣；行之力則行顧言矣。慥慥，篤實貌。言君子之言行如此，豈不慥慥乎，讚美之也。凡此皆不遠人以為道之事。張子所謂「以責人之心責己則盡道」是也。

右第十三章。道不遠人者，夫婦所能，丘未能一者，聖人所不能，皆費也。而其所以然者，則至隱存焉。下章放此。

君子素其位而行，不願乎其外。素，猶見在也。言君子但因見在所居之位而為其所當為，無慕乎其外之心也。**素富貴，行乎富貴；素貧賤，行乎貧賤；素夷狄，行乎夷狄；素患難，行乎患難；君子無入而不自得焉。**難，去聲。此言素其位而行也。**在上位不陵下，在下位不援上，正己而不求於人則無怨。上不怨天，下不尤人。**援，平聲。此言不願乎其外也。**故君子居易以俟命，小人行險以徼幸。**易，去聲。易，平地也。居易，素位而行也。俟命，不願乎外也。徼，求也。幸，謂所不當得而得者。**子曰：「射有似乎君子；失諸**

正鵠，反求諸其身。」正，音征。鵠，工毒反。畫布曰正，棲皮曰鵠，皆侯之中，射之的也。子思引此孔子之言，以結上文之意。

右第十四章。子思之言也。凡章首無「子曰」字者放此。

君子之道，辟如行遠必自邇，辟如登高必自卑。辟、譬同。《詩》曰：「妻子好合，如鼓瑟琴；兄弟既翕，和樂且耽；宜爾室家；樂爾妻帑。」好，去聲。耽，《詩》作湛，亦音耽。樂，音洛。《詩·小雅·常棣》之篇。鼓瑟琴，和也。翕，亦合也。耽，亦樂也。帑，子孫也。子曰：「父母其順矣乎！」夫子誦此詩而贊之曰：人能和於妻子，宜於兄弟如此，則父母其安樂之矣。子思引《詩》及此語，以明行遠自邇、登高自卑之意。

右第十五章。

子曰：「鬼神之為德，其盛矣乎！程子曰：「鬼神，天地之功用，而造化之跡也。」張子曰：「鬼神者，二氣之良能也。」愚謂以二氣言，則鬼者陰之靈也，神者陽之靈也。以一氣言，則至而伸者為神，反而歸者為鬼，其實一物而已。為德，猶言性情功效。視之而弗見，聽之而弗聞，體物而不可遺。鬼神無形與聲，然物之終始，莫非陰陽合散之所為，是其為物之體，而物所不能遺也。其言體物，猶易所謂幹事。使天下之人齊明盛服，以承祭祀。洋洋乎！如在其上，如在其左右。齊，側皆反。齊之為言齊也，所以齊不齊而致其齊也。明，猶潔也。洋洋，流動充滿之意。能使人畏敬奉承，

而發見昭著如此，乃其體物而不可遺之驗也。孔子曰：「其氣發揚於上，為昭明焄蒿淒愴。此百物之精也，神之著也」，正謂此爾。**《詩》曰：『神之格思，不可度思！矧可射思！』**度，待洛反。射，音亦，《詩》作斁。《詩·大雅·抑》之篇。格，來也。矧，況也。射，厭也，言厭怠而不敬也。思，語辭。**夫微之顯，誠之不可揜如此夫。」**夫，音扶。誠者，真實無妄之謂。陰陽合散，無非實者。故其發見之不可揜如此。

右第十六章。不見不聞，隱也。體物如在，則亦費矣。此前三章，以其費之小者而言。此後三章，以其費之大者而言。此一章，兼費隱、包大小而言。

子曰：「舜其大孝也與！德為聖人，尊為天子，富有四海之內。宗廟饗之，子孫保之。與，平聲。子孫，謂虞思、陳胡公之屬。**故大德必得其位，必得其祿，必得其名，必得其壽。**舜年百有十歲，**故天之生物，必因其材而篤焉。故栽者培之，傾者覆之。**材，質也。篤，厚也。栽，植也。氣至而滋息為培。氣反而遊散則覆。**《詩》曰：『嘉樂君子，憲憲令德！宜民宜人；受祿於天；保佑命之，自天申之！』**《詩·大雅·假樂》之篇。假，當依此作嘉。憲，當依《詩》作顯。申，重也。**故大德者必受命。」**受命者，受天命為天子也。

右第十七章。此由庸行之常，推之以極其至，見道之用廣也。而其所以然者，則為體微矣。後二章亦此意。

子曰：「**無憂者其惟文王乎！以王季為父，以武王為子，父作之，子述之。**此言文王之事。《書》（即《尚書》）言「王季其勤王家」，蓋其所作，亦積功累仁之事也。**武王纘大王、王季、文王之緒。壹戎衣而有天下，身不失天下之顯名。尊為天子，富有四海之內。宗廟饗之，子孫保之。**大，音泰，下同。此言武王之事。纘，繼也。大王，王季之父也。《書》云：「大王肇基王跡。」《詩》云：「至於大王，實始翦商。」緒，業也。戎衣，甲冑之屬。壹戎衣，武成文，言一著戎衣以伐紂也。**武王末受命，周公成文武之德，追王大王、王季，上祀先公以天子之禮。斯禮也，達乎諸侯大夫，及士庶人。父為大夫，子為士；葬以大夫，祭以士。父為士，子為大夫；葬以士，祭以大夫。期之喪達乎大夫，三年之喪達乎天子，父母之喪無貴賤一也。」**追王之王，去聲。此言周公之事。末，猶老也。追王，蓋推文武之意，以及乎王跡之所起也。先公，組紺以上至後稷也。上祀先公以天子之禮，又推大王、王季之意，以及於無窮也。制為禮法，以及天下，使葬用死者之爵，祭用生者之祿。喪服自期以下，諸侯絕；大夫降；而父母之喪，上下同之，推己以及人也。

右第十八章。

子曰：「**武王、周公，其達孝矣乎！**達，通也。承上章而言武王、周公之孝，乃天下之人通謂之孝，猶孟子之言達尊也。**夫孝者：善繼人之志，善述人之事者也。**上章言武王纘大王、王季、文王之緒以有天下，而周公成文、武之德以追崇其先祖，此繼志述事之大者也。下文又以其所制祭祀之禮，通於上下者言之。**春秋修其祖廟，**

陳其宗器，設其裳衣，薦其時食。祖廟：天子七，諸侯五，大夫三，適士二，官師一。宗器，先世所藏之重器；若周之赤刀、大訓、天球、河圖之屬也。裳衣，先祖之遺衣服，祭則設之以授屍也。時食，四時之食，各有其物，如春行羔、豚、膳、膏、香之類是也。**宗廟之禮，所以序昭穆也；序爵，所以辨貴賤也；序事，所以辨賢也；旅酬下為上，所以逮賤也；燕毛，所以序齒也。**昭，如字。為，去聲。宗廟之次：左為昭，右為穆，而子孫亦以為序。有事於太廟，則子姓、兄弟、群昭、群穆咸在而不失其倫焉。爵，公、侯、卿、大夫也。事，宗祝有司之職事也。旅，眾也。酬，導飲也。旅酬之禮，賓弟子、兄弟之子各舉觶於其長而眾相酬。蓋宗廟之中以有事為榮，故逮及賤者，使亦得以申其敬也。燕毛，祭畢而燕，則以毛髮之色別長幼，為坐次也。齒，年數也。**踐其位，行其禮，奏其樂，敬其所尊，愛其所親，事死如事生，事亡如事存，孝之至也。**踐，猶履也。其，指先王也。所尊所親，先王之祖考、子孫、臣庶也。始死謂之死，既葬則曰反而亡焉，皆指先王也。此結上文兩節，皆繼志述事之意也。**郊社之禮，所以事上帝也，宗廟之禮，所以祀乎其先也。明乎郊社之禮、禘嘗之義，治國其如示諸掌乎。」**郊，祀天。社，祭地。不言後土者，省文也。禘，天子宗廟之大祭，追祭太祖之所自出於太廟，而以太祖配之也。嘗，秋祭也。四時皆祭，舉其一耳。禮必有義，對舉之，互文也。示，與視同。視諸掌，言易見也。此與《論語》文意大同小異，記有詳略耳。

　　右第十九章。

哀公問政。哀公，魯君，名蔣。**子曰：「文武之政，布在方策。其人存，則其政舉；其人亡，則其政息。**方，版也。策，簡也。息，猶滅也。有是君，有是臣，則有是政矣。**人道敏政，地道敏樹。夫政也者，蒲盧也。**夫，音扶。敏，速也。蒲盧，沈括以為蒲葦是也。以人立政，猶以地種樹，其成速矣，而蒲葦又易生之物，其成尤速也。言人存政舉，其易如此。**故為政在人，取人以身，修身以道，修道以仁。**此承上文人道敏政而言也。為政在人，《家語》（即《孔子家語》）作「為政在於得人」，語意尤備。人，謂賢臣。身，指君身。道者，天下之達道。仁者，天地生物之心，而人得以生者，所謂元者善之長也。言人君為政在於得人，而取人之則又在修身。能修其身，則有君有臣，而政無不舉矣。**仁者人也，親親為大；義者宜也，尊賢為大；親親之殺，尊賢之等，禮所生也。**殺，去聲。人，指人身而言。具此生理，自然便有惻怛慈愛之意，深體味之可見。宜者，分別事理，各有所宜也。禮，則節文斯二者而已。**在下位不獲乎上，民不可得而治矣！**鄭氏曰：「此句在下，誤重在此。」**故君子不可以不修身；思修身，不可以不事親；思事親，不可以不知人；思知人，不可以不知天。」**為政在人，取人以身，故不可以不修身。修身以道，修道以仁，故思修身不可以不事親。欲盡親親之仁，必由尊賢之義，故又當知人。親親之殺，尊賢之等，皆天理也，故又當知天。**天下之達道五，所以行之者三：曰君臣也，父子也，夫婦也，昆弟也，朋友之交：五者天下之達道也。知、仁、勇三者，天下之達德也，所以行之者一也。**知，去聲。達道者，天下古今所共由之路，即《書》所謂「五典」，孟子所謂「父子有親、君臣有義、夫婦有別、長幼有序、朋友有信」是也。知，所以知此

也；仁，所以體此也；勇，所以強此也；謂之達德者，天下古今所同得之理也。一則誠而已矣。達道雖人所共由，然無是三德，則無以行之；達德雖人所同得，然一有不誠，則人慾間之，而德非其德矣。程子曰：「所謂誠者，止是誠實此三者。三者之外，更別無誠。」**或生而知之，或學而知之，或困而知之，及其知之一也；或安而行之，或利而行之，或勉強而行之，及其成功一也。**強，上聲。知之者之所知，行之者之所行，謂達道也。以其分而言：則所以知者知也，所以行者仁也，所以至於知之成功而一者勇也。以其等而言：則生知安行者知也，學知利行者仁也，困知勉行者勇也。蓋人性雖無不善，而氣稟有不同者，故聞道有蚤莫，行道有難易，然能自強不息，則其至一也。呂氏曰：「所入之塗雖異，而所至之域則同，此所以為中庸。若乃企生知安行之資為不可幾及，輕困知勉行謂不能有成，此道之所以不明不行也。」**子曰：「好學近乎知，力行近乎仁，知恥近乎勇。**「子曰」二字衍文。好近乎知之知，並去聲。此言未及乎達德而求以入德之事。通上文三知為知，三行為仁，則此三近者，勇之次也。呂氏曰：「愚者自是而不求，自私者殉人慾而忘反，懦者甘為人下而不辭。故好學非知，然足以破愚；力行非仁，然足以忘私；知恥非勇，然足以起懦。」**知斯三者，則知所以修身；知所以修身，則知所以治人；知所以治人，則知所以治天下國家矣。」**斯三者，指三近而言。人者，對己之稱。天下國家，則盡乎人矣。言此以結上文修身之意，起下文九經之端也。**凡為天下國家有九經，曰：修身也，尊賢也，親親也，敬大臣也，體群臣也，子庶民也，來百工也，柔遠人也，懷諸侯也。**經，常也。體，謂設以身處其地而察其心也。子，如父母之愛其子也。柔遠人，所謂無

《中庸》的管理智慧

忘賓旅者也。此列九經之目也。呂氏曰：「天下國家之本在身，故修身為九經之本。然必親師取友，然後修身之道進，故尊賢次之。道之所進，莫先其家，故親親次之。由家以及朝廷，故敬大臣、體群臣次之。由朝廷以及其國，故子庶民、來百工次之。由其國以及天下，故柔遠人、懷諸侯次之。此九經之序也。」視群臣猶吾四體，視百姓猶吾子，此視臣視民之別也。**修身則道立，尊賢則不惑，親親則諸父昆弟不怨，敬大臣則不眩，體群臣則士之報禮重，子庶民則百姓勸，來百工則財用足，柔遠人則四方歸之，懷諸侯則天下畏之。**此言九經之效也。道立，謂道成於己而可為民表，所謂皇建其有極是也。不惑，謂不疑於理。不眩，謂不迷於事。敬大臣則信任專，而小臣不得以間之，故臨事而不眩也。來百工則通功易事，農末相資，故財用足。柔遠人，則天下之旅皆悅而願出於其塗，故四方歸。懷諸侯，則德之所施者博，而威之所制者廣矣，故曰天下畏之。**齊明盛服，非禮不動，所以修身也；去讒遠色，賤貨而貴德，所以勸賢也；尊其位，重其祿，同其好惡，所以勸親親也；官盛任使，所以勸大臣也；忠信重祿，所以勸士也；時使薄斂，所以勸百姓也；日省月試，既稟稱事，所以勸百工也；送往迎來，嘉善而矜不能，所以柔遠人也；繼絕世，舉廢國，治亂持危，朝聘以時，厚往而薄來，所以懷諸侯也。**齊，側皆反。去，上聲。遠、好、惡、斂，並去聲。既，許氣反。稟，彼錦、力錦二反。稱，去聲。朝，音潮。此言九經之事也。官盛任使，謂官屬眾盛，足任使令也，蓋大臣不當親細事，故所以優之者如此。忠信重祿，謂待之誠而養之厚，蓋以身體之，而知其所賴乎上者如此也。既，讀曰餼。餼稟，稍食也。稱事，如周禮稿人職，曰「考其弓弩，以上下其食」是也。

往則為之授節以送之,來則豐其委積以迎之。朝,謂諸侯見於天子。聘,謂諸侯使大夫來獻。王制「比年一小聘,三年一大聘,五年一朝」。厚往薄來,謂燕賜厚而納貢薄。**凡為天下國家有九經,所以行之者一也。**一者,誠也。一有不誠,則是九者皆為虛文矣,此九經之實也。**凡事豫則立,不豫則廢。言前定則不跲,事前定則不困,行前定則不疚,道前定則不窮。**跲,其劫反。行,去聲。凡事,指達道達德九經之屬。豫,素定也。跲,躓也。疚,病也。此承上文言凡事皆欲先立乎誠,如下文所推是也。**在下位不獲乎上,民不可得而治矣;獲乎上有道:不信乎朋友,不獲乎上矣;信乎朋友有道:不順乎親,不信乎朋友矣;順乎親有道:反諸身不誠,不順乎親矣;誠身有道:不明乎善,不誠乎身矣。**此又以在下位者,推言素定之意。反諸身不誠,謂反求諸身而所存所發,未能真實而無妄也。不明乎善,謂未能察於人心天命之本然,而真知至善之所在也。**誠者,天之道也;誠之者,人之道也。誠者不勉而中,不思而得,從容中道,聖人也。誠之者,擇善而固執之者也。**中,並去聲。從,七容反。此承上文誠身而言。誠者,真實無妄之謂,天理之本然也。誠之者,未能真實無妄,而欲其真實無妄之謂,人事之當然也。聖人之德,渾然天理,真實無妄,不待思勉而從容中道,則亦天之道也。未至於聖,則不能無人慾之私,而其為德不能皆實。故未能不思而得,則必擇善,然後可以明善;未能不勉而中,則必固執,然後可以誠身,此則所謂人之道也。不思而得,生知也。不勉而中,安行也。擇善,學知以下之事。固執,利行以下之事也。**博學之,審問之,慎思之,明辨之,篤行之。**此誠之之目也。學、問、思、辨,所以擇善而為知,學而知也。篤行,所以固執而為仁,利而行也。

程子曰：「五者廢其一，非學也。」**有弗學，學之弗能弗措也；有弗問，問之弗知弗措也；有弗思，思之弗得弗措也；有弗辨，辨之弗明弗措也；有弗行，行之弗篤弗措也；人一能之己百之，人十能之己千之。** 君子之學，不為則已，為則必要其成，故常百倍其功。此困而知，勉而行者也，勇之事也。**果能此道矣，雖愚必明，雖柔必強。** 明者擇善之功，強者固執之效。呂氏曰：「君子所以學者，為能變化氣質而已。德勝氣質，則愚者可進於明，柔者可進於強。不能勝之，則雖有志於學，亦愚不能明，柔不能立而已矣。蓋均善而無惡者，性也，人所同也；昏明強弱之稟不齊者，才也，人所異也。誠之者所以反其同而變其異也。夫以不美之質，求變而美，非百倍其功，不足以致之。今以鹵莽滅裂之學，或作或輟，以變其不美之質，及不能變，則曰天質不美，非學所能變。是果於自棄，其為不仁甚矣！」

　　右第二十章。此引孔子之言，以繼大舜、文、武、周公之緒，明其所傳之一致，舉而措之，亦猶是耳。蓋包費隱、兼小大，以終十二章之意。章內語誠始詳，而所謂誠者，實此篇之樞紐也。又按：《孔子家語》亦載此章，而其文尤詳。「成功一也」之下，有「公曰：子之言美矣！至矣！寡人實固，不足以成之也」。故其下復以「子曰」起答辭。今無此問辭，而猶有「子曰」二字；蓋子思刪其繁文以附於篇，而所刪有不盡者，今當為衍文也。「博學之」以下，《家語》無之，意彼有闕文，抑此或子思所補也歟？「修」原作「仁」，據清仿宋大字本改。

自誠明，謂之性；自明誠，謂之教。誠則明矣，明則誠矣。自，由也。德無不實而明無不照者，聖人之德。所性而有者也，天道也。先明乎善，而後能實其善者，賢人之學。由教而入者也，人道也。誠則無不明矣，明則可以至於誠矣。

右第二十一章。子思承上章夫子天道、人道之意而立言也。自此以下十二章，皆子思之言，以反覆推明此章之意。

唯天下至誠，為能盡其性；能盡其性，則能盡人之性；能盡人之性，則能盡物之性；能盡物之性，則可以贊天地之化育；可以贊天地之化育，則可以與天地參矣。天下至誠，謂聖人之德之實，天下莫能加也。盡其性者德無不實，故無人慾之私，而天命之在我者，察之由之，鉅細精粗，無毫髮之不盡也。人物之性，亦我之性，但以所賦形氣不同而有異耳。能盡之者，謂知之無不明而處之無不當也。贊，猶助也。與天地參，謂與天地並立為三也。此自誠而明者之事也。

右第二十二章。言天道也。

其次致曲，曲能有誠，誠則形，形則著，著則明，明則動，動則變，變則化，唯天下至誠為能化。其次，通大賢以下凡誠有未至者而言也。致，推致也。曲，一偏也。形者，積中而發外。著，則又加顯矣。明，則又有光輝發越之盛也。動者，誠能動物。變者，物從而變。化，則有不知其所以然者。蓋人之性無不同，而氣則有

《中庸》的管理智慧

異，故惟聖人能舉其性之全體而盡之。其次則必自其善端發見之偏，而悉推致之，以各造其極也。曲無不致，則德無不實，而形、著、動、變之功自不能已。積而至於能化，則其至誠之妙，亦不異於聖人矣。

右第二十三章。言人道也。

至誠之道，可以前知。國家將興，必有禎祥；國家將亡，必有妖孽；見乎蓍龜，動乎四體。禍福將至：善，必先知之；不善，必先知之。故至誠如神。見，音現。禎祥者，福之兆。妖孽者，禍之萌。蓍，所以筮。龜，所以卜。四體，謂動作威儀之間，如執玉高卑，其容俯仰之類。凡此皆理之先見者也。然惟誠之至極，而無一毫私偽留於心目之間者，乃能有以察其幾焉。神，謂鬼神。

右第二十四章。言天道也。

誠者自成也，而道自道也。道也之道，音導。言誠者物之所以自成，而道者人之所當自行也。誠以心言，本也；道以理言，用也。**誠者物之終始，不誠無物。是故君子誠之為貴。**天下之物，皆實理之所為，故必得是理，然後有是物。所得之理既盡，則是物亦盡而無有矣。故人之心一有不實，則雖有所為亦如無有，而君子必以誠為貴也。蓋人之心能無不實，乃為有以自成，而道之在我者亦無不行矣。**誠者非自成己而已也，所以成物也。成己，仁也；成物，知也。性之德也，合外內之道也，故時措之宜也。**知，去聲。誠雖所

以成己，然既有以自成，則自然及物，而道亦行於彼矣。仁者體之存，知者用之發，是皆吾性之固有，而無內外之殊。既得於己，則見於事者，以時措之，而皆得其宜也。

右第二十五章。言人道也。

故至誠無息。既無虛假，自無間斷。不息則久，久則徵，久，常於中也。徵，驗於外也。**徵則悠遠，悠遠則博厚，博厚則高明。**此皆以其驗於外者言之。鄭氏所謂「至誠之德，著於四方」者是也。存諸中者既久，則驗於外者益悠遠而無窮矣。悠遠，故其積也廣博而深厚；博厚，故其發也高大而光明。**博厚，所以載物也；高明，所以覆物也；悠久，所以成物也。**悠久，即悠遠，兼內外而言之也。本以悠遠致高厚，而高厚又悠久也。此言聖人與天地同用。**博厚配地，高明配天，悠久無疆。**此言聖人與天地同體。**如此者，不見而章，不動而變，無為而成。**見，音現。見，猶示也。不見而章，以配地而言也。不動而變，以配天而言也。無為而成，以無疆而言也。**天地之道，可一言而盡也：其為物不貳，則其生物不測。**此以下，復以天地明至誠無息之功用。天地之道，可一言而盡，不過曰誠而已。不貳，所以誠也。誠故不息，而生物之多，有莫知其所以然者。**天地之道：博也，厚也，高也，明也，悠也，久也。**言天地之道，誠一不貳，故能各極所盛，而有下文生物之功。今夫天，斯昭昭之多，及其無窮也，日月星辰系焉，萬物覆焉。今夫地，一撮土之多，及其廣厚，載華嶽而不重，振河海而不洩，萬物載焉。**今夫山，一卷石之多，及其廣大，草木生之，禽獸居之，寶藏興焉。今夫水，**

一勺之多，及其不測，黿鼉、蛟龍、魚鱉生焉，貨財殖焉。夫，音扶。華、藏，並去聲。卷，平聲。勺，市若反。昭昭，猶耿耿，小明也。此指其一處而言之。及其無窮，猶十二章及其至也之意，蓋舉全體而言也。振，收也。卷，區也。此四條，皆以發明由其不貳不息以致盛大而能生物之意。然天、地、山、川，實非由積累而後大，讀者不以辭害意可也。**《詩》云：「維天之命，於穆不已！」蓋曰天之所以為天也。「於乎不顯！文王之德之純！」蓋曰文王之所以為文也，純亦不已。**於，音烏。乎，音呼。《詩·周頌·維天之命》篇。於，歎辭。穆，深遠也。不顯，猶言豈不顯也。純，純一不雜也。引此以明至誠無息之意。程子曰：「天道不已，文王純於天道，亦不已。純則無二無雜，不已則無間斷先後。」

　　右第二十六章。言天道也。

　　大哉聖人之道！包下文兩節而言。**洋洋乎！發育萬物，峻極於天。**峻，高大也。此言道之極於至大而無外也。**優優大哉！禮儀三百，威儀三千。**優優，充足有餘之意。禮儀，經禮也。威儀，曲禮也。此言道之入於至小而無閒也。**待其人而後行。**總結上兩節。**故曰苟不至德，至道不凝焉。**至德，謂其人。至道，指上兩節而言也。凝，聚也，成也。**故君子尊德性而道問學，致廣大而盡精微，極高明而道中庸。溫故而知新，敦厚以崇禮。**尊者，恭敬奉持之意。德性者，吾所受於天之正理。道，由也。溫，猶燖溫之溫，謂故學之矣，復時習之也。敦，加厚也。尊德性，所以存心而極乎道體之大也。道問學，所以致知而盡乎道體之細也。二者修德凝道之大端

也。不以一毫私意自蔽，不以一毫私慾自累，涵泳乎其所已知。敦篤乎其所已能，此皆存心之屬也。析理則不使有毫釐之差，處事則不使有過不及之謬，理義則日知其所未知，節文則日謹其所未謹，此皆致知之屬也。蓋非存心無以致知，而存心者又不可以不致知。故此五句，大小相資，首尾相應，聖賢所示入德之方，莫詳於此，學者宜盡心焉。**是故居上不驕，為下不倍，國有道其言足以興，國無道其默足以容。《詩》曰「既明且哲，以保其身」，其此之謂與！**倍，與背同。與，平聲。興，謂興起在位也。《詩·大雅·烝民》之篇。

右第二十七章。言人道也。

子曰：「愚而好自用，賤而好自專，生乎今之世，反古之道。如此者，災及其身者也。」好，去聲。烖，古災字。以上孔子之言，子思引之。反，復也。**非天子，不議禮，不制度，不考文。**此以下，子思之言。禮，親疏貴賤相接之體也。度，品制。文，書名。**今天下車同軌，書同文，行同倫。**行，去聲。今，子思自謂當時也。軌，轍跡之度。倫，次序之體。三者皆同，言天下一統也。**雖有其位，苟無其德，不敢作禮樂焉；雖有其德，苟無其位，亦不敢作禮樂焉。**鄭氏曰：「言作禮樂者，必聖人在天子之位。」**子曰：「吾說夏禮，杞不足征也；吾學殷禮，有宋存焉；吾學周禮，今用之，吾從周。」**此又引孔子之言。杞，夏之後。征，證也。宋，殷之後。三代之禮，孔子皆嘗學之而能言其意；但夏禮既不可考證，殷禮雖存，又非當世之法，惟周禮乃時王之制，今日所用。孔子既不得位，則從周而已。

右第二十八章。承上章為下不倍而言，亦人道也。

王天下有三重焉，其寡過矣乎！王，去聲。呂氏曰：「三重，謂議禮、制度、考文。惟天子得以行之，則國不異政，家不殊俗，而人得寡過矣。」**上焉者雖善無征，無征不信，不信民弗從；下焉者雖善不尊，不尊不信，不信民弗從。**上焉者，謂時王以前，如夏、商之禮雖善，而皆不可考。下焉者，謂聖人在下，如孔子雖善於禮，而不在尊位也。**故君子之道：本諸身，征諸庶民，考諸三王而不繆，建諸天地而不悖，質諸鬼神而無疑，百世以俟聖人而不惑。**此君子，指王天下者而言。其道，即議禮、制度、考文之事也。本諸身，有其德也。征諸庶民，驗其所信從也。建，立也，立於此而參於彼也。天地者，道也。鬼神者，造化之跡也。百世以俟聖人而不惑，所謂聖人復起，不易吾言者也。**質諸鬼神而無疑，知天也；百世以俟聖人而不惑，知人也。知天知人，知其理也。是故君子動而世為天下道，行而世為天下法，言而世為天下則。遠之則有望，近之則不厭。**動，兼言行而言。道，兼法則而言。法，法度也。則，準則也。**《詩》曰：「在彼無惡，在此無射；庶幾夙夜，以永終譽！」君子未有不如此而蚤有譽於天下者也。**惡，去聲。射，音妒，《詩》作斁。《詩·周頌·振鷺》之篇。射，厭也。所謂此者，指本諸身以下六事而言。

右第二十九章。承上章居上不驕而言，亦人道也。

仲尼祖述堯舜，憲章文武；上律天時，下襲水土。祖述者，遠宗其道。憲章者，近守其法。律天時者，法其自然之運。襲水土者，

因其一定之理。皆兼內外該本末而言也。**辟如天地之無不持載，無不覆幬，辟如四時之錯行，如日月之代明。**辟，音譬。幬，徒報反。錯，猶迭也。此言聖人之德。**萬物並育而不相害，道並行而不相悖，小德川流，大德敦化，此天地之所以為大也。**悖，猶背也。天覆地載，萬物並育於其間而不相害；四時日月，錯行代明而不相悖。所以不害不悖者，小德之川流；所以並育並行者，大德之敦化。小德者，全體之分；大德者，萬殊之本。川流者，如川之流，脈絡分明而往不息也。敦化者，敦厚其化，根本盛大而出無窮也。此言天地之道，以見上文取辟之意也。

右第三十章。言天道也。

唯天下至聖，為能聰明睿知，足以有臨也；寬裕溫柔，足以有容也；發強剛毅，足以有執也；齊莊中正，足以有敬也；文理密察，足以有別也。知，去聲。齊，側皆反。別，彼列反。聰明睿知，生知之質。臨，謂居上而臨下也。其下四者，乃仁義禮知之德。文，文章也。理，條理也。密，詳細也。察，明辯也。**溥博淵泉，而時出之。**溥博，周遍而廣闊也。淵泉，靜深而有本也。出，發見也。言五者之德，充積於中，而以時發見於外也。**溥博如天，淵泉如淵。見而民莫不敬，言而民莫不信，行而民莫不說。**見，音現。說，音悅。言其充積極其盛，而發見當其可也。**是以聲名洋溢乎中國，施及蠻貊；舟車所至，人力所通；天之所覆，地之所載，日月所照，霜露所隊；凡有血氣者，莫不尊親，故曰配天。**施，去聲。隊，音墜。舟車所至以下，蓋極言之。配天，言其德之所及，廣大如天也。

右第三十一章。承上章而言小德之川流，亦天道也。

唯天下至誠，為能經綸天下之大經，立天下之大本，知天地之化育。夫焉有所倚？ 夫，音扶。焉，於虔反。經、綸，皆治絲之事。經者，理其緒而分之；綸者，比其類而合之也。經，常也。大經者，五品之人倫。大本者，所性之全體也。惟聖人之德極誠無妄，故於人倫各盡其當然之實，而皆可以為天下後世法，所謂經綸之也。其於所性之全體，無一毫人慾之偽以雜之，而天下之道千變萬化皆由此出，所謂立之也。其於天地之化育，則亦其極誠無妄者有默契焉，非但聞見之知而已。此皆至誠無妄，自然之功用，夫豈有所倚著於物而後能哉。**肫肫其仁！淵淵其淵！浩浩其天！** 肫，之純反。肫肫，懇至貌，以經綸而言也。淵淵，靜深貌，以立本而言也。浩浩，廣大貌，以知化而言也。其淵其天，則非特如之而已。**苟不固聰明聖知達天德者，其孰能知之？** 聖知之知，去聲。固，猶實也。鄭氏曰：「惟聖人能知聖人也。」

右第三十二章。承上章而言大德之敦化，亦天道也。前章言至聖之德，此章言至誠之道。然至誠之道，非至聖不能知；至聖之德，非至誠不能為，則亦非二物矣。此篇言聖人天道之極致，至此而無以加矣。

《詩》曰「衣錦尚絅」，惡其文之著也。故君子之道，闇然而日章；小人之道，的然而日亡。君子之道：淡而不厭，簡而文，溫而理，知遠之近，知風之自，知微之顯，可與入德矣。 衣，去聲。

絅，口迴反。惡，去聲。闇，於感反。前章言聖人之德，極其盛矣。此復自下學立心之始言之，而下文又推之以至其極也。《詩·國風·衛（風）·碩人》、《鄭（風）》之《豐》，皆作「衣錦褧衣」。褧、絅同。禪衣也。尚，加也。古之學者為己，故其立心如此。尚絅故闇然，衣錦故有日章之實。淡、簡、溫，絅之襲於外也；不厭而文且理焉，錦之美在中也。小人反是，則暴於外而無實以繼之，是以的然而日亡也。遠之近，見於彼者由於此也。風之自，著乎外者本乎內也。微之顯，有諸內者形諸外也。有為己之心，而又知此三者，則知所謹而可入德矣。故下文引《詩》言謹獨之事。**《詩》云：「潛雖伏矣，亦孔之昭！」故君子內省不疚，無惡於志。君子之所不可及者，其唯人之所不見乎**。惡，去聲。《詩·小雅·正月》之篇。承上文言「莫見乎隱、莫顯乎微」也。疚，病也。無惡於志，猶言無愧於心，此君子謹獨之事也。**《詩》云：「相在爾室，尚不愧於屋漏。」故君子不動而敬，不言而信**。相，去聲。《詩·大雅·抑》之篇。相，視也。屋漏，室西北隅也。承上文又言君子之戒謹恐懼，無時不然，不待言動而後敬信，則其為己之功益加密矣。故下文引《詩》並言其效。**《詩》曰：「奏假無言，時靡有爭。」是故君子不賞而民勸，不怒而民威於鈇鉞**。假，格同。鈇，音夫。《詩·商頌·烈祖》之篇。奏，進也。承上文而遂及其效，言進而感格於神明之際，極其誠敬，無有言說而人自化之也。威，畏也。鈇，莝斫刀也。鉞，斧也。**《詩》曰：「不顯惟德！百辟其刑之。」是故君子篤恭而天下平**。《詩·周頌·烈文》之篇。不顯，說見二十六章，此借引以為幽深玄遠之意。承上文言天子有不顯之德，而諸侯法之，則其德愈深而效愈遠矣。篤，厚也。篤恭，言不顯其敬也。篤恭而天

《中庸》的管理智慧

下平，乃聖人至德淵微，自然之應，中庸之極功也。**《詩》云：「予懷明德，不大聲以色。」子曰：「聲色之於以化民，末也。」《詩》曰：「德輶如毛」，毛猶有倫。「上天之載，無聲無臭」，至矣！**輶，由、酉二音。《詩‧大雅‧皇矣》之篇。引之以明上文所謂不顯之德者，正以其不大聲與色也。又引孔子之言，以為聲色乃化民之末務，今但言不大之而已，則猶有聲色者存，是未足以形容不顯之妙。不若《烝民》之詩所言「德輶如毛」，則庶乎可以形容矣，而又自以為謂之毛，則猶有可比者，是亦未盡其妙。不若《文王》之詩所言「上天之事，無聲無臭」，然後乃為不顯之至耳。蓋聲臭有氣無形，在物最為微妙，而猶曰無之，故惟此可以形容不顯篤恭之妙。非此德之外，又別有是三等，然後為至也。

右第三十三章。子思因前章極致之言，反求其本，復自下學為己謹獨之事，推而言之，以馴致乎篤恭而天下平之盛。又贊其妙，至於無聲無臭而後已焉。蓋舉一篇之要而約言之，其反覆丁寧示人之意，至深切矣，學者其可不盡心乎！

書名　　　《中庸》的管理智慧

作者　　　羅天昇 (Vincent Law)
出版人　　黃畋貽
設計　　　安東尼

出版　　　新天文化發展有限公司 | 新天出版社
　　　　　電話：(852) 2111 1013
　　　　　傳真：(852) 2111 1277
　　　　　電郵：info@bookoola.com
　　　　　網址：www.bookoola.com
　　　　　地址：九龍新蒲崗大有街一號勤達中心二〇〇五室

印刷　　　陽光（彩美）印刷公司
　　　　　電話：(852) 2682 1566
　　　　　傳真：(852) 2682 1677
　　　　　地址：香港柴灣祥利街 7 號萬峯工業大廈 11 樓 B15 室

版次　　　二〇一七年二月 香港初版
定價　　　港幣一百二十八元

國際書號　ISBN：9789881445001

BOOKOOLA
新天出版